D1755523

Geographie

Viktor Disch

Geographie
Natürliche Grundlagen
Gestaltung der Umwelt
Die Staaten der Erde

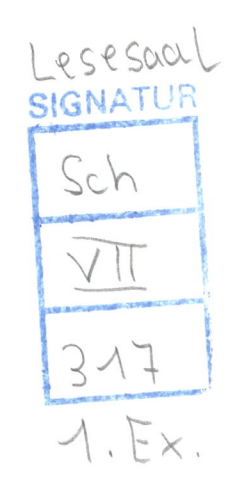

FALKEN

In gleicher Ausstattung sind im FALKEN Verlag bereits erschienen (Auswahl):
„Deutsch. Textinterpretation, Literaturgeschichte und Stilkunde" (4483)
„Physik. Mechanik, Wärmelehre, Optik, Elektrizität, Atomphysik" (4448)
„Englische Grammatik" (4431)
„Englisch. Textinterpretationen" (4518)
„Französische Grammatik" (4703)
„Geschichte. Von der Französischen Revolution bis zur Gegenwart" (4724)

Die Deutsche Bibliothek – CIP-Einheitsaufnahme

Disch, Viktor:
Geographie : natürliche Grundlagen, Gestaltung der Umwelt,
die Staaten der Erde / Viktor Disch. - Niedernhausen/Ts. :
FALKEN, 1992
  (Mehr Erfolg in der Schule)
  ISBN 3-8068-4724-X

ISBN 3 8068 4724 X

©1992 by Falken-Verlag GmbH, 6272 Niedernhausen/Ts.
Die Verwertung der Texte und Bilder, auch auszugsweise, ist ohne Zustimmung des Verlags urheberrechtswidrig und strafbar. Dies gilt auch für Vervielfältigungen, Übersetzungen, Mikroverfilmung und für die Verarbeitung mit elektronischen Systemen.
Copyright der Karten:
©1992 Lexikographisches Institut, München: 116–125
©1992 George Philip Ltd., London: 113–115 und 126–135
Copyright der Flaggen von Albanien, Bosnien-Herzegowina, Kirgisien, Moldawien, Mongolei, Slowenien, Turkmenistan und Usbekistan:
©1992 Vlaggen Dokumentatie Centrum Nederland, Amsterdam
Fotos (Flaggen): Derkwillem Visser jr., Amsterdam
Zeichnungen: Thomas Müller, Göttingen
Die Informationen in diesem Buch sind vom Autor und vom Verlag sorgfältig erwogen und geprüft, dennoch kann eine Garantie nicht übernommen werden. Eine Haftung des Autors bzw. des Verlags und seiner Beauftragten für Personen-, Sach- und Vermögensschäden ist ausgeschlossen.
Koordination und Redaktion: AMS Autoren- und MedienService, Reute
Satz: Digitype, Freiburg i.Br.
Druck: Mohndruck Graphische Betriebe, Gütersloh
Redaktionsschluß: 15. September 1992

Inhalt

Vorwort ———————— 7

Natürliche Grundlagen

Geologie ———————————— 8
Der Schalenaufbau der Erde ———— 8
Die Entwicklungsgeschichte
der Erde ——————————————— 9
Die Drift der Kontinente,
das Modell der Plattentektonik ——— 12
Vulkanismus und Erdbeben ———— 15
Die Deformation der Erdkruste,
Faltungen und Brüche ——————— 19
Die Entstehung eines Gebirges,
die Alpen ————————————— 20

Die Oberflächenformen der Erde — 23
Verwitterung und Bodenbildung —— 23
Abtragung, Transport
und Ablagerung ————————— 26
Von Flüssen geschaffene
Landschaftsformen ———————— 27
Vom Eis geschaffene Landschafts-
formen (Glazialformen) —————— 28
Die Karstformen ————————— 32
Die Formen der Meeresküste ——— 33
Vom Wind geprägte
Landschaftsformen ———————— 35

Das Klima der Erde ——————— 37
Sonne und Erde —————————— 37
Die Atmosphäre
und ihre Zusammensetzung ———— 40
Der Luftdruck —————————— 41
Der Strahlungs- und
Wärmehaushalt der Erde ————— 42
Wolken und Niederschlag ————— 44
Der Land-Seewind-Effekt ————— 45

Die Zirkulation der Atmosphäre —— 46
Die tropische Zirkulation ————— 48

Die Klimazonen der Erde ———— 50
Das tropische Regenwaldklima —— 51
Das tropische Savannenklima ——— 51
Das gemäßigt warme,
wintertrockene Klima ——————— 51
Die Steppenklimate ———————— 51
Das Wüstenklima ————————— 52
Das gemäßigt warme,
sommertrockene Klima —————— 52
Das feuchttemperierte Klima ——— 52
Das ganzjährig feuchte
Schneewaldklima ————————— 52
Das Schneewaldklima
mit trockenen Wintern —————— 53
Das Tundrenklima ————————— 53
Das Klima des Dauerfrostes ———— 53

Die Landschaftsgürtel der Erde — 54
Die Tropenzone —————————— 54
Die Subtropen —————————— 56
Die kühlgemäßigte Zone ————— 60
Die kaltgemäßigte, boreale Zone — 62
Die polaren und
subpolaren Zonen ————————— 63

Die Entwicklung von Kultur-
landschaften an Beispielen

Die Agrarlandschaften ————— 65
Die Grenzen der Landwirtschaft — 66
Die wichtigsten Nutzpflanzen ——— 69
Die deutsche Agrarlandschaft —— 71
Die Gemeinschaft
Unabhängiger Staaten —————— 78

Inhalt

Die Vereinigten Staaten
von Amerika —————— 83
Landwirtschaft in der
Sahelzone – Burkina Faso ———— 91

Alte und junge Industrieländer ——— 97
Die Industrielle Revolution
in Großbritannien —————— 97
Die Vereinigten Staaten
von Amerika —————— 98
Die ehemalige Sowjetunion und
die Gemeinschaft Unabhängiger
Staaten (GUS) —————— 101
Japan —————— 106
Deutschland —————— 109

Farbtafeln —————— 113–144

Karten und Flaggen —————— 113
Vulkanismus und Erdbeben ———— 113
Struktur der Erdoberfläche ———— 114
Vegetationszonen der Erde ———— 116
Klimazonen der Erde —————— 117
Klima: mittlere Temperaturen
im Januar und Juli —————— 118
Klima: Niederschläge
im Januar und Juli —————— 119
Landwirtschaftliche Haupt-
anbaugebiete der Erde —————— 120
Kartenzeichen und -symbole
(Wirtschaftskarten) —————— 121
Wirtschaftskarte Deutschland ——— 122
Wirtschaftskarte USA —————— 123
Wirtschaftskarte ehem. UdSSR —— 124
Wirtschaftskarte Japan —————— 125
Physische Weltkarte —————— 126
Politische Weltkarte —————— 128
Politische Karte: Europa —————— 130
Politische Karte: Asien —————— 131
Politische Karte: Afrika —————— 132
Politische Karte:
Nord- und Mittelamerika —————— 133

Politische Karte: Südamerika ——— 134
Politische Karte:
Australien/Ozeanien —————— 135
Flaggen der
unabhängigen Staaten —————— 136

**Die Stadtentwicklung
in Deutschland** —————— 147
Die Entwicklung
nach dem Zweiten Weltkrieg ——— 148
Die Aufgaben der Raumordnung — 149
Das System der Zentralen Orte — 150

**Entwicklungsprobleme in
den Staaten der „Dritten Welt"** — 152
Die Merkmale der
Unterentwicklung —————— 153
Die Ursachen der
Unterentwicklung —————— 155
Die Entwicklungspolitik —————— 157

**Die Gefährdung des Naturhaus-
halts durch den Menschen** ——— 158
Die Erwärmung der Atmosphäre
durch den Treibhauseffekt ———— 159
Die Zerstörung der Ozonschicht — 160
Die Vernichtung der Wälder,
Desertifikation, Artensterben,
Bevölkerungsexplosion —————— 160

Lösungen
zu den Übungen —————— 163

Die Staaten der Erde

Lexikalischer Überblick —————— 172
Erläuterungen —————— 172
Staaten von A–Z —————— 173

Register —————— 253

Vorwort

Die Auswirkungen der menschlichen Eingriffe in die Natur treten uns immer drastischer vor Augen, so daß das Wissen um die natürlichen Vorgänge im Erdinnern und auf der Erdoberfläche einen noch höheren Stellenwert bekommt. Nicht nur die Experten, sondern möglichst große Teile der Bevölkerung sollten geologische und geographische Gegebenheiten erkennen und die Einwirkungen des Menschen einschätzen können. Durch die modernen Verkehrsmittel und die vielfältigen Informationsmöglichkeiten gibt es inzwischen keine „fernen" Länder mehr, die uns nicht berühren und damit auch innerlich fremd sind. Es darf uns nicht gleichgültig sein, ob sich irgendwo in Afrika die Wüste ausbreitet oder weltweit die Waldflächen immer stärker abnehmen. Auch vor diesem Hintergrund kann die Bedeutung des schulischen Geographie-Unterrichts heute gar nicht hoch genug eingeschätzt werden.

Das vorliegende Buch wendet sich zunächst an die Schüler der gymnasialen Oberstufe – in seiner Struktur orientiert es sich in wesentlichen Zügen an den Vorgaben des Lehrplans –, indem es zur Vertiefung des Grundwissens und zur Wiederholung herangezogen werden kann. Nicht zuletzt aber durch den länderkundlichen Teil , der als Nachschlagewerk konzipiert ist, wird auch jeder geographisch Interessierte angesprochen.

Da die natürlichen Voraussetzungen zugleich auch die Grundlagen für unsere Zivilisation sind, werden diese im ersten Teil sehr ausführlich behandelt. Im zweiten Teil stehen Informationen über Länder im Mittelpunkt, die für die Entwicklung der Landwirtschaft und der Industrie beispielhaft sind. Kapitel über die Stadtentwicklung in Deutschland, über die Probleme der Dritten Welt sowie über die zunehmende Gefährdung unserer Umwelt runden den Textteil ab. Am Schluß der einzelnen Kapitel findet der Leser Fragen und Übungen, die der Wiederholung und Vertiefung des Stoffs dienen. Graphiken sowie ein ausführlicher Karten- und Flaggenteil veranschaulichen die Darstellung im Text und erhöhen zusätzlich den Informationswert. Der Länderteil schließlich, in dem alle Staaten der Erde berücksichtigt sind, gibt Auskunft über die wichtigsten geographischen und wirtschaftlichen Daten. Die Informationen über Klima und Landesnatur machen das Buch so auch zu einer wertvollen Hilfe bei der Reiseplanung.

Natürliche Grundlagen

Geologie

Der Schalenaufbau der Erde

1987 wurde in der Oberpfalz das „Kontinentale Tiefbohrprogramm" der Bundesrepublik Deutschland gestartet mit dem Ziel, eine Bohrung bis in 14 km Tiefe durchzuführen. Ende 1991 war eine Bohrtiefe von knapp 6000 m erreicht.

Die Bohrung soll Aufschluß über die geologische Struktur einer Zone geben, in der im Zuge der „Variszischen Gebirgsbildung" zwei Kontinente zusammenprallten und ein hohes Gebirge entstehen ließen.

Hält man sich den Erdradius von rund 6370 km vor Augen, so wird klar, daß mit solchen Unternehmungen die Erde kaum angekratzt wird. Größere Tiefen bleiben der direkten Beobachtung auch weiterhin verschlossen.

Die Vorstellungen vom Aufbau der Erde wurden erstmals konkreter, als es gelang, von Erdbeben ausgehende seismische Wellen aufzuzeichnen und auszuwerten. Die Geologen hatten erkannt, daß das Fortpflanzungsverhalten und die Fortpflanzungsgeschwindigkeit dieser Wellen von Temperatur, Druck und Zusammensetzung des Gesteins abhängt, das sie durchlaufen. Vor allem aus der Auswertung der stark unterschiedlichen Fortpflanzungsgeschwindigkeiten gewannen die „Seismologen" ihr heutiges Bild vom Aufbau und von den Eigenschaften des Erdinnern.

Die äußerste Schale der Erde, die **Erdkruste**, ist unter den Ozeanen bis zu 7 km „dünn" und verdickt sich unter den Kontinenten auf durchschnittlich 30 km, unter den Hochgebirgen auf bis zu 70 km. In der Erdkruste spielen sich die geologischen Vorgänge wie Gebirgsbildung, Verwerfungen oder vulkanische Tätigkeiten ab.

Eine „Unstetigkeitsfläche" in 10–20 km Tiefe, an der die Erdbebenwellen plötzlich schneller werden, die **Conrad-Diskontinuität**, bildet die Grenze zwischen oberer und unterer Kruste.

Nach unten wird die Kruste durch die **Mohorovičič-Diskontinuität** gegen den **Erdmantel** abgegrenzt. Der **obere Mantel** reicht bis in ungefähr 400 km Tiefe, in der eine **Übergangszone** von 270 km Dicke zum **unteren Mantel** überleitet.

Der oberste Teil des Mantels bildet zusammen mit der Kruste die **Lithosphäre** mit unterschiedlicher Dicke: unter Ozeanbecken 70–80 km, unter den alten präkambrischen Kontinenten bis zu 120 km. Darunter liegt in einer Tiefe von 350–400 km die **Asthenosphäre**, in der sich das Gesteinsmaterial zähflüssig bis plastisch bewegt.

Das Verhalten des Mantelmaterials in der **Mesosphäre**, einer Übergangszone zwischen 400 und 670 km, gibt noch viele Rätsel auf. Da die Geschwindigkeit von Erdbebenwellen hier zunimmt, vermuten die Wissenschaftler, daß das Gestein gegenüber dem oberen Mantel dichter und fester ist. Mit Sicherheit ist der darunterliegende **untere Mantel** wesentlich fester und zäher.

Die neuen Modelle der Geophysik gehen davon aus, daß sich innerhalb des Erdmantels gewaltige Konvektionsströme bewegen, die heißes Material nach oben transportieren, das sich abkühlt und wieder nach unten sinkt. Je zäher das Mantelmaterial, desto langsamer der Umlauf dieser Konvektionswalzen. Im oberen Mantel dauert er wohl einige Hundert Millionen Jahre, im unteren Mantel möglicherweise eine Milliarde Jahre.

Den Übergang zum **Erdkern** bildet in 2900 km Tiefe die **Kern-Mantel-Grenze** (KMG). Unterhalb der KMG beginnt der **äußere Kern**, der fast so flüssig ist wie Wasser. Sehr schnelle Konvektionsströme – das Material zirkuliert mit einer Geschwindigkeit von mehreren Kilometern pro Jahr – erzeugen einen elektrischen Strom, der das irdische Magnetfeld hervorruft. Der **innere Kern**, der das letzte Fünftel des Erdradius einnimmt, ist wiederum fest, obwohl mit ca. 5000 °C seine Temperatur ähnlich hoch ist wie an der Sonnenoberfläche. Dafür ist der Druck, bedingt durch die Tiefe, 1 Million mal größer als auf Meeresniveau.

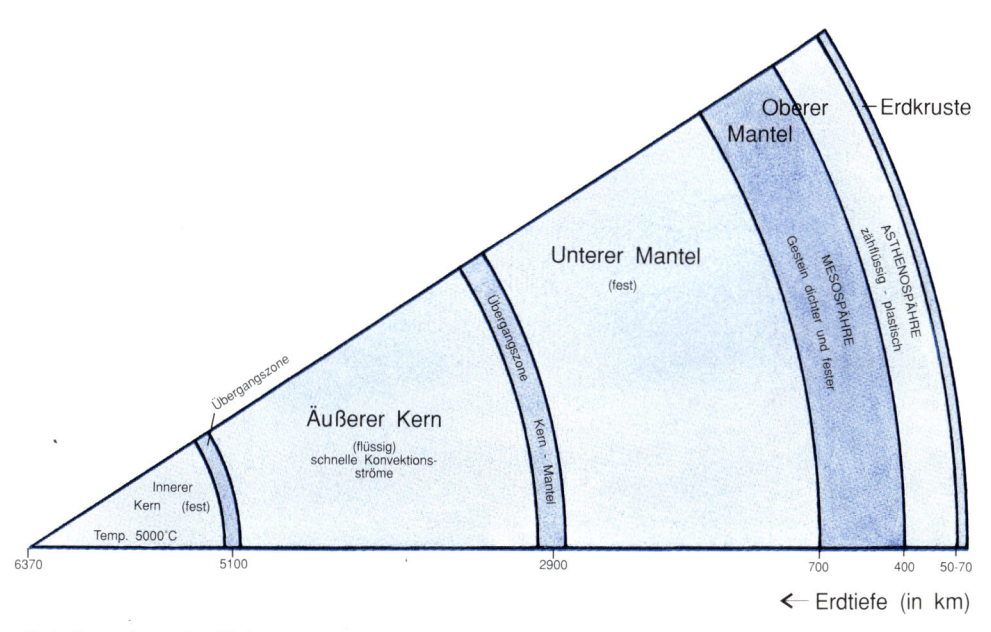

Schalenaufbau der Erde

Die Entwicklungsgeschichte der Erde

Die ältesten Zeugnisse aus der Urgeschichte der Erde, Gesteine Grönlands, Nordkanadas und der Antarktis, entstanden vor ca. 3,8 Mrd. Jahren. Das Gesamtalter der Erde wird auf 4,5–5 Mrd. Jahre geschätzt. Vor 570 Mio. Jahren endete die Urgeschichte der Erde, das **Präkambrium**, das immerhin sechs Siebtel der uns

Natürliche Grundlagen

bekannten Erdgeschichte umfaßt. Bis zum Ende dieses Zeitalters hatten sich die Kernzonen unserer heutigen Kontinente gebildet, und zwar folgende:

- **Laurentia**, bestehend aus Nordamerika, Grönland, Spitzbergen, Westnorwegen, Nordschottland und Nordwestirland,
- Alteuropa mit **Fennosarmatia** (Baltikum und Rußland) als Kern,
- **Sibiria** zwischen dem Ural und Kamtschatka,
- **Cathaysia** mit den ältesten Gebirgen Chinas und Koreas sowie den Ostasiatischen Inseln und
- **Gondwana**, der Superkontinent der Südhalbkugel. Zu Gondwana gehörten Süd- und Mittelamerika, Afrika, Arabien, Madagaskar, Indien, Ceylon, Australien, Antarktika, Florida, aber auch Teile Südeuropas.

Die Lage der Kontinente zueinander unterschied sich beträchtlich von der heutigen. Die europäischen und asiatischen Landmassen waren durch breite Meeresarme voneinander getrennt, die sich erst im Lauf der jüngeren Erdgeschichte schlossen. Der Südpol lag im Bereich des heutigen Marokko, während der Äquator fast durch das Zentrum der Antarktis verlief.

Im **Kambrium** vor 570–500 Mio. Jahren änderte sich an dieser Situation nicht viel. In großen Senken am Rand der alten Kontinente, sogenannten Geosynklinalen, wurden jedoch bereits die Sedimente abgelagert, aus denen sich später die jüngeren Gebirge bilden sollten.

Auch das auf das Kambrium folgende **Ordovizium** vor 500–440 Mio. Jahren brachte aus geologischer Sicht keine tiefgreifenden Veränderungen. Bemerkenswert sind jedoch die Spuren von Vereisungen in der Sahara oder in Südafrika. Gegen Ende des Ordoviziums entstand ein Teil der Appalachen in Nordamerika.

Im **Silur** vor 440–400 Mio. Jahren fand eine wichtige Gebirgsbildungsphase der Erdgeschichte ihren Höhepunkt: die Entstehung des **Kaledonischen Gebirges**.

Im Bereich der Britischen Inseln, in Westnorwegen, Spitzbergen und Grönland wurden die in den Geosynklinalen abgelagerten Sedimente durch die Schließung eines Meeres im Bereich des heutigen Nordatlantiks zu einem Gebirge aufgefaltet. Das Kaledonische Gebirge schweißte die Nordamerikanisch-Grönländische Festlandmasse mit dem europäischen Kontinent zu einem großen Nordkontinent zusammen.

Die Gebirgsbildung fand im **Devon** vor 405–350 Mio. Jahren ihren Abschluß. Der Abstand zwischen Gondwana im Süden und dem Nordkontinent hatte sich inzwischen beträchtlich verringert. Der größte Teil Europas befand sich noch auf der Südhalbkugel im Bereich des Äquators.

Das **Karbon** vor 350–285 Mio. Jahren ist durch zwei bedeutende erdgeschichtliche Vorgänge gekennzeichnet: durch die Auffaltung des „**Variszischen Gebirges**" in Mittel- und Westeuropa und die massenhafte Bildung organischer Sedimente in den Randsenken dieses Gebirges. In Mittel- und Westeuropa hatten sich im Lauf der vorangegangenen erdgeschichtlichen Perioden tiefe Senken

(Geosynklinalen) mit Ablagerungen gefüllt. Ab der Wende vom Devon zum Karbon entstand aus den Geosynklinalen das „Varizische Gebirge", das sich in großen Bögen von Böhmen bis zum Atlantik erstreckte.

> Das Französische Zentralmassiv, die Berge der Bretagne und der Normandie, das Rheinische Schiefergebirge, Vogesen, Schwarzwald, Erzgebirge und Sudeten sind Reste dieses einst ausgedehnten Gebirgszuges.

Am Rand des Gebirges bildeten sich flache Senken, an deren Grund üppige Moore und Sümpfe gediehen. Ein allgemein mildes, subtropisch-feuchtes Klima begünstigte eine Flora und Fauna, die in ihrem Artenreichtum sehr viel Ähnlichkeit mit dem heutigen tropischen Regenwald aufwies. Aus diesen Ablagerungen entstanden durch Druck und Erhitzung die reichen Steinkohlelager Europas.

Mit dem **Perm** vor 285–225 Mio. Jahren schließt das Erdaltertum, das mit dem Kambrium begann, ab. Die Varizische Gebirgsbildung klang aus, mit der Auffaltung des Urals vereinigten sich der europäische und der sibirische Kontinent und bildeten mit Nordamerika den geschlossenen Festlandblock der Norderde.

Auf der Süderde (Gondwana) zeigten sich im Gegensatz dazu die ersten „Zerfallserscheinungen". Tiefreichende Spalten im Indischen Ozean und im südlichen Atlantik leiteten das Auseinanderfallen Gondwanas ein.

Aus der Übergangszeit Karbon-Perm fand man in Südafrika, Südamerika, Vorderindien und Australien auch Hinweise auf eine starke Vereisung.

Das „Mittelalter" der Erde begann mit der **Trias** vor 225–195 Mio. Jahren. Die Lage der Kontinente zueinander änderte sich nur wenig. Bis in die höheren Breiten herrschte ein ausgeglichenes und warmes Klima vor, zunächst trocken, gegen Ende der Trias feuchter und kühler.

Im **Jura** vor 195–140 Mio. Jahren näherte sich Gondwana dem Nordkontinent und engte den dazwischenliegenden Meeresbereich stark ein. Der Südatlantik öffnete sich zu einem immer breiteren Ozean, und auch der Abstand Antarktikas zu Afrika wuchs.

Zwischen Gondwana und Europa und weiter entlang am Südrand des Nordkontinents erstreckte sich, wohl schon seit dem Kambrium, die **Tethys**, eine riesige Geosynklinale. Mit dem Anstieg des Meeresspiegels im Jura erreichte sie ihre größte Tiefe. In ihr lagerten sich die Sedimente des Jura in mächtigen Schichten ab, die kurz vor Ende dieser Epoche aufgefaltet wurden.

Die im Jura einsetzende **„Alpidische Faltung"** setzte sich in der **Kreide** vor 140–70 Mio. Jahren fort.

> Die Kernzonen der Alpen, das Dinarische Gebirge Jugoslawiens, der Kaukasus, die Gebirgsketten Südasiens, die Anden und die Rocky Mountains entstanden in der Kreide.

Im Süden verstärkte sich der Zerfall Gondwanas. Der Atlantik öffnete sich nun auch im Norden. Erstmals wurde eine durchgehende atlantische Nord-Süd-Verbindung geschaffen. Auch Antarktika und Australien setzten sich deutlich von Afrika ab.

Natürliche Grundlagen

Die Kreide bildet den Abschluß des Erdmittelalters. Die Erdneuzeit begann vor 70 Mio. Jahren mit dem **Tertiär**, das vor etwa 1,8 Mio. Jahren endete. Im Verlauf des Tertiärs rückten Afrika/Arabien nach Norden und schlossen die Tethys nach Osten ab. Als kleiner Rest blieb noch das heutige Mittelmeer erhalten. Indien bewegte sich ebenfalls nach Norden, bis es schließlich am asiatischen Kontinent aufprallte.

Das Ergebnis dieser gemeinsamen Norddrift sind die Gebirge Vorderasiens und der Himalaya. In Europa entstanden die Schweizer Alpen, die Ostalpen und die Pyrenäen. Auch die Angliederung Italiens und Jugoslawiens an Europa, die eigentlich Teile Afrikas waren, fiel in die Zeit des Tertiärs.

Der jüngste Abschnitt der Erdgeschichte, das **Quartär**, das vor 1,8 Mio. Jahren begann und in dem wir heute leben, ist gekennzeichnet durch mehrere großräumige Vereisungsperioden (Eiszeiten) im Wechsel mit Warmzeiten. Vor allem auf der Nordhalbkugel breiteten sich riesige Inlandeisfelder aus, die in Mitteleuropa bis an den Nordrand der Mittelgebirge vordrangen. Auch die Gletscher der Alpen bildeten im Vorland ausgedehnte Eisfelder. Die Gebirge der Tropen und der Südhalbkugel waren weitaus stärker vergletschert als heute. Das nordamerikanische Inlandeis mit dem Zentrum über der Hudson Bay erreichte den Missouri River und überdeckte das Gebiet der Großen Seen.

In Europa erreichte die letzte Vereisung vor 20 000 Jahren ihren Höchststand, und erst vor 12 000 Jahren war das Eis aus dem Gebiet südlich der Ostsee verschwunden.

Die Gründe für diese Klimaveränderungen sind immer noch nicht geklärt, und man kann davon ausgehen, daß wir in einer Zwischeneiszeit leben.

Die Drift der Kontinente, das Modell der Plattentektonik

Obwohl das augenscheinliche Zusammenpassen der Küstenlinien von Afrika und Südamerika schon vielen Wissenschaftlern aufgefallen war, wurde die Idee von der Wanderung der Kontinente erst im Jahr 1912 von dem Geophysiker Alfred Wegener im Rahmen eines Vortrags erstmals veröffentlicht.

Seine Rekonstruktion eines „Urkontinents" stimmt sehr gut mit den modernen Vorstellungen von „Pangäa" überein. Seine Theorien wurden jedoch, von einigen Ausnahmen abgesehen, von der Mehrzahl der Geowissenschaftler abgelehnt, und nach seinem Tod, im Jahr 1930 während einer Grönlandexpedition, wurde es still um die „Kontinentalverschiebungstheorie".

Erst mit der Entdeckung der **mittelozeanischen Rücken** und deren Deutung als Dehnungszonen der Erdkruste gewann seine Theorie wieder an Boden.

Daß der Ozeanboden keinesfalls eben ist, wurde bereits bei der Verlegung der ersten Telefonkabel zwischen Großbritannien und den USA gegen Ende des 19. Jh.s festgestellt. Die Fahrten des Forschungsschiffs „Meteor" in den zwanziger Jahren unseres Jahrhunderts im Südatlantik lieferten den endgültigen Beweis, daß der

Atlantik von einem mächtigen untermeerischen Gebirgszug beherrscht wird. Die Erforschung des Nordatlantiks wurde von den Amerikanern nach dem Zweiten Weltkrieg noch intensiviert und auch auf den Indischen und Pazifischen Ozean ausgedehnt. Nach und nach entstand das Bild eines erdumspannenden, 70 000 km langen Gebirges am Grund der Ozeane, das sich im Zentrum 3000 bis 4000 m über die Umgebung erhebt. An einigen Stellen ist dieser Gebirgszug bis zu 1500 km breit. In seinem Scheitel befindet sich ein bis zu 20 km breites und 1000 bis 2000 m tiefes Tal, aus dem Lava ausfließt und laufend neuen Meeresboden bildet.

Die Öffnung der Ozeane an den mittelozeanischen Rücken ist ein wichtiger Eckpunkt im Modell der **Plattentektonik**. Das Modell geht davon aus, daß die Erdkruste und die oberste Schicht des Erdmantels (die Lithosphäre) auf der zähplastischen Schicht des oberen Mantels schwimmen. Die Oberfläche der Erde bildet keine in sich geschlossene Fläche, sondern besteht aus acht großen und mehreren kleineren Platten, die sich voneinander weg- oder aufeinander zubewegen. Der Motor dieser Bewegung sind die gewaltigen Konvektionsströme im Erdmantel, die die Platten passiv mitführen. Entlang den mittelozeanischen Rücken brechen die Platten auf und bewegen sich in entgegengesetzter Richtung auseinander.

> Die größten Platten sind die Pazifische Platte, die dem südamerikanischen Kontinent westlich vorgelagerte Nazca-Platte, die Antarktische Platte, die Indisch-australische Platte, die Eurasische Platte, die Afrikanische Platte sowie die Nordamerikanische und Südamerikanische Platte.

Diesem Prozeß des Aufbrechens des Ozeanbodens, der als **sea-floor-spreading** bezeichnet wird, muß an einer anderen Stelle ein entgegengesetzter Vorgang des Verschwindens der ständig neu gebildeten Kruste gegenüberstehen. Solche **Subduktionszonen**, an denen schwere ozeanische Krustenteile unter leichtere kontinentale Kruste in den Erdmantel absinken, sind in den Tiefseegräben der Umrahmung des Pazifischen Ozeans am besten ausgebildet. Im Osten „taucht" die Nazca-Platte im Perugraben und im Atacamagraben unter den südamerikanischen Kontinent unter. Im Westen wird die Pazifische Platte im Marianengraben und den nördlich anschließenden Tiefseegräben „verschluckt".

Beim Abtauchen einer Platte wird diese in Tiefen zwischen 100 und 300 km aufgeschmolzen. Ein Teil der Schmelze versinkt in die tieferen Schichten des Mantels, ein anderer Teil tritt in Form von explosivem Vulkanismus wieder an die Erdoberfläche (z. B. Pinatubo auf den Philippinen oder der Anden-Vulkanismus).

Im Bereich des Himalaya kollidieren zwei kontinentale Platten miteinander, die Indische und die Eurasische. In diesem Fall sinkt lediglich der untere, zum Erdmantel gehörende Teil der Lithosphäre ab. Die oberen Krustenteile stapeln sich zu einem dicken „Paket" und bilden das höchste Gebirge der Erde.

Eine bekannte Sonderform der Plattenbewegung findet man im Bereich der „San-Andreas-Verwerfung" in Kalifornien. An dieser Stelle gleiten die Pazifische und die Nordamerikanische Platte aneinander vorbei. Die Pazifische Platte bewegt sich nach Norden, die Nordamerikanische Platte nach Süden. Seit dem Tertiär vor etwa 70 Mio. Jahren haben sich die Platten um 280 km gegeneinander

Natürliche Grundlagen

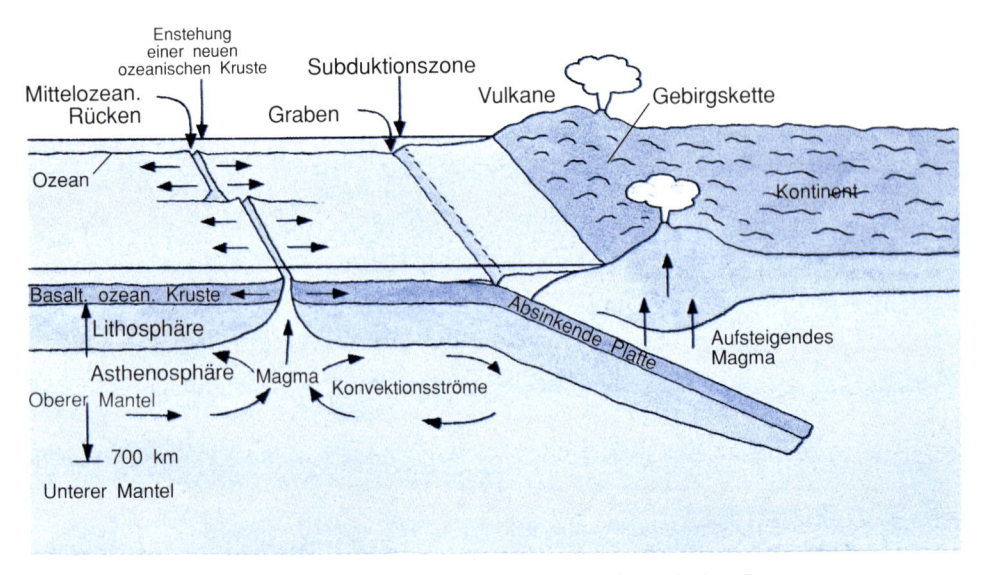

Die Plattentektonik, ein fundiertes Modell zur Erklärung geodynamischer Prozesse

verschoben. Da die Verschiebung meist nicht kontinuierlich vor sich geht, sondern ruckartig, sind solche Zonen stark erdbebengefährdet.

Wird die Tatsache der Drift der Kontinente auch nicht mehr angezweifelt, so gibt es dennoch unterschiedliche Vorstellungen über den Antrieb, der der Bewegung zugrunde liegt. Die frühen Theorien gingen davon aus, daß **Konvektionsströme** im Erdmantel im Zentrum der mittelozeanischen Rücken bis an die Lithosphärengrenze aufsteigen, sich nach der Seite verzweigen und dabei die Platten entsprechend seitlich voneinander wegführen.

Nach dieser Theorie wären die mittelozeanischen Rücken ortsfest und nur die Platten bewegten sich nach beiden Seiten in Richtung auf die Subduktionszonen zu. Diesem Modell widerspricht, daß Afrika, außer im Norden, ringsum von mittelozeanischen Rücken umgeben ist, aber keine Subduktionszonen zu finden sind. Im Gegenteil: der Kontinent weist im „Rift-Valley", das sich vom Roten Meer über Äthiopien und die Ostafrikanischen Gräben bis nach Malawi erstreckt, starke Dehnungstendenzen auf. Ein erweitertes Modell der Plattentektonik geht deshalb davon aus, daß sich unterhalb der afrikanischen Landmasse ein Konvektionszentrum befindet, das den gesamten Atlantik und die Südamerikanische Platte an einem Stück nach Westen bewegt. Dabei wandert der mittelatlantische Rücken mit der Platte mit und trägt nicht mehr aktiv zur Verschiebung bei.

Die Plattentektonik ist das zur Zeit fundierteste Modell zur Erklärung globaler geodynamischer Prozesse, auch wenn es zu Einzelbereichen, wie der Mechanik der Plattenbewegung, immer noch kontroverse Vorstellungen gibt.

Geologie

Vulkanismus und Erdbeben

Am 18. Mai 1980 zerbarst im Nordwesten der USA der Mt. St. Helens mit einer gewaltigen Explosion. Eine 500 °C heiße Aschen- und Gaswolke zerstörte in seinem Umkreis das gesamte Leben auf einer Fläche von 20 x 30 km. Die Aschenwolke stieg 25 km in die Höhe und verdunkelte in weiten Teilen der USA die Sonne. In 26 km Entfernung wurden von der Druckwelle noch zwei schwere Lkw umgestürzt. Nach der Explosion war der Berg um 350 m niedriger.

> Die freigewordene Energie entsprach der einer 30-Megatonnen-Wasserstoffbombe, 1500mal stärker als die Bombe von Hiroshima.

Solche zertörerischen Vulkanausbrüche bestimmen im allgemeinen unser Bild vom Vulkanismus, sind jedoch im „Leben" eines Vulkans die Ausnahme.

> Das Normale bei aktiven Vulkanen ist die Dauertätigkeit, die sich in der Regel weit weniger dramatisch auswirkt.

Zur Zeit sind auf der Erde 500–600 Vulkane aktiv. Eine Karte der Verteilung (Farbtafel S. 113) zeigt eine auffällige Übereinstimmung mit dem Verlauf der globalen Plattengrenzen, d.h. den mittelozeanischen Rücken und den Subduktionszonen. Ein Großteil der vulkanischen Tätigkeit spielt sich folglich unter dem Meeresspiegel ab und ist somit nicht direkt zu beobachten.
Zur Klassifikation von Vulkanen dienen in erster Linie die Art des Auswurfmaterials und die Form.

> Das vulkanische Auswurfmaterial wird in die drei Gruppen vulkanische Ergußgesteine (Magma und Lava), vulkanische Lockerstoffe (Pyroklastika) und vulkanische Gase unterteilt.

Als **Magma** bezeichnet man die glutflüssigen Ergußgesteine, die zum größten Teil dem Erdmantel entstammen. Dies gilt vor allem für die Zonen der mittelozeanischen Rücken. Im Bereich der Subduktionszonen werden auch noch Teile der im Erdmantel versinkenden Lithosphäre in die Magmabildung einbezogen.
Je nach Anteil der Kieselsäure werden unterschieden:
Basaltische, kieselsäurearme Magmen (Kieselsäureanteil < 52%). Das sehr heiße Magma (1000–1200 °C) ist extrem dünnflüssig und fließt deshalb sehr schnell, normalerweise bis zu einigen Stundenkilometern. Aufgrund der Dünnflüssigkeit verteilt es sich auch über sehr große Flächen.
Saure Magmen (Kieselsäureanteil > 65%). Sie sind wesentlich zähflüssiger und kühler (800–1000 °C) und bilden dicke Ablagerungen. Im Extremfall bleibt die Lava sogar als Pfropfen im Austrittsschlot stecken, da sie sich relativ schnell abkühlt.
Magmen mit einem Kieselsäureanteil von 52–65% werden intermediäre Magmen genannt.

Bei explosionsartigen Ausbrüchen fließt die Lava nicht mehr oder weniger schnell ab, sondern wird durch den Druck der Explosion aus dem Vulkan geschleudert. Die dabei entstehenden Bruchstücke werden **Pyroklastika** („vom Feuer zerstört") genannt und variieren in ihrer Größe beträchtlich. Am feinsten ist der Vulkanstaub mit einem Durchmesser bis zu 0,1 mm. Durch die Explosion werden die Teilchen bis in die hohen Schichten der Atmosphäre geschleudert, wo sie oft monatelang die Erde umkreisen.

Die Korngröße bei vulkanischen Aschen liegt zwischen 0,1 und 2 mm. Da auch sie 10–25 km hoch geschleudert und vom Wind weit verdriftet werden, bilden sie oft in großer Entfernung von der Ausbruchsstelle noch zentimeterhohe Schichten. Weniger weit werden die Lapilli, Bruchstücke bis zu 6 mm Durchmesser, geschleudert.

Die größten Stücke werden vulkanische Bomben genannt. Normalerweise werden sie nicht größer als ein Fußball, es wurden jedoch auch schon Bomben bis zu 100 t Gewicht gemessen.

Bei einer Explosion werden durch die plötzliche Druckentlastung auch die in dem Magma eingeschlossenen Gase in großen Mengen freigesetzt. Sie werden oft bis zu 1000 °C heiß und verleihen der Eruptionswolke den Auftrieb, der sie bis in Höhen von 25 km treibt.

Sind Gase, Ascheteile und Staubpartikel unter hoher Temperatur zusammengeschlossen, so kann es zur Ausbildung einer **Glutwolke** kommen. Die Glutwolke steigt nicht nach oben, sondern fließt mit hoher Geschwindigkeit die Vulkanflanken hinab. Beim Ausbruch des Mt. Pelée auf Martinique im Jahr 1902 zerstörte eine 800 °C heiße und 160 km/h schnelle Glutwolke die Stadt St. Pierre innerhalb weniger Sekunden und tötete 30000 Menschen.

Die bei den Ausbrüchen geförderten Produkte haben entscheidenden Einfluß auf die Form des Vulkans. Daneben sind auch noch Art und Dauer der Tätigkeit wichtig.

Die flächenmäßig größten Vulkane sind **Schildvulkane**. Typisch ist ihr großer Basisdurchmesser und die geringe Hangneigung von 6–20°. Schildvulkane entstehen, wenn sich sehr dünnflüssige Lava über eine große Fläche verteilt. Typische Beispiele sind der Mauna Kea und der Mauna Loa auf Hawaii. Der Mauna Loa hat an seiner Basis auf dem Meeresboden einen Durchmesser von 100 km und ist insgesamt über 10000 m hoch, davon über 4000 m über dem Meeresspiegel.

Als Idealform gelten die **Schicht- oder Stratovulkane**, die auch die Hauptmenge der Vulkane ausmachen. Laven und pyroklastisches Material werden bei den Ausbrüchen auf dem Hang in wechselnden Schichten abgelagert, wodurch ein regelmäßiger Kegel mit einem Böschungswinkel von ca. 30° entsteht. Die geförderte Lava ist saurer und zähflüssiger als bei Schildvulkanen.

Aschenvulkane oder **Lockerstoffvulkane** sind relativ selten. Sie haben fast reine Aschen- oder Gaseruptionen. Manchmal werden auch nur durch die Eruption zertrümmerte Nebengesteine ausgeworfen, wie es z.B. bei den Eifelmaaren der Fall ist.

Spaltenvulkane, zu denen auch die mittelozeanischen Rücken gehören, fördern das Material entlang von Rissen. Dabei kann es, wie in Island, vorkommen, daß auf einem langen Riß mehrere Vulkane aufsitzen, die gleichzeitig große Massen dünnflüssiger Lava fördern und dabei riesige Basaltdecken bilden. Solche Decken sind z.B. der Parana in Südamerika mit 750 000 km^2 Fläche oder das Dekhan-Plateau in Indien mit 500 000 km^2.

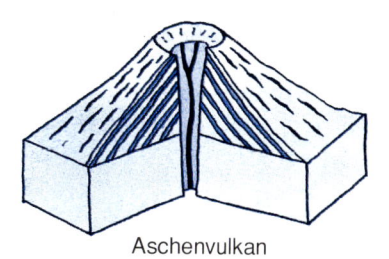

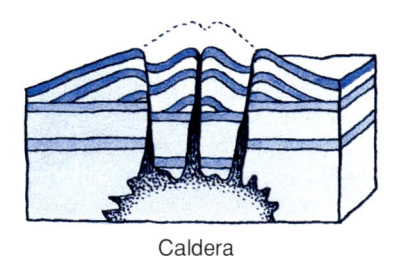

Strato- oder Schichtvulkan

Aschenvulkan

Schildvulkan

Caldera

Vulkanformen

Eine **Caldera** ist ein Kraterkessel, der meist um ein Vielfaches größer ist als der ursprüngliche Ausbruchskrater. Eine Explosionscaldera entsteht, wenn durch die Gewalt der Eruption der Vulkangipfel weggesprengt wird, so daß nur noch ein beckenartiger Rumpfvulkan übrigbleibt. Meist entstehen Calderen jedoch durch den Zusammenbruch unterirdischer Magmakammern, nachdem durch einen Ausbruch diese Kammern geleert wurden. In der Caldera kann später wieder ein neuer Vulkan nachwachsen.

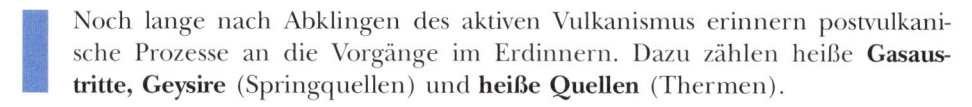

> Noch lange nach Abklingen des aktiven Vulkanismus erinnern postvulkanische Prozesse an die Vorgänge im Erdinnern. Dazu zählen heiße **Gasaustritte**, **Geysire** (Springquellen) und **heiße Quellen** (Thermen).

Bei **Geysiren** und **heißen Quellen** wird Grundwasser durch die vulkanische Wärme erhitzt, das bei Geysiren explosionsartig an der Erdoberfläche austritt. Bekannt sind die Geysirfelder Islands, Neuseelands und des Yellowstone-Parks in den USA.
Fumarolen sind 200–800 °C heiße Dampfquellen. Sie enthalten neben Wasserdampf u. a. auch Wasserstoff, Fluor, Chlor, Schwefelwasserstoff und Schwefeldioxid.
Solfatare sind 90–210 °C heiß. Die Dämpfe bestehen hauptsächlich aus Wasserdampf mit geringen Anteilen von Kohlendioxid und Schwefelwasserstoff.
Mofetten sind relativ kühle, weniger als 100 °C heiße Gasausströmungen von Kohlendioxid.

Natürliche Grundlagen

Ähnlich wie die Vulkane sind auch **Erdbeben** in der Mehrzahl an die Grenzen der ozeanischen und kontinentalen Platten gebunden. Die großen Erdbeben entstehen im Zusammenhang mit Brüchen in der Erdkruste bzw. im oberen Erdmantel. Krustenteile bewegen sich dabei aneinander vorbei oder werden übereinander hinweggeschoben. Die starke Reibung verhindert eine kontinuierliche Bewegung. Im Gestein entstehen Spannungen, die wie elastische Energie in einer aufgedrehten Feder gespeichert werden. Wird die Spannung im Lauf der Jahre zu groß, löst sie sich mit einem plötzlichen Ruck. Dabei entstehen Schwingungen, die sich von der Ursprungsstelle des Bebens, dem **Herd** oder **Hypozentrum**, nach allen Richtungen fortbewegen und das Gestein verformen. Die Projektion des in der Tiefe liegenden Herdes an die Erdoberfläche wird **Epizentrum** genannt. Schäden entstehen zunächst direkt durch die Vibration des Untergrundes. Bei Meeresbeben bilden sich oft die gefürchteten „**Tsunamis**", lange Flutwellen, die sich zunächst mit nur geringer Wellenhöhe sehr schnell (bis zu 700 km/h) fortbewegen. Bei Annäherung an das Festland laufen sie, bedingt durch die abnehmende Wassertiefe, zu hohen Wellenbergen auf (30–40 m) und richten verheerende Schäden an. Durch ein Erdbeben ausgelöste Großfeuer, Schlammströme oder Lawinen verursachen oft ebenfalls größeren Schaden als das Beben selbst.
Die vom Erdbebenherd ausgehenden Wellen werden nach **Raumwellen** und **Oberflächenwellen** unterschieden. Raumwellen breiten sich nach allen Richtungen aus, während sich die Oberflächenwellen nur entlang der Erdoberfläche verbreiten und dadurch ihre Energie auch länger bewahren.

> Zu den Raumwellen zählen die P-Wellen und die S-Wellen. P-Wellen, auch Longitudinal- oder Kompressionswellen genannt, schwingen in Fortpflanzungsrichtung. Das Gestein wird abwechselnd zusammengepreßt und ausgedehnt. S- oder Transversalwellen führen die Schwingungen senkrecht zur Fortpflanzungsrichtung aus. Das Gestein vollführt entweder seitliche, scherende oder vertikale Bewegungen.
> Auch die zu den Oberflächenwellen zählenden L-(Love-) Wellen schwingen quer zur Fortpflanzungsrichtung. Die M- oder Rayleigh-Wellen verlaufen ebenfalls entlang der Oberfläche. Sie ähneln in ihrem Verlauf den Wasserwellen und „buckeln" das Gestein regelrecht auf.

Seit Beginn dieses Jahrhunderts werden die Erdbeben weltweit mittels Seismographen registriert und aufgezeichnet. Die Intensität eines Erdbebens wird nach der zwölfteiligen **Mercalli-Skala** angegeben. Sie reicht von der Intensität I = „Nur von Seismographen registriert" bis zur Intensität XII = „Starke Veränderungen an der Erdoberfläche". Die nach oben offene **Richter-Skala** gibt die Energie eines Bebens durch die Magnitude „m" an. Eine Steigerung um eine Stufe bedeutet jeweils das Zehnfache an Stärke. Die stärksten bisher registrierten Beben erreichten eine Magnitude von ungefähr 8,5 mit totalen Zerstörungen an der Erdoberfläche. Die Stärken 2–3 werden noch nicht gespürt, aber bereits von Seismographen aufgezeichnet. Ab Stärke 5 treten die ersten Gebäudeschäden auf. Erdbeben der Stärken 2–3 gibt es ca. 800 000 jährlich, Beben der Stärke 5 ungefähr 500. Extrem starke Beben mit m > 8 treten alle 5–10 Jahre auf. Dazu zählten z.B. die Beben von San Francisco 1906, von Tokyo/Yokohama 1923, Chile 1960, Alaska 1964 und China 1976.

Die Deformation der Erdkruste, Faltungen und Brüche

Eine Wanderung durch bestimmte Gebiete der Alpen läßt auch den geologisch Ungeübten erahnen, welche ungeheuren Kräfte bei der Bildung dieses Gebirges am Werk gewesen sein müssen. Dicke Gesteinsschichten ragen steil nach oben, sind verbogen oder erscheinen sogar umgekippt. Es scheint unmöglich, daß festes Gestein derartige Formen annehmen kann. Inzwischen wurde aber auch experimentell nachgewiesen, daß unter hohem Druck und entsprechend hohen Temperaturen Gestein verformbar ist. **Faltungen** im Gesteinsverband entstehen entweder durch hohen seitlichen oder vertikalen Druck. Am schönsten sind die verschiedenen Formen in den nördlichen Randbereichen der Alpen bzw. im Schweizer und Französischen Faltenjura ausgebildet.

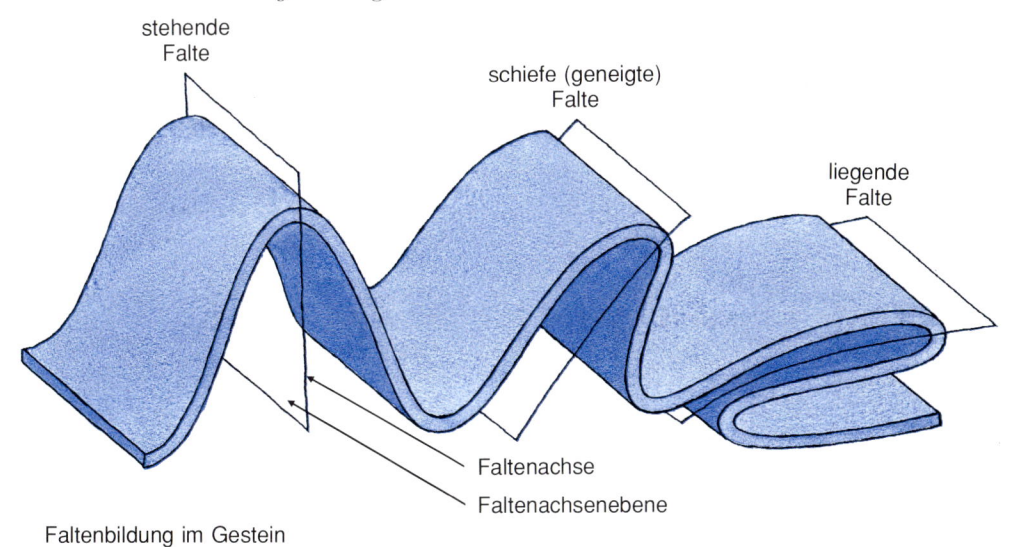

Faltenbildung im Gestein

> Eine Falte besteht aus den beiden Schenkeln oder Flügeln. Sie schließen den Faltenkern ein. Den höchsten Punkt bildet der Scheitel, den Umbiegepunkt nennt man Scharnier. Durch das Scharnier geht die Faltenachse, um die die Falte herumgebogen erscheint. Die Faltenachsenfläche teilt die Falte so symmetrisch wie möglich. Einbiegungen heißen Mulden oder Synklinen. Aufwölbungen werden Sättel oder Antiklinen genannt.

Nur in seltenen Fällen haben Falten eine senkrechte Achsenebene und sind schön symmetrisch. Bei horizontalem Druck von einer Seite entsteht oft eine asymmetrische Form, die Falte erscheint gekippt. Je nach Ausmaß der Neigung unterschei-

Natürliche Grundlagen

det man schiefe oder liegende Falten. In einer liegenden Falte ist die Achsenebene horizontal, in extremen Fällen kann die Falte sogar „abtauchen".

Nicht immer reagieren Gesteine auf Druck mit Verfaltung. Oft kommt es zu **Brüchen**, verbunden mit einer relativen Verschiebung der aneinandergrenzenden Gesteinspakete. Man spricht in solchen Fällen auch von **Verwerfungen, Störungen** oder **Sprüngen**.

> **Abschiebungen** sind Störungen, bei denen ein Teil des Bruchs in Fallrichtung der Störungsfläche abgesunken ist. Im entgegengesetzten Fall spricht man von Auf- bzw. Überschiebung. Bei der Aufschiebung ist der Neigungswinkel steiler als 45°, bei der Überschiebung flacher. Abschiebungen haben meist einen Neigungswinkel von 60–80°.

Der Höhenunterschied zwischen den Schollen wird **Sprunghöhe** genannt. Man unterscheidet die wahre (vertikale) Sprunghöhe von der flachen Sprunghöhe, die auf der Verwerfungsfläche gemessen wird. Die parallele Folge mehrerer Verwerfungen wird **Staffelbruch** oder **Verwerfungstreppe** genannt. **Seiten-** oder **Blattverschiebungen** bezeichnen Verschiebungen in der Horizontalen. Eine Besonderheit sind Gräben und Horste. Bei einem **Graben** ist ein zentraler Krustenteil gegenüber seiner Umgebung relativ abgesenkt. Diese Einbruchszonen sind meist lang und schmal und an beiden Seiten durch mehrere gestaffelte Brüche begrenzt. Ein markantes Beispiel ist der Oberrheingraben, vor allem in dem Bereich zwischen Schwarzwald und Vogesen. Ein **Horst** wird ebenfalls von zwei Bruchflächen begrenzt, ist aber gegenüber seiner Umgebung relativ herausgehoben.

Die Entstehung eines Gebirges, die Alpen

Die Alpen in ihrer heutigen Gestalt sind noch ein sehr junges Gebirge. Ihre steilen und schroffen Formen erhielten sie erst während der letzten 23 Mio. Jahre. Vor ca. 30 Mio. Jahren waren sie allerdings noch beeindruckender als heute, mit Höhen bis zu 6000 m.

Die Gesteine, die das Gebirge aufbauen, sind jedoch wesentlich älter. Es werden zwei große Komplexe unterschieden:

> Das **Grundgebirge** aus paläozoischem Gestein, das schon durch die variszische Faltung umgeprägt wurde, und das mesozoische und alttertiäre **Deckgebirge**. Dies sind Gesteinsablagerungen, die sich seit 230 Mio. Jahren hauptsächlich im Meer, zum Teil sogar im Tiefseebereich gebildet hatten.

Im Paläozoikum lag der heutige Bereich der Alpen am Südrand des europäischen Kontinents, im westlichen Ausläufer der Tethys. Die Wassertiefe war relativ gering und betrug nur einige hundert Meter. Während der Trias wurde das Gesteinsmaterial des Festlands durch die Flüsse ins Meer geschwemmt und bildete dicke Sedimentschichten. In der späten Trias stieß die Tethys weiter nach Westen bis nach Gibraltar vor. Durch Absenkungen bildeten sich nach Süden mehrere Tröge heraus, die durch Schwellen voneinander getrennt waren, und in denen verschiedenartige Gesteine abgelagert wurden (Kalkstein, Sandstein, Ton).

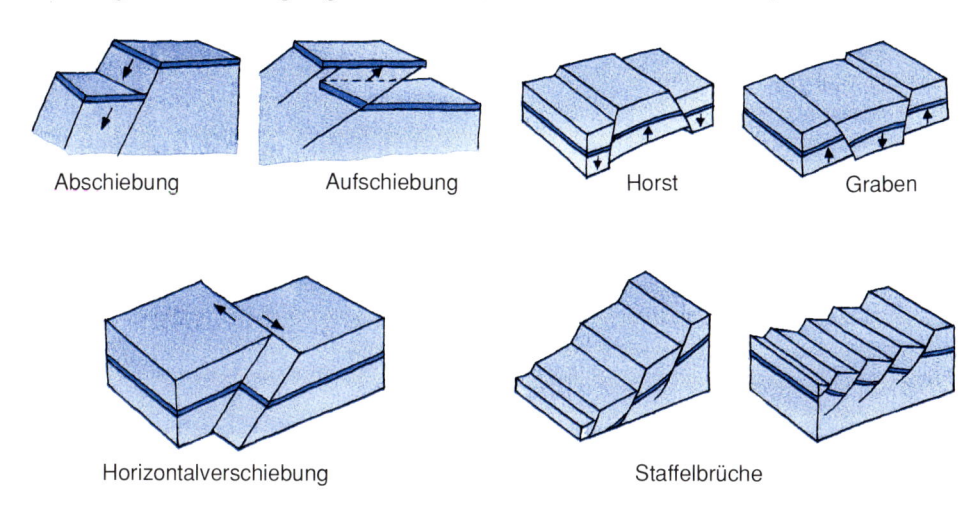

| Abschiebung | Aufschiebung | Horst | Graben |

| Horizontalverschiebung | | Staffelbrüche | |

Bauformen der Bruchtektonik

Die ersten Tiefseesedimente entstanden im Jura vor 200 Mio. Jahren. Die Tethys war inzwischen noch breiter und tiefer geworden. Vor 165 Mio. Jahren begann im Bereich zwischen Afrika und der Karibik das Auseinanderbrechen Europas und Nordamerikas an mittelozeanischen Rücken. Durch den Druck verschob sich auch Afrika gegenüber Europa nach Osten. Der Abstand zwischen den beiden Kontinenten vergrößerte sich weiter. Italien war damals noch nicht Teil Europas, sondern saß wie ein Sporn an der Nordküste des afrikanischen Kontinents (Apulischer Sporn oder Apulische Platte). Ab Mitte der Kreidezeit hörte die Ostwärtsbewegung Afrikas auf, und die beiden Kontinente bewegten sich von nun an aufeinander zu. Der dadurch entstehende Druck verformte die bis dahin abgelagerten Sedimentpakete und faltete sie. Ein Teil wurde auch unter der Apulischen Platte „verschluckt". Diese Vorgänge spielten sich alle noch unter dem Meeresspiegel ab. Das Gebirge war noch nicht herausgehoben. Im Verlauf der nächsten Jahrmillionen verlangsamte sich die Bewegung, bis im Tertiär, vor 55 Mio. Jahren, der Apulische Sporn (Italien) erneut nach Norden drängte. Im Bereich der Alpen kollidierten nun die beiden kontinentalen Platten.

> Bei dieser Kollision wurden ganze Gesteinspakete als sogenannte „Decken" über andere Gesteinsformationen hinweggeschoben und weit über ihren Ursprungsort hinaus, in einigen Fällen mehrere hundert Kilometer, nach Norden verlagert. Der Zusammenschub erfolgte mit einer Geschwindigkeit von mindestens 6 cm, evtl. sogar 10 cm pro Jahr. Reste dieser Decken sind z.B. die Nördlichen Kalkalpen, deren Gesteine ursprünglich am Südrand der Tethys abgelagert worden waren.

Natürliche Grundlagen

Vor ungefähr 40 Mio. Jahren kam es als Folge der Verschluckung von Krustenteilen auch zu gewaltigen basaltischen Lavaausbrüchen.

Erst nach dem Prozeß der Deckenbildung vor 40 Mio. Jahren wurden die Alpen erstmals herausgehoben, und es entstand ein Gebirge. Die Hebungsgeschwindigkeit betrug ungefähr 8 mm pro Jahr. Vor 30 Mio. Jahren waren die Alpen dann ein Hochgebirge von 6000 m, vergleichbar mit dem heutigen Kaukasus. Doch schon mit der Hebung begann auch die Abtragung. Schnee, Regen, Wind und Eis griffen die Gesteine an, und Flüsse verfrachteten das Material in Senken am Fuß des Gebirges.

Erneute Plattenbewegungen vor 25 Mio. Jahren führten zu weiteren Faltungen und Deckenverschiebungen im angrenzenden westlichen Teil des Meeres sowie zu erneuter Heraushebung einiger Massive.

Betroffen von solchen Heraushebungen waren in erster Linie die äußeren Bereiche der Französischen und Schweizer Alpen. Die darauffolgende lange Phase der Abtragung ebnete die Alpen soweit ein, daß sie vor 2 Mio. Jahren wohl nur noch eine niedrige Bergkette waren.

Die vorläufig letzte Heraushebung zum heutigen Hochgebirge erfolgte während der vergangenen 2 Mio. Jahre. Der westliche Teil wurde dabei weiter herausgehoben als der östliche Gebirgskörper. Die endgültige Ausformung der Alpen zum typischen Hochgebirge ist in erster Linie ein Produkt der Eiszeiten und der Gegenwart.

Übungen

- Mit welchen Methoden wird der Aufbau des Erdinnern erforscht? Geben Sie eine kurze Erklärung.
- Stellen Sie die Entwicklungsgeschichte der Erde auf einer Strecke von zwei Metern dar. Welchen Raum nehmen die Erdzeitalter ein? Wo tritt der Mensch (Frühmenschen vor ca. 2 Mio. Jahren) auf?
- Nennen Sie die bedeutendsten Gebirgsbildungsphasen in Mittel- und Westeuropa. Wodurch wurden sie verursacht? Ordnen Sie die wichtigsten Gebirge den entsprechenden Phasen zu.
- Island wird oft „das Paradies für Geologen" genannt. Was mag diese Bezeichnung rechtfertigen?
- In San Francisco rechnet man für die nächsten Jahre mit dem „Großen Beben". Woher kommt diese Gefahr?
- Erklären Sie den Begriff „Pazifischer Feuerring".
- Durch welche geologischen Formationen entstand die linienhafte Anordnung der jungen Faltengebirge von den Alpen bis Südostasien (s. Karte „Geotektonik", S. 114/115)?
- Welche großräumigen Strukturen in Europa und Afrika weisen auf eine Dehnung der Erdkruste bzw. das Auseinanderbrechen einer kontinentalen Platte hin (Karte „Geotektonik", S. 114/115)? Beschreiben Sie den Verlauf dieser Strukturen.

- Ordnen Sie folgende Vulkane den entsprechenden Plattenregionen zu: Surtsey (Island), Kilimandscharo (Tansania), Fudschijama (Japan), Katmai (Alaska), Cotopaxi (Ecuador), Krakatau (Indonesien), Pico (Azoren) und Mt. St. Helens (Nordwesten der USA).
- Auch in Deutschland gab es einmal vulkanische Aktivitäten. Lokalisieren Sie diese Regionen anhand des Atlasses.
- Die tektonische Karte läßt den Ablauf der großräumigen geologischen Entwicklung des nordamerikanischen Kontinents erkennen. Geben Sie die zeitliche Abfolge wieder und gehen Sie dabei auf die Entstehungszeit der Gebirge ein.

Die Oberflächenformen der Erde

Verwitterung und Bodenbildung

Unter Verwitterung wird die physikalische Zerkleinerung und der chemische Zerfall der Gesteine an der Erdoberfläche verstanden. Sie beginnt bereits mit der Heraushebung der Gebirge über den Meeresspiegel.

Im Gegensatz zu den **endogenen (inneren) Kräften** des Erdinnern nennt man die Kräfte, die an der Erdoberfläche einwirken, **exogene (äußere) Kräfte**. Dazu gehören in erster Linie das Klima, Wasser, Eis und Wind.
Man unterscheidet zwischen der physikalischen und chemischen Verwitterung.

Die physikalische Verwitterung ist die mechanische Zerkleinerung des Gesteins ohne Veränderung in dessen chemischer Zusammensetzung. Das Gesteinsgefüge wird geschwächt, das Gestein verkleinert. Die chemische Verwitterung wirkt verändernd auf die Gesteinszusammensetzung. Sie besteht vor allem in der Auflösung wasserlöslicher Mineralien bzw. in der Umwandlung unlöslicher Mineralien in lösliche Substanzen.

Die physikalische Verwitterung

Mit der Heraushebung eines Gesteinskörpers an die Erdoberfläche ist eine Druckentlastung verbunden. Durch den abnehmenden Druck entstehen im Fels Fugen, die in manchen Fällen zur oberflächenparallelen Loslösung von Platten führen können.
Ein weiterer Faktor ist die **Frostsprengung**. Eine Besonderheit des Wassers liegt darin, daß es beim Gefrieren sein Volumen um 9% vergrößert. Wasser, das in Spalten und Fugen des Gesteins eindringt, dehnt sich somit beim Gefrieren aus und übt einen enormen Druck auf die Umgebung aus. Durch äußeren Druck

wird der Gefrierpunkt des Wassers zwar herabgesetzt, entsprechend groß ist aber auch der Gegendruck des Eises. Bei −5 °C beträgt der Druck des gefrierenden Wassers etwa 600 kg/cm^2. Die maximale Druckwirkung liegt bei −22 °C und beträgt 2200 kg/cm^2. Besonders wirksam ist die Frostsprengung bei mehrfachem Wechsel zwischen Auftauen und Gefrieren. Typisch ist wiederum die Absprengung oberflächenparalleler Platten und die Ablagerung von kantigem Frostschutt am Fuß von Steilhängen.

Die **Temperaturverwitterung** besteht in dem Ausdehnen und Zusammenziehen von Gestein durch Erwärmung und Abkühlung. Dazu ist allerdings ein sehr starker Temperaturwechsel notwendig, wie er z.B. in Wüstengebieten vorkommen kann. Die Auswirkungen dieser Art der Verwitterung sind allerdings wohl nicht so bedeutend wie man früher vermutet hatte.

Ähnlich wie die Frostverwitterung wirkt auch die **Salzsprengung**. Bei der Auskristallisation übersättigter Salzlösungen kann es ebenfalls zu einer Volumenvergrößerung kommen, die eine gewisse Sprengwirkung auf das Gestein ausübt.

Die chemische Verwitterung

Die chemische Verwitterung ist eine **Lösungsverwitterung**. Am leichtesten werden Salze, z.B. Steinsalz und Gips, gelöst. Dazu ist allein schon Wasser fähig. Die Wirkung des Wassers wird durch Hinzukommen von Säuren noch erheblich gesteigert. Die in dieser Beziehung wichtigste Säure ist die Kohlensäure. Das dazu notwendige Kohlendioxid liefern z.B. Verbrennungsprozesse, oder es entsteht auf natürliche Weise durch tierische und pflanzliche Atmung. Kohlendioxid ist leicht wasserlöslich, wobei kaltes Wasser mehr aufnehmen kann als warmes. Mit Kohlensäure angereichertes Regen- und Sickerwasser führt zur Auflösung von Kalk- und Dolomitgestein (Dolomit ist ein Kalkgestein, das einen hohen Anteil von Magnesium enthält).

Die zerstörerische Wirkung wird augenscheinlich in Großstadt- und Industrieregionen, wo durch die Verbrennung von Öl und Kohle zu dem hohen Kohlendioxidgehalt auch noch ein hoher Schwefeldioxidgehalt kommt. Schwefeldioxid verbindet sich mit Wasser zu schwefliger Säure bzw. Schwefelsäure und ist der Hauptverursacher enormer Verwitterungsschäden an Bauwerken.

Der **Hydrolyse**, ebenfalls eine Lösungsverwitterung, unterliegen vor allem die Silikatgesteine, z.B. Granit. Sie führt zur Verwitterung der Feldspäte und zur Bildung von Tonmineralien. Da sie temperaturabhängig ist, wirkt sie vor allem in den feucht-heißen Äquatorregionen.

Auch **Oxidation** ist eine Form der Verwitterung. Minerale, die Eisen, Mangan und Schwefel enthalten, oxidieren unter dem Einfluß von Feuchtigkeit und Luftsauerstoff bzw. des im Wasser enthaltenen freien Sauerstoffs. Typisches Anzeichen ist eine rote oder gelbe Verwitterungsrinde auf der Gesteinsaußenseite.

Mit der Verwitterung des Gesteins setzt die Bodenbildung ein. Voraussetzung ist allerdings, daß das verwitterte Material sich ansammeln kann und nicht sofort durch Wasser und Wind wegtransportiert wird.

Unter Boden versteht man die oberste Lockerschicht der Erdkruste, die durch physikalische, chemische und biologische Vorgänge soweit aufbereitet ist, daß sie das Pflanzenwachstum ermöglicht.

Der Boden ist sowohl Wurzelort der Pflanzen als auch Lebensraum von Kleinstlebewesen und z.T. höherentwickelter Tiere. Neben Hangneigung sind für die Bodenbildung auch Ausgangsgestein (Muttergestein), Klima, Vegetation und Zeit wichtig. Gleiche Verwitterungsprozesse erzeugen auf unterschiedlichem Gestein ganz verschiedene Böden. Andererseits können aus dem gleichen Gestein unter verschiedenen klimatischen Bedingungen und Pflanzendecken entsprechend unterschiedliche Böden hervorgehen.

Um Böden zu charakterisieren, werden sie in **Horizonte** eingeteilt, die ungefähr parallel zur Erdoberfläche verlaufen. Die Bodenhorizonte bilden zusammen das Bodenprofil.

Der Oberboden (**A-Horizont**) ist die oberste Schicht mit der stärksten Verwitterung. Er ist durch Humusstoffe meist dunkel gefärbt, von Pflanzenresten durchsetzt und von Bodentieren „durchgearbeitet".

Der Unterboden (**B-Horizont**) ist meist humusfrei. In ihm befinden sich auch unverwitterte Gesteinsstücke oder Anreicherungsschichten von Mineralien, die aus dem Oberboden nach unten ausgewaschen wurden (Tone, Eisenausscheidungen).

Der **C-Horizont** ist das schwach- oder unverwitterte Ausgangsgestein selbst.

Diese Dreigliederung ist allerdings nur in den feuchten Klimaten unserer Breiten typisch ausgebildet. In Trockengebieten fehlt meist der B-Horizont.

Böden mit ähnlichen Profilen werden zu Bodentypen zusammengefaßt. Nachfolgend einige der wichtigsten Beispiele.

Die **Braunerde** ist ein häufiger Typ des kühl-gemäßigten Klimas Mittel- und Westeuropas, insbesondere der Waldgebiete. Die braune Färbung stammt vom Eisenoxid. Der Oberboden ist meist humusreich und sehr locker, und die drei Horizonte sind deutlich zu unterscheiden.

Die **Schwarzerde (Tschernosjom)** ist in kaltem, trockenem Klima über kalkhaltigem Gestein oder Löß entstanden. Der A-Horizont ist oft mehrere Meter mächtig, humus- und kalkreich und geht direkt in den C-Horizont über. Die Schwarzerde ist überaus fruchtbar und vor allem in den Steppengebieten Eurasiens und Nordamerikas zu finden.

Auch die **Rendzina** hat nur ein A-C-Profil und ist vor allem über Kalkgestein in der gemäßigten Klimazone entwickelt. Der A-Horizont ist braun bis dunkelbraun und mit Kalksteinresten durchsetzt.

Auf den Kalkgesteinen des Mittelmeerraums findet man die **Terra Rossa**. Es handelt sich um einen roten, eisenoxidreichen Bodentyp, bei dem auf den A-Horizont gleich das Muttergestein folgt. Die Terra Rossa wird oft in Tälern und Becken zusammengeschwemmt und ist recht fruchtbar, allerdings auch nur sehr schwer zu bearbeiten.

Laterite sind unfruchtbare, oft mit einer eisenreichen Kruste angereicherte Böden der wechselfeuchten Tropen, der Gebiete beiderseits des Äquators. Der Vorrat an Humusstoffen ist sehr gering. Laterite sind meist sehr mächtig und bilden einen breiten Gürtel von Brasilien und Mittelamerika über Äquatorialafrika, Indien und Südostasien bis nach Australien.

Im kaltfeuchten, nördlichen Klima ist der **Podsol** (Bleicherde) ein häufiger Bodentyp. Über dem nährstoffarmen und ausgelaugten A-Horizont liegt meist eine Schicht von nur schwach verwittertem Pflanzenmaterial. Im B-Horizont entsteht durch die Auswaschung der Mineralien aus dem A-Horizont eine oft eisenangereicherte Schicht, der Ortstein. Bei entsprechender Mächtigkeit kann diese Schicht den Baumwuchs hindern oder ganz unmöglich machen.

Abtragung, Transport und Ablagerung

Der Verwitterung des Gesteins folgt die Abtragung und Verlagerung durch Wasser, Wind, Gletscher oder Meereswellen.

Die **Abtragung** beginnt mit der mehr oder weniger schnellen Abwärtsbewegung des verwitterten Materials an einem Hang unter dem Einfluß der Schwerkraft. Die Geschwindigkeit ist abhängig von Hangneigung und klimatischen Einflüssen, aber auch davon, ob das zerkleinerte Material von einer Pflanzendecke geschützt wird oder nicht.

Am extremsten wirkt die Schwerkraft an steilen Felswänden, an deren Fuß sich oft riesige Schutthalden entlangziehen. Aber auch schon an Hängen mit nur geringer Neigung bewegt sich die obere Bodenschicht stetig talwärts. Extremfälle der Hangabtragung sind Bergstürze und Erdrutsche, bei denen große Gesteinsmassen mit einem Mal ins Tal stürzen und erhebliche Schäden anrichten können. In Trockengebieten verursachen plötzliche starke Regenfälle gefährliche Schlammströme, da der Boden die riesigen Wassermassen nicht so schnell aufnehmen kann und die Lockermassen auch nicht durch eine Pflanzendecke geschützt sind.

Die wichtigsten Akteure beim Transport des verwitterten Gesteins sind die Flüsse.

Die Transportfähigkeit hängt in erster Linie von der Fließgeschwindigkeit und der Wassermenge ab. Ton (Durchmesser < 0,002 mm) wird, ist er erst einmal in Schwebe, schon bei extrem langsamer Geschwindigkeit transportiert. Zum Transport von Feinsand (Durchmesser 0,2–2 mm) ist bereits eine Mindestgeschwindigkeit von 1,6 cm/sec notwendig. Der Transport von Grobkies ist erst ab einer Fließgeschwindigkeit von > 130 cm/sec möglich.

Nimmt die Geschwindigkeit des Wassers ab bis zum jeweiligen Grenzwert, hört der Transport auf. Das Material sinkt auf den Boden des Flußbetts und wird abgelagert (sedimentiert). Steigt die Transportfähigkeit durch höhere Wassermengen oder höhere Fließgeschwindigkeit wieder, wird das Material weitertransportiert. Um ein abgelagertes Gesteinskorn wieder aufzunehmen, bedarf es jedoch einer höheren Fließgeschwindigkeit als zum Transport. Ein Gesteinskorn von 0,2 mm Durchmesser wird z.B. erst ab einer Fließgeschwindigkeit von über 20 cm/sec vom Wasser aufgenommen, aber weiterbewegt, solange die Geschwindigkeit größer als 2 cm/sec bleibt.

Den Endpunkt des Gesteinstransports bildet schließlich das Meer, das die Abtragungsprodukte des Festlands aufnimmt.

Von Flüssen geschaffene Landschaftsformen

Bestimmende Kraft, die die Oberfläche des Festlands formt, sind in den meisten Gebieten der Erde die Flüsse. Durch Verwitterung wird Gestein zerkleinert, durch Abtragung an den Hangfuß verfrachtet und durch das Wasser schließlich wegtransportiert. Das Endergebnis ist, über lange geologische Zeiträume gesehen, die Abtragung und Absenkung der höher liegenden Gebiete der Erde.

Die Arbeit eines Flusses besteht jedoch nicht nur aus dem Transport des Gesteinsmaterials. Ist die Wassermenge oder die Fließgeschwindigkeit größer als zum Transport des angelieferten Materials notwendig, nimmt der Fluß weiteres Gestein vom Boden auf und vertieft dadurch das Flußbett.

Auch die abschleifende Wirkung des Gerölls, das am Boden mitgerissen wird, trägt dazu bei, daß sich der Fluß immer tiefer in seine Umgebung einschneidet. Diesen Vorgang nennt man Erosion.

Die typische, vom Fluß geschaffene Landschaftsform ist das **Tal**. Die Form eines Tals, das nach seinem Querschnitt charakterisiert wird, ist abhängig von der Fließgeschwindigkeit, der Schotterführung und vor allem vom Untergrund.

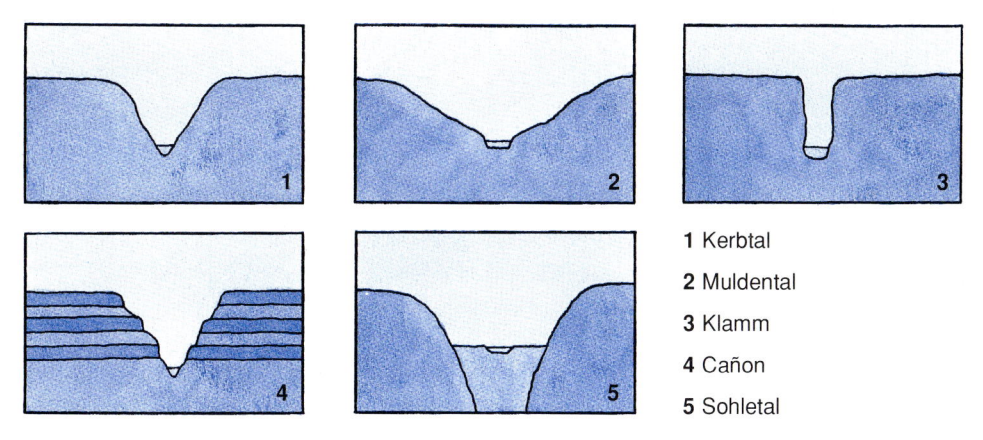

1 Kerbtal
2 Muldental
3 Klamm
4 Cañon
5 Sohletal

Talformen

In sehr hartem Gestein wirkt die Erosion meist nur in die Tiefe. Der Talboden ist dann nur sehr schmal ausgebildet, und die Wände sind steil. Eine **Klamm** hat fast senkrechte Wände, und der Fluß füllt die volle Breite der Talsohle aus. Kerbtäler haben einen v-förmigen Querschnitt und nur einen schmalen oder gar keinen

Talboden. Typisch für **Cañons** ist der Wechsel von steilen und flacheren Hangabschnitten, bedingt durch die Wechsellagerung von unterschiedlich widerstandsfähigem Gestein. Das Paradebeispiel für diese Talform ist der Grand Canyon des Colorado River in den USA.

Kann der Fluß das von den Seiten zugeführte Material nicht mehr abtransportieren, entstehen **Muldentäler**. Der Talgrund geht ohne Bruch in den Hang über. Die unteren Hangteile sind konkav, die oberen konvex ausgebildet.

Bei **Sohletälern** ist zwischen dem ebenen Talboden und den steilen Talhängen ein deutlicher Knick erkennbar. Meist handelt es sich um ehemalige tiefere Kerbtäler, deren Talboden durch Ablagerung des mitgeführten Materials aufgefüllt wurde. Die Tiefenerosion tritt gegenüber der Seitenerosion in den Hintergrund. Bei sehr markantem Knick zwischen Talhang und Talboden spricht man auch von **Kastentälern** (z. B. in den Sandsteingebieten des Nordschwarzwalds).

In ehemals vergletscherten Gebieten wie den Alpen sind die **Trog-** oder **U-Täler** verbreitet. Diese Täler erhielten ihre heutige Form durch die ausschürfende Arbeit von fließendem Eis. Kennzeichnend sind steile Hänge, die im unteren Abschnitt einen weichen Übergang in den ebenen Talboden aufweisen. An der Trogkante über dem u-förmigen Tal beginnt die flache Trogschulter. Der oberste Punkt, den das Eis gerade noch erreichte, wird Schliffkante genannt.

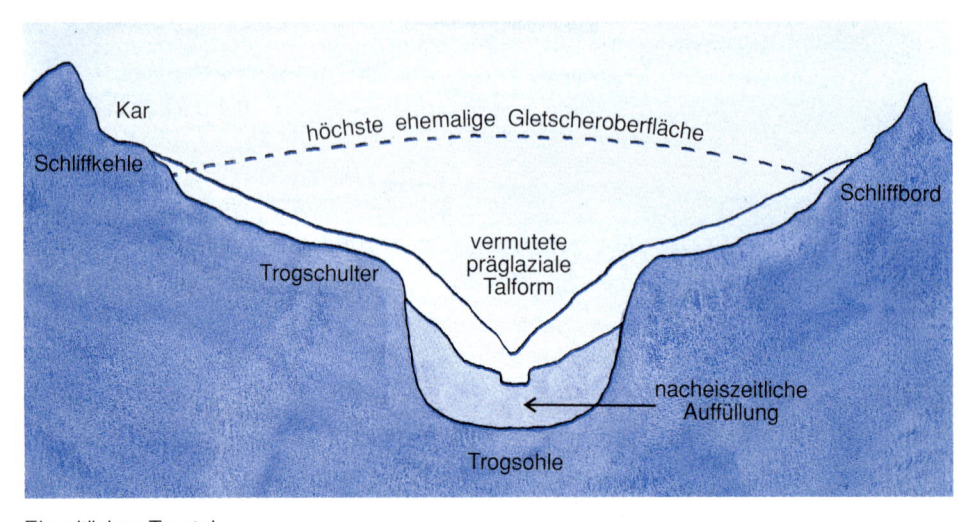

Eiszeitliches Trogtal

Vom Eis geschaffene Landschaftsformen (Glazialformen)

Ungefähr 10% der Landoberfläche der Erde sind heute von Eis bedeckt. Ein ganzer Kontinent (Antarktika) und die größte Insel der Erde (Grönland) sind unter einem mehrere tausend Meter dicken Eispanzer begraben. Während der Eiszeiten der letzten 2 Mio. Jahre lagen sogar bis zu 30% des Festlands unter Eis.

Das als Gletscher fließende Eis trägt auch heute noch, vor allem im Hochgebirge,

Die Oberflächenformen der Erde

zur Überformung der Landschaft bei. Allerdings sind die meisten der heute noch aufzufindenden Glazialformen Produkte der großen Eiszeiten oder Kälteperioden der jüngeren Vergangenheit, als die Gletscher zwischenzeitlich kurzfristig wieder vorgestoßen waren.

Wie entsteht ein Gletscher? In den Hochgebirgen der Erde oberhalb einer gewissen Höhe, bzw. in den Polarregionen, schmilzt der Schnee auch im Sommer nicht ab, sondern sammelt sich an. Diese Grenze wird **Schneegrenze** oder **Firnlinie** genannt. Die Schneegrenze ist abhängig von Niederschlag und Temperatur und sinkt, grob gesprochen, vom Äquator zu den Polargebieten stetig ab. In den Alpen liegt sie zur Zeit zwischen 3100 und 2600 m, in Skandinavien bei rund 1000 m und in den polnahen Gebieten in Meereshöhe.

> Unter dem auflastenden Druck der Schneemassen verändern sich die Schneekristalle. Der Schnee wird immer stärker verdichtet. Aus Neuschnee mit 90% Luftgehalt wird zunächst Firnschnee (40–60% Luft), danach Firneis (20–40% Luft) und schließlich Gletschereis (Luftgehalt 2%). Entsprechend steigt auch die Dichte. Sie beträgt bei Neuschnee 0,05–0,1 bei Gletschereis 0,9. Wenn das Eis nun infolge der eigenen Schwere beginnt, sich hangabwärts in Bewegung zu setzen, ist der Gletscher geboren.

Der größte Teil des Eises auf der Erde entfällt auf die gewaltigen Inlandeismassen der Antarktis (85,7%) und Grönlands (10,9%).
2,1% entfallen auf kleinere Eiskappen, z.B. auf Spitzbergen oder Island. Nur ein kleiner Rest von 1,3% bleibt für die wohl bekannteste Gletscherform übrig: die Gebirgs- oder Talgletscher, wie wir sie aus den Alpen kennen.

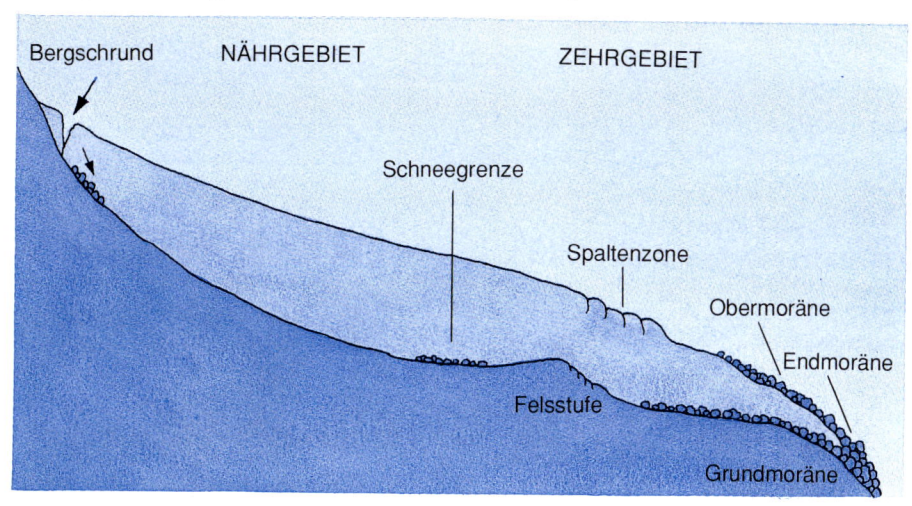

Alpiner Talgletscher

Jener obere Teil eines **Talgletschers**, der sich über der Schneegrenze befindet, wird **Nährgebiet** genannt. Der untere Bereich, in dem im Sommer das Gletschereis blank liegt, ist das **Zehrgebiet**. Im Nährgebiet sammelt sich mehr Schnee an

29

als abschmelzen kann, im Zehrgebiet dagegen überwiegen Abschmelzen und Verdunstung. Die Oberfläche eines Gebirgsgletschers ist keineswegs so eben wie z. B. Flußeis. Weite Gebiete sind von tiefen und breiten Spalten überzogen. Die Spalten entstehen dadurch, daß die Formen des Untergrunds auf die Gletscheroberfläche übertragen werden. An Gefällsknicken treten **Querspalten** auf. **Längsspalten** findet man vor allem am unteren Ende des Gletschers, an der **Gletscherzunge**. Sie entstehen durch seitliche Ausdehnung, wenn sich z. B. das Tal verbreitert. Zwischen dem Gletscherrand und der Felsumrahmung befindet sich die **Randspalte**. Die markante Kluft zwischen Fels und Eis im Ursprungsgebiet des Gletschers ist der **Bergschrund**.

Der Ursprungsort eines Talgletschers, die „Wanne", in der sich der Schnee sammelt und in der sich das erste Gletschereis bildet, wird **Kar** genannt. Talabwärts schließt das Kar oft mit einer Felsstufe oder einem Riegel, der **Karschwelle**, ab. Durch die Bewegung des Gletschers wird der Untergrund bearbeitet und abgetragen. Selbst große Felsbrocken können durch das Eis mitgerissen werden. Auf festem Gestein entstehen Schleifspuren, sogenannte **Gletscherschrammen**, und der anstehende Fels wird zu **Rundhöckern** überformt.

Der Schutt, der vom Gletscher mitgeführt und schließlich an seinem vorderen oder seitlichen Rand abgelagert wird, ist die **Moräne**. Der Gesteinsschutt, der von den umgebenden Felswänden auf den Gletscher fällt und an der Oberfläche transportiert wird, ist die **Obermoräne**. Davon wird die **Untermoräne** am Boden des Gletschers unterschieden. An seinen Flanken wird der Gletscher von den **Seitenmoränen** begleitet. Fließen zwei Gletscher zusammen, entsteht aus zwei Seitenmoränen eine **Mittelmoräne**. Das Material, das vom vorrückenden Gletscher vor sich hergeschoben wird, und der Schutt der Obermoräne sammeln sich schließlich vor der Gletscherzunge zur **Endmoräne**. An der Stirnseite des Gletschers befindet sich auch das **Gletschertor**. Ihm entströmt das Schmelzwasser, das sich in und unter dem Gletscher gebildet hat.

In den Gebirgen folgten die Gletscher während der Eiszeiten den von den Flüssen vorgegebenen Tälern und formten sie um. So entstanden die tiefen Trog- oder U-Täler, die heute noch Zeugnis von den großen Vereisungsperioden des Pleistozän ablegen.

Diese Vereisungsperioden betrafen große Teile Süd- und Norddeutschlands. In Norddeutschland erreichte das skandinavische Eis während der letzten Vereisung ungefähr die Regionen Hamburgs und Berlins. In der vorletzten Vereisungsperiode reichte des Eis sogar bis an den Nordrand der deutschen Mittelgebirge. Auch aus den Alpentälern drangen die Gletscher weit in das Vorland vor und hinterließen heute noch deutlich erkennbare Formen.

> Beim Austritt des Gletschers aus einem engen Alpental verbreiterte sich die Zunge zu einem breiten Eislobus. Bereits vorhandene Vertiefungen in der Landschaft (Seen, Senken) wurden durch das vorrückende Gletschereis und die Schmelzwasser weiter vertieft. Es entstanden die Zungenbecken, die nach dem Abschmelzen des Eises oft als Seen zurückblieben. Beispiele sind der Bodensee, der Ammersee, der Starnberger See und der Chiemsee.

Die Oberflächenformen der Erde

Vorlandvergletscherung während der Eiszeit

Labels: Drumlins, Moräne, Gletschertor, Sander, Gletschertor, Eisrandsee

...nach der Eiszeit

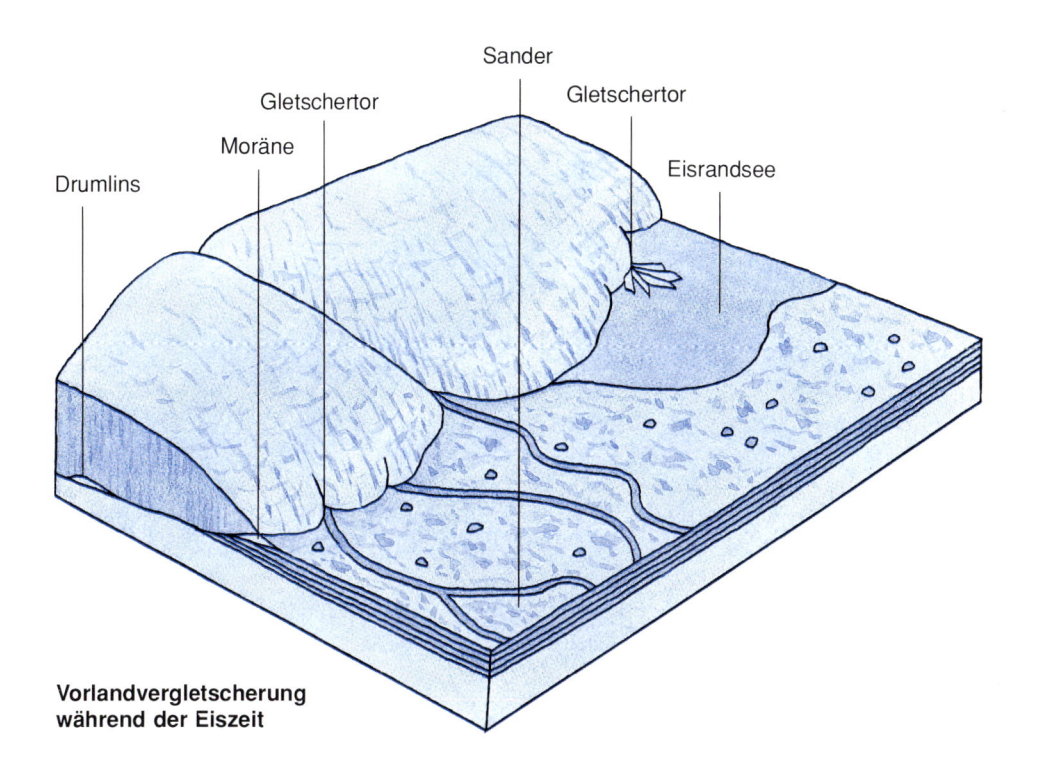

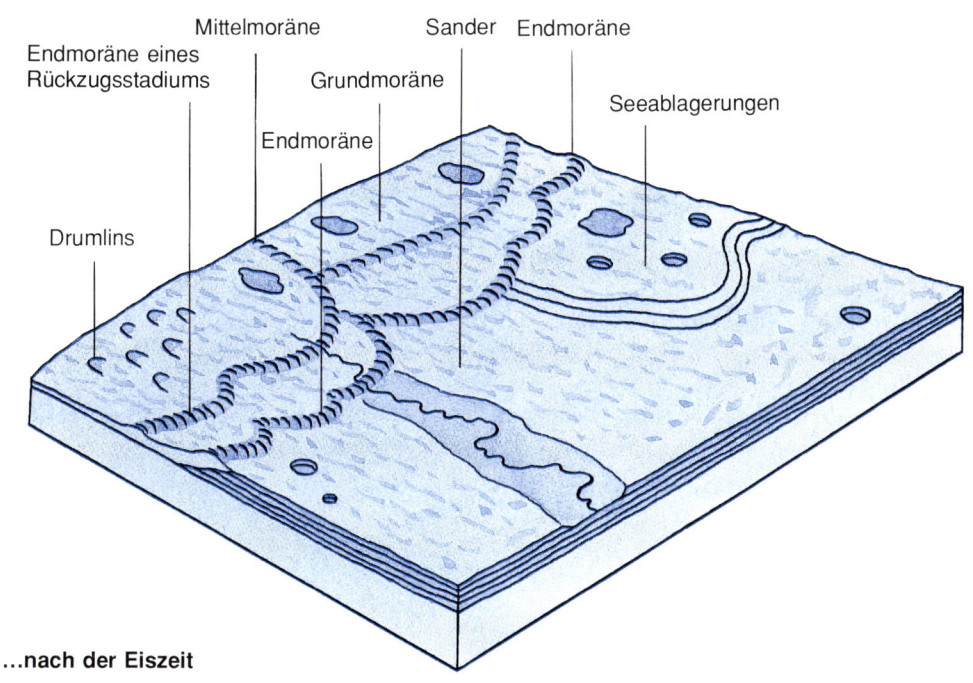

Labels: Endmoräne eines Rückzugsstadiums, Mittelmoräne, Grundmoräne, Endmoräne, Sander, Endmoräne, Seeablagerungen, Drumlins

Vorlandvergletscherung während und nach der Eiszeit

Am Eisrand bildeten sich **Endmoränenwälle,** die die äußersten Vorstoßgrenzen markieren. Mehrere Wälle hintereinander zeugen von Stillstandsphasen oder erneuten Vorstößen des Gletschers. Wo die Schmelzwasser den Endmoränenwall durchbrachen, entstanden im Vorfeld ausgedehnte Schotterfluren oder **Sandschwemmfächer (Sander).** Im Bereich hinter der Endmoräne hinterließ der Gletscher die kuppige **Grundmoräne,** durchsetzt mit zahllosen Seen (z. B. in Mecklenburg), vermoorten Wannen und Rinnen.

In manchen Gebieten, z. B. im Bereich des Bodensees, treten auch häufig sogenannte **Drumlins** auf. Es sind langgestreckte, im Längsprofil asymmetrische Rücken aus Lockermaterial. Sie entstanden, als der Gletscher nach einer Abschmelzphase wieder vorrückte und dabei vorher abgelagertes Material überfuhr und zusammenschob. **Esker** oder **Oser** sind lange Kiesrücken, die in Schmelzwassertunneln innerhalb des Gletschers gebildet wurden.

Die Karstformen

> **Karst** ist der Name einer Landschaft in Dalmatien, deren Oberfläche geprägt ist durch wasserlose Senken, Rinnen und Täler, zerklüftetes Kalkgestein und tiefe Einsturzlöcher. Auch Höhlen und Grotten sind charakteristisch für die Region. Inzwischen verwenden die Geographen den Namen „Karst" auch für andere Gebiete der Erde, in denen dieselben oder ähnliche Oberflächenformen zu finden sind.

Karst ist an das Vorhandensein von Kalk- oder Dolomitgestein im Untergrund gebunden. Das Gestein wird durch kohlensäureführendes Wasser sowohl an der Erdoberfläche als auch im Untergrund allmählich aufgelöst und weggeführt. Alle Karstregionen sind durch einige typische Formen gekennzeichnet:

An der Oberfläche löst das Wasser aus dem Gestein Rinnen und Furchen heraus, die **Karren** oder **Schratten** genannt werden. Durch unterirdische Lösung entstehen **Spalten, Schächte und Höhlen,** wie z. B. in Deutschland auf der Schwäbischen Alb. Da das Oberflächenwasser in dem stark zerklüfteten Gestein rasch versickert, gibt es in Karstgebieten praktisch keine Flüsse. Die Entwässerung geschieht unterirdisch. Die Folge sind ernste Wasserprobleme für die ansässige Bevölkerung.

Durch den Einsturz unterirdischer Hohlräume entstehen an der Oberfläche die **Erdfälle,** durch Kalklösung entlang von Klüften die **Dolinen,** die meist einen rundlichen Umriß haben. **Uvalas** oder Karstwannen bilden sich, wenn mehrere größere Dolinen durch weitere Lösung zusammenwachsen. Landwirtschaftliche Nutzung des Landes ist oft nur in den Uvalas oder in den noch größeren **Poljen** (kroatisch: Feld) möglich. Diese großen, oft länglichen und steilwandigen Becken sind wohl durch den Einsturz unterirdischer Höhlensysteme entstanden. Der Poljeboden ist meist mit Lockersedimenten aufgefüllt. Da diese Ablagerungen den Untergrund abdichten, können in Poljen, zumindest in den Regenzeiten, auch oberirdische Flüsse vorkommen. Allerdings verschwinden sie meist wieder am ge-

genüberliegenden Ende des Beckens in **Schlupflöchern (Ponoren)**. In der winterlichen Regenzeit, wenn die Ponore das anfallende Wasser nicht völlig aufnehmen können, bzw. wenn sie verstopft sind, verwandeln sich Poljen oft in Seen. Die bekanntesten Formen der Karstgebiete sind **Höhlen**. Die ausgedehntesten Höhlensysteme der Erde wurden bisher in den USA in New Mexico (Carlsbad Caverns) und in Kentucky (Mammoth Cave) entdeckt und erforscht. Das Mammoth-Cave-Höhlensystem ist mindestens 500 km lang, und es wird vermutet, daß unter den erforschten Gängen noch viele andere liegen.

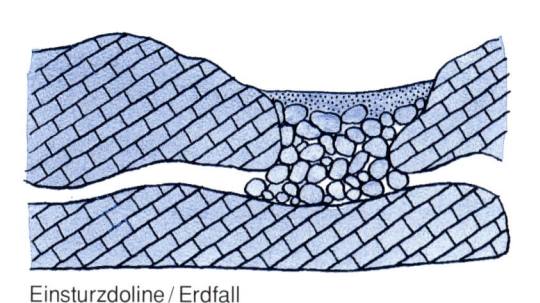

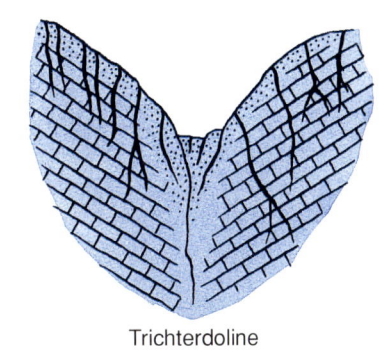

Einsturzdoline / Erdfall

Trichterdoline

Dolinen

Die Formen der Meeresküste

Das Meer ist nicht nur Ablagerungsbereich für die Flüsse und Hauptort der Sedimentation. Im Grenzbereich zwischen Meer und Festland finden auch Erosion, Abtragung und Materialverlagerungen in großem Ausmaß statt. Vor allem an Steilküsten springt die zerstörerische Kraft der Wellen sofort ins Auge.

> **Wellen** entstehen hauptsächlich durch die Einwirkung des Windes auf die Meeresoberfläche. Je nach Windstärke können sich auf dem offenen Ozean Wellen von über 23 m Höhe bilden. An der Küste entsteht durch das Auflaufen der Wellen die Brandung.

Der Druck, den das Wasser auf eine **Steilküste** ausübt, führt zur mechanischen Verwitterung des Gesteins. Sie wird noch dadurch verstärkt, daß von der Brandung aufgenommener Gesteinsschutt zusätzlich gegen die Felswände geschleudert wird. Am Fuß des **Steilhangs (Kliffs)** wird durch das Wasser nach und nach eine **Brandungshohlkehle** herausgearbeitet. Wird diese Hohlkehle weiter ins Gestein eingetieft, bricht die darüber hängende Steilwand nach und wird dadurch weiter zurückverlegt. Vor dem Kliff entwickelt sich die flache **Abrasionsplattform** oder **Schorre**, auf der die Wellen gegen die Steilwand anlaufen. Sie ist gegen das Meer hin schwach geneigt und bricht mit der **Seehalde**, die von Gesteinsschutt bedeckt ist, gegen tieferes Wasser ab. Wenn sich große Felsstücke aus einem Kliff herauslösen, entstehen **Brandungshöhlen**. Manchmal werden durch die Brandungshöhlen Felssporne vollkommen durchnagt. Dann entstehen **Brandungstore** und **Brandungsfenster**. Einzelstehende Pfeiler sind oft Reste von Brandungstoren, deren Decke einstürzte.

Flachküsten stellen einen Ausgleichszustand zwischen Abtragung und Ablagerung dar. An ihrem äußersten Saum schütten die abgeschwächten Wellen den **Strandwall** auf. Bei der Rückwärtsbewegung wird feines Material wieder mitgeführt, so daß der Strandwall meist aus gröberem Sand, Kies, Geröll und Muschelresten besteht. Laufen die Wellen schräg auf den Strand auf, dann kann es zur Verlagerung der Sande und zu langgestreckten **Strandversetzungen (Haken)** kommen.

> Erreicht ein solcher Haken in einer Bucht die Gegenküste oder vereinigen sich zwei entgegengesetzt wachsende Haken, entsteht eine Nehrung. Die von der Nehrung eingeschlossene Bucht wird **Haff** oder **Lagune** genannt.

Beispiele hierfür sind sehr schön vor allem entlang der südlichen Ostsee ausgebildet (Frische Nehrung mit Frischem Haff, Kurische Nehrung mit Kurischem Haff). Buchtenreiche Flachküsten werden auf diese Art begradigt, und es entsteht eine **Ausgleichsküste**.

> Wattenküsten sind gekennzeichnet durch das periodische Trockenfallen eines Teils des Küstenvorlands bei Ebbe. Der Prototyp dieser Küstenform ist die deutsche Nordseeküste. Der Wattengürtel ist 15–20, maximal 40 km breit und hat sich seit der Nacheiszeit vor ca. 10000 Jahren gebildet. Er besteht aus 10–20 m mächtigen Schichten aus Sand und Schlick und ist von flachen, unregelmäßig verlaufenden Zu- und Abflußrinnen, den Prielen, durchzogen.

Bei einsetzender Flut füllen sich zunächst die Priele, danach deren kleinere Verzweigungen, und zum Schluß wird der gesamte Wattbereich überflutet.

Eine Sonderform der Wattküste ist die **Mangroveküste** der Tropen. Die Mangrove ist eine salzliebende Vegetationsform, die einen dichten, fast undurchdringlichen Gürtel entlang der Küste bildet. Durch breit ausladende Stelzwurzeln sind die Bäume fest im weichen Schlick verankert. Sie kommen mit Vorliebe an den Innensäumen breiter Watten und in ruhigen Buchten hinter Sandbänken und in Lagunen vor.

Während der Kaltzeiten war ein großer Teil des Wassers in den mächtigen Eiskappen gebunden. Der Meeresspiegel lag damals bis zu 140 m tiefer als heute. In vergletscherten Gebieten drang das Eis durch die Täler bis in Regionen vor, die heute, nach dem Abschmelzen der Eismassen, wieder vom Meer zurückgewonnen wurden. In nichtvergletscherten Gebieten waren es die Flüsse oder Ebbe und Flut, die die heute vom Meer bedeckten Küstenbereiche formten.

> Im ehemals vergletscherten Gebiet entstanden so Fjorde, Schären, Förden und Bodden, im unvergletscherten Gebiet z. B. die Rias-Küsten und Canale-Küsten.

Fjorde sind von Gletschern überformte Trogtäler. Zum Teil reichen sie mehrere hundert bis über tausend Meter unter den heutigen Meeresspiegel. Ausgeprägte Fjordküsten findet man in Norwegen, Labrador oder Westkanada.
Schären sind die durch das Inlandeis überformten und abgeschliffenen Felsinseln z.B. vor Stockholm und vor der finnischen Ostseeküste.
Förden sind langgestreckte, oftmals sehr schmale Meeresbuchten. Sie sind charakteristisch für die Ostseeküste Schleswig-Holsteins (Eckernförder Bucht, Schlei, Kieler Förde). Sie entstanden entweder aus glazialen Zungenbecken, oder es handelt sich um Schmelzwasserrinnen, die unter dem Gletscher in der Grundmoräne entstanden.
Boddenküsten bildeten sich durch die nacheiszeitliche Überflutung von kuppigen, flachwelligen Grundmoränenlandschaften. Die Küstenlinie ist stark zerlappt und weist viele kleine, rundliche Buchten auf (z.B. die Ostseeküste von Mecklenburg und Pommern).
Rias-Küsten sind gekennzeichnet durch schlauchförmige, tief ins Land zurückreichende Meeresbuchten. Sie bilden die Fortsetzung des normalen Talsystems über den Küstenbereich hinaus. Diese Küstenform ist charakteristisch für Nordwestspanien, ist aber auch in der Bretagne, auf Korsika und Sardinien zu finden.
Die für Dalmatien charakteristische Küste mit langgestreckten Inseln und Halbinseln wird **Canale-Küste** genannt. Es handelt sich dabei um ein junges Faltengebirge in Meeresnähe. Die Täler wurden durch den Meeresspiegelanstieg überflutet, und nur die Bergrücken blieben als Inseln erhalten.

> Kennzeichnend für die tropischen Regionen im Bereich des Äquators sind **Korallenriffe**. Korallen sind an Meere mit ca. 20 °C mittlerer Wasser-Jahrestemperatur gebunden. Sie bilden Küsten- oder Saumriffe, die durch einen schmalen Kanal oder eine Lagune vom Festland getrennt sind.

Verbreitert sich dieser Kanal durch Landsenkung oder Meeresspiegelanstieg, dann spricht man von einem **Wallriff** oder **Barriere-Riff** (Great Barrier Reef an der Ostküste Australiens). **Atolle** sind wallartige, oft runde oder längliche Koralleninseln, die einen Flachwasserbereich (Lagune) einschließen. Der Atollring ist maximal bis zu einem Kilometer breit. Der Lagunendurchmesser kann bis zu 75 km betragen. Atolle sind die Reste von Saumriffen, die sich ursprünglich z.B. um eine Vulkaninsel gebildet hatten. Während der Vulkan langsam versank, wuchsen die Korallen entsprechend nach oben und hielten mit dem Absinken Schritt.

Vom Wind geprägte Landschaftsformen

Wie Wasser kann auch Wind Gesteinsmaterial abtragen, transportieren und an anderer Stelle wieder ablagern. Vor allem in den Trockengebieten, wo kaum oder nur sehr wenig Niederschlag fällt, übt der Wind einen großen Einfluß auf die Gestaltung der Erdoberfläche aus. Der Effekt wird noch dadurch verstärkt, daß die Oberfläche nicht durch eine Pflanzendecke geschützt wird. Wie ein Sandstrahlgebläse bearbeitet mit Sandkörnern beladener Wind die weicheren Gesteine. Im Fels entstehen wabenartige Vertiefungen, tiefe Rillen, Rippen und Grate. Einzelne Gerölle werden zu eckigen **Windkantern** zugeschliffen. Mit großen Staubstürmen kann Sand aus der Sahara sogar bis nach Deutschland verfrachtet werden. Mit Sahara-Staub vermischter rötlicher „Blutschnee" galt früher als Vorbote großen Unheils.

> Während der Eiszeiten bliesen die Winde aus den Schotterfeldern der Flüsse feinste Staubteilchen aus und lagerten sie am Rand des Schwarzwalds oder am Nordrand der Mittelgebirge ab. Aus diesen Ablagerungen entstand der fruchtbare **Lößboden**.

Aus Wüstengebieten sind uns die durch die Verlagerung von Sand entstandenen Dünen bekannt. Je nach Lage zur Windrichtung wird zwischen Quer-, Längs- und Sicheldünen unterschieden.

In Windrichtung ziehende **Längsdünen (Seifs)** entstehen durch den jahreszeitlichen Wechsel des Windes. Sie sind langgestreckt, bis zu 100 m hoch und werden z. B. in Australien 40–80 km lang.

Querdünen stehen senkrecht zur Hauptwindrichtung. Bei ausreichender Windstärke und fehlender Pflanzendecke verlagern sie ihren Standort im Lauf der Zeit. Die Sandkörner wandern an der windzugewandten Seite die flachere Böschung empor und werden an der steileren, windabgewandten Seite wieder abgelagert. Unter extremen Bedingungen wurden schon Wandergeschwindigkeiten bis zu 10 m pro Monat und schneller beobachtet.

Die bekanntesten Dünen sind die **Sicheldünen**. **Barchane** haben die Form eines Hufeisens, wobei die Enden in Windrichtung zeigen. Meist treten sie gesellig auf und rücken um einige Meter pro Monat vor. Zeigen die Enden der Windrichtung entgegen, spricht man von **Parabeldünen**.

Das Verbreitungsgebiet der Dünen ist allerdings nicht auf die Wüstengebiete beschränkt. Dünen treten auch häufig im Bereich von Meeresküsten oder entlang großer Flüsse auf, eben dort, wo ausreichende Sandmengen vorhanden sind.

Übungen

- Nennen Sie die grundlegenden Unterschiede zwischen physikalischer und chemischer Verwitterung.
- Welche besondere Eigenschaft des Wassers macht Frostsprengung möglich? Erklären Sie den Vorgang.
- Erklären Sie den Unterschied zwischen „Fjord" und „Förde"? Gibt es auch Gemeinsamkeiten?
- Die berühmten Fjorde Norwegens sind Produkte der Eiszeiten. Wo werden heute noch aktiv Fjordlandschaften geformt?
- Beschreiben Sie die verschiedenen Formen der Glaziallandschaften nach dem Abschmelzen der eiszeitlichen Gletscher.

- Beschreiben und erklären Sie die verschiedenen Küstenformen Deutschlands.
- Nennen Sie die Voraussetzungen zur Bildung von Karstformen.
- Bewerten Sie die Bedeutung des Wassers bei der Gestaltung der Erdoberfläche.

Das Klima der Erde

Klimaänderung und Klimastörungen, Erwärmung der Atmosphäre aufgrund des Treibhauseffekts, Zerstörung der Ozonschicht – das sind Schlagworte, die jeder kennt, der Zeitung liest. Das Klima interessiert viele Menschen mehr als je zuvor. Woraus besteht aber unser Klima? Welche Faktoren tragen zu seiner speziellen Ausformung in den verschiedenen Gebieten der Erde bei?
Unter Klima verstand man früher einen mittleren Zustand der Lufthülle über einer bestimmten Stelle der Erdoberfläche, gemessen über einen Zeitraum von 30–50 Jahren.
Heute wird mehr die Veränderung, die Klimadynamik betont, der dauernde Wechsel sowie die Abhängigkeit des Klimas eines Ortes von dessen ganz spezifischer Lage auf der Erdoberfläche.
Der Begriff „**Wetter**" bezeichnet dagegen das kurzfristige Zusammenwirken von verschiedenen atmosphärischen Erscheinungen innerhalb einiger Stunden bis zu mehreren Tagen. Wechselnde Wetterzustände in regelmäßiger Abfolge von einigen Tagen bis maximal einigen Wochen werden unter dem Begriff „**Witterung**" zusammengefaßt. Das Klima als Ganzes kann nicht gemessen werden. Gemessen werden die **Klimaelemente** wie Temperatur, Niederschlag, Wind, Regen, Bewölkungsgrad oder Luftdruck. Wichtig für das Klima eines Ortes ist auch der geographische Anteil, die **Klimafaktoren**: die Höhenlage, die Hangneigung, die Lage zum Meer, die Oberflächenbedeckung u. ä.
Die Zugehörigkeit zu einer bestimmten Klimaregion wird schließlich auch durch die geographische Breite eines Ortes bestimmt. Darunter versteht man die Lage zwischen dem Äquator und dem Pol. Die geographische Breite wird in Grad von 0° bis 90° Nord oder Süd angegeben. Der Äquator hat die Breite 0°, der Nordpol hat die Breite 90° Nord, der Südpol entsprechend 90° Süd. München liegt auf dem 48. Breitengrad, also ungefähr auf halber Strecke zwischen dem Äquator und dem Nordpol.

Sonne und Erde

Die treibende Kraft für die Vorgänge in der Atmosphäre ist die Energie, die uns von der Sonne erreicht. Betrachten wir deshalb zunächst die Stellung der Erde zur Sonne.
Die Erde bewegt sich auf einer elliptischen, annähernd kreisförmigen Bahn im Lauf eines Jahres einmal um die Sonne. Die mittlere Entfernung beträgt rund

150 Mio. km. Gleichzeitig dreht sie sich in 24 Stunden einmal von West nach Ost um ihre Nord-Süd-Achse. Durch diese Drehung entstehen Tag und Nacht. Die Bahn, auf der sich die Erde um die Sonne bewegt, wird **Ekliptik** genannt, die von ihr eingeschlossene Fläche ist die **Ekliptikebene**. Wichtig für die verschiedenen Klimate der Erde ist die Tatsache, daß die Erde nicht senkrecht auf der Ekliptikebene liegt, sondern in einem Winkel von 23,5° zu ihr geneigt ist. Durch diese Neigung erhält die Nordhalbkugel etwa ein halbes Jahr lang und ebenso lang die Südhalbkugel mehr Einstrahlung und damit mehr Energie von der Sonne. Die Folge sind die vier **Jahreszeiten**, die am stärksten in den mittleren Breiten, z.B. in Mitteleuropa ausgeprägt sind.

Zweimal im Jahr steht die Sonne am Äquator senkrecht, am 21. März und am 23. September. Dann herrschen auf der Nord- und Südhalbkugel dieselben Strahlungsverhältnisse. Überall auf der Erde sind Tag und Nacht gleich lang. Diese Daten werden **Tag- und Nachtgleiche** oder **Äquinoktien** genannt.

Am 21. Juni steht die Sonne am nördlichen Wendekreis bei 23,5° Nord senkrecht. Der Nordsommer beginnt. Am nördlichen Polarkreis bei 66,5° Nord geht die Sonne einen Tag lang nicht unter, am südlichen Polarkreis einen Tag lang nicht auf. Auf der Nordhalbkugel herrscht am 21. Juni der längste Tag, danach nimmt die Tageslänge wieder stetig ab. Am 21. Dezember sind die Verhältnisse genau umgekehrt. Auf der Nordhalbkugel ist Winteranfang mit der längsten Nacht des Jahres, auf der Südhalbkugel Sommeranfang. Die Sonne geht am nördlichen Polarkreis gar nicht auf, sondern erreicht eben den Horizont und versinkt dann wieder. Diese beiden Daten sind die **Sommer-** bzw. **Wintersonnenwende** oder **Sommer-** und **Wintersolstitium**.

Die Schrägstellung der Erdachse in Verbindung mit dem Lauf der Erde um die Sonne bewirkt stark unterschiedliche Einstrahlungsverhältnisse zwischen Äquator und Nordpol. Man hat deshalb die Erde in vier strahlungsbedingte Klimazonen eingeteilt. Dabei wurde allerdings der Einfluß der Atmosphäre nicht berücksichtigt.

Die **Tropen**: Lage zwischen Äquator und Wendekreis (0–23,5° N/S). Die Sonne steht immer hoch bis sehr hoch und einmal im Jahr senkrecht. Am Äquator steht sie zweimal im Jahr senkrecht (21. März und 23. September). Tag und Nacht sind fast gleich lang, am Äquator jeweils zwölf Stunden. Durch den hohen Sonnenstand erhalten die Tropen während des ganzen Jahres sehr viel mehr Einstrahlungsenergie, und es gibt deshalb keine Jahreszeiten.

Die **Subtropen**: 23,5–45° N/S. Charakteristisch ist ein mittelhoher bis sehr hoher Sonnenstand. Die Jahreszeiten sind schon etwas stärker ausgeprägt, vor allem im äußeren Bereich bei 45°. Dort steht die Sonne im Winter relativ tief, und die Tageslänge beträgt zwischen 8 und 9 Stunden gegenüber ca. 15 Stunden im Sommer.

Die **Höheren Mittelbreiten**: 45–66,5° N/S. Die Sonne steht im Sommer hoch über dem Horizont bei sehr großen Tageslängen. Dafür sinkt sie aber im Winter entsprechend tief, und die Tage sind sehr kurz. Typisch für diesen Klimabereich sind die vier Jahreszeiten mit den sehr ausgeprägten Übergangsjahreszeiten Frühling und Herbst.

Das Klima der Erde

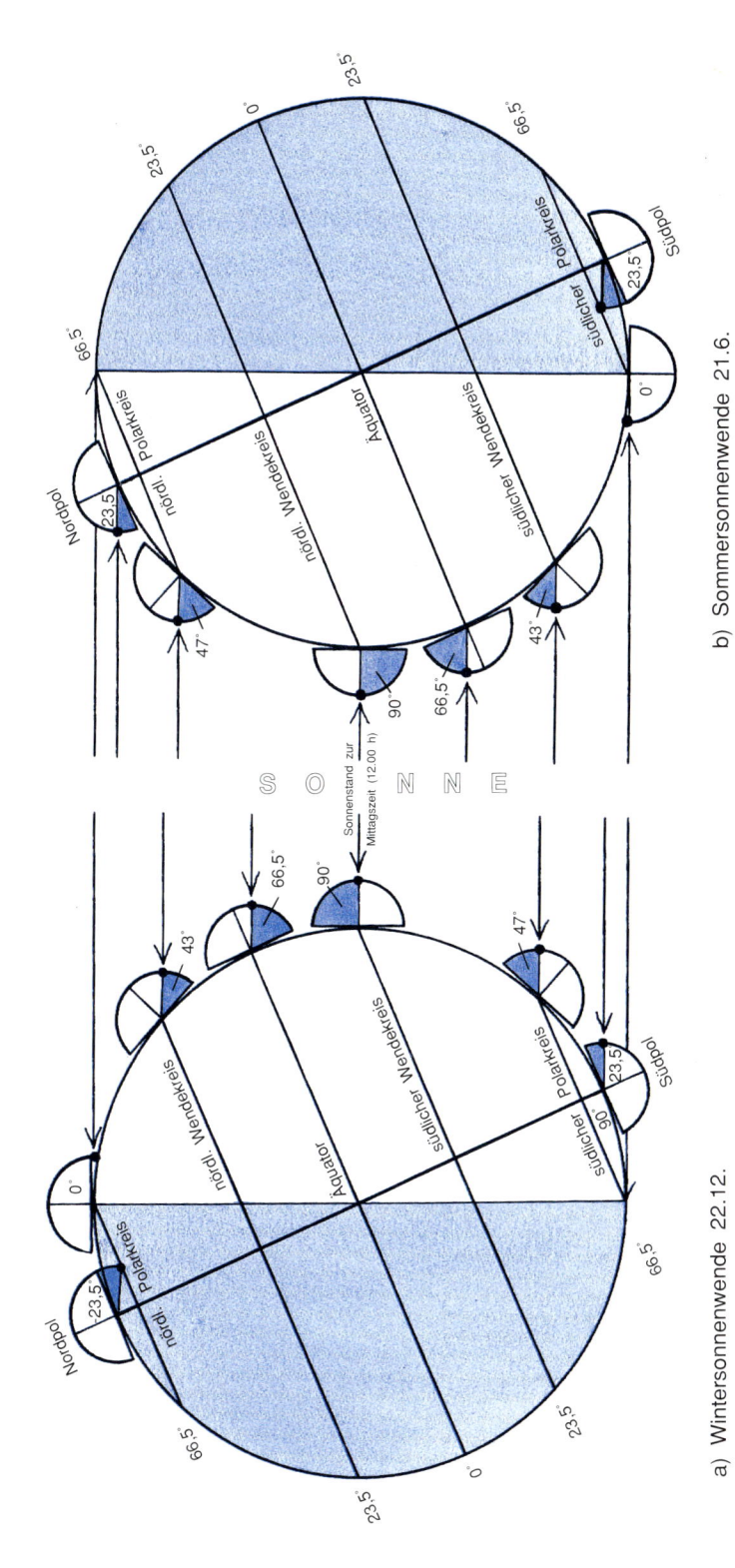

a) Wintersonnenwende 22.12. b) Sommersonnenwende 21.6.

Beleuchtungszonen der Erde (mit Angabe der Höhe des Sonnenstandes zur Mittagszeit)

Die **Polarzone**: 66,5–90° N/S. Hier gibt es praktisch nur zwei Jahreszeiten – Sommer und Winter. Der Sommer wird oft als Polartag, der Winter als Polarnacht bezeichnet. Die Sonne steht maximal mittelhoch bzw. erreicht im Bereich der Pole im Winter den Horizont überhaupt nicht. Polarsommer und Polarwinter dauern am Pol jeweils ein halbes Jahr.

Die Atmosphäre und ihre Zusammensetzung

Die vorangehende Einteilung der Erdoberfläche in Klimazonen geschah noch ohne Berücksichtigung der Einflüsse der Atmosphäre auf die ankommende Strahlung.

> Die Atmosphäre ist die Lufthülle der Erde, die durch die Schwerkraft festgehalten wird. Sie ermöglicht erst das Leben, und sie ist die Schicht, in der sich alle Wetter- und Klimaprozesse abspielen.

Zum Weltraum hin gibt es keine feste Grenze. Die Grenze nach unten ist die Erdoberfläche. 99,9% der Masse der Atmosphäre befinden sich im Bereich bis zu einer Höhe von 50 km. Verglichen mit dem Erdradius von 6740 km bildet die Atmosphäre also eine äußerst dünne, kaum wahrnehmbare Schicht. Ausgehend von den in ihr herrschenden Temperaturverhältnissen wird sie in übereinanderliegende Stockwerke gegliedert.

Die **Troposphäre** reicht in den Tropen von 0–18 km Höhe; über den Polen endet sie bereits nach 6–8 km. Im allgemeinen nimmt in der Troposphäre die Temperatur mit zunehmender Höhe ab, pro 100 m im Mittel 0,5–0,6 °C. In ihr ist fast der gesamte Wasserdampf der Atmosphäre gespeichert, und in ihr spielt sich praktisch das Wettergeschehen ab. An der Obergrenze beträgt die Temperatur –50 bis –80 °C.

Die **Tropopause** ist die Grenzschicht zur **Stratosphäre,** die bis in 50 km Höhe reicht. In der Stratosphäre herrscht größtenteils gleichbleibende Temperatur. Zur Obergrenze, der Stratopause hin nimmt sie dann wieder zu und erreicht schließlich 0 °C.

Im oberen Bereich der Stratosphäre befindet sich die dünne **Ozonschicht**, die einen wichtigen Schutzschild gegen die gefährliche ultraviolette Strahlung der Sonne bildet. An dieser Schicht wird die kurzwellige, krebserregende Strahlung soweit absorbiert, daß zwar nur noch etwa 4% die Erdoberfläche erreichen, die aber ausreichen, um ein Restrisiko nicht ausschließen zu können.

In der **Mesosphäre** (bis 80 km) nimmt die Temperatur rasch ab und erreicht in der **Mesopause** ein Minimum von –70 bis –90 °C.

Oberhalb der Mesopause beginnt die **Ionosphäre** oder **Thermosphäre** mit starker Temperaturzunahme bis 1000 °C. Bei 400 bis 500 km geht sie in die **Exosphäre** über, die sich schließlich im Weltraum verliert.

In ihrer Zusammensetzung ist die Atmosphäre ein Gemisch von permanenten, natürlich vorhandenen Gasen, festen Schwebteilchen (Aerosolen) und Wasserdampf.

Das Klima der Erde

Trockene Luft besteht aus:

Stickstoff	mit	78,08	Volumen-%
Sauerstoff	mit	20,95	Volumen-%
Argon	mit	00,93	Volumen-%
Kohlendioxid	mit	00,035	Volumen-%
		99,995	Volumen-%

Dazu kommen als permanente Bestandteile **Edelgase** wie Neon, Krypton und Xenon sowie Ozon, Methan und Wasserdampf. **Wasserdampf** hat in feuchter Luft einen mittleren Volumenanteil von 2,6%.
Aerosole sind natürliche oder künstliche „Verunreinigungen" der Luft.

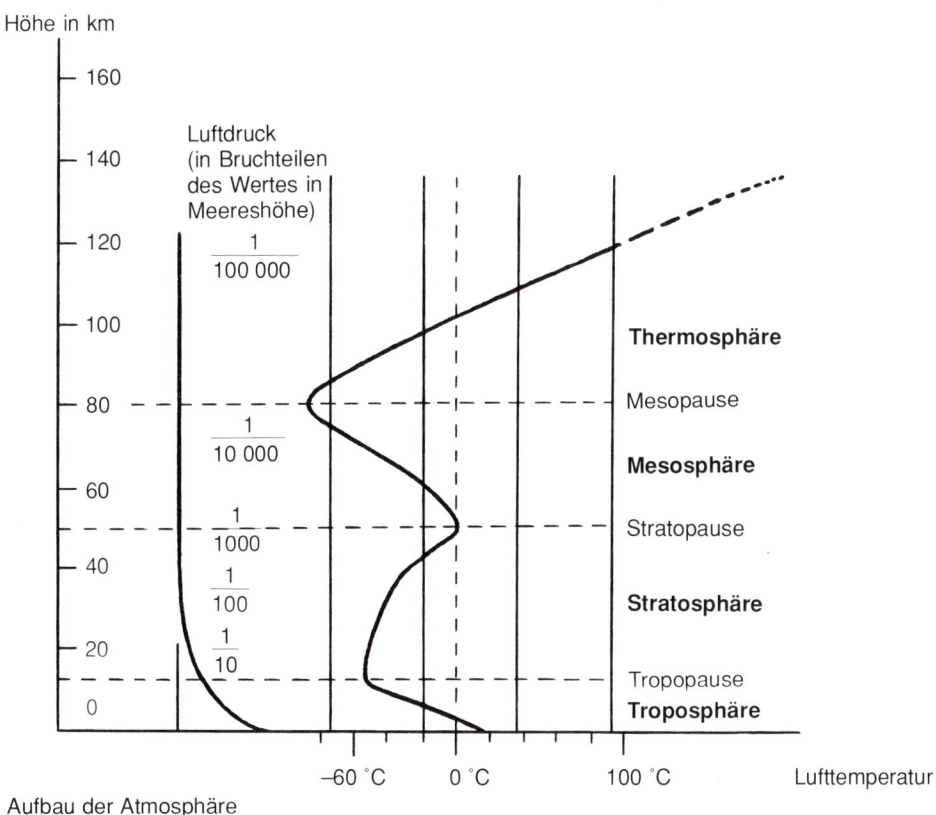

Aufbau der Atmosphäre

Der Luftdruck

Auch die Luft hat ein Gewicht, und mit diesem Gewicht lastet sie auf jedem Quadratzentimeter der Erdoberfläche.
Der Luftdruck ist deshalb definiert als das Gewicht der Luftsäule, die auf eine bestimmte Fläche wirkt.

In Meereshöhe entspricht das Gewicht einer Luftsäule im Durchschnitt dem Gewicht einer 760 mm hohen Quecksilbersäule. Dies entspricht einem Luftdruck von 760 Torr. Ein weiteres Maß ist die Angabe in Millibar, die lange Zeit in der Klimatologie und Meteorologie verwendet wurde. Drei Millimeter Quecksilber entsprechen so 4 Millibar (mb), 760 mm Quecksilber entsprechen somit etwa 1013 mb.

Heute wird der Begriff Millibar nicht mehr verwendet. Man sagt statt dessen Hektopascal (hPa). Auf Wetterkarten werden meist die Punkte gleichen Luftdrucks mit einer Linie verbunden. Diese Linien werden **Isobaren** genannt.

Der Luftdruck in Meereshöhe schwankt in einem relativ begrenzten Bereich zwischen 950 hPa und 1050 hPa. Da der Luftdruck als das Gewicht der Luftsäule über einer bestimmten Fläche definiert ist, nimmt er in unbewegter Luft mit zunehmender Höhe ab.

> In einer gleichförmigen Atmosphäre beträgt die Druckabnahme im Meeresspiegelniveau pro 10 m ungefähr 1,33 hPa.

Da mit zunehmender Höhe und abnehmendem Druck aber auch die Dichte der Luft und damit ihr Gewicht abnimmt, ist auch die Druckabnahme in großer Höhe geringer.

Zwischen 4500 m und 5000 m beträgt die Abnahme auf 10 m nur noch ungefähr die Hälfte wie auf Meeresniveau. Auch die Temperatur der Luft spielt für die Abnahme des Drucks eine wichtige Rolle, denn bei gleichem Druck am Boden nimmt der Luftdruck in warmen Luftmassen mit der Höhe langsamer ab als in kalter Luft.

Der Strahlungs- und Wärmehaushalt der Erde

Von der intensiven Strahlung, die die Sonne ununterbrochen aussendet, erreicht nur die Hälfte eines Milliardstel die Obergrenze der Erdatmosphäre.

Die Sonne strahlt in einem sehr weiten Spektralbereich. 56% ihrer Strahlung liegen im Bereich des sichtbaren Lichts, 8% sind UV-Strahlung und 36% liegen im Infrarotbereich.

16% der ankommenden Einstrahlung werden direkt von der Atmosphäre verschluckt. Dazu gehört fast der gesamte UV-Bereich (durch das Ozon) sowie Teile der infraroten Wärmestrahlung, die vor allem von Wasserdampf und Kohlendioxid absorbiert (aufgenommen) werden.

Ein weiterer Teil (18%) wird an Dunstteilchen (z.B. Wassertropfen) gestreut und reflektiert, zum Teil zurück in den Weltraum (7%), zum Teil aber auch zur Erdoberfläche (11%).

Eine große Rolle spielt der Bewölkungsgrad. Die Wolken blockieren den direkten Weg der Strahlung zur Erdoberfläche. 24% der Einstrahlung werden durch sie in den Weltraum zurückreflektiert, 2% werden von Wasser- und Eisteilchen absorbiert und 14% weiter zur Erde reflektiert. **Nur ein Viertel der an der Atmo-**

sphärenoberfläche ankommenden Strahlung gelangt direkt bis zur Erdoberfläche. Die Summe aus dieser direkten Strahlung, der von den Wolken durchgelassenen Strahlung und die an den Wassertröpfchen der Atmosphäre gestreute Strahlung (= diffuses Himmelslicht, 11%), wird **Globalstrahlung** genannt. Ein Teil der Globalstrahlung wird aber an der Erdoberfläche sofort wieder reflektiert. Das Ausmaß hängt von der Oberflächenbeschaffenheit ab. Helle Körper, z.B. frischgefallener Schnee, haben ein sehr hohes Rückstrahlungsvermögen (= Albedo); dunkle, bewaldete Gebiete strahlen dagegen nur gering zurück. Im Durchschnitt werden 10% der Globalstrahlung wieder zurückgeworfen, **so daß letztendlich nur etwa 47% der ankommenden Strahlung an der Erdoberfläche wirklich zur Verfügung stehen.**

Die Erde nimmt die Strahlung auf und strahlt selbst wieder ab, allerdings nicht im kurzwelligen Bereich wie die ankommende Strahlung, sondern als **langwellige Wärmestrahlung**. Zum Glück für die Erdbewohner geht diese Strahlung nicht verloren, sondern wird vom Wasserdampf und Kohlendioxid in der Atmosphäre absorbiert und zum größten Teil wieder zurückgestrahlt (= atmosphärische Gegenstrahlung). Dieser Vorgang wird als **Glashauseffekt der Atmosphäre** bezeichnet. Die Erwärmung der Atmosphäre geschieht demnach nicht durch direkte Sonneneinstrahlung, sondern durch die Ausstrahlung der Erdoberfläche.

Wie wird nun die eintreffende Energie verbraucht? Ein Teil der Energie dient der Erwärmung des Bodens bzw. der Meere, ein anderer Teil der direkten Erwärmung der Luft (= **fühlbare Wärme**, die mit dem Thermometer gemessen wird). Der größte Teil wird bei der Verdampfung von Wasser benötigt (Verdunstung = **latente Wärme**).

Die Verdampfung von Wasser zu Wasserdampf beansprucht sehr viel Energie. Diese eingesetzte Energie geht jedoch nicht verloren, sondern bleibt als latente Wärme im Wasserdampf gespeichert. Wird der Wasserdampf irgendwann einmal wieder in Wasser umgewandelt – dieser Vorgang wird **Kondensation** genannt –, dann wird die gespeicherte Energie als Wärme wieder freigesetzt.

Die Erwärmung des Bodens spielt nur eine geringe Rolle. In lockerem Boden reicht der Wärmestrom maximal 1 m tief. Beim Wasser sieht es etwas anders aus. Durch Wirbel und Turbulenzen wirkt die Erwärmung bis in einige hundert Meter Tiefe. Diese Erwärmung geschieht allerdings sehr langsam, dafür kann Wasser die Energie aber sehr viel länger speichern als der Boden. Der Wärmetransport durch Meeresströmungen, wie z.B. durch den Golfstrom, hat daher große Auswirkungen auf das lokale Klima nördlicher Länder wie Norwegen oder Island. Ohne den Golfstrom wäre das Klima in diesen Regionen wesentlich kälter und rauher.

Global werden etwa 70% der Energie bei der Verdunstung umgesetzt, wobei es lokal sehr große Unterschiede gibt. In Wüstengebieten, wo kein Wasser zur Verdunstung zur Verfügung steht, geht der Großteil der Energie in die Erwärmung der Luft, im Gegensatz zu den Meeresflächen oder den regenreichen Gebieten der Tropen.

Wolken und Niederschlag

Durch Verdunstung wird Wasser zu Wasserdampf umgewandelt und gelangt in die Luft. Die dabei eingesetzte Umwandlungsenergie wird im Wasserdampf als latente Wärme gespeichert. Wieviel Wasserdampf die Luft aufnehmen kann, hängt von ihrer Temperatur ab. Je wärmer sie ist, desto mehr kann sie speichern.

> Ein Kubikmeter Luft kann bei 0 °C maximal 4,8 g Wasser aufnehmen. Bei 30 °C beträgt die Aufnahmefähigkeit bereits 30,4 g.

Hat Luft mit einer bestimmten Temperatur ihre Maximalmenge an Wasser aufgenommen, sagt man, daß die **relative Luftfeuchte** 100% beträgt. Die entsprechende Temperatur ist die **Taupunkttemperatur**. Erhöht sich die Temperatur der Luft, ohne daß weiterer Wasserdampf zugeführt wird, sinkt die relative Feuchte unter 100%. Kühlt die Luft hingegen ab, dann ist in der Luft mehr Wasserdampf als sie eigentlich aufnehmen kann – sie ist übersättigt. Die Folge ist, daß der Wasserdampf sich wieder verflüssigt (kondensiert). Es bilden sich Wassertröpfchen. Die Bildung dieser Tröpfchen ist an das Vorkommen von Aerosolen oder Kondensationskernen in der Atmosphäre gebunden (Staub, Salzkristalle u.ä.), die den Regentropfen oder Eiskristallen als Ansatzpunkte dienen. Bei weiterer Abkühlung muß schließlich ein Teil des kondensierten Wassers als Regen ausfallen. Je mehr Wasserdampf vorhanden ist, desto ergiebiger sind die Niederschläge. Da der Wasserdampfgehalt von der Lufttemperatur abhängt, sind Niederschläge in den Tropen immer heftig. Im Gegensatz dazu sind die Polregionen extrem niederschlagsarm und bilden eine Sperrzone für den Wasserdampftransport in der Atmosphäre.

Wird die bodennahe Luftschicht durch die Sonneneinstrahlung erwärmt, dehnt sie sich aus und steigt in die Höhe. Beim Aufsteigen kühlt sie ab. Trockene Luft kühlt pro 100 m um 1 °C ab (= **trockenadiabatischer Temperaturgradient**). Beim Aufsteigen von feuchter Luft kondensiert der Wasserdampf, sobald die Taupunkttemperatur erreicht ist. Bei der Kondensation wird die gespeicherte Energie (latente Wärme) wieder frei, und die Luft wird erwärmt. Der Abkühlungsbetrag pro 100 m beträgt deshalb in feuchter Luft nur 0,5–0,9 °C (= **feuchtadiabatischer Temperaturgradient**). Sinkt trockene Luft ab, erwärmt sie sich entsprechend und erreicht als warmer Wind z. B. nach dem Überqueren eines Gebirges das Vorland. Diese beiden Phänomene sind beim „**Föhn**" typisch ausgebildet:

> Feuchte Luft aus dem Süden steigt an der Südseite der Alpen auf. Dabei kommt es zu Kondensation und Niederschlägen (Steigungsregen). Die Abkühlung ist aber durch die dabei freigesetzte latente Wärme relativ gering. Auf der Nordseite der Alpen angekommen, ist die Luft nun zwar etwas kühler als vor dem Aufsteigen, dafür aber trockener. Am Alpennordrand sinkt die Luft ab und erwärmt sich um einen höheren Anteil als sie beim Aufsteigen abkühlte. Da sich die Luft erwärmt, nimmt auch die relative Feuchte immer mehr ab, und der Wind kommt als trockener, warmer Föhn („Schneefresser") im nördlichen Alpenvorland an.

Das Klima der Erde

„Verwandte" des Föhns sind z.B. der Chinook an der Ostseite der kanadisch-amerikanischen Rocky Mountains, die Zonda am Ostabhang der südamerikanischen Kordilleren und die Santa-Ana-Winde Südkaliforniens.

Der Land-Seewind-Effekt

Bei gleicher Sonneneinstrahlung kommt es bei verschiedenem Untergrund zu unterschiedlicher Erwärmung. Entsprechend wird auch die jeweilige Luftsäule über dem Boden unterschiedlich stark erwärmt. Dies ist z.B. im Übergangsbereich Land-See der Fall.

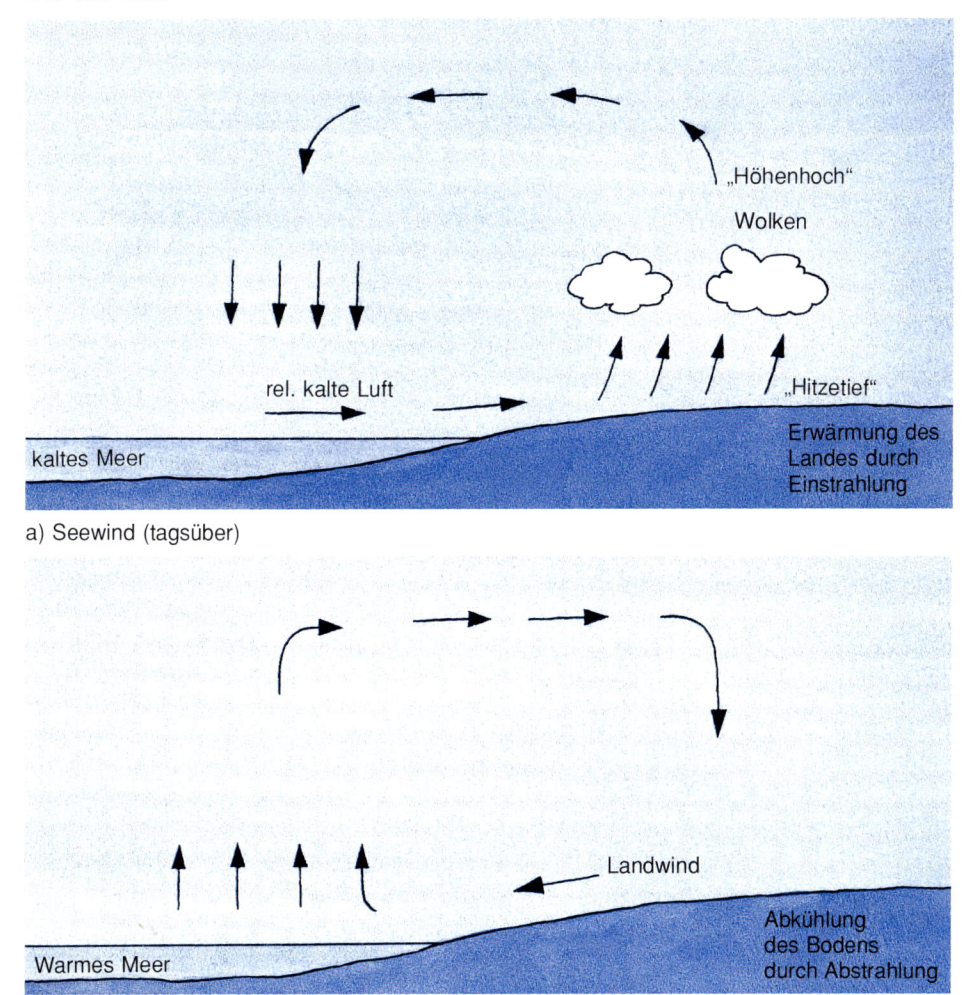

„Höhenhoch"
Wolken
rel. kalte Luft
„Hitzetief"
kaltes Meer
Erwärmung des Landes durch Einstrahlung

a) Seewind (tagsüber)

Landwind
Warmes Meer
Abkühlung des Bodens durch Abstrahlung

b) Landwind (nachts)
Winde schwächer als tagsüber

See- und Landwind

Die Luft über dem Land wird stärker erwärmt, da der Boden die Energie schneller aufnimmt als das Wasser. Über Land und Wasser bilden sich nebeneinander zwei unterschiedlich warme Luftsäulen. Die warme Luft steigt nach oben, dadurch kommt es in der Höhe zu einem Luftdruckanstieg. Am Boden dieser Luftsäule wird Luft abgezogen, es herrscht ein relativ geringer Druck. In der kälteren Luftsäule herrscht im Vergleich mit der warmen Luftsäule in gleicher Höhe ein niedrigerer Druck. Aufgrund des Druckunterschieds in der Höhe entsteht ein Ausgleichswind vom Hochdruckgebiet zum Tiefdruckgebiet. Die aus dem Hochdruckgebiet zufließende Luft kühlt ab und sinkt nach unten. Folglich steigt der Druck am Grund der kälteren Luftsäule, und es bildet sich ein „**Kältehoch**". Auch am Boden entsteht ein Ausgleichswind vom Hochdruck- zum Tiefdruckgebiet, nun aber in umgekehrter Richtung wie in der Höhe. Dieser Wind vom Wasser aufs Land wird „**Seewind**" genannt.

Nachts kann sich das System umkehren. Da Wasser die Temperatur länger speichert als der Boden, bildet sich über der Wasserfläche eine wärmere Luftsäule als über dem Land. Es entsteht entsprechend ein ablandiger Wind in Richtung See.

Solche Luftdruckgebilde die durch **Thermik**, d.h. durch Sonneneinstrahlung und Bodenerwärmung, entstehen, werden **Ferrel'sche Hochs bzw. Tiefs** genannt.

Da in Tiefdruckgebieten (= **Zyklonen**) Luftmassen aufsteigen, sind diese, wenn genügend Wasserdampf gespeichert ist und auch kondensiert, meist Schlechtwettergebiete. In Hochdruckgebieten (= **Antizyklonen**) sinken die Luftmassen ab. Die Luft erwärmt sich, die relative Luftfeuchte sinkt, und die Wolken lösen sich auf. Antizyklonen sind daher in der Regel Schönwettergebiete.

Die Zirkulation der Atmosphäre

Die Energieaufnahme und -abnahme der Erde ist während des ganzen Jahres und für die ganze Erdoberfläche gesehen im Gleichgewicht. Betrachtet man jedoch einzelne Regionen, dann gilt dies nicht mehr. Die Tropen verfügen über einen sehr hohen Energieüberschuß, während in den Polargebieten ein Defizit besteht. Ohne einen entsprechenden Ausgleich müßten sich die Tropen immer stärker aufheizen, und die Polargebiete müßten immer mehr abkühlen. Daß es hingegen nicht dazu kommt, dafür sorgen die großen Luftmassenbewegungen in Form von Winden sowie die schon erwähnten Meeresströmungen.

Im Bereich der Tropen bis zum 30. Breitengrad umgibt ein Ring warmer Luft die Erde, während sich über den Polen eine feste Kappe kalter Luft ausgebildet hat. Dazwischen liegt als Übergangsgebiet zwischen dem 30. und 50. Breitengrad die **planetarische Frontalzone**. Hier trifft kalte Polarluft auf Warmluft aus der Äquatorregion. Beim Zusammentreffen bilden sich die Wetterfronten, deren wichtigste die **Polarfront** ist.

Zwischen dem Äquator und den Polen bestehen in der Höhe große Luftdruckunterschiede, die durch einen Höhenwind aus dem Hochdruckgebiet über dem Äquator zum Tiefdruckgebiet über den Polen ausgeglichen werden. Wegen der Erdrotation werden diese Winde auf der Nordhalbkugel nach rechts, auf der Südhalbkugel nach links abgelenkt. Auf beiden Halbkugeln entstehen auf diese Art Westwinde, die sich in großen Höhen zu den **„Jetstreams"** verstärken. Die üblichen Windgeschwindigkeiten in den Jetstreams liegen bei 120 km/h, in Extremfällen wurden bis zu 400 km/h gemessen. Die Jetstreams bilden einen relativ feststehenden Gürtel um die Erde im Bereich der Frontalzone. Ihr Verlauf ist allerdings nicht breitenkreisparallel sondern geschwungen. Sie mäandrieren vor allem auf der Nordhalbkugel sehr stark und bilden weit ausladende Bögen und Tröge. Auf der Vorderseite der Bögen wird dabei warme Luft nach Norden, auf der Rückseite kalte Luft nach Süden transportiert. Ein weiterer wichtiger Effekt ist die **Bildung von dynamischen Tiefdruckgebieten** in den hohen Mittelbreiten und von **dynamischen Hochdruckgebieten** in den niederen Mittelbreiten. Das für den europäischen Bereich wichtigste Tiefdruckgebiet ist das **„Islandtief"**, das wetterwirksamste Hochdruckgebiet das **„Azorenhoch"**. Zwar bilden diese Tiefs und Hochs kein festes, ununterbrochenes Band um die Erde, dennoch spricht man von der **„subpolaren Tiefdruckrinne"** und dem **„subtropisch-randtropischen Hochdruckgürtel".** Über den Polen selbst herrschen, bedingt durch absinkende Kaltluft, am Erdboden Hochdrucklagen vor, die allerdings nur 2–3 km hoch reichen.

> Die Tiefdruckgebiete der Mittelbreiten wandern mit der vorherrschenden westlichen Windströmung von West nach Ost mit. In niedrigen Höhen wird in den Tiefdruckgebieten polare Kaltluft mit tropischer Warmluft vermischt, und es bilden sich große flächenhafte Niederschlagsgebiete.

Ihren Ursprung haben diese Tiefdruckgebiete im Bereich eines großen Mäanderbogens der Westströmung südlich von Grönland durch das Auseinanderströmen von Luftmassen in großer Höhe. Von der Erdoberfläche muß Luft nachgeführt werden, und es bildet sich dort ein Tiefdruckgebiet. Diese Zyklonen, die für das Wettergeschehen in Mitteleuropa eine wichtige Rolle spielen, ziehen mit den westlichen Winden über die Britischen Inseln nach Zentraleuropa und lösen sich schließlich in Nordosteuropa auf. Auf dem Satellitenbild erscheinen sie als riesige Wolkenwirbel, die sich wie die Erde von West nach Ost (= zyklonal) um einen Kern drehen, in dem die Luftmassen nach oben steigen. Durch die Drehung wird auf der Vorderseite südliche Warmluft nach Norden, auf der Rückseite kältere Polarluft nach Süden geführt. Die Warmluft dringt zunächst wie ein Keil nach Norden vor und gleitet auf die dort liegende Kaltluft auf. An dieser **„Warmfront"** kommt es zu den ersten Regenfällen, die sehr gleichmäßig sind und lang andauern können (Landregen). Auf die Warmfront folgt dann der **Warmsektor** mit freundlichem, manchmal sogar sonnigem Wetter. Allerdings nicht für lange, denn nun folgt die **Kaltfront**, die sich über die warmen Luftmassen schiebt. Typisch für die Kaltfront sind große Turbulenzen und hochreichende Wolkentürme mit heftigen Niederschlägen. Unter Umständen kann es zu Hagelschauern und Gewittern kommen. Der Wind frischt auf, wird böig, und die Temperatur sinkt merklich ab, da es sich um polare Luftmassen handelt. Auf der Rückseite der Zyklone herrscht zunächst wechselhaftes Wetter mit z.T. aufgelockerter Bewölkung und vereinzelten Schauern. Meist besteht sehr gute Fernsicht. Je nach allgemeiner Wetterlage kann

Natürliche Grundlagen

nun in der Folge ein Hochdruckgebiet mit schönem Wetter bestimmend sein, es können aber auch mit den Westwinden weitere Tiefdruckgebiete herangeführt werden.

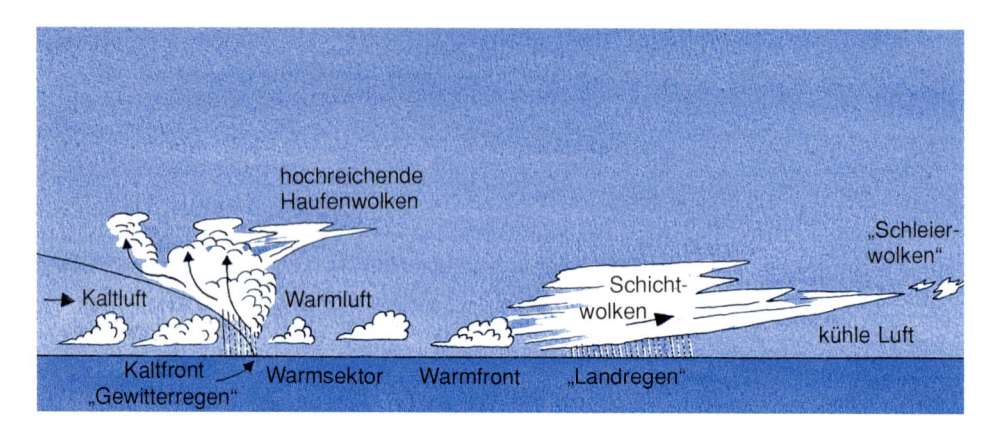

Kalt- und Warmfront

Die tropische Zirkulation

In den schon erwähnten Hochdruckgebieten der Randtropen sinkt die Luft ab, was zu Wolkenauflösung und zu schwachen Winden führt. Zur Zeit der Segelschiffahrt wurde für die Zone zwischen 25° und 30° der Begriff **„Roßbreiten"** geprägt, da die Schiffe oft so lange in Flauten liegenblieben, daß die Pferde eingingen.

Bedingt durch die ständige sehr starke Einstrahlung am Äquator, wird die Luft dauernd erwärmt und steigt auf. Bis in große Höhen ist der Luftdruck deshalb relativ niedrig, daher heißt dieser Bereich **„äquatoriale Tiefdruckrinne"**.

> Als Folge dieses Druckunterschiedes zwischen Äquator und Randtropen weht ein stetiger Wind, auf der Nordhalbkugel aus Nordosten, auf der Südhalbkugel aus Südosten: der Passat. Bedingt durch das Absinken der Luft im Ursprungsgebiet, ist die Passatzone von wenigen Ausnahmen abgesehen durch Trockenheit und Wolkenarmut ausgezeichnet.

In der äquatorialen Tiefdruckrinne treffen die Passate aufeinander. Die Luftmassen konvergieren und steigen auf. In dieser **„Innertropischen Konvergenzzone" (ITC)** bilden sich durch das Aufsteigen hohe Wolkentürme. Da die Luft sehr wasserdampfreich ist, kommt es durch Abkühlung zu den extrem heftigen tropischen Regenfällen.

In der Höhe fließt die Luft polwärts und sinkt im subtropischen Hochdruckgürtel wieder ab. Dieser Hochdruckgürtel ist demzufolge ein zentrales Glied im Luftmassenaustausch zwischen den Tropen und den Mittelbreiten.

Das Klima der Erde

Mit dem Lauf der Sonne verlagert sich auch die äquatoriale Tiefdruckrinne während des Jahres immer auf die jeweilige Sommerhalbkugel. Dem Höchststand der Sonne folgen im Abstand von vier bis sechs Wochen starke Niederschläge in den **Regenzeiten**. Da die Sonne am Äquator zweimal im Jahr im Zenit steht, gibt es dort zwei deutlich getrennte Regenzeiten. Polwärts wird der zeitliche Abstand zwischen den Regenzeiten immer geringer. An den Wendekreisen selbst gibt es nur eine Regenzeit.

Über den Ozeanen ist die Verlagerung der ITC nur gering. Über den Kontinenten reicht sie jedoch z. T. bis an die Wendekreise. Vor allem über Indien schiebt sich die ITC im Sommer weit nach Norden vor. Der Südostpassat der Südhalbkugel dringt über den Äquator vor, wird auf der Nordhalbkugel nach rechts abgelenkt und dadurch zu einem Südwestwind. Dieser **„Südwestmonsun"** wird zusätzlich verstärkt durch ein thermisches Tiefdruckgebiet über Innerasien und Tibet, das sozusagen die Luftmassen aus dem Süden „ansaugt". Dieser sommerliche Monsun führt feuchtwarme Luftmassen heran, die im Himalayavorland zu ergiebigen Niederschlägen führen. Der Ort Cherrapunji in Assam (Nordostindien) ist mit einem mittleren Jahresniederschlag von 10 420 mm eines der niederschlagsreichsten Gebiete der Erde. Cherrapunji hält auch den absoluten Weltrekord mit 25 900 mm Niederschlag im Jahr 1860.

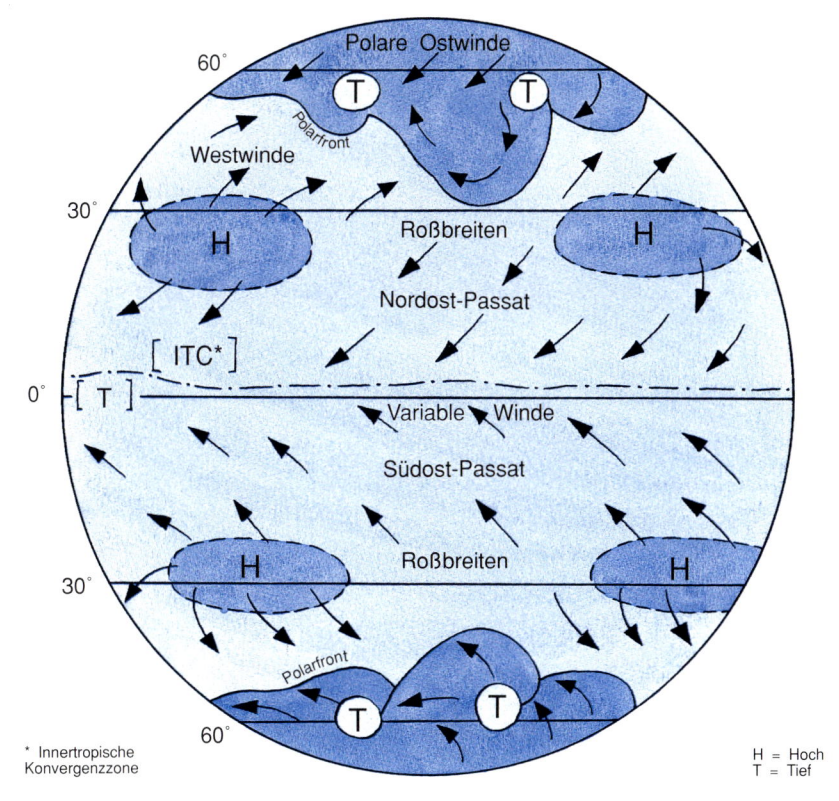

* Innertropische Konvergenzzone

H = Hoch
T = Tief

Globale Windzonen

Im Winterhalbjahr wechselt die ITC auf die Südhalbkugel. Über Indien ist der ablandige, kontinentale und damit auch trockene Nordostpassat bestimmend. Über Zentralasien bildet sich zu dieser Zeit durch absinkende Kaltluft über der Erdoberfläche ein Hochdruckgebiet aus (Kältehoch). Die aus dem Kältehoch ausströmenden Luftmassen verstärken zusätzlich den Nordostpassat, der in dieser Region auch als **Wintermonsun** bezeichnet wird. Da der indische Wintermonsun fast nur über Land weht und somit kaum Feuchtigkeit aufnimmt, beginnt mit seinem Auftreten ab Oktober die mehrere Monate anhaltende Trockenzeit.

Die Klimazonen der Erde

Mit einer Klimaklassifikation wird die Erde in Zonen eingeteilt, in denen annähernd das gleiche Klima herrscht. Grundlage der Einteilung sind z.B. bei der immer noch bekanntesten Klassifikation von **Köppen** die über viele Jahre gesammelten Klimadaten von Niederschlag und Temperatur.
Köppen unterscheidet zunächst fünf Hauptklimazonen, die er mit den Buchstaben A bis E benennt:

Tropische Klimate (A): Die Tropische Klimazone erstreckt sich in einer groben Annäherung zwischen den beiden Wendekreisen. Die Durchschnittstemperatur eines jeden Monats liegt über 18 °C; es gibt keinen Winter; die hohen jährlichen Niederschläge übertreffen die Verdunstung bei weitem.
Trockenklimate (B): Sie liegen im Bereich der subtropischen Hochdruckgürtel. Die mögliche Verdunstung ist höher als die Niederschläge. Da es keinen Wasserüberschuß gibt, findet man in dieser Region auch keine permanenten Flüsse.
Warmgemäßigte Regenklimate (C): Die Warmgemäßigten Regenklimate liegen in der Westwindzone. Der kälteste Monat hat eine Durchschnittstemperatur unter 18 °C, aber über −3 °C. Zumindest ein Monat hat eine Durchschnittstemperatur über 10 °C. Die vier Jahreszeiten sind sehr ausgeprägt.
Schnee-Wald-Klimate (D): Die Schnee-Wald-Klimate nehmen den nördlichen Bereich der Westwindzone ein. Der kälteste Monat hat eine Durchschnittstemperatur unter −3 °C, die Durchschnittstemperatur des wärmsten Monats liegt über 10 °C. Die 10 °C-Grenze fällt grob mit der Polargrenze des Waldes zusammen.
Schnee- oder Tundrenklimate (ET): Diese Zone liegt jenseits der Baumgrenze. Die Durchschnittstemperatur des wärmsten Monats liegt unter 10 °C.
Eisklimate (EF): Die Durchschnittstemperatur des wärmsten Monats liegt hier unter 0 °C. Es herrscht ewiger Frost.
ET- und EF-Klimate haben beide praktisch keinen Sommer.

Innerhalb der fünf Hauptgruppen gibt es weitere Untergruppen. So werden z.B. die Trockenklimate nach ihrer jährlichen Niederschlagsmenge in **Steppenklimate** (BS; 380–760 mm Jahresniederschlag) und **Wüstenklimate** (BW; Jahresniederschlag unter 250 mm) unterteilt. Insgesamt unterscheidet Köppen elf Klimazonen, die im folgenden kurz charakterisiert werden. Siehe dazu auch die entsprechenden Karten auf S. 117–119.

Das tropische Regenwaldklima

Die natürliche Vegetation sind hier immergrüne, hochstämmige Urwälder. Die Durchschnittstemperatur beträgt 25 °C, kein Monatsmittel liegt unter 18 °C, die Jahresschwankung der Temperatur beträgt nur 1–6 °C. Die sehr hohen Niederschläge (mind. 1500 mm) sind relativ gleichmäßig über das Jahr verteilt, weisen aber in den Regenzeiten infolge der beiden Sonnenhöchststände zwei Maxima auf. Kernräume sind das Amazonasbecken in Südamerika, das Kongobecken in Afrika und die Inselwelt Indonesiens.

Das tropische Savannenklima

Die Jahresschwankungen der Temperatur nehmen mit der Entfernung vom Äquator zu, und die tropischen Niederschläge nehmen ab. Die beiden äquatorialen Regenzeiten rücken polwärts immer näher zusammen. Je mehr man sich den Wendekreisen nähert, desto stärker ist zwischen der jährlichen einfachen Regenzeit eine Trockenzeit ausgeprägt. Immergrüner Wald ist meist nicht mehr möglich. Die vorherrschende Vegetationsform ist die **Savanne**, eine Grasflur mit mehr oder weniger starkem Baumwuchs. Entlang der Flüsse können sich die Bäume zu **Galeriewäldern** verdichten. Zu dieser Zone gehören in Südamerika die Llanos im Orinokogebiet und die Campos in Brasilien. In Afrika gehört der Sudan, und in Indien gehören Großteile des Dekhan dazu.

Das gemäßigt warme, wintertrockene Klima

Diese Klimazone weist neben ausreichenden sommerlichen Niederschlägen eine trockene, kühle, aber nicht sehr kalte Jahreszeit auf. Sie ähnelt dem Savannenklima, aber die Temperaturen des kältesten Monats liegen in den höheren Breiten bereits unter 18 °C. Diese Klimate sind hauptsächlich an der Ostküste der Kontinente im Bereich der Wendekreise zu finden. Dazu gehören Nordindien und Südchina, die Hochebenen Afrikas zwischen 8° und 22°, in Südamerika das südbrasilianische und mexikanische Bergland sowie in Australien der Süden Queenslands.

Die Steppenklimate

Steppen findet man im Übergangsbereich zu feuchteren Gebieten am Rand der Wüsten. Die halbtrockenen Gebiete zwischen den Wendekreisen werden auch als Trocken- oder **Dornsavannen** bezeichnet. Es fällt wenigstens noch in einigen Monaten des Jahres gelegentlich Regen. In Afrika gehören der Sahelgürtel sowie die Kalahari zu dieser Region, in Südamerika die Pampa und in Nordamerika das Coloradoplateau, die Great Plains sowie Teile New Mexicos und Texas.

Das Wüstenklima

Die größten Wüsten der Erde, z.B. die Sahara oder die Arabische Wüste, befinden sich im Bereich der Passatströmung. Da diese Winde sehr trocken sind, führen sie über den Kontinenten zur Wüstenbildung. Die Wüsten Innerasiens werden allerdings hauptsächlich durch die Lage im Windschatten hoher Gebirge sowie die große Entfernung zum Meer hervorgerufen. Die Passatwüsten sind gekennzeichnet durch den Mangel an Niederschlägen bei gleichzeitig hohen Temperaturen. In den winterkalten Wüsten Asiens kann die Temperatur in den kältesten Monaten bis −30 °C fallen. Im Sommer erreicht die Hitze dagegen extreme Ausmaße bis zu 50 °C.

Das gemäßigt warme, sommertrockene Klima

Dies ist das typische **Subtropenklima des Mittelmeerraums**. Es ist gekennzeichnet durch heiße Sommer und milde Winter, in denen auch die ergiebigsten Niederschläge fallen.
Im Herbst und im Frühjahr liegt der Mittelmeerraum häufig im Grenzbereich zwischen kalter Polarluft und tropischer Warmluft, was zu tagelang anhaltendem Dauerregen führen kann. In entsprechender Breitenlage findet man das „Mittelmeerklima" auch in Kalifornien, an der chilenischen Küste, in Südafrika und in West- und Südaustralien.

Das feuchttemperierte Klima

Das feuchttemperierte Klima liegt im Einflußbereich der Tiefdruckgebiete der Westwindzone. Während aller Jahreszeiten sind die Niederschläge ausreichend. Der Klimatyp ist auf der Nordhalbkugel im zentralen und östlichen Teil der USA, in Mittel-, Nordwest- und Südosteuropa sowie in Südostchina verbreitet. Auf der Südhalbkugel gehören Teile Argentiniens, Südafrikas und die Küstenbereiche Ostaustraliens sowie Neuseeland dazu.

Das ganzjährig feuchte Schneewaldklima

In diesem Klima liegen die durchschnittlichen Januartemperaturen unter −3 °C. Die Sommer sind sehr kurz mit Monatsmitteln über 10 °C und ausreichenden Niederschlägen. In diesen Regionen kann auch noch Wald gedeihen, z.T. in Form von ausgedehnten Nadelmischwäldern. Da es ausschließlich auf der Nordhalbkugel auftritt, (auf der Südhalbkugel reichen die Kontinente nicht entsprechend weit ans Polargebiet heran) wird es in der Fachsprache auch als „Boreales Schneewaldklima" bezeichnet. Im Winter gefriert die oberste Bodenschicht.

Wenn selbst die Sommertemperaturen nicht mehr ausreichen, den Boden bis in die tieferen Schichten aufzutauen, bildet sich **„Permafrostboden"**. Die größten Teile Alaskas, Kanadas, Skandinaviens und Rußlands liegen im Bereich dieser Klimazone.

Das Schneewaldklima mit trockenen Wintern

In den küstenfernen Bereichen der Schneewaldklimate sind die Winter sehr trocken. Die Schneedecke ist meist nur gering, so daß der Frost tief in den Boden eindringen kann. Dies um so mehr, als hier auch extrem niedrige Temperaturen mit Januarmitteltemperaturen unter −30° C auftreten können. In Oimjakon in Ostsibirien liegt der kälteste Punkt der Nordhalbkugel. Dort wurde 1938 der Rekordwert von −77,8 °C gemessen. Im Sommer hingegen können die mittleren Julitemperaturen 15–20 °C erreichen.

Das Tundrenklima

In der Tundra ist durch die niedrige Temperatur – das Mittel des wärmsten Monats liegt unter 10 °C – Baumwuchs nicht mehr möglich. Typisch sind Moos- und Zwergstrauchheiden. Betroffen sind im wesentlichen die an das Polarmeer angrenzenden Gebiete Asiens und Nordamerikas sowie einige Inseln auf der Südhalbkugel südlich des 50. Breitengrades.

Das Klima des Dauerfrostes

Selbst im wärmsten Monat erreichen die Temperaturen im Bereich des Nordpols nur wenige Grad Celsius über Null. Im Innern der Antarktis herrscht eine mittlere Jahrestemperatur von −50 °C. Lediglich an der Küste werden im Sommer bis +10 °C erreicht. Die kälteste Temperatur der Erde wurde am 24. 08. 1960 bei der Forschungsstation „Wostok" in der Antarktis gemessen. Sie betrug −89 °C.

Übungen

- Erklären Sie den Unterschied zwischen „Wetter" und „Klima".
- Nennen Sie die Faktoren, die das Klima eines Ortes bestimmen.
- Beschreiben und erklären Sie die Einstrahlungsverhältnisse auf der Erde zum Sommeranfang am 21. Juni und zum Herbstbeginn am 23. September.

- Warum gibt es in den Tropen keine Jahreszeiten wie bei uns?
- Beschreiben Sie den Weg der Sonnenenergie durch die Erdatmosphäre zur Erdoberfläche.
- Was bedeutet der Begriff „Glashauseffekt der Atmosphäre"? Welche positiven Auswirkungen hat er auf unser Klima?
- Warum kühlt feuchte Luft beim Aufsteigen weniger schnell ab als warme Luft?
- Wie entsteht ein thermisches Tief- bzw. Hochdruckgebiet? Wo treten diese Druckgebilde regelmäßig auf?
- Schildern Sie den Witterungsverlauf beim Durchzug eines Tiefdruckgebiets.
- Was bewirkt die Verlagerung der ITC? Welchen Einfluß hat dieser Effekt auf die Ausbildung von Regen- und Trockenzeiten?
- Begründen Sie den jahreszeitlichen Wechsel des Monsuns in Südasien (Indien).

Die Landschaftsgürtel der Erde

Eine Einteilung der Erde in Landschaftsgürtel greift zwar auch sehr stark auf die Klimaeinteilung zurück, bezieht aber noch eine Anzahl weiterer Faktoren mit ein. Dazu gehören z. B. die Böden, Pflanzen- und Tierwelt sowie die agrarische Landnutzung. Siehe dazu die Karte „Vegetationszonen der Erde" auf S. 116.

Die Tropenzone

Die Tropen liegen, grob abgegrenzt, zwischen den beiden Wendekreisen nördlich und südlich des Äquators. Sie nehmen etwa zwei Fünftel der Erdoberfläche ein. Von den außertropischen Bereichen unterscheiden sie sich dadurch, daß die Tagesschwankungen der Temperatur höher sind als die Jahresschwankungen: die Tropen haben ein **Tageszeitenklima**.

In den **inneren Tropen** fallen ganzjährig ausreichend Niederschläge. Die **äußeren Tropen** sind durch den Wechsel von sommerlichen Regenzeiten mit winterlichen Trockenzeiten gekennzeichnet.
Charakteristisches Merkmal tropischer Böden ist ihre tiefgründige chemische Verwitterung und ihr hoher Tongehalt. Sie sind in der Regel stark ausgewaschen und daher sehr nährstoffarm. Allerdings verändern sich diese Merkmale in Richtung auf die Wendekreise, was auch entsprechende Auswirkungen auf die Vegetation hat.
Die typische Vegetationsform der **immerfeuchten inneren Tropen** ist der **Regenwald**. Die Jahresniederschläge betragen über 2000 mm, und es gibt keine ausgeprägte Trockenzeit. Kennzeichnend für die Vegetation des Regenwalds ist die große **Artenvielfalt** sowie die **horizontale Gliederung der Baumschichten** in mehrere Stockwerke, die sich z.B. nach Lichteinfall, Temperatur oder Luftfeuchtigkeit stark

unterscheiden können. Trotz der Nährstoffarmut der Böden kann ein üppiger Pflanzenwuchs gedeihen, da das abgestorbene, organische Material sehr schnell und direkt den Pflanzen wieder zugeführt wird.

Die ursprüngliche Nutzung des Regenwalds durch die Menschen wird meist als **Wanderfeldbau** oder **Landwechselwirtschaft**, oft auch als **Brandrodungsfeldbau** oder **Shifting Cultivation** bezeichnet.

> Relativ kleine Feldstücke werden gerodet und das organische Material abgebrannt. Die großen Bäume bleiben zunächst stehen, sterben jedoch auch im Lauf der Zeit. Die Asche dient als Dünger. Über mehrere Jahre kann nun Ackerbau betrieben werden. Nach drei bis vier Jahren sind die Böden jedoch erschöpft, das Land wird verlassen, und der Kreislauf wiederholt sich andernorts.

Ein Regenwald kann auf dem ausgelaugten Boden allerdings nicht mehr wachsen. Mit jeder weiteren Nutzung und weiterer Zerstörung der Vegetation wächst die Gefahr des Bodenabtrags und der Abschwemmung der letzten Reste des Feinmaterials.

Für den Eigenverbrauch wird in den Tropen in erster Linie Mais, Maniok, Yams, Sorghum, Batate und Reis angebaut. Die wichtigsten Weltmarktprodukte sind Bananen, Kaffee, Kakao, Rohrzucker, Tee, Kautschuk und Erdnüsse.

Sehr problematisch ist auch die holzwirtschaftliche Nutzung. Edelholzbäume wie Mahagoni und Ebenholz wachsen weit verstreut. Auf 10 ha ist oft nur ein verwertbarer Mahagonistamm zu finden. Deshalb wird vor dem eigentlichen Holzeinschlag bereits für die Zufahrtsstraßen oft ein großes Regenwaldareal zerstört.

An die Regenwaldzone der inneren Tropen schließen sich polwärts die **wechselfeuchten äußeren Tropen** an. Im Lauf des Jahres wechselt eine Regenzeit im Sommer mit einer Trockenzeit im Winter ab.

Savannen

An den Regenwald schließt sich die **Feuchtsavanne** an. Auch hier herrscht eine sehr hohe mittlere Jahrestemperatur von 25 °C. Der Mittelwert des wärmsten Monats liegt unter 30 °C, der des kältesten Monats über 20 °C. Der Jahresniederschlag beträgt 1000–1500 mm mit einem Maximum im Sommer. Die Trockenzeit dauert 2,5–5 Monate. Für das Pflanzenwachstum ist wichtig, daß die Niederschläge mit warmen Temperaturen einhergehen.

Die Böden der Feuchtsavanne sind weniger tiefgründig verwittert und weniger ausgewaschen als in den inneren Tropen. Die Bodenerosion ist jedoch größer, da während der Trockenzeit die Vegetationsdecke sehr schütter wird, und in der Regenzeit die sehr starken Regenfälle auf den praktisch ungeschützten Boden treffen.

Das Wort Savanne stammt aus dem Spanischen und bedeutet Grasebene. Die Feuchtsavanne ist ein Mosaik aus Waldformationen und Grasländern. Bäume wachsen dort, wo auch in der Trockenzeit in tieferen Schichten noch Wasser zu finden ist und wo der Jahresniederschlag nicht unter 300–400 mm sinkt. Durch Ackerbau und Weidewirtschaft wird vor allem in Hanglagen die Gefahr der Bodenerosion noch vergrößert. Der Feinboden wird in die Tallagen abgeschwemmt und dort verdichtet. Auch in den Wäldern der Feuchtsavanne wird der Wanderfeldbau betrieben und hat die natürliche Vegetation weitgehend zerstört. Bis auf Kakao und Kautschuk dominieren dieselben Anbaufrüchte wie in den inneren Tropen. Die Exportprodukte Baumwolle und Erdnuß gewinnen daneben größere Bedeutung.

In Afrika, Indien und Nordaustralien ist auch die polwärts anschließende **Trocken-** und **Dornsavanne** verbreitet. Die trockene Jahreszeit dehnt sich aus auf Kosten der feuchten Jahreszeit. Die Regenzeit dauert 3–4 Monate, wobei die Niederschlagswerte zwischen 500 und 1000 mm liegen. Die Böden werden lehmiger, sandiger, aber auch steiniger. Zwar sind sie nicht mehr ausgewaschen und relativ nährstoffreich, Wachstum und Anbau sind aber durch Wassermangel stark eingeschränkt. Oft kommt es oberflächlich zu **Salzanreicherungen**, wenn Bodenwasser aufsteigt und die darin gelösten Mineralsalze an der Oberfläche ausfallen.

In den feuchteren Regionen hat die Baum- und Strauchvegetation noch das Übergewicht über das Grasland. Meist handelt es sich um mittelgroße, dornige Schirmkronenbäume. Viele Pflanzen, wie die Kakteen Amerikas oder die Affenbrotbäume Afrikas, haben, um die Trockenzeit zu überstehen, wasserspeichernde Organe ausgebildet.

Der Rückgang der Niederschläge wirkt sich natürlich negativ auf die Landwirtschaft aus. In den meisten Gebieten kann Ackerbau nur mit Hilfe von Bewässerungsanlagen betrieben werden. Zur Eigenversorgung tragen in erster Linie Mais, Gerste und Hirse bei, für den Weltmarkt werden Baumwolle und Erdnüsse angebaut. Zwar ist noch Viehhaltung möglich, sie beschränkt sich in der Dornsavanne jedoch auf Schafe und Ziegen.

Die Subtropen

> Die Subtropen mit ihren Untergruppen unterscheiden sich von den Tropen vor allem darin, daß die jahreszeitlichen Temperaturunterschiede wesentlich größer sind als die Unterschiede im Tagesgang. Sie lassen sich auch weniger gut in gürtelartige Zonen untergliedern. Stärker als in den Tropen tritt der Gegensatz zwischen der Ost- und Westseite der Kontinente zutage.

Man unterscheidet im wesentlichen drei Unterzonen. Von den Tropen polwärts sind dies:
1. der subtropische Trockengürtel mit Halbwüsten und Wüstengebieten,
2. die wechselfeuchten Subtropen,
3. die immerfeuchten Subtropen.

Die Landschaftsgürtel der Erde

Subtropische Trockengebiete

Zu den subtropischen Trockengebieten sind folgende Regionen zu zählen: in den USA die Sonora-Wüste, in Chile die Atacama, in Afrika die Sahara und die Namib, in Asien die Wüsten Arabiens und Innerpersiens sowie die Zentralaustralische Wüste. Der Anteil an der Festlandsfläche beträgt 31 Mio. km^2 oder 21 % des Festlands.
Wüsten und Halbwüsten werden durch die Menge des Jahresniederschlags unterschieden. Wüsten sind ganzjährig trocken (arid), der Jahresniederschlag liegt unter 50 mm. Halbwüsten haben 1–2 feuchte (humide) Monate, der Jahresniederschlag liegt bei 50–250 mm.

> Arid: Die mögliche Verdunstung ist größer als die Summe der Niederschläge.
> Humid: Die Niederschlagsmenge übertrifft die mögliche Verdunstung.

Zumindest im Winterhalbjahr treten in den meisten Teilen der subtropischen Wüstengebiete regelmäßig Fröste auf, und es kommt gelegentlich zu Regenfällen. In den zentralen Teilen der Wüsten werden jedoch oft über Jahre hinweg keine Niederschläge registriert.
Die **Sahara** ist die größte Wüste der Erde, und an ihr lassen sich die verschiedenen Erscheinungsformen beispielhaft demonstrieren. Zu ihrer Entstehung hat wesentlich ihre Lage im Bereich der Passatzone und des subtropischen Hochdruckgürtels beigetragen.
In den Hochdruckgebieten herrschen absteigende Luftmassen vor und verursachen warme und trockene Winde. Die Wolken lösen sich auf, mit der Folge, daß die Sahara die höchste Sonneneinstrahlungsrate auf der Erde hat. Infolge der hohen täglichen Temperaturunterschiede und des Wassermangels herrscht die physikalische Verwitterung vor. Da Flüsse fehlen, wird der Gesteinsschutt jedoch nicht abtransportiert, sondern sammelt sich am Fuß der Berge und Hänge an. Die Gebirge „ertrinken" geradezu in ihrem eigenen Schutt.
Entgegen den üblichen Vorstellungen nehmen die **Sandwüsten (ergs)** nur einen geringen Flächenanteil ein. Wesentlich stärker verbreitet sind **Felswüsten (hamada), Stein- und Schuttwüsten (regs)** sowie **Kieswüsten (serir).**
In allen Wüsten sind Böden nur sehr schwach ausgebildet, wenn man überhaupt von Böden sprechen kann. Infolge des geringen Pflanzenwuchses ist kaum organisches Material vorhanden. Die Horizonte sind sehr schlecht entwickelt, und auch der Anteil von Feinmaterial ist sehr gering.
Mit der Abnahme der Niederschläge wird auch die Pflanzendecke immer dünner. Dadurch steht aber der einzelnen Pflanze mehr Raum zur Wasseraufnahme zur Verfügung. Oder die Pflanzen ziehen sich in Senken zurück, wo nach den seltenen Niederschlägen noch Wasser von den Seiten zufließen kann.

Natürliche Grundlagen

> Die wichtigsten Überlebensstrategien sind:
>
> 1. Die Vergrößerung des Wurzelsystems. Der unterirdische Teil der Pflanze ist größer als der oberirdische.
> 2. Die Verringerung der Verdunstung durch Verdornen, Behaarung oder Blattverlust.
> 3. Die Ausbildung unterirdischer Speicherorgane in Form von Knollen.
> 4. Die Wasserspeicherung in oberirdischen Organen (Sukkulenten, zu denen auch die Kakteen zählen).

Wie die Pflanzen passen sich auch die Tiere den extremen Umweltbedingungen an. Viele von ihnen sind nur in der Nacht aktiv oder Höhlenbewohner. Andere benötigen nur sehr wenig Wasser oder überleben die Trockenzeit in einer Art Trockenstarre.

In weiten Teilen der Trockengebiete ist eine landwirtschaftliche Nutzung nicht möglich. Ausnahmen bilden **Oasen**, die wie Inseln in den Wüsten liegen, und in denen nutzbares Wasser zu finden ist. Normalerweise ist auch eine geschlossene Siedlung vorhanden, und es wird intensiver Bewässerungsfeldbau betrieben. Je nach Art der Wasserführung werden die folgenden wichtigsten Oasentypen unterschieden:

Flußoasen wie das Niltal; durch seitlich wegführende Kanäle wird dem Fluß Wasser für die Felder entnommen;

Quelloasen, in denen das Wasser in Form von Quellen an die Oberfläche tritt;

Grundwasseroasen mit hohem Grundwasserspiegel. Entweder erreichen die Pflanzen mit ihren Wurzeln das Grundwasser, oder das Wasser wird mittels Pumpen an die Oberfläche gebracht. In einigen Regionen der Sahara, z.B. in Libyen, werden auch alte, fossile Grundwasservorkommen genutzt. Allerdings stammt dieses Wasser aus der Eiszeit und wird unter den heutigen Klimabedingungen nicht erneuert.

Wechselfeuchte Subtropen

Der nördlich an die Trockengebiete der Sahara anschließende Mittelmeerraum hat durch seine charakteristische Ausprägung einer ganzen Landschaftszone den Namen gegeben. Ähnliche klimatische Verhältnisse wie in der **„Mittelmeerzone"** findet man auch in Kalifornien, an der chilenischen Küste zwischen 30° und 38° südlicher Breite, an der Südspitze Afrikas sowie in Südwestaustralien.

> Die Winterregengebiete oder sommertrockenen Subtropen, wie die Regionen auch genannt werden, sind im wesentlichen auf die Westseite der Kontinente beschränkt. Die Niederschläge fallen hauptsächlich im Winter, die Sommer sind heiß und trocken. Der Grund für diesen klimatischen Wechsel liegt in der Nordwanderung der ITC im Sommer. Dann gewinnt das Azorenhoch mit trockener Luft an Einfluß. Im Winter liegt das Gebiet im Einflußbereich der Westwindzone mit ihren Tiefdruckgebieten und Niederschlägen.

Dort, wo das Mittelmeerklima typisch ausgebildet ist, z. B. auf Sizilien, gibt es fast keinen Frost. Die Niederschläge sind mit über 800 mm im Jahr noch relativ hoch, fallen aber fast ausschließlich zwischen Oktober und März. Die Januarmitteltemperatur liegt bei 7–8 °C, das Julimittel bei über 24 °C. Generell nehmen die Temperaturen von Nord nach Süd und von West nach Ost zu, die Niederschläge entsprechend ab.

Aufgrund der recht hohen Niederschläge ist eine Bodenbildung durch chemische Verwitterung möglich. Vorherrschend sind rote und braune mediterrane Böden, wobei die Farbe durch den Anteil an Eisenoxid bedingt ist. Der A-Horizont ist nur schwach ausgebildet und humusarm. Der B-Horizont ist mächtiger und tonreicher. Ein großer Teil der Böden ist stark erodiert. Zum einen ist dies bedingt durch den langen Wassermangel und plötzlich einsetzende Starkregen, zum andern haben auch Rodung und Entwaldung entscheidend dazu beigetragen.

Menschliche Eingriffe haben dazu geführt, daß der ursprünglich stärker bewaldete Mittelmeerraum durch die Landnahme fast entwaldet wurde. Etwa zwei Drittel der Wälder gingen verloren. In vielen Gebieten trat an ihre Stelle eine **Strauchformation**, bestehend aus Ginster, Wacholder und Pistazie (Macchie, Garrigue, Chapparal). Die wichtigsten Baumarten sind Stein-, Kork- und Flaumeichen, der Lorbeerbaum sowie in den Küstenbereichen Nadelhölzer wie die Pinie und die Aleppokiefer.

Ein wichtiger Teil der Landnutzung ist die Weidewirtschaft in Form der **Weidewechselwirtschaft (Transhumanz)**. Im Frühjahr werden die Herden in die Gebirgshochlagen getrieben, im Spätherbst wieder zurück in die Ebenen. Da die Winter sehr mild sind, bleiben die Tiere auch in der kalten Jahreszeit im Freien.

Die Ebenen werden agrarisch durch den Anbau von Getreide genutzt. In den Hügellagen Mittelitaliens herrschen z. B. Baumkulturen vor. Wichtigste Fruchtpflanzen sind Ölbaum, Mandelbaum, Feigenbaum, Zitrusfrüchte und Weinrebe. Eine gewisse Rolle spielt auch der Anbau von Gewürzpflanzen wie Rosmarin, Thymian, Oregano und Lavendel.

Immerfeuchte Subtropen

Die immerfeuchten Subtropen findet man nur auf der Ostseite der Kontinente zwischen dem 25. und 35. Breitengrad. Dazu gehören die Südoststaaten der USA, Mittelchina, Südjapan, Südostaustralien, die Nordinsel Neuseelands, der Südosten Südafrikas, Südbrasilien sowie die östliche Pampa von Argentinien und Uruguay.

> In diesen Regionen tritt kein arider Monat auf; Niederschläge können während des gesamten Jahres fallen. Zwar ist in fünf bis sieben Monaten des Jahres Frost möglich, es gibt allerdings kein Monatsmittel unter 0 °C.

Aufgrund der hohen Niederschläge können auf der Ostseite sogar Regenwälder gedeihen. Die Böden sind intensiv chemisch verwittert und tiefgründig, allerdings nur mit einem geringen Humusanteil im A-Horizont. Der B-Horizont ist tonig

Natürliche Grundlagen

und nährstoffarm. Jedoch läßt sich durch Düngung die Fruchtbarkeit deutlich erhöhen.

Die Vegetation der verschiedenen Regionen ist sehr unterschiedlich. In den USA findet man als natürliche Baumarten z. B. Eichen, Buchen, Hickory, Zuckerahorn und Kiefern, in Australien sind Südbuchen- und Eukalyptuswälder verbreitet.

Bedingt durch das günstige Klima ist eine intensive landwirtschaftliche Nutzung möglich. Es können z. T. sogar Zitrusfrüchte und Tee angebaut werden. Am häufigsten sind Sorghum, Erdnuß, Baumwolle, Reis und Tabak vertreten.

Die kühlgemäßigte Zone

Die kühlgemäßigte Zone ist als breiter Gürtel nur auf der Nordhalbkugel zwischen 40° und 60° nördlicher Breite ausgebildet. Auf der Südhalbkugel fehlt sie aufgrund einer anderen Land-See-Verteilung fast ganz. Etwa 31 Mio. km^2 oder 21 % der Festlandsfläche gehören dieser Zone an.

Die Untergliederung innerhalb der Zone verläuft nicht breitenkreisparallel, sondern in einer Ost-West-Abstufung. Die Nähe bzw. die Ferne zum Meer spielt eine wichtige Rolle. Nach Norden und Süden wird die Zone durch das Jahresmittel der Temperatur abgegrenzt, das zwischen 8 °C und 12 °C liegt. Die Mitteltemperatur des wärmsten Monats schwankt zwischen 15 °C und 20 °C, die des kältesten Monats zwischen +10 °C und −30 °C. Hier zeigt sich der extreme Gegensatz zwischen der ozeanischen und der kontinentalen Ausprägung der Landschaftszone.

> Das ozeanische Klima steht unter dem Einfluß des Meeres. Typisch sind relativ hohe Niederschläge, geringe tägliche und jährliche Temperaturschwankungen, kühle Sommer und milde Winter.
> Das kontinentale Klima ist gekennzeichnet durch Meerferne. Die Sommer sind sehr heiß, die Winter extrem kalt, was eine hohe jährliche Temperaturschwankung zur Folge hat. Die wenigen Niederschläge fallen vor allem im Sommer.

Die kühlgemäßigte Zone Eurasiens wird grob in die Waldklimate des Westteils und in die kontinental geprägten Steppenklimate des Ostens unterteilt.

Der Bereich des **ozeanischen Waldklimas** umfaßt in Nordamerika eine schmale Küstenzone zwischen Nordkalifornien und Britisch-Kolumbien. In Europa reicht die Zone von Nordspanien über West- und Mitteleuropa bis nach Bergen, nach Südosten bis zum Schwarzen Meer. Auf der Südhalbkugel gehören Südchile, Südostaustralien, Tasmanien und Südneuseeland dazu. Es gibt eine wirklich kalte Jahreszeit, in der drei Monate ein mittleres Temperaturminimum unter 0 °C aufweisen. Außer im Juli und im August kann in allen Monaten Frost auftreten. Das Mittel des wärmsten Monats liegt auch deutlich unter 20 °C.

Der Übergang zum **kontinentalen Waldklima** geschieht allmählich. In Nordamerika werden die Grenzgebiete der USA und Kanadas im Bereich der Großen Seen

dazugerechnet. In Eurasien erstreckt sich die Zone von Warschau über Moskau bis nach Nowosibirsk. Der kontinentalste Typ ist in der Mandschurei vertreten.
Auf der Ostseite der Kontinente sind die **sommerwarmen Waldklimate** verbreitet, z. B. in den Oststaaten der USA zwischen 35° und 45° nördlicher Breite. In diese Zone gehören auch Ostchina, Korea und die japanischen Nordinseln.
Die **kühlgemäßigten Trockenklimate**, die sich südlich der Waldklimate erstrecken, nehmen vor allem in Eurasien einen großen Raum ein. Am wichtigsten und bekanntesten ist die Schwarzerdesteppe der ehemaligen Sowjetunion, die vom nördlichen Schwarzmeergebiet über Kasachstan bis nahe Nowosibirsk einen etwa 300–500 km breiten Streifen bildet. Die Sommer können sehr warm sein, die Winter sind jedoch extrem kalt. Die Jahrestemperaturamplitude liegt bei über 30 °C, die Jahresmitteltemperatur um 5 °C. Die Niederschläge sind nicht sehr hoch, sie betragen 330–350 mm pro Jahr. Die Vegetationszeit dauert etwa 190 Tage.
Grundlage für die agrarwirtschaftliche Bedeutung dieser Region ist der fruchtbare Boden: **die Schwarzerde** oder **Tschernosjom**.

> Es handelt sich um einen Boden mit einem tiefen, stark humushaltigen A-Horizont. Der Unterboden besteht meist aus kalkhaltigem Lockermaterial, oft Löß. Diese Böden bilden sich unter einer Kraut- und Hochgrassteppe bei kontinentalen Klimabedingungen. Wichtig ist auch die Arbeit von Bodentieren wie Ziesel, Hamster oder Präriehunden, durch die die im Sommer verdorrenden Kräuter in den Boden eingearbeitet werden. Dadurch kommt es auch in tieferen Lagen zu einer starken Humusanreicherung.

Die Schwarzerdeböden gehören zu den potentiell fruchtbarsten Böden, die es überhaupt gibt. Das Wachstum der Pflanzen wird allerdings einerseits durch den Frost, andererseits durch die ungünstige Verteilung der Niederschläge behindert. Frost tritt während acht Monaten des Jahres auf. Frostfrei sind nur Juli und August. Das mittlere Januarminimum liegt bei −20 °C, die Extreme liegen unter −40 °C. Die meisten Niederschläge fallen im Frühsommer und Spätherbst, so daß während der für das Wachstum von der Temperatur her günstigen Zeit Dürre herrscht. Auch die Monate Juni und September sind normalerweise noch sehr trocken.
Nach Süden nimmt in Asien die Trockenheit noch zu, und es schließt sich z. B. im Hochland von Tibet die Trockensteppe an. Östlich des Kaspischen Meeres, um den Aralsee, im Tarimbecken und in der Gobi findet man dann nur noch Wüsten und Halbwüsten. Die Gobi ist eine der extremsten und kontinentalsten Wüsten der Erde.
In Nordamerika orientiert sich der Verlauf der Steppenzone an der Nord-Süd-Erstreckung der Rocky Mountains. Typisch ist daher eine Ost-West-Abfolge verschiedener Landschaftszonen. Die Steppenzone beginnt in Ostnebraska und erstreckt sich in einer Breite von etwa 1000 km bis an den Fuß der Rocky Mountains. Das Gelände steigt dabei von 300 m bis auf 1500 m an. Umgekehrt nehmen die Niederschläge von Ost nach West von 700 mm auf 300 mm ab. Parallel dazu verläuft eine Abnahme der Jahresmitteltemperatur von Ost nach West von 11 °C auf 8 °C. Aufgrund der hohen Niederschläge sind die Böden im Osten stärker ausgewa-

schen. Zwar wäre vom Klima her noch Baumwuchs möglich, doch herrscht, bedingt durch natürliche Feuer und starke Beweidung, die **Langgrasprärie** vor. Nach Westen gehen die Böden in Schwarzerde über, auf der eine **gemischte, krautreiche Prärie** verbreitet ist. In einem breiten Band erstrecken sich von den Rocky Mountains bis nach Kanada die **Great Plains (Kurzgrasprärie)**. Die Niederschläge sind sehr gering, der Humusgehalt der Böden, die nicht sehr mächtig sind, nimmt stark ab.

Der Bereich der Langgrasprärie wird landwirtschaftlich durch den Anbau von Mais und Sojabohnen sowie durch Schweine- und Rindermast genutzt. Nach Westen schließt sich die Zone des Weizenanbaus an. Die Great Plains sind typische Gebiete der extensiven Rinderweide mit großflächigen Ranches. In den trockensten Gebieten wird die Rinderhaltung auch durch Schafhaltung ersetzt.

Die kaltgemäßigte, boreale Zone

Diese Zone schließt sich nördlich an die kühlgemäßigte Zone an. Das kälteste Monatsmittel liegt fast immer unter $-3\,°C$, in Extremfällen sogar unter $-25\,°C$. Die Sommermonate können allerdings recht warm werden. Die Mittelwerte liegen immer über $10\,°C$. Im allgemeinen liegt die Jahresmitteltemperatur zwischen $-3\,°C$ und $+3\,°C$. Da die Vegetationszeit unter 120 Tage absinkt, können viele Laubholzarten nicht mehr gedeihen. Der Jahresniederschlag liegt etwa bei 400 mm mit einem deutlichen Maximum im Sommer.

Die boreale Zone kommt nur auf der Nordhalbkugel vor. Sie bildet einen Gürtel von mindestens 700 km Breite, in Sibirien beträgt die Nord-Süd-Erstreckung sogar bis zu 2000 km. Ihr Anteil an der festen Erdoberfläche beträgt beinahe 20 Mio. km^2 oder 13 %.

Der typische Boden ist der **Podsol**, und zwar unabhängig vom Gesteinsuntergrund. Die oberste Schicht bildet eine Nadelstreuauflage, die einen stark sauren Humus liefert, darunter folgt ein Horizont mit wenig mineralisiertem Rohhumus. Unter diesem bildet sich durch Auswaschung ein 20–60 cm mächtiger Bleichhorizont. Die ausgewaschenen Stoffe reichern sich darunter im B-Horizont an, wobei sich eine harte **Ortsteinschicht** bilden kann, die das Wurzelwachstum der Pflanzen behindert.

> Die ackerbaulichen Möglichkeiten sind in dieser Zone stark eingeschränkt. Sommergerste, Hafer und Roggen können noch angebaut werden. Etwas weiter nach Norden reicht noch die Grünlandwirtschaft. Neben der Landwirtschaft ist in einigen Regionen noch die Holznutzung und der Torfabbau von wirtschaftlicher Bedeutung. Immerhin werden etwa 90 % des Papier- und Schnittholzes der Erde in den borealen Wäldern geschlagen.

In Eurasien gehören zu dieser Zone die skandinavischen Länder zwischen 60° und 70° Breite, weiter im Osten das Uralgebiet sowie Sibirien bis an den Pazifik. In Nordamerika sind große Teile Alaskas sowie ein breiter Gürtel von Ostkanada (außer Nordlabrador) bis zur Mündung des Mackenzie-River noch dazuzurechnen. Typische Vegetation sind die meist sehr artenarmen Nadelwälder, die sich hauptsächlich aus Fichten und Waldkiefern zusammensetzen. Nach einem Kahlschlag oder als Folge von Bränden bildet sich zunächst ein Birkenstadium, das dann aber nach und nach durch Kiefern und Fichten ersetzt wird. In Sibirien wird diese Waldzone **Taiga** genannt. Sie geht allmählich in die baumlose **Tundra** über, indem sich der Wald immer mehr in einzelne Bauminseln auflöst.

Die Grenze zur polaren Zone bildet die **10 °C-Juli-Isotherme** (Isotherme = linienhafte Verbindung aller Punkte mit derselben Temperatur), d.h. die Linie, bis zu der auch im Juli die Mitteltemperatur nicht über 10 °C steigt.

Die polaren und subpolaren Zonen

Die polaren Eisklimate nehmen etwa 16 Mio. km^2 der Erdoberfläche ein. Es handelt sich um die vom Inlandeis bedeckte Antarktis und die Insel Grönland. Es gibt keine Vegetation, keine Bodenbildung und nur vereinzelt Tierleben. Die Eisdicke in der Antarktis beträgt bis zu 4000 m, auf Grönland bis zu 3000 m.

Auch die Regionen der **polaren Klimate** (etwa 1 Mio. km^2) werden, wie die Eisklimate, als Kältewüsten bezeichnet. Die Mitteltemperatur des wärmsten Monats erreicht keine 6 °C. Vereinzelt tritt an geschützten Stellen Vegetation auf (weniger als 10 % der Fläche), eine geschlossene Decke ist jedoch nicht vorhanden. Der Untergrund ist weitestgehend gefroren (**Permafrostboden**). Durch die hier vorherrschende Frostsprengung sind große Flächen von Gesteinsschutt bedeckt (**Frostschuttzone**). Die bekannteste Landschaftsform der polaren Zone ist wohl die **Tundra** (etwa 5 Mio. km^2).

> Charakteristisch ist das Fehlen der Bäume. Nur unter günstigen Umständen, z.B. im Schutz einer isolierenden Schneedecke, können kleinwüchsige Baumarten gedeihen. Im übrigen besteht die Pflanzendecke aus Zwergweiden, Sauergräsern, Wollgräsern, Moosen und Flechten.

Zu den Tundrenbereichen gehören der Norden Labradors, die Barrengrounds in Nordkanada und die kanadischen Inseln im Nordpolarmeer, die Nordküste Alaskas sowie die Küstenregionen Sibiriens.

Kühle Sommer mit Mitteltemperaturen zwischen 6 °C und 10 °C sowie kalte Winter mit Mitteltemperaturen unter −10 °C sind typisch. In weiten Bereichen liegt auch die Jahresmitteltemperatur unter −10 °C. Aufgrund der nur sehr kurzen Vegetationszeit ist eine ackerbauliche Nutzung nicht möglich. Traditionell leben die Bewohner der Tundra entweder von der Jagd oder vom Fischfang, wie z.B. die Inuit Nordamerikas, oder von der Rentierzucht, wie die Lappen in Nordeuropa.

Trotz der schwierigen Umweltbedingungen wird die Arktis auch als zukünftiger Rohstofflieferant gesehen, befinden sich doch in dieser Zone 15 % der gewinnbaren Welt-Erdölvorräte, etwa 50 % der Erdgasvorräte oder z.B. 80 % der russischen Nickelreserven.

Natürliche Grundlagen

Eine Ausnahmestellung im Bereich der subpolaren Zone nehmen auf der Nordhalbkugel Island und die Aleuten, auf der Südhalbkugel die Falkland-Inseln und die Kerguelen ein. Durch das Meer werden die jahreszeitlichen Klimagegensätze gemildert. Die jährlichen Temperaturschwankungen liegen unter 10 °C. Die Sommer sind kühl (5 °C–12 °C), die Winter recht schneearm mit Monatsmitteln von –8 bis +2 °C.

Übungen

- Erklären Sie den Begriff „Tageszeitenklima".
- Nennen Sie die klimatischen Kennzeichen der Tropen.
- Trotz der bekannten Artenvielfalt des tropischen Regenwalds sind die Böden sehr unfruchtbar. Erklären Sie diesen Widerspruch.
- Beschreiben Sie die Problematik des tropischen Wanderfeldbaus.
- Erklären Sie den Zusammenhang zwischen der tropischen Zirkulation und der Entstehung der Passatwüsten.
- Wie schützen sich die Wüstenpflanzen vor der extremen Trockenheit?
- Charakterisieren Sie die verschiedenen Oasentypen.
- Erklären Sie den Begriff „Transhumanz". Kennen Sie ähnliche Wirtschaftsformen aus anderen Landschaftszonen?
- Nennen Sie die wichtigsten Unterschiede zwischen dem ozeanischen und dem kontinentalen Klimatyp.
- Die Schwarzerde gilt als sehr fruchtbar. Welche klimatischen Faktoren können aber das Pflanzenwachstum dennoch stark beeinträchtigen?
- Welche wirtschaftlichen Nutzungsmöglichkeiten bieten sich in den Ländern der borealen und polaren Zonen?

Die Entwicklung von Kulturlandschaften an Beispielen

Die Agrarlandschaften

Die Gestaltung der Erdoberfläche durch den Eingriff des Menschen wird wohl niemals deutlicher als beispielsweise beim Betrachten einer Satellitenaufnahme Deutschlands. Ein buntes Muster kleiner Flecken und Vierecke läßt erahnen, wie intensiv die Landwirtschaft die Erdoberfläche in einigen Gegenden umgestaltet hat.

Ein anderes Beispiel: die zentralen Ebenen der Vereinigten Staaten. Schnurgerade, und manchmal ohne Rücksicht auf eventuelle Geländehindernisse, durchziehen parallele und sich rechtwinklig schneidende Wege und Straßen die agrarisch genutzte Landschaft. Durch die Landwirtschaft wurde in vielen Regionen der Erde die Landschaft umgestaltet und verändert. In den landwirtschaftlich produktivsten Ländern, dazu gehören in erster Linie die (technisch) höchst entwickelten Staaten Europas sowie die USA, gibt es kaum mehr echte Naturlandschaften. Überall dort, wo es technisch möglich, allerdings auch rentabel ist, wurde und wird die Erde „unter den Pflug genommen" und bebaut. Den Möglichkeiten der landwirtschaftlichen Nutzung der Erde sind jedoch auch natürliche Grenzen gesetzt. Eine sehr wichtige Rolle spielt das Klima. Für den Anbau bestimmter Kulturpflanzen kann es z.B. zu kalt oder zu heiß, zu feucht oder zu trocken sein. Die Qualität der Böden oder die Neigung eines Hangs entscheiden ebenfalls mit, ob ein Gebiet agrarisch genutzt werden kann oder nicht.

Die Gesamtfläche der Erde beträgt 510 Mio. km^2, 71% davon sind Wasserfläche. Damit bleiben aber immer noch 148 Mio. km^2 festes Land, das möglicherweise bebaut werden könnte. Eine Karte der Landnutzung (siehe S. 120: „Landwirtschaftliche Anbaugebiete der Erde") zeigt jedoch auf den ersten Blick, daß nur ein geringer Teil intensiv im Feldbau oder durch Baumkulturen genutzt wird.

Das ist ein schmaler Gürtel auf der Nordhalbkugel, der in den inneren Ebenen Nordamerikas ansetzt und jenseits des Atlantiks in Mittel- und Südeuropa sowie im Nahen Osten seine Fortsetzung findet. Über die Schwarzerdeböden der ehemaligen Sowjetunion reicht die Zone bis nach Zentralasien.

Intensive Nutzung findet man auch in Ostasien, vor allem in den Küstenzonen Chinas sowie in den Flußregionen und Küstengebieten Indiens und Pakistans. Große zusammenhängende Flächen gibt es in Südostaustralien und an der südamerikanischen Atlantikküste. Afrika ist gekennzeichnet durch eine Vielzahl kleinerer Gebiete im Bereich des Äquators sowie im südlichen Teil des Kontinents.

Nach Schätzungen der FAO, der Welternährungsorganisation der UNO, verteilt sich die Nutzung der festen Erdoberfläche folgendermaßen:
11% Feldbau- und Baumkulturen;
22% Dauerwiesen und Weiden;
30% bewaldete Fläche;
37% Restfläche (vergletscherte Gebiete, Hochgebirge, Wüsten u. ä.).
Ein Drittel der Landfläche wird vom Menschen also landwirtschaftlich genutzt. Wie sieht es nun mit den restlichen zwei Dritteln aus? Nach Ansicht der FAO könnte die genutzte Fläche höchstens um weitere 3–10% der Landfläche erweitert werden. Das heißt, die Landreserven sind weitgehend aufgebraucht, die Grenzen können nicht mehr weiter in noch nicht genutztes Gebiet verschoben werden.

Die Grenzen der Landwirtschaft

Die Grenzen der Landwirtschaft werden im Weltmaßstab in erster Linie durch geographische Faktoren wie Kälte und Trockenheit festgelegt. Da diese Grenzen allerdings nie sehr scharf verlaufen, wird oft auch von einem „Grenzsaum" gesprochen. Auch geht die Tierhaltung meist über die Grenzen des Ackerbaus hinaus. Typische Nutztiere dieser Zonen sind an der polaren Grenze das Ren und das Karibu, an der Trockengrenze Kamel, Schaf und Ziege; Lama, Schaf, Ziege und evtl. das Rind an der Höhengrenze.

Die polare Anbaugrenze

Die polare Grenze wird auch als **Wärmemangelgrenze** bezeichnet. Von Bedeutung ist nicht nur der geringe Grad der Erwärmung, sondern auch die kurze Zeitspanne, in der die für die Vegetation entscheidende Temperatur von 5 °C erreicht wird. Bedingt durch die ganzjährig relativ niedrigen Temperaturen sind auch die Böden nur gering entwickelt. Dazu kommt, daß der Boden, je weiter man nach Norden kommt, bis in immer größere Tiefen gefroren ist. In dieser Zone des **„Dauerfrostbodens"** tauen im Sommer nur die obersten Schichten bis in wenige Dezimeter Tiefe auf.
Die Ansprüche der Pflanzen an das Klima sind jedoch sehr unterschiedlich, und es gibt deshalb für jede Pflanze eine eigene Polargrenze. Am weitesten reichen Kartoffeln und Sommergerste nach Norden, in Skandinavien werden fast 70° nördlicher Breite erreicht. Im allgemeinen liegt im Norden die polare Ackerbau-

Die Agrarlandschaften

grenze bei ungefähr 60°, mit Schwankungen um 10°, bedingt durch günstige Lokalklimate, z. B. unter dem Einfluß des Golfstroms in Westnorwegen. Auf der Südhalbkugel wird sie nur in Südamerika knapp erreicht. Die wichtigsten Kulturpflanzen im Bereich dieser Klimazone sind Sommergerste, Hafer sowie Kartoffeln und Kohl.

Neuerdings auch Winterweizen, der in Westnorwegen aufgrund des Einflusses des Golfstroms auch in 63° nördlicher Breite noch gedeihen kann. Durch spezielle Züchtungen ist es gelungen, die Nordgrenze einzelner Arten weiter polwärts zu verschieben.

Einige wichtige Kulturpflanzen erreichen schon in Südeuropa ihre nördlichste Verbreitung, so z. B. der Reis, der gerade noch in der Po-Ebene gedeihen kann. Die Anbaugrenze des Ölbaums verläuft durch Nordostspanien, Mittelitalien und Nordgriechenland.

Die Nordgrenze der Zitrusfrüchte verläuft durch Süditalien und Mittelgriechenland. Baumwolle kann gerade noch in Südsizilien angebaut werden. Typische tropische Nutzpflanzen wie die Kokospalme, Kaffee, Kakao, Bananen oder Maniok sind auf einen relativ schmalen Streifen von 15°–25° beiderseits des Äquators beschränkt. Andererseits haben die eigentlich tropischen Kulturpflanzen Soja, Reis und Körnermais ein sehr weites Verbreitungsgebiet. Sie werden noch in Breiten von 45°–54° angebaut.

Die Trockengrenze

Dort wo der Mangel an Wasser die agrarische Nutzung des Landes nicht mehr erlaubt, befindet sich als breites Band die **„Trockengrenze des Regenfeldbaus"**. Maßgebend ist nicht nur die Höhe des Niederschlags, sondern auch dessen Verteilung auf die Jahreszeiten sowie langjährige Schwankungen. Regenfeldbau bedeutet, daß der Wasserbedarf der Kulturpflanzen nur aus den Niederschlägen gedeckt wird.

Wegen der höheren Temperaturen und der damit verbundenen höheren Verdunstungsrate sind an der äquatorwärtigen Seite der Trockengrenze für den Feldbau höhere Niederschläge erforderlich als an der kühleren, polwärtigen Seite. Äquatorwärts liegt die Grenze etwa bei einem Jahresniederschlag von 600 mm, in manchen Zonen bei 1000 mm. Polwärts können noch etwa 300 mm für den Anbau ausreichend sein.

In den Tropen verläuft die Grenze ungefähr zwischen der Trocken- und der Dornsavanne. Dreieinhalb bis viereinhalb humide Monate sind dort für den Regenfeldbau notwendig. In Afrika werden in dieser Zone im Bereich der Wendekreise nur sehr wenige Kulturpflanzen angebaut.

Innerhalb der Wendekreise stehen fast nur Hirse und Erdnuß zur Verfügung, außerhalb fast nur Weizen und Gerste.

Mit Hilfe bestimmter Anbautechniken, z. B. des **Dry-Farming** (Trockenfarmen, Trockenfeldbau) versucht man seit einigen Jahren, die Trockengrenze etwas weiter hinauszuschieben.

Die Entwicklung von Kulturlandschaften an Beispielen

> Das Dry-Farming-System ist ein Wechselwirtschaftssystem, bei dem Getreideanbau mit der sogenannten „Schwarzbrache" abwechselt. Dabei wird der Boden nur gepflügt, und es erfolgt kein Anbau. Der gepflügte Boden kann in der feuchten Jahreszeit das Niederschlagswasser besser aufnehmen und speichern. Durch das Fehlen einer Pflanzendecke wird außerdem die Verdunstung verringert. Nach Niederschlägen wird der Boden geeggt, um den kapillaren Aufstieg des Wassers zu verhindern.

Je trockener die Region ist, desto höher ist der Bracheanteil, sowohl die Fläche betreffend als auch die Dauer. Meist werden nur kurzlebige Feldfrüchte wie Erdnuß, Hirse oder Sommergerste angebaut.
Der Bewässerungsfeldbau jenseits der Trockengrenze erfordert ein hohes Maß an Organisation und Kapitalinvestitionen. Neben einer gut funktionierenden Verteilung des Wassers ist auch eine ausreichende Entwässerung wichtig. Bei mangelhafter Entwässerung besteht die Gefahr der **Versalzung** des Bodens.

> Das versickernde Wasser löst zunächst die Salze im Boden. Ist keine Drainage vorhanden, wird nach und nach der Grundwasserspiegel angehoben. In der Trockenzeit steigt das Grundwasser aufgrund der hohen Verdunstungsrate nach oben und bringt dabei die gelösten Salze an die Oberfläche. Das Wasser verdunstet, und zurück bleiben die Salze, die mit der Zeit eine dicke Kruste bilden und einen Anbau unmöglich machen.

Mit der Weidewirtschaft und dem Nomadismus überschreitet der Mensch landwirtschaftlich die Trockengrenze. Hier findet man Ranchbetriebe mit Rinderhaltung oder Schafhaltung ab 200–100 mm Jahresniederschlag. Wenn ortsfeste Weidewirtschaft nicht mehr möglich ist, müssen die Herden jahreszeitlich die Futterplätze wechseln. Neben der Suche nach Futter haben diese Wanderbewegungen allerdings oft auch die Suche nach neuen Wasserstellen zum Zweck.

Die Höhengrenze der Landwirtschaft

Ähnlich wie die Polargrenze ist auch die **Höhengrenze** eine Kältegrenze. Daneben spielt natürlich auch das Relief, die Hangneigung, eine wichtige Rolle.
Die Höhenspanne einzelner Pflanzen ist sehr unterschiedlich. Sommergerste, Kartoffeln und Weizen können auch höherwärts sehr weit vordringen (Kartoffeln in Südamerika 4000 m). Andere Pflanzen haben sehr enge Grenzen nach oben, z.B. die Kokospalme, die Ölpalme (maximal 300 m) oder der Kakao (ungefähr 1300 m). Außerdem ist die Höhengrenze des Ackerbaus auch von der geographischen Breite abhängig. Am Alpennordrand liegt sie bei etwa 1300 m, in den Anden (15° südliche Breite) bei 4300 m, in Südasien (29° nördliche Breite) bei 4600 m. Wenn neben Ackerbau auch noch Viehhaltung möglich ist, kann landwirtschaftliche Nutzung auch in noch größerer Höhe vorkommen, da das Grasland meist erst weit oberhalb der Ackerbaugrenze endet. Im Sommer wird dann

Ackerbau betreiben, im Winter liegt der Schwerpunkt bei der Viehwirtschaft. In den Industrieländern ziehen Rentabilitätserwägungen dem Ackerbau in Höhenlagen immer engere Grenzen. Bergbauernhöfe erzielen nur etwa ein Drittel des durchschnittlichen Einkommens der Ackerbaubetriebe je Arbeitskraft. Das steile Relief erschwert einerseits die Handarbeit und verhindert gleichzeitig eine entsprechende Mechanisierung. Das Streben nach zusätzlichen Einnahmequellen, z. B. aus dem Tourismus, ist deshalb sehr groß. Ackerland wird durch Grünland ersetzt, offene Flächen werden aufgeforstet oder liegen brach. In einigen Regionen, vor allem in Südeuropa, setzte eine regelrechte Höhenflucht ein, eine Abwanderung vorwiegend der jungen Bevölkerungsschichten aus den Dörfern.

Die wichtigsten Nutzpflanzen

Die wichtigsten Nutzpflanzen für die Versorgung der Menschen sind Weizen, Mais und Reis. Diese drei Arten decken 50% der menschlichen Ernährung und werden auf mehr als der Hälfte des gesamten Ackerlands angebaut. Der Weizen gedeiht am besten in den mittleren Breiten, Mais in den warmgemäßigten Zonen bis zu den wechselfeuchten Tropen. Reis ist hauptsächlich ein Produkt der Tropen, findet sich in Südostasien aber auch in den warmgemäßigten Breiten und erreicht in Europa den nördlichen Mittelmeerraum (Po-Ebene).

Gerste, Hafer, Roggen, Hirse und Sorghum verstärken die Bedeutung des Getreides. Alle Getreidearten zusammen machen etwa 65% der menschlichen Nahrung aus und decken die Hälfte des menschlichen Proteinbedarfs.
Hauptexportländer für Getreide sind die USA, die EG-Länder, Kanada, Australien, Argentinien und Thailand (für Reis). Wichtigste Einfuhrländer sind die Staaten der ehemaligen UdSSR, die VR China, Japan sowie andere Länder Südostasiens, des Nahen Ostens und Nordafrikas. Zwar stehen sowohl die VR China als auch die ehemalige Sowjetunion und Indien neben den USA an der Spitze bei der Getreideproduktion, doch können die drei erstgenannten Länder ihren Bedarf nicht selbst decken.
Weiterhin von Bedeutung sind die Knollen- und Wurzelfrüchte. In den mittleren Breiten wird vor allem die Kartoffel angebaut, in den niederen Breiten Yams, Taro, Batate und Maniok.
Die wichtigsten Hülsenfruchtarten (Leguminosen) sind Erbsen, Bohnen, Erdnüsse und Soja. Ihre Bedeutung liegt nicht nur in ihrem hohen Eiweiß- und Fettgehalt, sie erhöhen auch durch ihre Wurzeln den Stickstoffgehalt des Bodens. Sojabohnen sind inzwischen weltweit die wichtigsten Ölpflanzen und werden hauptsächlich als Viehfutter und zur Herstellung von Margarine verwendet. Hauptexporteure sind die USA, Brasilien und Argentinien, bedeutende Einfuhrländer sind Japan, die Niederlande und Deutschland.
Zu den **Genußpflanzen** sind in erster Linie Kakao, Kaffee, Tee und Tabak zu zählen. Kakao stellt sehr hohe Wärmeansprüche und benötigt ein immerfeuchtes Klima.

Der Anbau ist aus diesem Grund nur bis etwa 10° beiderseits des Äquators möglich, wo auch die Temperatur nur selten unter 20 °C absinkt. Der größte Teil der Ernte wird von allen Erzeugern exportiert. Die wichtigsten Ausfuhrländer sind die Elfenbeinküste, Ghana, Malaysia und Brasilien, bedeutendste Importeure die USA, die Niederlande und Deutschland.

Etwas weniger empfindlich gegenüber kühleren und trockeneren Perioden ist Kaffee. Er gedeiht vor allem in den tropischen Hochländern von 1000–1600 m. Brasilien, Kolumbien, Indonesien, Mexiko, die Elfenbeinküste, Uganda und die mittelamerikanischen Staaten stehen beim Export an der Spitze. Bei der Einfuhr liegen die USA, Deutschland, Frankreich, Japan und Italien vorn.

Noch geringere Wärmeansprüche stellt die Teepflanze. In Ostasien wird Tee bis in 40° nördlicher Breite angebaut. Tee wird vor allem von Indien, Sri Lanka, der VR China und Kenia exportiert. Als Haupteinfuhrländer sind Großbritannien, die ehemalige UdSSR, Pakistan, die USA und die arabischen Länder zu nennen.

Die Verbreitung des Tabaks reicht von den wechselfeuchten Tropen und Subtropen bis in etwa 60° nördliche Breite. Entsprechend weit gestreut ist auch die Palette der wichtigsten Exportländer: die USA, Brasilien, Griechenland, Italien, Türkei und Simbabwe. Die USA, Deutschland, Großbritannien, Japan und die Niederlande zählen zu den bedeutendsten Einfuhrländern.

Eines der wichtigsten Welthandelsgüter ist Zucker. **Zuckerrohr** verlangt eine Jahresmitteltemperatur von 21 °C und mehr als 1000 mm Jahresniederschlag. Diese Bedingungen findet man nur in den Tropen und Subtropen bis ungefähr 33° Breite beiderseits des Äquators. Entsprechend zählen auch zu den wichtigsten Produzenten Brasilien, Indien, Kuba, die VR China und Mexiko. In den gemäßigten Breiten wird seit dem 19. Jh. verstärkt Zucker auch aus **Zuckerrüben** gewonnen. Hier liegen bei der Erzeugung die ehemalige UdSSR, Frankreich, die USA und Deutschland vorn. Wichtige Ausfuhrländer von Rohzucker sind Kuba, Australien, Frankreich, Brasilien, Thailand und Deutschland, Haupteinfuhrländer die ehemalige UdSSR, China, Japan, die USA, Indien und Großbritannien.

Unter den Früchten spielen in erster Linie Bananen und Zitrusfrüchte eine bedeutende Rolle. Bananen gedeihen weltweit in den Tropen und Subtropen, sowohl in den Tiefebenen als auch in den Hochländern. Auch wenn der Schwerpunkt der Ernte in Indien, Brasilien und auf den Philippinen liegt, exportieren die mittelamerikanischen Staaten die größten Mengen. Die bedeutendsten Einfuhrländer sind die USA, die EG-Staaten und Japan.

Die Zitrusfrüchte stammen ursprünglich aus Südostasien und drangen von da aus zunächst in das Mittelmeergebiet vor. In Nordamerika liegen die wichtigsten Anbauzonen in Florida und Kalifornien. Hauptausfuhrländer sind Spanien, die USA, Marokko, Israel und Südafrika, bedeutende Einfuhrländer Frankreich, Deutschland, Großbritannien und die Niederlande.

Neben den Nahrungspflanzen sind auch noch einige **Industriepflanzen** von Bedeutung. Dazu gehören der Kautschuk oder faserliefernde Pflanzen wie Baumwolle, Sisal oder Hanf.

Der **Kautschukbaum** ist auf die tropischen Regenwälder beschränkt. Der Anteil an Naturkautschuk am gesamten Verbrauch liegt trotz der Möglichkeit der synthetischen Herstellung zur Zeit bei etwa 35%. Die wichtigsten Ausfuhrländer sind Malaysia, Indonesien und Thailand, die wichtigsten Einfuhrländer die USA, Japan, die VR China, Deutschland und Frankreich.

Auch die **Baumwolle** ist ein Produkt der Tropen und Subtropen. Mindestens 220 frostfreie Tage sind für den Anbau notwendig. Die Produktion stieg in den letzten Jahren wieder etwas an, kann aber mit der Nachfrage noch nicht Schritt halten. Als Ausfuhrländer sind die USA, die ehemalige UdSSR, die VR China, Pakistan und Indien am wichtigsten. Japan, Südkorea, Hongkong, Italien und Deutschland führen die Liste der Baumwollimporteure an, wobei einmal mehr deutlich wird, daß Kunststoff auch hierzulande ein wichtiges Naturprodukt nicht verdrängen kann.

Neben dem Anbau pflanzlicher Nahrungsmittel spielt für die Ernährung selbstverständlich auch die **Nutztierhaltung** eine gewisse Rolle. Die wichtigsten Nutztiere weltweit sind **Rind, Schwein, Schaf, Ziege, Wasserbüffel und Geflügel**. Die größte Verbreitung haben Rind, Ziege, Schaf und Huhn, wobei der Schwerpunkt in den gemäßigten Breiten liegt. Bemerkenswert ist sicherlich, daß Fleisch inkl. Fisch weltweit nur etwa 6% der menschlichen Nahrung ausmacht. Der Anteil an der Eiweißversorgung liegt dabei allerdings bei 20%.

Die wichtigsten Ausfuhrländer für Rindfleisch sind Australien, Frankreich, Deutschland und die USA, für Schweinefleisch die Niederlande, Dänemark, Belgien, Luxemburg und Kanada, für Geflügelfleisch die USA, Frankreich, die Niederlande, Brasilien und Ungarn. Haupteinfuhrländer für alle Fleischsorten sind die USA, Italien, Japan, Frankreich, Deutschland und Großbritannien.

Die deutsche Agrarlandschaft

Zwar ist die moderne Landwirtschaft weit weniger als früher von Umweltbedingungen abhängig, dennoch stecken natürliche Umweltfaktoren wie Klima, Böden oder Relief den Rahmen für die agrarische Nutzung einer Region ab.

> Deutschland gehört klimatisch zu der Übergangszone der gemäßigten Breiten mit nicht zu heißen Sommern und keinen extrem kalten Wintern. Die Vegetationszeit (Tage mit Temperaturen von mindestens +5 °C) dauert 200–280 Tage.

Wichtig ist, daß in dieser Zeit normalerweise auch ausreichend Niederschläge fallen. Am höchsten sind die Jahresniederschläge in den Hochlagen der Mittelgebirge, im Voralpengebiet und in den Alpen. Sie liegen dort zwischen 1500 mm und 2000 mm. In den Niederungen, z.B. am Oberrhein, in den Beckenlandschaften Hessens, in der Kölner Bucht und in Norddeutschland liegen sie unter 1000 mm. Kennzeichnend ist auch die zunehmende Kontinentalität in Richtung Osten. In den östlichen Bundesländern fällt etwa 500–700 mm Regen im Jahr. Die Höhenlage hat natürlich auch Einfluß auf die Dauer der Schneedecke.

Ein ähnliches Bild vermittelt die kartographische Darstellung des **Frühlingseinzugs**, der mit dem **Beginn der Apfelblüte** festgelegt wird. Bevorzugte Lagen sind hier das südliche Oberrheintal (etwa 20. April), aber auch die Kölner Bucht (etwa 30. April). Diese Regionen haben gegenüber den benachbarten Bergländern einen Vorsprung von 4–5 Wochen.

Auch in bezug auf die **Temperaturverteilung** zeigt sich ein ähnliches Bild. Die höchsten mittleren Julitemperaturen mit über 19 °C findet man im südlichen Oberrheintal. Ähnlich hoch sind die Temperaturen in Rheinhessen, im Neckartal, am Mittelrhein und im Maintal. Auch die kontinentalen Räume Ostdeutschlands können mit sehr hohen Sommertemperaturen aufwarten, die im Durchschnitt südlich Magdeburgs und Berlins bei etwa 18 °C liegen. Mit Ausnahme der hohen Lagen der Mittelgebirge liegt der Rest Deutschlands im Juli im Bereich von 14–17 °C.

Insgesamt gesehen findet man in Deutschland klimatisch recht günstige Voraussetzungen für eine vielseitige Landwirtschaft, für den Anbau von Nutzpflanzen und auch für die Viehwirtschaft.

> Entsprechend hoch ist auch die Produktion bei vielen landwirtschaftlichen Gütern. Die „alte" Bundesrepublik hatte 1990 bei vielen Grundnahrungsmitteln einen **Selbstversorgungsgrad** von etwa 90% erreicht. Bei Zucker, Rind- und Kalbfleisch, Weizen und Gerste wurden zum Teil hohe Überschüsse erzielt.

Legt man von Norden nach Süden einen Schnitt durch Deutschland, so kann man im wesentlichen vier Agrarregionen unterscheiden:

- das Norddeutsche Tiefland,
- die Mittelgebirgsschwelle bis zu einer Linie Hunsrück-Taunus-Rhön-Fichtelgebirge-Erzgebirge,
- das Süddeutsche Schichtstufenland einschließlich Schwarzwald und Oberrhein sowie
- das Alpenvorland und die Alpen.

Das Norddeutsche Tiefland

Auf den **Ost- und Nordfriesischen Inseln** tritt die agrarische Nutzung des Landes immer mehr in den Hintergrund. Lediglich auf der Ostseite einiger Inseln und auf den Halligen ist die Landwirtschaft noch landschaftsbestimmend.

> Landeinwärts von der Nordseeküste bieten die **jungen Marschen** bei ausreichender Höhenlage sehr gute Bedingungen für den Ackerbau. Da die Böden noch nicht ausgewaschen sind, wird hier zum Teil intensiver Feldbau (Weizen, Raps, Bohnen) betrieben.

Weiter landeinwärts treten auf den **alten Seemarschen** und auf den **Flußmarschen** Probleme mit der Entwässerung auf, da das Land etwas tiefer liegt. Außerdem haben auch die Böden an Fruchtbarkeit eingebüßt. Hier herrscht die Grünlandwirtschaft und damit die Viehwirtschaft und Milchverarbeitung vor. Moderne Techniken wie Tiefpflügen und Kunststoffdrainagen haben jedoch auch in einigen Gebieten, z. B. in Nordfriesland, die ackerbauliche Nutzung möglich gemacht. Allerdings handelt es sich dabei um sehr kapitalintensive Maßnahmen, die nur den Großbetrieben offenstehen. An die Marschen schließen sich südlich und östlich die Ablagerungen der letzten Eiszeiten an. Die **Niedere Geest** besteht meist aus großen, unfruchtbaren Sandflächen, die im Lauf der letzten 100 Jahre aufgeforstet wurden oder auch Grünland tragen.

Die **Hohe Geest**, die Altmoränenlandschaft der vorletzten Eiszeit, ist zwar fruchtbarer als die Sanderebenen, die Böden sind jedoch relativ stark ausgewaschen. Dennoch ist neben der Grünlandnutzung auch Ackerbau möglich, z. B. in der Lüneburger Heide. Typisch für diese Region ist eine gemischte Landwirtschaft mit einem kleinräumigen Wechsel von Acker- und Grünlandflächen.

> In Schleswig-Holstein schließt sich östlich an die Geestrücken die **Jungmoränenlandschaft** mit fruchtbareren Böden an. Sie sind jünger, weniger ausgelaugt und mineralstoffreich. Weite Flächen sind Ackerland, vorherrschend mit Getreide- und Zuckerrübenanbau.

Auch in Mecklenburg und Vorpommern ist der Untergrund durch den glazialen Formenschatz geprägt. Als Waldgebiete treten deutlich die **Endmoränenzüge** hervor. Auch die südlich anschließenden weiten **Sanderflächen** tragen in der Hauptsache Nadelwald. Zwischen den Endmoränen und der Ostsee liegt die **Grundmoränenlandschaft** mit hochwertigeren Böden und entsprechend stärkerer ackerbaulicher Nutzung. Allerdings gibt es auch hier Gebiete mit hohem Grünlandanteil. Dazu gehören in erster Linie die feuchten Flußniederungen sowie die Boddenküste an der Ostsee.

Die größten Grünlandflächen findet man jedoch im zentralen Teil Ostdeutschlands, und zwar in den Flußniederungen von Elbe und Havel sowie in den glazialen Urstromtälern. Eine Ausnahme bildet der Oderbruch östlich Berlins, der vorwiegend ackerbaulich (Gemüseanbau) genutzt wird.

Der Raum südlich Berlins ist ebenfalls von eiszeitlichen Ablagerungen geprägt. Auf den sandigen bis kiesigen Moränen wächst in der Hauptsache Kiefernwald, unterbrochen von Grünland und einem Streifen Ackerland auf dem Fläming.

> Die hochwertigen **Lößbörden**, die sich am Nordrand der Mittelgebirgszone von Aachen bis an die polnische Grenze entlangziehen, tragen die besten Ackerböden Mitteleuropas. Die Börden gehören zu den ertragreichsten Agrarräumen Deutschlands. Die Böden sind nicht nur sehr fruchtbar, sondern auch gut zu bearbeiten. Die Ebenheit des Landes fördert den Maschineneinsatz, so daß geradezu von einer „fabrikatorischen" Güterproduktion gesprochen werden kann.

Die Entwicklung von Kulturlandschaften an Beispielen

Der Mechanisierungsprozeß ist hier am weitesten fortgeschritten. Große und mittlere Betriebe beherrschen das Bild. Typisch sind ausgedehnte Getreide- und Hackfruchtfelder, Blattfruchtwirtschaft und Feldfutterbau in Verbindung mit intensiver Viehwirtschaft. Nach Osten zu wird das Klima kontinentaler und sommertrockener, und damit auch günstiger für Getreide und Hackfrüchte. Die **Magdeburger Börde** gilt als die klassische deutsche „Zuckerrübenlandschaft". Neben Zuckerrüben liefern auch Weizen und Gerste in den Lößgebieten die höchsten Erträge. Entsprechend der intensiven agrarischen Nutzung sind die Börden arm an Waldgebieten und Grünland.

In Thüringen, noch stärker aber im Weserbergland, greifen die Börden mit einigen Buchten in die südlich anschließende Mittelgebirgszone hinein. Im Westen ist es die Kölner Bucht, die sich mit der Jülich-Zülpicher Börde zwischen Eifel und Bergisches Land schiebt. Hier ist zu den hervorragenden natürlichen Voraussetzungen auch noch eine sehr gute Marktsituation gegeben: die Ballungszentren um Köln und das Ruhrgebiet liegen in unmittelbarer Nähe.

Die Mittelgebirgszone

Der westliche Teil der Mittelgebirgszone, das Rheinische Schiefergebirge, ist gekennzeichnet durch große zusammenhängende Waldflächen, z. B. in der Hocheifel, im Rothaargebirge und im Sauerland, zum anderen durch großflächige Wiesen- und Weidegebiete.

Die Siedlungen mit Ackerland findet man hauptsächlich in den Tiefgebieten und Senken bzw. in den Flußtälern von Rhein und Mosel. Am **Mittelrhein** und an der **Mosel** ist der Weinbau, stellenweise in Verbindung mit Obstanbau, landschaftsbestimmend. Weiter östlich und nordöstlich, im **Hessischen Bergland** und im **Weserbergland**, sind fruchtbare, lößüberkleidete Beckenlandschaften in das Bergland eingesprengt. Auf ebenem Gelände wird Ackerbau betrieben. In der Wetterau nördlich von Frankfurt dominiert der Anbau von Zuckerrüben.

In den höheren Lagen ist allerdings der Wald vorherrschend, vor allem auf den Buntsandsteinflächen. Viele Grenzertragsflächen wurden im Lauf der Zeit aufgegeben und aufgeforstet. Hier wirkt sich bereits das ungünstigere Klima der Hochlagen mit niedrigeren Temperaturen und höheren Niederschlägen aus. Die Hochlagen von **Harz, Thüringer Wald und Erzgebirge** tragen fast reinen Fichtenbestand, während die Vorgebirge durch Laubwald und Grünland gekennzeichnet sind.

Das Süddeutsche Schichtstufenland, Schwarzwald und Oberrhein

Auch für diese Regionen ist der rasche Wechsel der Bodengüte typisch. Auf den Buntsandsteinflächen des Nordschwarzwalds, des Pfälzer Walds, des Odenwalds und des Spessarts breiten sich große Nadelwaldflächen aus. Dasselbe gilt für die

Die Agrarlandschaften

Sandsteinflächen des Schichtstufenlands, z. B. des Keuperberglands (Frankenhöhe, Steigerwald). Auch der Mittlere und der Südschwarzwald mit kristallinem Untergrund sind überwiegend mit Nadelwald bedeckt. Laubwälder findet man in niedrigeren Gebirgen und Beckenlandschaften, dann oft auch mit Grünland verzahnt.

Die Täler der Gebirge, die Flächen der Schichtstufenlandschaft der Schwäbischen und Fränkischen Alb, die Niederungen am Oberrhein und entlang seiner Nebenflüsse und Bäche sind weitgehend Grünlandzonen.

Das Ackerland konzentriert sich auf den Oberrheingraben, den **Kraichgau**, das **Neckarland** sowie die **Fränkische Platte** um Würzburg. Hier spielt nicht nur das günstigere Klima der Becken eine Rolle, sondern auch der fruchtbare Untergrund: große Gebiete sind, ähnlich wie die Börden, von einer Lößschicht überzogen.

Dort, wo es klimatisch möglich ist, kennzeichnen **Sonderkulturen** das agrarische Bild der Landschaft. Im gesamten südlichen Teil des Oberrheingrabens, noch stärker aber in **Rheinhessen** und entlang des **Pfälzer Walds**, dominiert der Weinbau. Er benötigt warme, niederschlagsarme, windgeschützte und sonnenexponierte Standorte. Nennenswerte Weinbaugebiete gibt es auch im **mittleren Neckarraum** und **in Mainfranken**.

Als weitere wichtige Sonderkulturen sind noch der Obstanbau am Oberrhein und im Neckarraum sowie der Tabakanbau, ebenfalls in der Region des Oberrheingrabens, zu erwähnen.

Das Alpenvorland und die deutschen Alpen

Auf einer mittleren Linie von Norden nach Süden durch das Vorland der Alpen südlich der Donau nimmt der Getreide- und Hackfruchtbau allmählich ab. Im südlichen Teil dominiert die fast reine Grünlandwirtschaft.

Im Westen wechseln waldbedeckte Höhenrücken mit intensiv genutzten Flußtälern ab. Auch die Schotter- und Sandflächen der Münchner Ebene sind von Wald bedeckt. Günstiger sind die Verhältnisse teilweise im Unterallgäu: das **Lechfeld** südlich von Augsburg kann aufgrund des guten Bodens agrarisch genutzt werden. Auch die **Hallertau** und der **Dungau** in Niederbayern haben große landwirtschaftliche Bedeutung. In der Hallertau ist der Hopfen eine wichtige Sonderkultur, im Dungau wachsen Getreide, Gemüse und Zuckerrüben.

Hegau und **Bodensee** bilden eine Insel in einem Gebiet vorherrschender Grünlandwirtschaft. Bedingt durch ein günstiges Klima ist ein intensiver Feldbau mit Gemüse sowie Obst- und Weinanbau möglich.

Die Entwicklung von Kulturlandschaften an Beispielen

> Je mehr man sich den Alpen nähert, desto stärker wird der Grünlandanteil und damit verbunden die Milchwirtschaft. Bis 1320 m kann im inneren Lechtal noch Getreide angebaut werden. Das abwechslungsreiche Relief, auch im Vorland der Alpen, ist der Grund für einen häufigen Nutzungswandel. Kennzeichnend ist jedoch die Grünlandwirtschaft in Verbindung mit der Spezialisierung auf die Milchwirtschaft.

Auch dort, wo Ackerbau noch möglich ist, wird er kaum betrieben, da er nicht rentabel ist. Von 1900 m bis auf etwa 2300 m reichen noch die Almen, die z. B. im Allgäu hauptsächlich als Jungviehweide genutzt werden.

Strukturen und Strukturveränderungen in der deutschen Landwirtschaft

Die Bedeutung der Landwirtschaft innerhalb der Gesamtwirtschaft Deutschlands geht seit Jahren stetig zurück. 1970 waren nur noch 7% aller Erwerbstätigen in der Landwirtschaft beschäftigt, 1990 waren es gerade noch 3%. Der Anteil an der gesamten Wertschöpfung betrug im selben Jahr lediglich 1,1%.
Flächenmäßig ist dieser Wirtschaftszweig jedoch in den alten wie auch in den neuen Bundesländern immer noch von großer Bedeutung. Immerhin werden im Westen 48% der Fläche und im Osten etwa 55% der Fläche landwirtschaftlich genutzt. Dazu kommen noch ungefähr 25% forstwirtschaftlich genutzter Fläche. Das große Betriebssterben hält jedoch unvermindert an. Die Zahl der landwirtschaftlichen Betriebe ging in den letzten zehn Jahren im Durchschnitt pro Jahr um 2,7% zurück. Vor allem kleinere Betriebe sind davon betroffen, doch inzwischen geht auch die Zahl der Betriebe zwischen 40 ha und 50 ha Nutzfläche leicht zurück. Demgegenüber steigt die Anzahl der Großbetriebe über 50 ha, meist durch Anpachtung von Flächen aufgegebener Betriebe.
Nach ihrem Erwerbscharakter werden drei Arten von landwirtschaftlichen Betrieben unterschieden:

> In einem **Vollerwerbsbetrieb** beträgt der Anteil des außerbetrieblichen Einkommens der Betriebsinhaber am gesamten Einkommen weniger als 10%. In einem **Zuerwerbsbetrieb** beträgt dieser Anteil mindestens 10%, aber weniger als 50%. Beträgt der Anteil des außerbetrieblichen Einkommens mindestens 50%, spricht man von einem **Nebenerwerbsbetrieb**.

Von den etwa 595 000 landwirtschaftlichen Betrieben in Deutschland (1990) sind 49% Vollerwerbsbetriebe, 8,6% Zuerwerbsbetriebe, und 42,4% sind Nebenerwerbsbetriebe. Die Nebenerwerbsbetriebe erreichen allerdings nur 10% Anteil an den gesamten Verkaufserlösen.

Die Agrarlandschaften

> Vollerwerbsbetriebe haben den weitaus größten Anteil an der landwirtschaftlichen Produktion. Sie bewirtschafteten 1991 etwa 78% der Landwirtschaftlichen Nutzfläche (LF), hielten jeweils etwa 82% der Milchkühe und Schweine und erwirtschafteten 82% der Verkaufserlöse in der Landwirtschaft.

Der Trend zur Vergrößerung der Betriebe wird wohl auch weiterhin anhalten, sie erfolgt meist durch Anpachtung von Land. Inzwischen sind fast 40% der LF Pachtland.

Auch in der Landwirtschaft der neuen Bundesländer haben nach der Vereinigung wichtige Veränderungen stattgefunden. Die Zahl der in der Landwirtschaft Beschäftigten ging von ursprünglich 850000 auf nun 300000 zurück. Dieser Anpassungsdruck hält unvermindert an. Von 4500 Landwirtschaftlichen Produktionsgenossenschaften und Volkseigenen Gütern sind inzwischen etwa drei Viertel z.B. in Genossenschaften oder andere Gesellschaftsformen wie Kapitalgesellschaften umgewandelt worden. Die Zahl der Einzelunternehmen betrug im August 1991 12 100 Betriebe, wobei es sich größtenteils um Familienbetriebe handelte. Bemerkenswert sind die großen Flächen auch bei Privatbetrieben. Die Genossenschaften bewirtschaften Einheiten von 800–2000 ha, Familienbetriebe sind zwischen 50 ha und 70 ha, in einzelnen Fällen bis zu 200 ha groß.

In den alten Bundesländern weisen die Betriebsgrößen erhebliche Unterschiede auf. Ein großer Teil der Betriebe bearbeitet nur wenige Hektar LF. 1991 bewirtschafteten etwa 57% der Betriebe nicht mehr als 15 ha. Nur 8,5% hatten über 50 ha LF. Der Anteil der kleinen Betriebe an der gesamten Nutzfläche beträgt lediglich ungefähr 17%, während der Anteil der großen Betriebe über 50 ha bei immerhin fast 35% liegt. Den größten Teil der Kleinbetriebe findet man im Süden Deutschlands, in Baden-Württemberg und Bayern. Großbetriebe gibt es in erster Linie in Schleswig-Holstein und Niedersachsen.

Man spricht deshalb, nicht nur in bezug auf die Betriebsgrößen, von einem **Nord-Süd-Gefäll**e. Die Durchschnittsgrößen betragen in Schleswig-Holstein etwa 40 ha, in Niedersachsen etwa 29 ha, in Baden-Württemberg etwa 14,5 ha und in Bayern etwa 16 ha. Die großen Höfe im Norden weisen in der Regel höhere Flächenerträge auf günstigeren Böden und in günstigerem Relief auf, das hat meist auch ein entsprechend höheres Einkommen zur Folge.

Das Problem der Überschußproduktion

Die Verbesserung der Produktionstechniken und der Produktionsmittel hat in der EG dazu geführt, daß bei einigen landwirtschaftlichen Erzeugnissen inzwischen beträchtliche Überschüsse erzielt werden. Lagerung, Vernichtung oder Verkauf zu Billigpreisen verschlingen enorme Summen, 1987 z.B. fast zwei Drittel des gesamten EG-Etats. Um die Überschüsse zu reduzieren, wurden in den letzten Jahren verschiedene Maßnahmen beschlossen und zum Teil auch durchgeführt.

Seit 1984 wird durch das **Milchquotensystem** die Milchproduktion reduziert. Die Mitgliedsländer erhalten jährlich eine Höchstquote zugeteilt, die sie wiederum als

Garantiemenge (Quote) an die Landwirte verteilen. Die Milch wird zu einem garantierten Preis abgenommen. Wer mehr abliefert, der erhält weniger Geld.
Zwei weitere Möglichkeiten der Produktionsdämpfung sind die **Flächenstillegung** und die **Extensivierung**.

> Durch Flächenstillegung soll eine Vergrößerung der Brachflächen erzielt werden. Je nach Güte des stillgelegten Anteils und nach Dauer der Stillegung erhalten die Landwirte eine Ausgleichszahlung.

In Deutschland konzentrieren sich die stillgelegten Flächen 1992 in erster Linie in den neuen Bundesländern. Dort wurden 1990/91 600000 ha Fläche aus der Produktion genommen. Regional waren das bis zu 25% der LF. In den alten Bundesländern sind es in erster Linie die Mittelgebirgsregionen und die Nordseeküste, die von diesem Programm erfaßt werden. Allerdings wurden von den Landwirten oft nur diejenigen Flächen stillgelegt, die sowieso keinen hohen Ertrag brachten. Die Überschüsse konnten auf diese Weise nicht reduziert werden.
Auch bei der **Extensivierung** ist die Produktionsverminderung eher ein Nebenprodukt. Die Extensivierung hat vielmehr den Artenschutz und Naturschutz als vorrangiges Ziel.

> Bei der Extensivierung wird ein Teil der LF für mindestens ein Jahr als Grünland brachgelegt. Die Fläche darf nicht bewirtschaftet, nicht gedüngt und auch nicht mit Pflanzenschutzmitteln behandelt werden.

Allerdings wurden auch bei diesem Programm meist nur die wenig ertragreichen Böden (Grenzertragsböden) aus der Produktion genommen. Da die Flächen nach einem oder mehreren Jahren wieder intensiv bewirtschaftet werden können, wird auch der ökologische Erfolg nur gering eingeschätzt.

Die Gemeinschaft Unabhängiger Staaten

Mit dem Abkommen von Alma Ata schlossen sich am 21.12.1991 elf unabhängige Staaten, die aus dem Zerfall der Sowjetunion hervorgegangen waren, zur Gemeinschaft Unabhängiger Staaten (GUS) zusammen. Zur GUS gehören nun die Russische Föderation sowie die Republiken Weißrußland, Moldawien, Ukraine, Aserbeidschan, Armenien, Kasachstan, Usbekistan, Turkmenistan, Tadschikistan und Kirgisien.
Mit 22,158 Mio. km^2 umfaßt das Gebiet der GUS fast 99% der ehemaligen Staatsfläche der UdSSR (22,403 Mio. km^2). Ähnliche Verhältnisse gelten auch für das Ackerland. Die UdSSR hatte 224,4 Mio. ha Ackerfläche; davon entfallen nun 210,3 Mio. ha auf das Gebiet der GUS. Das sind knapp 94% der ursprünglichen Fläche. Aus diesen Gründen soll bei der Betrachtung der landwirtschaftlichen Ausstattung und Möglichkeiten der neu entstandenen Staaten auf die Bedingungen und Organisationsformen der ehemaligen UdSSR zurückgegriffen werden.

Die Agrarlandschaften

Da von den einzelnen Republiken noch keine ausreichenden neuen Daten vorliegen, wird dieser Wirtschaftsraum als Ganzes betrachtet.

Die ehemalige Sowjetunion nahm als größtes Land der Erde etwa ein Sechstel des bewohnten Festlands ein. Trotz dieser Größe und trotz der großen landwirtschaftlich nutzbaren Fläche gab es in der Sowjetunion immer wieder Probleme bei der Versorgung der Bevölkerung mit Nahrungsmitteln. Dies war vielen Menschen um so unverständlicher, als der Produktion in den Schwarzerdezonen doch gute bis sehr gute Böden zur Verfügung standen. Einer Bewertung der agrarischen Möglichkeiten soll deshalb zunächst ein Blick auf die geographischen Gegebenheiten vorausgehen.

Die GUS hat aufgrund ihrer riesigen Ausdehnung Anteil an einer entsprechend großen Zahl von Landschafts-, Klima- und Vegetationszonen.

> Tiefländer gibt es in Osteuropa bis zum Ural, in Westsibirien sowie im Bereich des Aralsees. Ausgedehnte Mittelgebirge sind das Mittelsibirische Bergland und das Kasachische Hügelland. Entlang der Südgrenze und in Ostsibirien findet man Hochgebirgszonen, die im Pik Kommunismus in Tadschikistan mit 7495 m ihren höchsten Punkt erreichen.

Von Norden nach Süden hat das Gebiet Anteil an vier Klimazonen: an der arktischen, subarktischen, gemäßigten und subtropischen Zone. Eng verbunden mit den Klimazonen ist auch die Abfolge verschiedener Vegetationszonen.

Die **Tundra** im Norden ist baumlos und ohne agrarische Nutzung. Sie ist auf Rußland beschränkt. Die südlich anschließende **Taiga** (Nadelwaldzone) bietet ebenfalls schlechte Voraussetzungen für die Landwirtschaft, da die Böden meist ausgewaschen sind und die Niederschläge von West nach Ost von 600 mm auf nur 200 mm im Jahr abnehmen.

Dazu kommen sehr strenge Winter und eine kurze Vegetationszeit. Auch diese Zone, die von der Ostsee bis Ostsibirien reicht, ist auf Rußland beschränkt. Im europäischen Teil können noch gelegentlich Kartoffeln, Sommergerste, Gemüse und Futterpflanzen unter erschwerten Bedingungen bis zur Eismeerküste angebaut werden. In Sibirien ist der Anbau von Sommergetreide nur noch im Wechsel mit Vollbrache und örtlich Hackfrüchten möglich.

An der **Mischwaldzone** haben neben den baltischen Staaten (Estland, Lettland, Litauen, die sich der GUS nicht angeschlossen haben) noch Rußland, die Ukraine und Weißrußland Anteil. Dieses Gebiet bietet der Landwirtschaft wesentlich bessere Grundlagen. Vollbrache kommt kaum mehr vor, und auch der Anbau von Wintergetreide ist möglich.

Die Jahresniederschläge betragen 500–750 mm. Der Anteil an Dauergrünland liegt bei 40%. Im Bereich der städtischen Zentren Moskau–Kiew–Minsk–St. Petersburg steht die Produktion von Milch, Kartoffeln und Schweinefleisch im Vordergrund. Dazu kommen Gemüse und im Süden Zuckerrüben. Auf die Mischwaldzone folgt im Süden die **Waldsteppe**. Sie grenzt im Osten in Sibirien direkt an die Taiga. Diese Zone, die Rußland, die Ukraine und Kasachstan unter sich aufteilen, ist agrarisch äußerst wertvoll.

Die Entwicklung von Kulturlandschaften an Beispielen

> Unter relativ feuchten Klimabedingungen werden auf der tiefgründigen, humusreichen Schwarzerde in erster Linie Getreide und Zuckerrüben angebaut. Dauergrünland ist kaum vorhanden. In der Ukraine beträgt der Anteil der Getreidefläche an der landwirtschaftlichen Nutzfläche 60%. Der Rest dient dem Anbau von Blattfrüchten (Zuckerrüben, Mais, Sonnenblumen, Hülsenfrüchten und Kartoffeln).

Nach Osten nehmen die Niederschläge und die Vegetationszeit ab. In der Ukraine beträgt sie noch 220 Tage, in Westsibirien hingegen nur noch 160 Tage.

Die **Steppenzone** der Ukraine, Rußlands und Kasachstans ist charakterisiert durch abnehmende Jahresniederschläge von West nach Ost. Damit die an sich leistungsfähigen Böden entsprechende Erträge bringen, muß künstlich bewässert werden. Wo dies möglich ist (im Bereich der Flüsse Dnjepr, Donez, Don, Wolga und Ural) und wo die Temperaturen hoch genug sind, ist sogar der Anbau von Reis und Baumwolle möglich. Hauptsächlich werden aber Gemüse, Hackfrüchte, Mais und Zuckerrüben angebaut.

In den **Halbwüsten** und **Wüsten** Kasachstans, Turkmenistans und Usbekistans liegen die Jahresniederschläge meist unter 200 mm. Ohne künstliche Bewässerung ist kein Anbau möglich. Die landwirtschaftlichen Flächen sind außerdem durch Versalzung und Winderosion stark gefährdet. Auf Bewässerungsland können Luzerne, Baumwolle, Zuckerrüben, Körnermais, Gemüse und Tabak angebaut werden. Ohne Bewässerung, und dies trifft auf den größten Teil der Region zu, ist nur extensive Weidewirtschaft möglich.

> Insgesamt sind die natürlichen Voraussetzungen für eine landwirtschaftliche Nutzung in vielen Regionen der GUS sehr ungünstig.
> Bedingt durch die niedrigen Temperaturen sind im Norden mehr als 40% der Landfläche von Dauerfrostboden bedeckt (Tundra, Ostsibirien).
> 9% sind Wüste, und 10% sind Hochgebirge. Kälte und Trockenheit engen die Möglichkeiten extrem ein. Etwa 42% der Fläche ist Waldland. Nur 25% sind agrarisch nutzbar. In Deutschland beträgt dieser Anteil 55%, in den USA 46%.

Die Möglichkeiten der agrarischen Nutzung sind also auf ein Gebiet beschränkt, das ungefähr die Form eines Dreiecks hat und deshalb auch als „**Agrardreieck**" bezeichnet wird. Die Eckpunkte des Dreiecks bilden die Städte St. Petersburg, Odessa und Krasnojarsk. Um die landwirtschaftliche Produktion zu erhöhen, wurde seit den 50er Jahren versucht, die Grenzen dieser Anbauzone zu verschieben. Durch Neuzüchtungen, die eine kürzere Vegetationszeit benötigen, konnte z.B. bei Sommergerste, Kartoffeln und Winterroggen die Kältegrenze etwas nach Norden ausgeweitet werden. Auch der Ausbau der Bewässerungssysteme im Bereich des Wolga-Don-Kanals erbrachte neues Ackerland.

Im Rahmen der „**Neulandaktion**" von 1956–1960 wurden im nördlichen Kasachstan, in der Steppenzone, ungefähr 25 Mio. ha Grasland für den Anbau von Getreide in Ackerland umgewandelt. Zwar lieferte Kasachstan danach etwa ein Fünftel des Getreides, dennoch erfüllten sich die anfangs hochgesteckten Erwartungen nicht. Die Einwirkungen des Klimas, speziell die Dürregefahr, wurden unterschätzt, und dieses Risiko wird auch in Zukunft nicht vollkommen auszuschalten sein. Große Flächen gingen durch Erosion und Windauswehung auch wieder verloren. Erst in den 70er Jahren konnte durch verbesserte Anbauverfahren, durch die Anlage von Windschutzstreifen sowie durch den Ausbau der Bewässerung die Lage stabilisiert werden.

Negative Auswirkungen haben noch immer die weiten Entfernungen zu den Bevölkerungszentren im Westen sowie die schlechte Verkehrssituation, die zu erheblichen Transportverlusten führen. Eine weitere Ausdehnung der landwirtschaftlichen Fläche wird inzwischen nicht mehr angestrebt. Auch die ehrgeizigen großräumigen Bewässerungsprojekte werden nicht mehr weiterverfolgt.

> Statt dessen steht die **Intensivierung** des Anbaus auf der bereits bestehenden Fläche im Vordergrund. Dazu sind zu zählen: stärkere Mechanisierung, um die immer wieder auftretenden hohen Ernteverluste zu verhindern, höherer Düngereinsatz, Ausweitung von Bewässerungszonen sowie Bodenverbesserungen durch Entwässerung mittels unterirdischer Drainagen.

Die Betriebsformen der Landwirtschaft

In der Gesamtwirtschaft der GUS hat die Landwirtschaft einen recht hohen Stellenwert. 1990 waren 18% der Erwerbstätigen in der Land- und Forstwirtschaft beschäftigt und erwirtschafteten einen Anteil von 25% am Bruttoinlandsprodukt.

Die beiden klassischen Betriebsformen der ehemaligen sowjetischen Landwirtschaft sind die **Kolchose** und die **Sowchose**. Dazu kommt noch ein relativ geringer Anteil an privatem Bauernland.

> Die **Kolchosen** entstanden durch die Zusammenlegung (Kollektivierung) ehemals privater Ländereien. Der Boden gehört dem Staat und wird den Mitgliedern zur genossenschaftlichen Produktion überlassen. Das Planungssoll wird von der staatlichen Aufsichtsbehörde bestimmt, ebenso die Aufkaufpreise für die Produkte. Das Kollektiv tritt jedoch als Unternehmer auf, ist am Gewinn beteiligt, entscheidet über die Investitionen und trägt auch die Verluste. Der Leiter der Kolchose wird vom Kollektiv gewählt.
>
> In der **Sowchose** tritt der Staat als Unternehmer auf. Er entscheidet über die Art der Produktion. Der Leiter ist vom Staat eingesetzt, und die Landarbeiter werden nach Tarif entlohnt. Meist sind die Sowchosen stärker spezialisiert als die Kolchosen. Sowchosen entstanden in den letzten Jahrzehnten vor allem in den Neulandgebieten, wo das Risiko für eine genossenschaftliche Betriebsform zu groß ist.

1990 gab es in der UdSSR 29 100 Kolchosen mit knapp 2 Mio. Mitgliedern. Sie bewirtschafteten 91 Mio. ha Anbaufläche. 23 500 Sowchosen beschäftigten 11 Mio.

Arbeiter. Die Anbaufläche betrug 106 Mio. ha. Der private Sektor in der Landwirtschaft war flächenmäßig sehr gering. Die Kolchosbauern und Sowchose-Mitglieder erhielten zur privaten Nutzung ein kleines Stück Hofland. Wenn auch nicht offiziell, so war es jedoch praktisch Privateigentum der jeweiligen Familien. Der Anbau diente vor allem dem Eigenbedarf, war aber auch für die Versorgung der städtischen Bevölkerung wichtig. Jede Familie erhielt ein Flächenstück in der Größe von 0,25–0,5 ha, in Trockengebieten bis zu 1 ha. Das private Land wurde so intensiv genutzt, daß es insgesamt 12% der Produkte lieferte, die der Staat von den Betrieben aufkaufte – obwohl der Anteil an der landwirtschaftlichen Nutzfläche nur etwa 1% betrug.

Trotz deutlicher Steigerungsraten waren jedoch die Erträge der Landwirtschaft nicht ausreichend. Bei der Ernte und in der Lebensmittelproduktion gab es starke Schwankungen. Die Hauptgründe dafür lagen vor allem in der schwerfälligen Planung des zentralen Apparats und der damit verbundenen Ineffektivität, weiterhin in dem hohen Arbeitskräfteeinsatz, dem Mangel an Maschinen und der schlechten Infrastruktur. Da lange Zeit die Erzeugerpreise vom Staat sehr niedrig angesetzt waren, gab es für die Kolchosen kaum Gewinnmöglichkeiten und somit auch keine besondere Arbeitsmotivation. Erst die Erhöhung der staatlichen Aufkaufpreise, die Ermäßigung der Pflichtmengen und die Stärkung der Autonomie der Kolchosen sowie Lohnvorauszahlungen und die Sicherung einer Altersversorgung verbesserten die Situation.

Dennoch: nach der Ernte, auf dem Weg zur Verarbeitung bis hin zum Handel traten auch 1990 noch hohe Verluste auf, die die Versorgung der Bevölkerung beeinträchtigten. Bei Getreide betrugen diese Verluste bis zu 30%, bei Kartoffeln und Gemüse 40–45%. Infolge mangelhafter Maschinenausstattung konnten Teile der Ernte zeitweise gar nicht eingebracht werden. 16% der Anlagen in der Lebensmittelindustrie sind verschlissen, ein Viertel der Anlagen 10–20 Jahre, ein Zehntel sogar über 20 Jahre alt.

Mit dem Übergang zur Marktwirtschaft sollte sich auch die Struktur der Landwirtschaft ändern. Es entstanden neue Wirtschaftsformen, und der private Sektor wurde gestärkt.

Es besteht nun die Möglichkeit, von der Kolchose Land anzupachten und individuell nach eigenen Vorstellungen zu bewirtschaften. Am 1.1.1991 bestanden in 63% der Kolchosen/Sowchosen Rußlands Pachtbeziehungen mit privaten Pächtern, die 52% der Ackerfläche gepachtet hatten. 25% der ursprünglichen Beschäftigten arbeiteten in solchen Betrieben. Außerdem entstanden neue **einzelbäuerliche Betriebe (Farmen)**, von denen es im März 1991 47000 gab. Ihr Anteil an der gesamten landwirtschaftliche Fläche betrug allerdings nur 0,2%. Die Durchschnittsgröße dieser Farmen beträgt 22 ha, schwankt jedoch erheblich, je nach Republik. In Rußland liegt sie bei 44 ha, in Kasachstan bei 444 ha, in Georgien bei 0,8 ha.

Die Versorgung der Bevölkerung mit Nahrungsmitteln stößt auch 1992 auf vielerlei Probleme. Dazu sind auch Störungen im Austausch zwischen den Republiken und den Regionen zu zählen. So wurden z.B. zeitweise Lieferverpflichtungen nicht eingehalten, mit der Folge, daß Ende 1991 die Vorratslager Rußlands fast leer waren. Trotz des Zusammenschlusses und trotz der großen gegenseitigen Abhängigkeit fehlt es immer wieder an dem entsprechenden Einvernehmen zwischen den Partnern. Auch gibt es immer noch Widerstände gegen die Auflösung der staatlichen landwirtschaftlichen Betriebe und die Bildung privater Bauernbetriebe und Farmen. Eine deutliche Verbesserung brächte aber allein schon die Senkung der Verluste bei der Ernte, beim Transport und bei der Lagerung der Lebensmittel.

Die Frage, ob die Privatisierung durch Verpachtung oder die weiterführende Lösung, die Rückgabe des Landes an die Bauern, die Versorgungsprobleme lösen wird, kann noch nicht endgültig beantwortet werden. Eine Reformierung der Landwirtschaft wird ohne gleichzeitige Reformierung des gesamten Wirtschaftssystems keinen Erfolg haben. Die Frage ist auch, ob Familienfarmen in der zur Zeit bestehenden Größenordnung von durchschnittlich 22 ha Überlebenschancen haben. In den USA liegt die Durchnittsgröße bei etwa 185 ha. Fast die Hälfte der gesamten Agrarfläche wird dort von Betrieben bewirtschaftet, die über 800 ha groß sind. Auch in West- und Mitteleuropa ist ein Trend zu großen Höfen deutlich erkennbar.

Für 1992 wird mit einem Rückgang der Produktion gerechnet, bei gleichzeitig steigenden Lebenshaltungskosten. Zum einen sind in vielen Bereichen die alten Machtstrukturen noch ungebrochen, was oft zur Blockierung privater Initiativen führt. Zum anderen verschärfen sich zwischen einzelnen Republiken die Konflikte, die in Einzelfällen (Armenien) kriegsähnliche Zustände annehmen.

Es darf auch nicht übersehen werden, daß die massive Nutzung der natürlichen Ressourcen, z. B. im Gebiet des Aralsees, zu enormen Umweltschäden geführt hat. Die Bewässerungssysteme Zentralasiens gründeten auf der Ableitung des Wassers aus den Flüssen Syr-Dara und Amurj-Dara, die beide in den Aralsee münden. Die Wasserentnahme führte dazu, daß dieser viertgrößte Binnensee der Welt immer weiter austrocknete. Seine Oberfläche ist inzwischen um 40% geschrumpft. Fischfang ist nicht mehr möglich. Die Austrocknung hat auch zu einer Veränderung des Lokalklimas geführt. Dicke Salzkrusten bedecken das umgebende Land. Der ungehemmte Einsatz von Pestiziden und Kunstdünger hat das Trinkwasser vergiftet. 90% der Bevölkerung leiden an Folgekrankheiten wie Gelbsucht und Blutarmut, so daß die Region inzwischen sogar zum Katastrophengebiet erklärt wurde.

Wird dem See weiterhin Wasser entzogen, ist seine totale Austrocknung wohl nicht zu verhindern, und er wird bis zum Jahr 2020 verschwunden sein.

Die Vereinigten Staaten von Amerika

Im Gegensatz zur früheren Sowjetunion, der heutigen GUS war und ist die Landwirtschaft der Vereinigten Staaten durch eine hohe Überschußproduktion gekennzeichnet. Dem Ackerbau stehen 190 Mio. ha zur Verfügung, dies sind 43,5% der landwirtschaftlichen Nutzfläche. 56% oder 240 Mio. ha sind Dauerwiesen und Weiden. Die restliche Fläche nehmen Dauerkulturen (Baum- und Strauchkulturen,

Die Entwicklung von Kulturlandschaften an Beispielen

z.B. Reben) ein. Nicht nur der Überfluß ist kennzeichnend, auch die Vielzahl der Erzeugnisse ist typisch.

> 1989 produzierten die USA (bei 5% Anteil an der Weltbevölkerung) etwa 30% des Rindfleischs, 28% des Schweinefleischs, 30% der Eier und 24% der Milch.

Obwohl diese hohen Raten durch Produktionssteigerung in anderen Ländern abnehmen, sind die USA weltweit das führende Land im Agrarexport.
Die Gründe für die enorme Produktion liegen in erster Linie im **hohen Mechanisierungsgrad** sowie in der **Entwicklung spezieller Agrarmethoden**, die auch den Anbau in landwirtschaftlichen Grenzregionen ermöglichen. Die Ausweitung des Anbaus in diesen Regionen hatte allerdings auch schon zu schweren Bodenschädigungen geführt, deshalb wird seit den 30er Jahren durch Konservierungsprogramme versucht, die Bodengüte zu verbessern oder z.B. die Erosion zu verhindern. Ein Großteil der Betriebe ist auf eine einzige Anbaufrucht spezialisiert. Etwa 60% erzielen über die Hälfte ihres Einkommens in einem Bereich, wie z.B. der Milchwirtschaft, oder aus dem Anbau einer einzigen Frucht wie Weizen, Mais, Soja, Baumwolle, Tabak oder Obst.
Wie in vielen anderen Staaten nimmt die Zahl der Betriebe in den USA stetig ab. Gleichzeitig wuchs die durchschnittliche Betriebsgröße auf inzwischen 185 ha (1987) an. Allerdings ist diese pauschale Angabe wenig aussagekräftig. In den Nordoststaaten sind die Betriebe wesentlich kleiner, im Westen, wo hauptsächlich Viehranches angesiedelt sind, bedeutend größer (Connecticut 47 ha, New York 80 ha, Arizona 1760 ha).

Die natürlichen Voraussetzungen

Der Naturraum der USA läßt sich grobgegliedert in sieben Regionen einteilen:
1. Die atlantische Region und die Golfküstenebene von New York bis zur mexikanischen Grenze, die auch Florida miteinschließt.
2. Die Appalachen, ein Mittelgebirge, das sich von Kanada bis nach Alabama erstreckt. Es ist 2600 km lang und erreicht im Süden Höhen von über 2000 m.
3. Das zentrale Tiefland, das in den USA von der Golfküstenebene bis zur kanadischen Grenze reicht. Es wird von den Flüssen Mississippi und Missouri durchflossen und weitet sich im Norden bis in das Gebiet um die Großen Seen aus.
4. Die Great Plains, das Vorland der Rocky Mountains; die Plains sind bis zu 500 km breit und steigen von 400 m im Osten bis auf 1500 m am Gebirgsfuß an.
5. Das Hochgebirge der Rocky Mountains; der Gebirgszug ist stellenweise bis zu 1500 km breit und erreicht Höhen von über 4000 m.
6. Das Great Basin zwischen den Rocky Mountains im Osten und den Gebirgssystemen am Pazifik; es handelt sich um eine Hochbeckenlandschaft zwischen 1300 und 1500 m. Große Teile sind ausgesprochene Trockengebiete mit Halbwüsten- und Wüstencharakter.

7. Das aus zwei Gebirgssträngen bestehende pazifische Gebirgssystem, umfassend das Küstengebirge am Pazifischen Ozean, die Sierra Nevada und das Kaskadengebirge parallel dazu im Landesinnern. Im Süden bildet das kalifornische Längstal am Westfuß der Sierra Nevada eine wichtige agrarische Anbauzone.

> Für die klimatische Ausstattung ist die Lage der Vereinigten Staaten in den mittleren Breiten mit gemäßigtem Klima ausschlaggebend. Der Süden hat noch Anteil an den warmgemäßigten Subtropen, und die Südspitze Floridas greift noch ein wenig in die tropische Klimazone hinein. Das Klima Kaliforniens entspricht etwa dem des Mittelmeers mit trockenen Sommern und relativ feuchten Wintern.

Im übrigen fallen die Niederschläge ganzjährig mit jahreszeitlich unterschiedlichen Maxima. Eine wichtige Rolle spielt die Nord-Süd-Anordnung der Gebirgssysteme. Durch die Gebirge im Westen werden ozeanische Einflüsse des Pazifiks vom Landesinnern abgehalten, so daß kontinentale Klima-Charakteristika überwiegen. Die Niederschlagsgebiete, die vom Pazifik her mit den vorherrschenden Westwinden herangeführt werden, stauen sich an den Gebirgsketten. Der Westen erhält somit reichlich Feuchtigkeit. Im Windschatten der Gebirge kommt die Luft sehr trocken an, was Ursache ausgedehnter Trockengebiete im Great Basin ist. Dasselbe gilt für den Leebereich der Rocky Mountains. Auch die Great Plains sind sehr trocken. Weiter nach Osten nimmt unter dem Einfluß des Golfs von Mexiko die Feuchtigkeit wieder zu. Da kein Gebirge den Weg versperrt, können feuchte Luftmassen weit ins Landesinnere nach Norden eindringen.

Aufgrund dieser geographischen Gegebenheiten lassen sich die USA entlang des 98. Längengrads in eine humide Osthälfte und eine aride Westhälfte unterteilen. Entlang des 40. Breitengrads verläuft etwa die Grenze zwischen dem kühlgemäßigten Norden und dem warmgemäßigten Süden.

Da es keine West-Ost verlaufenden „Schranken" gibt, ist ein starker Luftmassenaustausch in Nord-Süd-Richtung möglich. Das führt dazu, daß im Winter kalte Nordwinde weit in den Süden vordringen können und eine permanente Gefahr für die dortigen Zitruskulturen darstellen. Die Vermischung kalter Luft mit warmer Luft im südlichen Landesinnern führt schließlich auch zur Bildung der gefährlichen Tornados, lokal begrenzter aber dennoch verheerender Wirbelstürme. Auch die Hurricans, die im Golf und in der Karibik entstehen, verursachen alljährlich enorme Schäden entlang der Küsten.

Die Landwirtschaftszonen der USA

Unter dem Einfluß der Topographie, des Klimas, und nicht zuletzt auch der Verkehrserschließung haben sich in den USA im Lauf der Geschichte verschiedene landwirtschaftliche Anbauzonen herauskristallisiert. In der bekanntesten Systematik wurde das Konzept der „Anbaugürtel" entwickelt, das den Osten der USA in den **Dairy-Belt** (Milchwirtschaftsgürtel), den **Corn-Belt** (Maisgürtel) sowie den

Cotton-Belt (Baumwollgürtel) unterteilte. Entlang der Rocky Mountains erstreckte sich der **Wheat-Belt,** der Weizengürtel. Westlich der Rocky Mountains war aufgrund der geographischen Gegebenheiten keine derartige Klassifizierung möglich. Dieses Gürtelkonzept wurde aber durch die Entwicklung der Agrarwirtschaft inzwischen weitgehend aufgelöst, vor allem im Süden.

Der neutralere Begriff „Anbauzone" stellt meist eine oder zwei Fruchtarten oder Leitkulturen heraus, die zumindest äußerlich für eine Region typisch sind. Das Haupteinkommen der Farmer kann jedoch auch aus einem anderen Beschäftigungsbereich kommen. Außerdem muß man berücksichtigen, daß die namensgebende Frucht vielfach in eine Rotation, d.h. in den Anbauwechsel mit anderen Fruchtarten eingebunden ist.

Die Milchwirtschaftszone

Die Milchwirtschaft konzentriert sich auf den Nordosten der USA. Sie umfaßt die Neuenglandstaaten, die mittelatlantischen Staaten sowie Michigan, Wisconsin und Minnesota. Etwa 50% aller Farmen sind Milchwirtschaftsfarmen (dairy farms) mit ungefähr 8 Mio. Milchkühen.

Das sind 40% des Milchkuhbestands der USA. Die Äcker dienen größtenteils der Produktion von Viehfutter. In Stadtnähe handelt es sich in der Regel um Frischmilch-Produzenten, die ihr Futter kaum selbst anbauen, sondern aus dem Umland aufkaufen. Die Betriebsgröße der Farmen schwankt zwischen 60 ha und 80 ha. Neben den 15–30 Kühen werden noch einige Rinder, Schweine und Hühner gehalten. Die Milchwirtschaft als dominierende Wirtschaftsform ist begründet in der Naturausstattung Neuenglands und der Atlantikküste und in der Nähe zu den großen Ballungszentren. Milch kann nämlich nicht sehr weit transportiert werden. Auch die Herkunft der Einwanderer in dieser Region spielte eine große Rolle. Sie kamen meist aus Ländern, in denen die Viehwirtschaft traditionell eine wichtige Rolle spielte, z.B. aus Irland, der Schweiz oder Skandinavien.

Geflügelhaltung in New York und Delaware, Spezialkulturen in den Neuenglandstaaten, Braugerste um Milwaukee und zunehmender Getreideanbau im Westen ergänzen das Bild.

Die Mais-Soja-Anbauzone

Die Mittelweststaaten Indiana, Illinois, Iowa, Missouri und Ohio erzeugen etwa 50% der amerikanischen Maisproduktion, wobei 35–50% der Anbaufläche dieser Frucht vorbehalten sind. Auch in der Sojaproduktion nimmt diese Region den Spitzenplatz ein (1990 = 58%).

Das Haupteinkommen der Farmer entstammt jedoch dem Verkauf von Vieh und Fleisch. Der Mais dient nur als Futtergrundlage für die Mast. Die Maisproduktion nahm ab Mitte der 20er Jahre mit den Methoden der Hybridisierung einen enormen Aufschwung.

> Unter Hybridisierung versteht man die Züchtung neuer Sorten durch mehrfache Kreuzung. Man strebte damit die Verkürzung der Vegetationszeit an, so daß eine Ausbreitung nach Norden erfolgen konnte, die Ertragssteigerung und die Widerstandsfähigkeit gegen Schädlinge und Krankheiten.

Ein Nachteil der Hybridsorten ist, daß die Ernte nicht wieder zur Aussaat verwendet werden kann. Das Saatgut muß deshalb jedes Jahr neu gekauft werden. Infolgedessen entwickelte sich in der Region auch eine florierende Saatgutindustrie. Eine enorme Produktionssteigerung erbrachte auch der Einsatz von Dünger, dreimal pro Jahr wird gedüngt.

Der großflächige Anbau und die Ebenheit des Landes ermöglichen den Einsatz großer und zahlreicher Maschinen, was allerdings auch einen hohen Kapitaleinsatz erfordert. Negative Folgen sind daher die hohe Verschuldung vieler Farmer und die steigende Zahl von Betriebsaufgaben.

Die Spezialisierung im Anbau auf die Produkte Mais und Soja brachte regional schon fast Monokulturen hervor, was zu hoher einseitiger Beanspruchung der Böden führte. Bodenabtragungen durch Wind- und Wassererosion waren lange Zeit ein ernstes Problem. Erst die Einführung gezielter Konservierungsmaßnahmen durch die Regierung (Konturpflügen, Drainagen, Fruchtfolgen mit Gräsern) führte dazu, daß man die Folgen der Spezialisierung heute einigermaßen im Griff hat.

Der ehemalige Baumwollgürtel

> Der Baumwollgürtel existierte eigentlich nie als zusammenhängende Fläche. Die Baumwolle nahm maximal etwa ein Sechstel der Betriebsfläche der Farmen ein. Andere wichtige Anbausorten waren Tabak, Reis und Zuckerrohr. Daneben spielte auch die Viehhaltung eine bedeutende Rolle.

Ende der 20er Jahre erreichte die Zone mit 17 Mio. ha ihre größte Ausdehnung. Der anschließende Flächenrückgang war eine Folge des Schädlingsbefalls durch den Samenkapselwurm in den 30er Jahren, des stetig zunehmenden Einsatzes von Industriefasern und schließlich der Politik der Regierung, die die Anbaufläche begrenzte.

Im ehemaligen klassischen Süden ist der Anbau von Baumwolle auf relativ kleine Restzonen in Alabama, Mississippi und auf den Inseln vor der Küste Georgias zurückgegangen. Der größte Teil wird heute außerhalb des ehemaligen Cotton-Belts produziert. Die Produktion von Baumwolle hat sich nach Westen in die Bewässerungsgebiete von Westtexas, Arizona, New Mexico und Kalifornien ausgebreitet. Außerdem ist die Baumwolle heute oft in den Fruchtwechsel mit Soja eingebunden.

Neben Soja treten als Nachfolgepflanzen verstärkt Erdnüsse, Reis, Sorghum und Futterpflanzen auf, was auf eine erhöhte Bedeutung der Viehhaltung hinweist. Außerdem haben großflächige Aufforstungsmaßnahmen dazu geführt, daß der Süden in bezug auf den Waldanteil hinter den Rocky Mountains immerhin an zweiter Stelle steht.

Die Weizen-Anbauzone

Im Gegensatz zu den bereits beschriebenen Anbauregionen erstreckt sich der Weizengürtel in Nord-Süd-Richtung. Diese als „American Granary" bezeichnete Zone im Bereich der Great Plains produziert etwa die Hälfte des amerikanischen Weizens. Die Zentren liegen in den Staaten Nord- und Süd-Dakota, Nebraska, Kansas, Oklahoma, Texas und in Teilen Montanas. Die Staaten Kansas, Nord-Dakota, Oklahoma und Montana erzeugten 1989 zusammen etwa 44% der Produktion. Aufgrund des Klimas wird im Norden hauptsächlich Sommerweizen angebaut, während im Süden der Winterweizen dominiert. Das Klima hat speziell in dieser Region einen großen Einfluß auf den Ernteerfolg. Dürren, Hagel, Frost und Stürme führen zu unberechenbaren jährlichen Schwankungen. Die Dürre von 1988 sorgte z. B. für Ernteeinbußen bis zu 30%.
Die Gefährdung durch Dürren hat neben der Form des bereits genannten Dry-Farmings noch zwei weitere Anbaumethoden hervorgebracht.

> „Stubble Mulching" bedeutet, daß die Stoppeln nach dem Abernten zwar mit untergepflügt werden, aber noch ein wenig aus der Krume herausschauen. Dadurch dienen sie als Windbremser und Wasserspeicher. Bei der Anlage von „Listerkulturen" entstehen durch das gleichzeitige Ziehen von Längs- und Querrillen kleine Vertiefungen, die ebenfalls das Wasser sammeln.

Im Süden der Region wird auch bewässert, doch das Grundwasser wird einem fossilen Wasserspeicher entnommen. Bei gleichbleibender Nutzung wird im Jahr 2020 der größte Teil dieser Vorräte aufgebraucht sein.
Neben dem Weizenanbau spielt auch die extensive Weidewirtschaft eine große Rolle. Bei beiden Betriebsarten ist die Entwicklung zu Großbetrieben typisch. Die Farmen sind im Durchschnitt in Oklahoma 120 ha, in Nord- und Süd-Dakota 300 ha und in Montana 400 ha groß. Kennzeichnend ist auch der hohe Maschineneinsatz, wobei die Farmer die Ernte oft nicht mehr selbst einbringen, sondern spezielle Erntefirmen damit beauftragen. Diese Firmen ernten im Lauf des Jahres die gesamte Region von Norden nach Süden ab.
Die klimatische Ausstattung der USA hat zur Folge, daß sich die Betriebsform von Ost nach West stetig ändert. Überwiegt im Osten noch die ackerbauliche Nutzung, so wächst nach Westen der Anteil der Viehzucht, entsprechend auch die Farmgröße. Die Viehfarmen im Westen sind oft über 1000 ha groß. Am Fuß der Rocky Mountains ist Ackerbau nur noch in Bewässerungsgebieten möglich. Außerhalb dieser Gebiete dominiert die Viehhaltung.

Im Gesamtdurchschnitt hat der Weizen nur einen Anteil von 39% an der Ackerfläche der Plainsstaaten. Im Norden übersteigen die Erträge aus der Viehzucht diejenigen aus dem Pflanzenanbau bei weitem. Nur etwa 9% der Betriebe dieser Region sind reine Ackerbaubetriebe. Bei 19% herrscht der Ackerbau vor, die restlichen 72% sind Viehwirtschaftsbetriebe mit einem gewissen Anteil an Ackerbau.

Die Great-Basin-Region

Der Bereich östlich der Rocky Mountains ist für die Landwirtschaft wenig geeignet und wurde von jeher hauptsächlich durch Viehwirtschaft genutzt. Entweder wird Weidewirtschaft auf großen Einheiten betrieben oder in der Form einer Fern- und Wechselweidewirtschaft. Dabei wird das Vieh jahreszeitlich in die verschiedenen Höhenstufen getrieben, bzw. es wird per Lkw oder Bahn in die Weidegebiete transportiert. Die Größe dieser Herden beträgt manchmal bis zu 40 000 Stück Vieh. Während früher die Rinder außerhalb der Region geschlachtet und verarbeitet wurden, hat sich inzwischen eine eigene Fleischindustrie entwickelt. Eines dieser Zentren ist Ogden in Utah.
Als weiterer Pfeiler der Landwirtschaft spielt der Bewässerungsanbau eine wichtige Rolle. In den Viehgebieten wird Alfalfa-Gras als Futtergrundlage angebaut, neben Gemüse, Obst, Nüssen und Baumwolle.

Der Obst- und Früchteanbau

Der Anbau von Obst und Früchten spielt regional eine große Rolle. An den Ufern des Eriesees und des Ontariosees gedeihen u. a. Äpfel, Birnen, Kirschen und sogar Wein. Die Brauereistadt Milwaukee bezieht Hopfen aus der näheren Umgebung. Obst, Nüsse und Hopfen findet man auch in Washington im Willamette und Yakima Valley und natürlich in Kalifornien.
Kalifornien ist daneben bekannt für seinen Wein, der immer mehr auch internationale Anerkennung findet. Dazu kommen Oliven, Feigen und Südfrüchte. Letztere sind auch in Florida und Südtexas verbreitet.

Entwicklungstendenzen in der modernen amerikanischen Landwirtschaft

In den Vereinigten Staaten wird von immer weniger Farmern ein stetig hoher Überschuß produziert. Mit Ausnahme sehr großer Farmen nimmt in den meisten Farmklassen die Zahl der Betriebe auch in den USA ab.
Die Abnahme ist am stärksten im Bereich der kleinen und mittelgroßen Farmen mit einem Jahreserlös bis zu 20 000 $. Die Gründe liegen in der starken Verschuldung seit dem Ende der 60er Jahre, die verbunden ist mit einer Verschlechterung der Einkommenssituation.

Preiseinbrüche bei einigen Produkten und hohe Lohnkosten bei Fremdarbeitern treffen vor allem die Kleinfarmer hart.

Die Folge ist eine steigende Anzahl von Betriebsaufgaben. Da auch das Nutzland immer mehr an Wert verliert, können durch den Verkauf oft nicht einmal die Schulden abgedeckt werden. Die Zahl der Hobby- und Teilzeitfarmer, die aufgrund der Erlöse aus der Landwirtschaft ebenfalls in die untere Kategorie gehören, bleibt relativ stabil. Das Haupteinkommen liegt bei dieser Personengruppe allerdings weit über den Verkaufserlösen für die Farmprodukte.

Die Landwirtschaft wird dominiert von großen, agroindustriellen Unternehmen. Großfarmen mit über 200 000 $ Jahreseinkommen erwirtschaften etwa 85% des gesamten Farmeinkommens. Für das Jahr 2000 wird geschätzt, daß bis dahin etwa 14% der Farmen über 90% des Einkommens auf sich vereinigen werden.

Auch in bezug auf die Fleischproduktion findet eine ähnliche Konzentration statt. 1982 erzeugten reine Endmastbetriebe, sogenannte „feedlots", in denen die Tiere nur noch schlachtreif gefüttert werden, über 60% des Rindfleischs. Während 1969 kleine und mittelgroße Farmen noch mehr als 90% des Getreides erzeugten, lag ihr Anteil 1982 gerade noch bei 25%. Dieselben Tendenzen lassen sich bei der Milchproduktion und bei der Schweinemast verfolgen, wenn auch in diesen Bereichen der Anteil der mittelgroßen Farmen noch bedeutend ist.

Während in Deutschland durch Agrarpolitik versucht wird, die Familienbetriebe zu erhalten, findet in den USA eher eine gegenläufige Bewegung statt. Das Ziel der Regierung ist die Entwicklung von Farmen, die ohne Subventionen auskommen. Dies ist allerdings nur durch den hohen Einsatz technischer Mittel möglich. Der entsprechende Finanzbedarf kann jedoch nur von großen und sehr großen Farmen aufgebracht werden.

Unter regionalen Aspekten konzentriert sich die Produktion auf den Mittelwesten, wo 42% der Erlöse erzielt werden. Die zweitwichtigste Agrarregion ist der Süden mit 31%. Dann folgt der Westen mit 21% vor dem Nordosten mit 6%.

Auch in Zukunft werden Überproduktion und Verschuldung den Farmern große Probleme bereiten. Kreditaufnahmen, schwankende oder sogar sinkende Weltmarktpreise und der ebenso schwankende Dollarkurs verschlechtern die Absatzmöglichkeiten der amerikanischen Farmprodukte. Um die Schulden abzubauen, muß weiter produziert werden.

Ab einer bestimmten Verschuldungsrate (40–60% des Farmwerts) geben die Banken jedoch keine Gelder mehr. Ohne Kredite können die Kleinfarmer aber nicht produzieren und müssen die Farmen verkaufen. Aufgrund des großen Angebots sind die Landpreise allerdings sehr niedrig und decken die Schulden oft nicht ab. Da auch der Abbau der Produktion erklärtes Ziel der amerikanischen Agrarpolitik ist, werden Farmen oft nicht übernommen, und das Land fällt brach.

Die Steuerung dieser Tendenz wird in den USA dem Markt überlassen. Die Regierung trägt zur Unterstützung der Familienfarmen kaum bei. Da, wie in Europa, finanzielle Unterstützung an die Produktion gekoppelt ist, kommt sie meist auch nur den großen Farmen zugute.

Die letzten drei Jahrzehnte brachten auch in den Organisationsformen der Landwirtschaft einige Veränderungen. Dazu sind zu zählen:

- Die Zunahme des Kontraktanbaus: Die kleinen Farmer stellen ihr Land, eventuell auch ihre Arbeitskraft, einer großen Firma zur Verfügung. De facto werden sie dadurch zu Landarbeitern auf ihrem eigenen Boden.
- Die Korporationen: Seit den 60er Jahren kaufen Firmen der Nahrungsmittelindustrie Farmen auf und übernehmen das Management über große Ländereien. Diese Korporationen kontrollierten 1980 40% der landwirtschaftlichen Nutzfläche und 60% der Verkäufe agrarischer Produkte.
- Die Vermarktung über Genossenschaften: 1980 wurden etwa 30% aller landwirtschaftlichen Produkte auf diese Art vermarktet.

Landwirtschaft in der Sahelzone – Burkina Faso

„Sahel" ist die geographische Bezeichnung für einen Landschaftgürtel am Südrand der Sahara, der gekennzeichnet ist durch sehr geringe Jahresniederschläge zwischen 100 mm und 500 mm. Da diese Niederschläge außerdem sehr unregelmäßig fallen, ist die Landwirtschaft in dieser Region mit hohen Risiken behaftet.

Burkina Faso, die ehemalige französische Kolonie Obervolta, erstreckt sich zwischen 9° und 15° nördlicher Breite, liegt somit also noch in den Tropen. Im Südwesten hat das Land Anteil an der Feuchtsavanne, der Nordosten liegt in der Sahelzone. Dazwischen erstreckt sich als Übergangsgebiet die Trockensavanne. Tropischen Regenwald findet man nur noch in einem kleinen Gebiet im Süden.

Charakteristisches Klimamerkmal für große Landesteile ist die Trockenheit. Sie dauert in der Feuchtsavanne 160 Tage, bei einem Jahresniederschlag von 1000 bis 1300 mm; allerdings sind auch die Temperaturen sehr hoch, 15 °C im Januar und fast 42 °C im April. Nach Norden nimmt die Dauer der Trockenperiode stetig zu, die Winter werden etwas kühler, die Höchsttemperatur im April steigt leicht an. Die Niederschläge in der Trockensavanne schwanken zwischen 800 mm und 900 mm. In der Sahelzone kann die Trockenheit bis zu 280 Tage im Jahr dauern, wobei die Niederschläge auf 400 bis 500 mm sinken. Dies ist die Zone der Dornstrauchsavanne und Halbwüste.

Im Süden wechseln zwei Regenzeiten (Mai/Juni und September/Oktober) mit zwei Trockenzeiten ab. Im Norden beschränkt sich die Regenzeit, sofern überhaupt von Regenzeit gesprochen werden kann, auf die Zeit von Mitte Juni bis Mitte September. Der Rest des Jahres ist trocken. Die Temperaturen erreichen Extremwerte bis zu 50 °C.

Nur etwa 10% des Landes sind landwirtschaftlich nutzbar. Dennoch sind 90% der Bevölkerung in der Landwirtschaft tätig. Dies unterstreicht die Bedeutung des Wirtschaftszweigs für das Erwerbsleben. Allerdings haben Landwirtschaft, Forstwirtschaft und Fischerei zusammen nur einen Anteil von 43% am Bruttosozialprodukt. 90% der landwirtschaftlichen Flächen dienen der Selbstversorgung, und nur ein geringer Anteil der Erzeugnisse geht auf den Markt. Man spricht in diesem Fall von **Subsistenzwirtschaft.**

> Die Subsistenzwirtschaft (Selbstversorgungswirtschaft) hat nur die Eigenversorgung zum Ziel. Dies trifft sowohl auf den landwirtschaftlichen, als auch auf den gewerblichen Bereich zu. Fast alles, was zum Leben benötigt wird, wird selbst hergestellt.

Als Hauptnahrungsmittel wird auf etwa drei Vierteln der Anbaufläche Hirse angebaut. Dazu kommen Mais, Reis, Bohnen und Knollenfrüchte (Yams, Maniok, Süßkartoffeln). Die wichtigsten agrarischen Ausfuhrgüter sind Baumwolle, Vieh, Sesam, Erdnüsse und Tabak.

Der Erfolg der Landwirtschaft hängt weitaus stärker als in den gemäßigten Breiten von klimatischen Gegebenheiten ab. Wenn auch nur für ein Jahr die Niederschläge ausbleiben oder stark zurückgehen, kann der Inlandbedarf nicht mehr gedeckt werden. Dann muß das Land Getreide in großem Umfang einführen.

Durch solche periodisch auftretenden Dürren und den damit verbundenen Hungersnöten ist die Sahelzone in den 60er und 70er Jahren in das Bewußtsein der Weltöffentlichkeit gerückt. Neben Dürren bedrohen auch immer wieder riesige Heuschreckenschwärme die Ernte. Geringe Lagerungsmöglichkeiten, Bodenverknappung, Wassermangel und ein niedriger Stand der Anbautechniken schränken die Produktion ebenso ein. Da Düngung und Kompostierung nie gebräuchlich waren, sind auch die Hektarerträge sehr niedrig, und da Wasser fehlt, wird außerdem nur ein Viertel des kultivierbaren Landes bearbeitet.

Das Problem der Desertifikation

> „Desertifikation" bezeichnet im weiteren Sinn die Tatsache, daß weltweit eine Ausweitung der Trockengebiete beobachtet werden kann. In fast allen Kontinenten sind Teile des Landes von Wüste oder Verödung bedroht, am stärksten jedoch in Afrika mit etwa 50%. Davon ist eine Fläche von 7 Mio. km^2 akut bedroht, wobei die Sahelzone zu den gefährdetsten Gebieten gehört.

Dürren und Trockenheit können zunächst natürliche Ursachen haben. Klimaveränderungen mit Erwärmung der Atmosphäre traten in der Erdgeschichte öfter auf. Kurzfristige Klimaschwankungen sind in den ariden und halbariden Gebieten normale Ereignisse. Diese Veränderungen werden durch das Fehlverhalten der Menschen noch verstärkt. Die meisten Geowissenschaftler gehen heute davon aus, daß durch die Verbrennung fossiler Brennstoffe der CO_2-Gehalt der Atmosphäre erhöht wird und dadurch der Treibhauseffekt, verbunden mit einer weltweiten Aufheizung der Atmosphäre, noch verstärkt wird. Im Sahel wird das sehr labile Ökosystem durch zusätzliche menschliche Eingriffe noch mehr gestört. Dazu sind zu zählen: Überbeanspruchung der Böden durch Ackerbau ohne Erholungsphasen für den Boden, Überweidung, Entwaldung und falsche Bewässerung.

> Die traditionelle Form der Landnutzung in der Feuchtsavanne ist der **Wanderfeldbau**. Der Wald wird gerodet, die Bäume werden verbrannt, und die Asche dient als Dünger. Jedes Jahr wird zur Bekämpfung des Unkrauts die Pflanzenart gewechselt. Sind die Nährstoffe im Boden erschöpft, wird ein weiteres Stück Land gerodet. Das ehemalige Ackerland fällt brach bzw. wird durch das Pflanzen von Obst- und Holzbaumsetzlingen genutzt. Der Boden hat sich nach 5–20 Jahren soweit erholt, daß er wieder landwirtschaftlich genutzt werden kann.

Die Brachezeiten können jedoch heute nicht mehr eingehalten werden. Die steigende Bevölkerungszahl erfordert eine immer höhere Produktion. Außerdem werden auf den besten Ländereien zunehmend sogenannte „cash-crops" (Erdnüsse, Baumwolle) für den Export zur Devisenbeschaffung angebaut. Da die Anbaumethoden denen der gemäßigten Klimazonen (Monokulturen, Dauerfeldbau) entsprechen, wird der Boden sehr schnell überlastet. Den Bauern verbleiben zur Nahrungsmittelproduktion oft nur die schlechteren Böden. Wenn diese übermäßig beansprucht werden, verwüsten sie extrem rasch.

In der Trockensavanne wird von Nomaden hauptsächlich Viehzucht betrieben. Die Tiere bedeuten für die Menschen jedoch nicht nur Nahrung, sie sind auch Zahlungsmittel und erhöhen das Sozialprestige innerhalb der Gruppe. Da die Vegetation sehr dürftig ist, werden pro Stück Vieh etwa 5 ha Weidefläche benötigt, in Zeiten extremer Trockenheit sogar noch mehr. Der Anstieg der Viehbestände durch den Bau neuer Brunnen führte dazu, daß pro Rind die Weidefläche von 5 ha auf 2 ha sank. Die Viehzüchter halten sich hauptsächlich in der Nähe der Brunnen auf oder wurden sogar seßhaft. In der Umgebung der Brunnen und um die Städte und Dörfer ist das Land praktisch kahlgefressen oder zertrampelt. Auf den zerstörten Flächen kann das Gras nicht mehr nachwachsen, so daß die Tiere eher verhungern als verdursten.

Die negativen Folgen der Bewässerung sind im Vergleich dazu gering. Dennoch gingen durch schlechte und ineffiziente Bewässerung und der daraus folgenden Versalzung wertvolle Ackerflächen verloren, ganz abgesehen von den hohen finanziellen Aufwendungen, die damit verbunden waren.

> Ein großes Problem stellt die **Abholzung der letzten Wälder** dar. Der private Energieverbrauch Burkina Fasos wird fast zu 90% aus Holz gedeckt, wobei eine Familie pro Woche etwa einen Baum für Heiz- und Kochzwecke benötigt. Die Umgebung der Städte ist inzwischen nahezu baumlos.

Ein Großteil des Einkommens, bis zu 40%, muß für den Kauf von Holz verwendet werden. Da bisher so gut wie keine Aufforstungen durchgeführt wurden, ist abzusehen, daß bald auch die letzten Wälder geschlagen sein werden. Afrika verliert jährlich über 1 Mio. ha Wald durch Holzeinschlag für den Export, durch Rodungen für die Landwirtschaft oder Abholzung für Brennholz. Die Entfernung der Bäume hat für den Boden ernste Folgen. Die dünne Krume erschöpft sehr rasch durch den Ackerbau, oder sie wird durch die gelegentlichen Starkregen abgeschwemmt. Die darunter zum Vorschein kommende Lateritschicht wird ohne Pflanzendecke hart wie Beton und kann mit den zur Verfügung stehenden Ackergeräten nicht mehr bearbeitet werden. Bäume schützen den Boden nicht nur gegen die Austrocknung. Sie verlangsamen auch den Abfluß des Regens und verhindern die Winderosion.

Bei dieser Vielzahl von Problemen stellt sich die Frage, wie der Prozeß der Desertifikation unterbrochen und den Ländern wirksam geholfen werden kann. Bei allen Maßnahmen hat sich herausgestellt, daß Veränderungen nicht „von oben" aufgesetzt werden dürfen. Sie müssen „von unten" oder „von innen" heraus in Gang gesetzt werden. Die Einbeziehung und Unterweisung der Bevölkerung in neue Projekte ist eine grundlegende Voraussetzung. Nur wenn die ländliche Bevölkerung die Maßnahmen mitträgt, können sie auf lange Sicht erfolgreich sein.

Am Beispiel Burkina Fasos zeigt sich, daß es mit kleinen Schritten und durch Eigeninitiative der Bevölkerung möglich ist, Erfolge im Kampf gegen die Wüstenausbreitung zu erzielen.

Naam

Die „Naam" ist eine Art afrikanischer Genossenschaft, die in Yatenga, im Norden Burkina Fasos, vor etwa 20 Jahren entstand. Sie entwickelte sich aus der traditionellen Altersklassenvereinigung von Jugendlichen eines Dorfes. Die moderne „Naam" verbindet traditionelle Werte wie Solidarität mit modernen europäischen Wirtschaftsmethoden, z.B. dem Verkauf von Produkten und dem Geldverkehr. Ihre Aktivitäten sind wirtschaftlicher, gemeinschaftlicher und sozialer Art.

In den wirtschaftlichen Bereich gehören z. B. die Anschaffung von Getreidemühlen, Gemüseanbauprojekte, Aufforstungsprojekte oder der Bau von Staudämmen. Die Arbeiten werden gemeinschaftlich durchgeführt, die Bevölkerung wird miteinbezogen. Ein Teil der Erlöse aus dem Verkauf von Produkten geht in einen Solidaritätsfonds, aus dem Bedürftige unterstützt oder private Kredite vergeben werden können.

Kennzeichnend ist, daß die Verantwortung für die Aktionen bei der einheimischen Bevölkerung liegt und die Ideen nicht nur von „oben", sondern auch von der Basis kommen. Durch die gemeinschaftliche Arbeit wird eine große Zahl von Menschen erreicht. Entscheidend ist außerdem, daß eine sehr hohe Motivation vorhanden ist, die eigene schwierige Situation zu verbessern.

GARY

Die GARY (Groupement d'Artisans Ruraux de Yatenga = Gruppe ländlicher Handwerker in Yatenga) ist keine traditionelle Genossenschaft, sondern wurde durch die Initiative des Franzosen J.-L. Chleq ins Leben gerufen. Ihre Tätigkeit erstreckt sich vor allem auf den Wasserbau, um die fortschreitende Versteppung und den Wassermangel zu beheben. Dies geschieht zunächst durch die Anlage kleiner

Steinwälle, sogenannter „Diguettes" an den flachen Hängen. Die Wälle verhindern, daß der Regen den Boden wegschwemmt. Es entstehen kleine Terrassen, und das Wasser versickert besser im Boden. Ziel ist, die Getreideproduktion auf den Terrassen nach und nach wieder zu steigern. Im Tal werden kleine Staudämme („Micro-Barrages") angelegt. Dabei wird mit dem Aneinanderfügen von Steinkörben („Gabions") eine Technik angewandt, die J.-L. Chleq in den Alpen kennengelernt hatte. Zum einen dienen die Dämme der Wasserversorgung, zum andern sammeln sie auch die Feinerde, die bei Regenfällen sonst abgeschwemmt würde. Am Talabschluß entstehen größere Wasserrückhaltebecken, die bei entsprechender Tiefe das ganze Jahr über Wasser halten können. Beim Bau dieser großen Projekte arbeiten Naam und GARY gelegentlich auch zusammen. Auf der überfluteten Fläche kann in der Regenzeit Reis angebaut werden. Im Winter (Trockenzeit) dient das Wasser zur Bewässerung von Obst- oder Gemüsekulturen. In einigen Gegenden können sogar Fische gefangen werden.

Ein Vorteil der Arbeit beider Gruppen liegt darin, daß Leistungen von außen kleingehalten werden. Die Kosten sind geringer, und die Gelder verbleiben durch die Arbeit der einheimischen Bevölkerung in der Region. Da die Dorfbewohner die Dämme selbst gebaut haben, fühlen sie sich auch für die weitere Erhaltung verantwortlich. Bei Großprojekten müssen die Einwohner mehrerer Dörfer zusammenarbeiten, was wiederum der Solidarität unter den verschiedenen Volksgruppen zugute kommt.

Allerdings wird man auch weiterhin zumindest auf finanzielle Hilfen des Auslands angewiesen sein, wenn z.B. zum Bau eines Damms Großgeräte wie Bagger und Bulldozer eingesetzt werden, die enorme Kosten verursachen.

Das Beispiel Burkina Faso zeigt, daß auch für die extrem armen Länder der Sahelzone durchaus Hoffnung auf eine bessere Zukunft begründet ist. Internationale Hilfe sollte allerdings nicht mehr nur auf prestigeträchtige Großprojekte ausgerichtet sein, sondern muß gezielt dort eingesetzt werden, wo sie die Arbeit der einheimischen Bevölkerung unmittelbar unterstützen kann.

Übungen

- Nennen Sie die natürlichen Anbaugrenzen des Ackerbaus. Geben Sie jeweils eine kurze Erläuterung dazu.
- Erklären Sie die Methode des „Dry-Farming".
- Auf welche Art kann Bewässerung in ariden Gebieten den Boden schädigen?
- Wie bewerten Sie die klimatischen Voraussetzungen für die Landwirtschaft in Deutschland?
- Begründen Sie die unterschiedliche Nutzung junger und alter Marschen in Norddeutschland.
- Wie beeinflussen die Ablagerungen der Eiszeiten die Landwirtschaft in Norddeutschland?
- Erklären Sie den Unterschied zwischen „Zuerwerbslandwirt" und „Nebenerwerbslandwirt".

Die Entwicklung von Kulturlandschaften an Beispielen

- Was bedeutet der Begriff „Nord-Süd-Gefälle" in der Agrarwirtschaft Deutschlands?
- Mit welchen Methoden versucht die EG, die Überschüsse in der landwirtschaftlichen Produktion zu verringern?
- Zählen Sie die Vegetationszonen der GUS mit ihren agrarischen Nutzungsmöglichkeiten auf.
- Erläutern Sie den Begriff „Agrardreieck".
- Zeigen Sie die Unterschiede zwischen Kolchosen und Sowchosen auf.
- Erklären Sie die Bedeutung der USA für den Welt-Agrarmarkt.
- Nennen Sie die Gründe für die starke Stellung der Milchwirtschaft im Nordosten der USA.
- Erklären Sie die Abfolge unterschiedlicher Landwirtschaftszonen auf den Great Plains.
- Erläutern Sie die verschiedenen Anbaumethoden in den Trockenräumen der Plainsstaaten der USA.
- Welches sind die typischen Kennzeichen der modernen amerikanischen Agrarwirtschaft?
- Erklären Sie die drei wichtigsten aktuellen Organisationsformen der amerikanischen Landwirtschaft.
- Zeigen Sie die Folgen der Abholzung für die Landwirtschaft in den Trockengebieten Afrikas auf.
- Mit welchen Maßnahmen trägt der Mensch zur weiteren Ausbreitung der Wüsten (Desertifikation) bei?

Alte und junge Industrieländer

Die Industrielle Revolution in Großbritannien

In der Mitte des 18. Jahrhunderts hatte sich in Großbritannien eine wirtschaftliche Situation ergeben, die den Übergang von einer eher agrarisch geprägten Gesellschaft zu einer industriellen Gesellschaft förderte. Die Zahl der landbesitzenden Bauern war stark zurückgegangen. Großgrundbesitzer hatten weite Teile des Ackerlandes in Grünland umgewandelt bzw. betrieben auf den verbliebenen Ackerflächen eine intensive Fruchtwechselwirtschaft. Da die Landwirtschaft guten Gewinn abwarf, war auch ausreichend Kapital vorhanden, dessen Eigner nach Anlagemöglichkeiten suchten. Die Kleinbauern mußten ihr Land verlassen. Viele zogen in die Städte auf der Suche nach Arbeit. Die Zahl möglicher Arbeitskräfte erhöhte sich durch ein stetiges Anwachsen der Bevölkerungszahl. Außerdem gab es eine Vielzahl kleiner Handwerker und Unternehmer vor allem in der Textilindustrie. Von großer Bedeutung war auch, daß die Außenpolitik der englischen Regierung auf Handelsinteressen ausgerichtet und von ökonomischen Zwecken geprägt war.

Grundlage für die Industrialisierung war die **Baumwollverarbeitung** in Manchester. Bis 1700 hatte es eine echte Baumwollindustrie nur in Indien gegeben. Ab 1700 schafften es die englischen Hersteller, den Baumwollimport zu stoppen und damit den Binnenmarkt für die eigene Produktion freizumachen. Auf der Basis dieser Monopolstellung weitete sich ab 1750 auch der Export in die Kolonialgebiete um das Zehnfache aus. Mit der Erfindung verbesserter Spinnmaschinen, dem Einsatz der Dampfkraft und sprunghaftem Anstieg der Zahl mechanischer Webstühle nach 1813 waren die entscheidenden technischen Voraussetzungen geschaffen worden. Das neue System der industriellen Wirtschaft war gekennzeichnet durch

- die Teilung der Industriebevölkerung in eine Arbeiterschicht und in eine Arbeitgeberschicht;
- die Produktion in Fabriken;
- die totale Unterordnung der gesamten Wirtschaft unter das Streben nach Gewinn.

Die Auswirkungen der Industrialisierung auf die Masse der Bevölkerung war nicht nur positiver Natur. Zwar konnte durch die Industrie eine große Zahl landloser Bauern in den Städten Arbeit finden, doch war mit der Verstädterung auch eine ungeheure **Ausbeutung und Verelendung der Arbeiterschicht** verbunden. In der Textilindustrie waren sehr viele Frauen und Kinder beschäftigt, die zu Niedrigstlöhnen arbeiten mußten. Diese Löhne und die Löhne ihrer Männer waren oft so niedrig, daß nur durch unablässige Schwerstarbeit überhaupt das Existenzminimum zu sichern war.

Erst in der zweiten Hälfte des 19. Jahrhunderts änderte sich die Lage der Arbeiter zum Besseren, z.B. durch die Wahlgesetzänderung von 1867, die dem Arbeiter auch ein gewisses Mitspracherecht in der Politik einräumte. 1871 und 1875 erhielt auch die Gewerkschaftsbewegung die entsprechenden gesetzlichen Grundlagen, so daß sie als Teil der Industrieszene akzeptiert werden mußte.

Die Vereinigten Staaten von Amerika

Grundzüge der Industrialisierung

Die Vereinigten Staaten von Amerika sind die mit Abstand führende Industriemacht der Erde, auch wenn der prozentuale Anteil an der industriellen Weltproduktion in den letzten Jahren durch den Aufschwung anderer Staaten zurückgegangen ist. Die Gründe für diese besondere Stellung sind vielschichtig. Da ist zunächst der große **Binnenmarkt** mit seiner kaufwilligen und auch kaufkräftigen Bevölkerung. Auch die naturräumliche Ausstattung (Klima, Böden, Bodenschätze etc.) begünstigt die Ausbildung einer florierenden Wirtschaft. Schon früh setzte sich in den USA **Mechanisierung, Standardisierung** und die **Herstellung von Massengütern** durch. Die auf Privatinitiative ausgerichteten Firmen mußten, um im Wettbewerb bestehen zu können, gegenüber **Innovationen** stets aufgeschlossen sein. So entwickelte sich eine hochspezialisierte arbeitsteilige Wirtschaft, immer auf dem höchsten Stand der Technologie. Unter den umsatzmäßig stärksten 20 Industrieunternehmen der Welt befinden sich (1989) neun amerikanische Firmen (weiterhin vier japanische, sechs EG-Firmen und eine südkoreanische Firma). An der Spitze stehen die amerikanischen Firmen General Motors (Kfz), Ford Motor Company (Kfz) und Exxon (Mineralöl).
Das Bruttosozialprodukt je Einwohner, das ein ungefähres Bild der durchschnittlichen Einkommensverhältnisse einer Nation vermittelt, wird zwar von einigen europäischen Staaten übertroffen, liegt aber deutlich über dem EG-Durchschnitt. Der hohe technologische Standard gründet sich in erster Linie auf die **engen Bindungen zwischen der Industrie und den Hochschulen.** Der Anteil der staatlichen Mittel an der Finanzierung der Universitäten liegt unter 50%. Der Rest muß durch Studiengebühren und Spenden aufgebracht werden. Die Industrie tritt vielfach als Mäzen der Hochschulen auf, was zu einer engen Verflechtung der führenden Universitäten mit Industrieunternehmen führt.
In den USA begann die industrielle Entwicklung um 1800 in den Neuenglandstaaten im Nordosten. Die vielseitige Wirtschaft, die bis dahin in dieser Region schon bestanden hatte, gründete sich auf Holzreichtum, Wasserkraft, Fischerei und Schiffsbau. Um die Jahrhundertwende faßte die Textilindustrie im südlichen Neuengland Fuß. Die Erfindung der Baumwollentkernungsmaschine 1793, verbunden mit einer Produktionssteigerung im Süden, setzte die eigentliche Industrialisierung in Gang. Da als Energiegrundlage Wasserkraft verwendet wurde, lagen die Standorte hauptsächlich in ländlichen Gebieten. Dennoch waren die

Alte und junge Industrieländer

USA bis 1840 ein ausgesprochenes Agrarland. Schließlich folgte der Ausbau der Schwerindustrie in Pennsylvania, wo Vorkommen von Anthrazitkohle die Basis bildeten. Der Bau von Eisenbahnen in der Osthälfte der Staaten zwischen 1840 und 1860 führte zu einer weiteren rapiden Entwicklung. 1859 wurde man in Pennsylvania erstmals bei der Suche nach Erdöl fündig. Nach dem Bürgerkrieg von 1861–1865 breitete sich die Industrie über den ganzen Kontinent aus. 1869 wurde die erste transkontinentale Eisenbahn fertiggestellt. 1903 produzierte die Ford Motor Company den ersten Pkw und machte Detroit damit zum Zentrum der amerikanischen Automobilindustrie. Der Raum um Pittsburgh hatte sich in der Zwischenzeit zum Hauptstandort der Schwerindustrie entwickelt. Mit Beginn des 20. Jahrhunderts war in Südkalifornien durch die Filmindustrie, den Flugzeugbau und durch Erdölfunde bei Los Angeles ein weiterer industrieller Schwerpunkt entstanden. Seit den 30er Jahren nahm auch der Süden, speziell die Golfküste, durch die Entdeckung von Erdöl- und Erdgasfeldern am Aufschwung teil. Im Nordwesten der USA war die ursprüngliche Grundlage der Industrie die Holzwirtschaft und der Schiffsbau. Seit dem Zweiten Weltkrieg kam die Aluminiumindustrie dazu, bedingt durch den Krieg im Pazifik und damit verbundene Rüstungsaufträge. Billige Energie durch den Bau mehrerer Staudämme war die Hauptursache für Industrieansiedlungen.

Die wichtigsten amerikanischen Industrieregionen

Herzstück der amerikanischen Industrie, das „Heartland" Amerikas, ist der **„Manufacturing Belt"**, zu dem die südlichen Neuenglandstaaten bis Maryland, Pennsylvania und die Staaten im Bereich der Großen Seen zu zählen sind. Die Westgrenze bildet etwa die Linie Chicago-St. Louis. Auch wenn die relative Bedeutung des Manufacturing Belt in den letzten Jahren gesunken ist – der Anteil an der industriellen Wertschöpfung fiel zwischen 1960 und 1985 von 65% auf 45% – so nimmt die Region immer noch den ersten Platz in den USA ein.
Innerhalb des Manufacturing Belts bildet das Städteband von Boston nach Philadelphia (die **„Megalopolis"**) eine Kernzone.

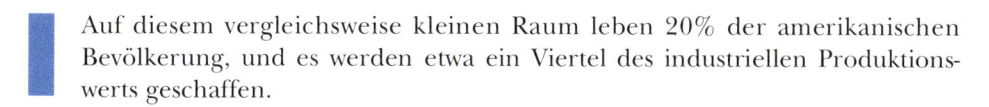

> Auf diesem vergleichsweise kleinen Raum leben 20% der amerikanischen Bevölkerung, und es werden etwa ein Viertel des industriellen Produktionswerts geschaffen.

Die **Region Pittsburgh** ist auch heute noch das unangefochtene Zentrum der Schwerindustrie. Kohle und Erze konnten zunächst in der nahen Umgebung gefördert werden. Später wurden die Erze aus dem Gebiet des Lake Superior und aus Labrador eingeführt. Die starke Stellung Pittsburghs wurde in den 20er Jahren durch das **„Pittsburgh Plus"** bestimmt. Es handelte sich dabei um ein Tarifsystem, das festlegte, daß überall in den USA Stahl nicht billiger verkauft werden durfte, als ob er in Pittsburgh hergestellt und von dort geliefert worden wäre. Standortvorteile anderer Regionen konnten sich so nicht durchsetzen. Mit der Aufhebung des „Pittsburgh Plus" 1929 änderten sich die Tarife, und andere Regionen waren nun konkurrenzfähiger. Dennoch blieb Pittsburgh bis heute der wichtigste Stahlstandort der USA und eines der wichtigsten Schwerindustriereviere.

Inzwischen liegt ein Schwerpunkt bei der Weiterverarbeitung (Maschinenbau, Fahrzeugbau). Mit dem Apparatebau, der Nuklearindustrie und Kunststoffindustrie haben sich auch neue Branchen in diesem Raum angesiedelt.

Der Süden

Der Großteil des Südens war lange Zeit hauptsächlich agrarwirtschaftlich orientiert. Erste Ansatzpunkte der Industrie waren die Tabak-, Baumwoll- und Holzverarbeitung, wobei meist nur die agrarischen Rohstoffe bearbeitet wurden. Erst im Zweiten Weltkrieg wurde durch die Rüstungsindustrie die Industrialisierung auch in den bis dahin agrarischen Gebieten vorangetrieben. Die Randzonen des Südens (Atlantik- und Golfküste) waren durch **Textilindustrie** bzw. die **Erdölfunde** im Golfbereich schon früher industrialisiert. Seit den 30er Jahren, nach Aufhebung des „Pittsburgh Plus", konnte auch die Schwerindustrie um Birmingham/Alabama, die auf Vorkommen von Erz, Kohle und Kalk basierte, besser Fuß fassen.

Seit etwa 1940 verzeichneten die Staaten des **„Sunbelt"**, damit sind alle Staaten südlich des 37. Breitengrads gemeint, eine kontinuierliche Bevölkerungszunahme durch Zuwanderung aus dem Norden. Mit der Zuwanderung war auch die Schaffung neuer Arbeitsplätze verbunden. Der Nordosten und der Mittelwesten stagnierten. Bei Industrieneuansiedlungen wird von über der Hälfte der Unternehmer der Süden bevorzugt. Dennoch kann nicht von einer grundsätzlichen Verlagerung der Industriestandorte, oder auch nur der Wachstumsindustrien, in den Süden gesprochen werden. In den High-Tech-Branchen liegen die nördlichen Staaten Massachussets, New York, Minnesota, New Jersey und Ohio mit an der Spitze. Auch in bezug auf das Pro-Kopf-Einkommen liegt der klassische Manufacturing Belt immer noch über dem Durchschnitt des Südens.

Florida gehört zu den zur Zeit am stärksten wachsenden Industriereviere in den USA. Die wichtigsten Branchen sind Metall- und Holzverarbeitung, die Nahrungsmittelindustrie und die chemische Industrie.

Ein weiteres Industriezentrum ist der **westliche Golfküstenbereich**. Auf der Basis von Erdöl, Erdgas und Schwefel entwickelte sich eine vielfältige Petrochemie. Entlang des Houston-Ship-Kanals entstand eine bedeutende Industriegasse, in der auch die Stahlindustrie eine wichtige Position einnimmt. Als neue Industrie siedelte sich die Flugzeugindustrie im Raum Dallas an.

Die Pazifikküste

An der Pazifikküste sind drei wichtige Standorte zu unterscheiden: **Südkalifornien, der Raum um San Francisco und der pazifische Nordwesten**. Seit 1906 hatte sich um **San Diego** die Flugzeugindustrie entwickelt. 1913 kam die Filmindustrie in **Hollywood** dazu. Da Kalifornien inzwischen der bevölkerungsreichste Staat der Union war, lohnte sich der Aufbau einer eigenen Industrie für den großen lokalen Markt. Zwischen **Los Angeles** und San Francisco entwickelte sich daher ab 1930 die Stahlindustrie, die durch den Schiffbau während des Zweiten Weltkriegs noch einen zusätzlichen Anstoß erhielt. Als Folgeindustrien siedelten sich die Automobilindustrie und die Dosenherstellung an. Letztere findet reichlich Abnehmer in der intensiven Landwirtschaft und im Fischfang. Bei den Autoherstellern handelt es sich um reine Montagewerke, die Einzelteile aus dem Osten geliefert bekommen. Um den Markt braucht man sich keine Sorgen zu machen, Kalifornien hat den höchsten Motorisierungsgrad der Welt.

Im Santa-Clara-Tal südlich San Francisco, besser bekannt als „**Silicon Valley**", spielt die Elektronikindustrie eine herausragende Rolle. Die Entwicklung ging von den Hochschulabgängern der Stanford-University aus, die entsprechende Forschungsschwerpunkte gesetzt hatte. Seit 1980 ist allerdings wieder eine Tendenz zur Abwanderung zu verzeichnen. Die Gründe liegen u. a. in den hohen Grundstückspreisen und der steigenden Umweltbelastung. Diese Firmen finden bessere Bedingungen z. B. in Phoenix, Tucson, Salt Lake City oder Colorado Springs.

Im **Nordwesten** ist die Bevölkerungskonzentration in den Städten vergleichsweise gering. Traditionelle Industrien sind die Holzverarbeitung, Papier- und Zellstoffindustrie und Konservenfabriken. Der Bau von **Staudämmen**, z. B. des „Grand-Coulee-Dam", schufen in den 40er Jahren die Energiegrundlage für die Aluminiumindustrie und in deren Folge die Flugzeugindustrie. Mit den Boeing-Werken hat der größte Flugzeughersteller der Welt seinen Hauptsitz in Seattle.

Die ehemalige Sowjetunion und die Gemeinschaft Unabhängiger Staaten (GUS)

Die Industrialisierung des Gebiets der heutigen GUS verlief in verschiedenen Etappen, deren Zielrichtung stark von dem jeweils herrschenden politischen System bestimmt und vorgegeben war.

Ab der zweiten Hälfte des 19. Jahrhunderts bis zum Beginn des Ersten Weltkriegs war die Industrie auf nur wenige Gebiete beschränkt. Die Größe des Landes und die schlechten Verkehrsverbindungen verhinderten den Aufbau einer flächendeckenden Industrie. Es gab nur wenig Kapital in den Händen von Privatleuten, die zu Investitionen bereit gewesen wären.

Anders als in England investierte keine vermögende Grundbesitzerschicht ihr in der Landwirtschaft angesammeltes Kapital in industrielle Projekte. Meist mußte der Staat als direkter Investor oder in der Form von Subventionen den Anstoß geben.

Die Entwicklung von Kulturlandschaften an Beispielen

Die Industrie beschränkte sich auf einige wenige Ballungsgebiete bzw. Großstädte:

- **Das Zentrum lag um Moskau**. Aufgrund alter Handwerkertraditionen hatte sich im Raum Moskau eine Textilindustrie entwickelt.
- Die bedeutendste Industriestadt war **St. Petersburg**. Basis war seit den Zeiten Peters des Großen (1689-1725) die Rüstungsindustrie und Werften. Später entwickelte sich auch die Textilindustrie und die Weberei sowie die Verarbeitung importierter Waren (Baumwolle, Tabak, Zucker, Eisen und Kohle).
- Die **Erschließung des Urals** basierte auf seinem Reichtum an Rohstoffen. Für Rüstungszwecke entstanden mehrere Eisenwerke. Nachteilig war jedoch die weite Entfernung zu den Absatzmärkten. Gegen Ende des 19. Jahrhunderts ging die Bedeutung des Standorts drastisch zurück, als die Industrieregionen in der südlichen Ukraine ausgebaut wurden.
- Die ukrainischen Standorte um **Donezk und Krivoj Rog** hatten gegenüber dem Ural große Vorteile.

Es gab in dem Gebiet leicht abbaubare Steinkohlelager sowie hochwertiges Eisen und als weiteren Rohstoff zur Stahlherstellung auch Kalk. Als Arbeitskräfte wurden landlose Bauern oder arbeitslose Wanderarbeiter angeworben. Anders als im Ural, wo den Werken Bauern aus der Umgebung zugewiesen worden waren, die praktisch umsonst arbeiten mußten, handelte es sich nun um besser motivierte Lohnarbeiter.

Die Industrialisierung der Sowjetunion nach dem Ersten Weltkrieg

Mit großem Abstand zu den industrialisierten Ländern des Westens (USA, Deutschland, Großbritannien und Frankreich) rangierte das Land zu Beginn des Ersten Weltkriegs auf Platz fünf. Dennoch konnte man nicht von einem Industrieland sprechen. Immer noch lebten 82% der Bevölkerung auf dem Land, und lediglich 1,5% waren Industriearbeiter.

In den 20er Jahren begann die Planung zur Industrialisierung des ganzen Landes in großem Stil. Die Exploration der Rohstoffe und der Aufbau des Bergbaus und der Industrie wurden vom Staat gezielt organisiert und geleitet, so daß sich die Sowjetunion in der Zwischenkriegszeit zu einem Industriestaat wandelte. Die Schwerpunkte lagen zunächst auf den Energie- und Grundstoffindustrien. Daneben kam auch der Rüstungsindustrie und der Transportindustrie einige Bedeutung zu.

Die Herstellung von Konsumgütern für die Bevölkerung wurde vernachlässigt, was dieser große Opfer abverlangte. Zunächst wurde um 1929 die Industrialisierung des Ural wieder aufgenommen. 1931 entstand das **Ural-Kusnezker-Kombinat**, ein Zusammenschluß zweier Industriereviere, die 2000 Eisenbahnkilometer voneinander entfernt waren, und sich mit ihren Rohstoffen gegenseitig ergänzten. Das **Kusnezker Becken** im südöstlichen Mittelsibirien lieferte hochwertige Steinkohle in den Ural und erhielt dafür im Gegenzug Eisenerz. In beiden Regionen entstand auf diese Art eine ausgedehnte Schwerindustrie.

In die 30er Jahre fiel die Entdeckung reicher **Erdölfelder** im südwestlichen Uralvorland bei der Stadt Ufa. Damit verlor das bis dahin führende Fördergebiet von Baku am Kaspischen Meer gegenüber dem „**Zweiten Baku**", wie die neue Förderregion genannt wurde, immer mehr an Bedeutung. Mit der Entdeckung und Förderung weiterer Rohstoffe stieg die Bedeutung des Ostens für die Wirtschaft der Sowjetunion drastisch an. Um die Industrie im europäischen Teil vor den anrückenden deutschen Truppen zu schützen, wurden während des Zweiten Weltkriegs viele Betriebe in den Ural, nach Westsibirien und nach Kasachstan verlagert, wo sie nach Ende des Krieges auch blieben.

Mit der Industrialisierung war der Ausbau des Eisenbahnnetzes eng verbunden. Die bekannteste Strecke, die **Transsibirische Eisenbahn**, war bereits im letzten Jahrzehnt des 19. Jahrhunderts begonnen und 1916 vollendet worden. Sie verband über etwa 8000 km Wladiwostok am Pazifischen Ozean mit Tscheljabinsk im Ural.

Die bedeutendsten Industrieregionen

1. Das industrielle Zentrum um Moskau
In einem Umkreis von etwa 400 km um Moskau, auf einer Fläche von rund 485 000 km^2, das sind 2% der Landesfläche, leben etwa 11% der Bevölkerung. In diesem Raum erarbeitet die Industrie ungefähr 90% der wirtschaftlichen Produktion, vor allem im Maschinenbau und in der Kfz-Herstellung.

Der bedeutendste Standort ist die Hauptstadt Moskau selbst mit einem breit gefächerten Angebot. Weil Rohstoffe in der Region kaum vorhanden sind, sind die Betriebe auf Importe aus dem Ausland bzw. aus weitentfernten Republiken der Sowjetunion angewiesen.

Wichtigster Industriezweig ist der Maschinenbau, der auf Moskau und die nächste Umgebung konzentriert ist. Ihm folgt die Chemische Industrie, die zwar eine alte Tradition hat (Herstellung von Chemiefarben für die Textilindustrie sowie Braunkohlechemie), aber erst im Zeitalter von Erdöl und Erdgas einen großen Schritt nach vorn machte. Die Textilindustrie, die in diesem Raum einmal führend war, nimmt nun die dritte Position ein. Die Rohstoffe müssen zu 90% aus Mittelasien eingeführt werden.

2. Die südliche Ukraine
Das Gebiet um **Krivoj Rog** und **Donezk** ist der industrielle Kernraum der Ukraine. Die Entwicklung basierte auf den reichen Steinkohle- und Eisenerzvorkommen. Bei Nikopol wird außerdem Manganerz abgebaut. Positiv wirkten sich die guten Verkehrsverbindungen aus. Der Dnepr diente als Verkehrsader wie auch als Energielieferant. Weitere günstige Faktoren sind das agrarisch intensiv genutzte

Umland sowie Vorkommen von Erdöl und Erdgas bei Charkov. In sowjetischer Zeit wurden die Werke der Eisenmetallurgie modernisiert und erweitert. Meist handelt es sich um **vollintergrierte Betriebe**, d.h. Eisen-, Stahl- und Walzwerke sind in einem Betrieb vereinigt. In den 30er Jahren wurden neue Industrieanlagen und weitere Staudämme zur Energieversorgung gebaut. Seit etwa 1950 hat die Chemische Industrie Einzug gehalten, die die Rohstoffe Kohle, Salz und Erdgas verarbeitet.

3. Der Ural

Die Wirtschaftszone des Ural umfaßt etwas über 800 000 km^2 mit etwa 20 Mio. Einwohnern. Da die Region sehr reich an zum Teil leicht erschließbaren Rohstoffen ist, war sie schon relativ früh entwickelt. Nach einem Abflauen zu Beginn des 20. Jahrhunderts erlebte sie einen erneuten Aufschwung unter der Sowjetherrschaft. Der Neuerrichtung des Eisen- und Stahlwalzwerks von **Magnitogorsk** um 1930 folgte der Bau bzw. Umbau vieler anderer Betriebe der Schwerindustrie, z.B. in **Sverdlovsk.** Dort werden Hochöfen und Walzstraßen hergestellt, also Industrieanlagen für andere Regionen. Wichtigster Industriesektor ist die Eisenmetallurgie, die im mittleren Ural auf die Städte Tscheljabinsk, Novotagil, Magnitogorsk und Novotrojck konzentriert ist. Aus den Abfallprodukten der Schwerindustrie werden Stickstoffdünger und chemische Grundstoffe hergestellt. Die Region ist der zweitgrößte Maschinenproduzent und stellt etwa ein Drittel der Roheisen- und Stahlprodukte der Sowjetunion her. Sie war außerdem eines der Zentren der Rüstungsindustrie. Auch mit Edel- und Buntmetallen (Gold, Platin, Kupfer, Nickel, Magnesium) ist der Ural gut ausgestattet. Desweiteren werden Asbest, Kalium- und Natriumsalze abgebaut. Die Energie liefern neben der Steinkohle die Erdölreviere bei Perm und Ufa.

4. Westsibirien

Der als Westsibirien bezeichnete Raum erstreckt sich zwischen dem Ural im Westen und dem Fluß Jenissei im Osten. Seine Fläche beträgt 2,4 Mio. km^2. Das Gebiet ist damit etwa halb so groß wie Europa ohne die Sowjetunion. Das Zentrum ist das **Westsibirische Tiefland**, eine Tafel- und Plateaulandschaft, die von 300 m Höhe im Süden flach nach Norden zum Nordpolarmeer abfällt. An Westsibirien lassen sich gut die Schwierigkeiten darstellen, die sich einer Erschließung des polaren und subpolaren Raums entgegenstellen. Die Probleme hängen in erster Linie mit dem Klima zusammen.

> Typisch sind lange, kalte Winter (sechs bis acht Monate) und im Norden kühlfeuchte Sommer. Als Folge dieser Verhältnisse ist der Untergrund in einigen Gebieten tief gefroren. Stellenweise dringt der **„Permafrost"** bis in 46° nördlicher Breite nach Süden vor.

Das entspricht in Mitteleuropa etwa der Breitenlage Mailands und Venedigs. Im Sommer taut der Oberboden auf. Da das Wasser aber nicht versickern kann und wegen der kühlen Temperaturen auch nicht verdunstet, sind bis zu 80% der Gebiete im Sommer versumpft. Auch die Flüsse entwässern das Land aufgrund ihres geringen Gefälles kaum. Daß dennoch versucht wird, den Norden bergbaulich zu erschließen, liegt an seinem **Reichtum an Bodenschätzen**. In der Tundra wurden große **Erdgasfelder** entdeckt, die inzwischen auch ausgebeutet werden. Ihr Anteil an den Gesamtreserven beträgt etwa 80–85%. Vergleichbar riesige **Erdölfelder** liegen unter der Sumpfwaldzone im Zentrum. Am mittleren Ob entstand um die Städte Surgut und Samotlor das **„Dritte Baku"** mit ungefähr 80–85% aller Erdölreserven. Die Entdeckung dieser Felder in den 50er und 60er Jahren leitete die flächenhafte Erschließung der Tundra und des Sumpfwaldes ein. 1986 wurden hier etwa 60% des russischen Erdgases gefördert, was 22% der Weltförderung entsprach. Seit 1984 besteht eine direkte Pipelineverbindung nach Mitteleuropa in die EG-Staaten.

Im **Becken von Kusnezk**, das ebenfalls noch zu Westsibirien zu rechnen ist, werden neben der schon erwähnten Steinkohle auch Eisenerzvorkommen ausgebeutet. Der Altai und das Sajangebirge sind reich an Kupfer-, Zink-, Blei- und Silbererzen.

> Die Versorgung mit Arbeitskräften in diesem abweisenden Gebiet versuchte man dadurch zu lösen, daß man besondere Anreize schuf. Diese bestehen hauptsächlich in einer höheren Entlohnung, in Vergünstigungen beim Wohnungsbau oder einer großzügigen Urlaubsregelung.

Dennoch ist die Fluktuation in den nördlichen Revieren sehr hoch. In Surgut bleiben die Arbeiter im Durchschnitt maximal ein Jahr.

Die Lage der Industrie nach Auflösung der Sowjetunion

1990 betrug der Anteil der Industrie am Bruttoinlandsprodukt der GUS-Staaten etwa 55%. Etwa 33% der Erwerbstätigen waren in der Industrie beschäftigt. Wie in der Landwirtschaft ging auch in der Industrie die Produktion in den letzten Jahren zurück. Zwischen 1989 und 1990 betrug dieser Rückgang 1,1%. Die Erdölförderung fiel auf das Volumen von 1987, und auch die Kohleförderung verringerte sich beträchtlich. Dies wirkte sich nicht nur auf das Förderland Rußland selbst aus, sondern auch auf die anderen selbständigen Republiken, die in der Energie- und Rohstoffversorgung größtenteils auf Rußland angewiesen sind. Die Ineffizienz des alten Systems wurde erst nach der Öffnung zum Westen auffallend deutlich. Die schlechte Lage der Industrie wird verursacht durch

- eine ineffektive Bürokratie in den betreffenden Ministerien;
- einen hohen personellen Überbesatz der Betriebe;
- schlechte Arbeitsmoral;
- Verschwendung von Energie und Arbeitsmaterialien aufgrund schlechter Ausrüstung;
- schlechte Ausstattung mit modernen Maschinen.

Die Entwicklung von Kulturlandschaften an Beispielen

Vor allem bei der Förderung und dem Transport von Erdöl kommt es zu großen Ausfällen und Verlusten, da die Produktionsanlagen veraltet und verschlissen sind. Obwohl die Republiken stark aufeinander angewiesen sind und bei der Versorgung hauptsächlich von Rußland abhängen, lösen sich die Wirtschaftsbeziehungen untereinander immer mehr auf. Lediglich die Ukraine und Kasachstan verfügen über eine nennenswerte eigene Rohstoffbasis. Auch innerhalb der Russischen Föderation werden Autonomiebewegungen und Forderungen nach Selbständigkeit immer lauter und häufiger.

Die Umweltverschmutzung als Folge der Industrialisierung

Nach dem Sturz des alten Systems wurden die negativen Folgen der Industrialisierung auf große Teile vor allem des Urals und Sibiriens in ihren enormen Ausmaßen im Westen bekannt. Weite Teile des Landes sind, nicht nur nach westlichen Vorstellungen, aufgrund der Verschmutzung eigentlich unbewohnbar und müßten zu Katastrophengebieten erklärt werden. **Radioaktive Abfälle** verschmutzen das Nordpolarmeer. Die Fische in der Wolga enthalten hohe Mengen **Quecksilber** und sind völlig mit **Pestiziden** verseucht. Laut einer Meldung der „Prawda" ist die Stadt Ufa aufgrund der Industrieabgase praktisch unbewohnbar. In den Industriestädten des mittleren Ural nehmen Haut- und Lungenerkrankungen bei Kindern drastisch zu.
Ähnliches gilt für die Industrieregion des Kusnezker Beckens, wo z.B. in Novokusnezk die Stahl- und Aluminiumwerke pro Einwohner jährlich 2 t Gift produzieren. Der **Raubbau an den Wäldern Westsibiriens**, an dem sich in Zukunft auch westeuropäische Firmen beteiligen sollen, nimmt immer größere Ausmaße an. Jährlich werden 25 000 km^2 Wald vernichtet, wobei mitunter bis zu 50% des Holzes verrotten.
Schlechtes Material ist der Grund dafür, daß jährlich bis zu 15 Mio. t Erdöl aus den Pipelines die Seen und Sümpfe Sibiriens verseuchen. Nach Schätzungen müßten eigentlich 16% der früheren Sowjetunion zu Notstandsgebieten erklärt werden. Einer Lösung der Probleme steht jedoch der Zwang nach weiterer Produktion entgegen. Dies zeigt sich deutlich am Einsatz der Kernkraft. Trotz des bekannt schlechten Sicherheitsstandards werden die Kernkraftwerke nicht stillgelegt, da die Wirtschaft sonst wegen Energiemangel regional zusammenbrechen würde.

Japan

Im Verlauf dreier Generationen machte Japan den Aufstieg vom Feudalstaat zu einer der führenden Wirtschaftsmächte der Welt durch. Erst im letzten Drittel des 19. Jahrhunderts öffnete sich das Land gegenüber Nordamerika und Europa und legte die Grundlagen für eine Modernisierung der gewerblichen Wirtschaft. 1990 steht Japan neben den USA und Deutschland an der Spitze der Industrienationen und besetzt in vielen Sektoren der Industrieproduktion vordere Positio-

nen: in der Stahlerzeugung, im Kfz-Bau, im Schiffbau, in der Optik und der Feinmechanik, in Elektrotechnik und Elektronik.
Von der Naturausstattung her wäre diese Position allerdings nicht zu erwarten. Die 2600 km lange Inselkette besteht zu einem großen Teil aus schroffem Gebirge mit extremen Klimagegensätzen. Fast drei Viertel des Landes bestehen aus Hängen mit mehr als 15% Neigung. Der Landwirtschaft und der Besiedlung stehen nur etwa 16% der Landesfläche zur Verfügung.
Rohstoffe sind fast keine vorhanden. Die wenigen Steinkohlezechen sind inzwischen stillgelegt bzw. stehen kurz davor. Der größte Teil der Energierohstoffe, etwa vier Fünftel des Primärenergiebedarfs, muß eingeführt werden. An eigenen Potentialen stehen Wasserkraft, Erdwärme, Solarenergie und Kernkraft zur Verfügung. Der Mangel auch an anderen mineralischen Rohstoffen und damit die Abhängigkeit von anderen Ländern hat zur Folge, daß Japan sich durch **Direktinvestitionen** im Ausland die Rohstoffversorgung sichert. Solche Investitionen kommen in Australien, Kanada, Südamerika oder Indonesien dem Bergbau nach Metallerzen, Steinkohle, Bauxit oder Erdöl und Erdgas zugute.

> Von den wichtigsten Rohstoffen werden Eisenerz zu 98% und Kokskohle zu 86% importiert. Nickel und Bauxit müssen zu 100% eingeführt werden, Stahlveredler und Nichteisenmetalle zu 80–90%.

Die industrielle Entwicklung setzte gegenüber Großbritannien und Deutschland seit 1870 mit einigen Jahren Verzögerung ein, die einzelnen Entwicklungsstufen waren aber auch kürzer.
In der frühesten Phase lag der Produktionsschwerpunkt auf der **Seidenspinnerei** in den ländlichen Räumen, die zwischen 1870 und 1910 30% des Exports ausmachte. Mit den Devisen wurde die Einfuhr von Kapitalgütern finanziert. Dieser „**Aufstiegsstufe**" folgte ab etwa 1900 der **Ausbau der Industrie**. Er war in erster Linie ausgerichtet auf Schiffbau und Schwerindustrie unter dem Gesichtspunkt der Aufrüstung. Die Standorte, oftmals Werften, lagen vielfach im Küstenbereich. In dieser Zeit wurde der Grundstock für die moderne Industrialisierung gelegt. Die Industriestädte wuchsen durch Zuwanderung aus den ländlichen Räumen, und es entstanden zahlreiche kleinere Zulieferbetriebe. Um 1940 setzte die technische Weiterentwicklung, die Differenzierung und ein Breitenwachstum ein. Davon betroffene Industrien waren die Produktionsgüterindustrie, Rüstungsgüter, Öl- und Chemieprodukte, Kunststoffe und Chemiefasern.

> Die plötzliche Entfaltung der Produktion industrieller Konsum- und Ausstattungsgüter ab 1955 brachte Japan neben die Industriestaaten des Westens an die Weltspitze. Außer der Elektroindustrie, der Fahrzeugindustrie, der Maschinenindustrie sowie der Herstellung von Präzisionsgeräten entwickelte sich auch die Schwerindustrie und die Großchemie.

Die Entwicklung von Kulturlandschaften an Beispielen

Die Industriestandorte

Aufgrund der landschaftlichen Gegebenheiten liegen heute alle modernen Industrieanlagen an der Küste. Sie konzentrieren sich auf die Südküste der Hauptinsel Honshu und den Nordteil der südlichen Insel Kyushu. Tokyo im Norden und Fukuoka im Süden bilden die Eckpunkte dieser Industrieregion. Durch den Anstieg der Bodenpreise im Bereich der Großstädte hat man sich bei der Neugründung von Firmen z.B. in der Bucht von Tokyo oder Osaka darauf verlegt, **Neuland durch Aufschüttungen** im Meer zu gewinnen. Bei entsprechender Wassertiefe haben diese Betriebe somit direkten Anschluß an die Seeschiffahrt, die einen wichtigen Faktor beim Transport von Massengütern darstellt.

> In den Regionen Tokyo, Osaka und Nagoya entstanden auf diese Weise seit den 50er Jahren etwa 800 km^2 Neuland. Das Neulandgebiet in der Bucht von Tokyo umfaßt ungefähr 200 km^2 und wird hauptsächlich schwerindustriell genutzt. 1989 befanden sich dort 13 Erdölraffinerien, sechs Petrochemie-Komplexe, drei Komplexe der Eisen- und Stahlindustrie sowie 18 Wärmekraftwerke.

Der Industriegürtel zwischen Tokyo und Fukuoka läßt sich in verschiedene Unterregionen gliedern. Im Raum Tokyo-Yokohama leben etwa 23% der Bevölkerung und werden etwa ein Drittel des Industrie-Umsatzes erzielt. Elektrotechnik und Fahrzeugbau dominieren. Auch in der Chemie und im Maschinenbau nimmt die Region eine Spitzenstellung ein. In **Kobe** und **Kyoto** bilden Elektrotechnik und Fahrzeugbau die Grundlagen. Die Bedeutung dieses Industrieraums ist jedoch gegenüber Tokyo in den letzten Jahren zurückgegangen. In **Osaka** sind Eisen- und Stahlindustrie, Eisen- und Metallverarbeitung sowie die Textilindustrie die bedeutendsten Zweige. Um **Nagoya** dominieren Fahrzeugbau, Textilindustrie, Maschinenbau und Keramik. Eisen- und Stahlherstellung und die chemische Industrie sind auf den Bereich **Fukuoka-Kashima** in Nordkyushu konzentriert.
Der **Strukturwandel** in der Industrie läßt sich an einigen Produkten beispielhaft darstellen.

> 1955 lag der Anteil der Textilindustrie an der Ausfuhr noch bei 37%, 1986 nur noch bei 3,3%. Umgekehrt stieg der Anteil der Elektrogeräte zwischen 1965 und 1986 von 9,2 auf 17%, bei Fahrzeugen von 14,7 auf 28,5%, bei Präzisionsgeräten von 3,9 auf 10,4%.

Japan war auch 1990 einer der Motoren der weltwirtschaftlichen Konjunktur. Das Bruttosozialprodukt stieg gegenüber 1989 um 5,8%, was eine der höchsten Steigerungsraten unter den Industrieländern war. Mit nur 2,5% Arbeitslosen herrschte praktisch Vollbeschäftigung. Die industriellen Kapazitäten waren ausgelastet. Neben der Bundesrepublik Deutschland hatte Japan den höchsten Außenhandelsüberschuß, obwohl dieser gegenüber dem Vorjahr um über 10 Mrd. $ zurückgegangen war. Dieser Rückgang war bedingt durch die zunehmende Einfuhr von

Konsum- und Investitionsgütern aufgrund einer gesteigerten Inlandsnachfrage. Unter dem Druck der USA und der EG, die sich beim Handel mit Japan benachteiligt fühlen, hat die japanische Industrie sich verpflichtet, sich beim Export in diese Länder etwas einzuschränken, um die entsprechende Handelsbilanz ausgeglichener zu gestalten. Dazu sind auch Erleichterungen bei der Einfuhr von Waren aus den USA und der EG zu zählen. Von den USA werden diese Maßnahmen allerdings noch nicht als ausreichend angesehen. Vor allem die amerikanischen Pkw-Hersteller sind durch die japanischen Exporte schwer unter Druck geraten.

> Die wichtigsten Exportgüter waren 1990 elektrotechnische und elektronische Geräte, Maschinen, Kraftfahrzeuge, Fotoapparate, Uhren sowie Eisen und Stahl. Importiert wurden vor allem Rohöl, Kohle, Metalle und andere Rohstoffe, Nahrungsmittel, Maschinen und Chemikalien.

Infolge der starken Konzentration von Menschen und Industrien auf engem Raum hatte die Bevölkerung schon sehr früh unter der Belastung durch Schadstoffe zu leiden. In den Städten spielten neben der Luft- und Wasserverschmutzung durch die Industrie auch die Umweltverschmutzung durch Autoabgase, Heizung und Müllentsorgung eine große Rolle. Um die Probleme in den Griff zu bekommen, wurde bereits 1970 das **Nationale Umweltamt** gegründet. Schon vier Jahre zuvor war ein erstes Umweltgesetz in Kraft getreten. Seit 1974 erhalten Personen, die an gesetzlich anerkannten Umweltkrankheiten leiden und längere Zeit im betreffenden Gebiet gewohnt haben, finanzielle und medizinische Entschädigung. Um Umweltverschmutzung zu vermeiden, werden seit 1970 **Umweltmeßsysteme** beständig ausgebaut. Jeder Bürger kann seit 1984 von der Umweltbehörde Daten über den Schadstoffausstoß einzelner Betriebe erhalten.

Nicht nur der Staat kümmert sich um den Schadstoffausstoß der Industriebetriebe. Immer mehr Städte erlassen **Schadstoffverordnungen**, die oftmals weit über die gesetzlichen Vorgaben hinausgehen. Auch Bürgergruppen haben in zahlreichen Fällen **Umweltschutzvereinbarungen** mit Industrie- und Gewerbebetrieben abgeschlossen.

Die Belastung der Luft mit Schwefeldioxid ging so seit 1968 auf ein Fünftel des Ursprungswerts zurück. Stickoxide, die vor allem durch den ständig steigenden Pkw-Verkehr entstehen, konnten allerdings nicht in entsprechendem Ausmaß verringert werden.

Deutschland

Nach dem Aufschwung der Industrie in Großbritannien im 18. Jahrhundert erreichte die neue Wirtschaftsform zu Beginn des 19. Jahrhunderts über Frankreich und Belgien auch Deutschland. In Deutschland fand die Industrie in dem bereits bestehenden Gewerbe und den Handwerksbetrieben der Städte oder der Mittelgebirge gute Bedingungen vor. Die Phase des entscheidenden Aufschwungs wurde aber erst um die Mitte des 19. Jahrhunderts erreicht, als die Grundstoff-

und Schwerindustrie mit der Massenproduktion begannen. Dabei beeinflußten sich der Steinkohleabbau, die Eisenproduktion und die Vergrößerung des Eisenbahnnetzes gegenseitig.

> 1860 wurden in Deutschland rund 17 Mio. t Steinkohle gefördert, 529 000 t Roheisen erzeugt, und die Streckenlänge der Eisenbahn betrug etwa 11 000 km. 20 Jahre später hatte sich die Produktion vervielfacht: 1880 erreichte die Steinkohleförderung fast 50 Mio. t, es wurden annähernd 3 Mio. t Eisenerz produziert, und das Eisenbahnnetz erstreckte sich auf über 33 000 km.

Um die Jahrhundertwende hatte sich in Deutschland eine Industriestruktur herausgebildet, wie sie auch noch um die Mitte des 20. Jahrhunderts bestand. Die **Grundstoffindustrien** (Steinkohle, Eisenerz) konzentrierten sich auf die Standorte in den Kohlerevieren Oberschlesiens, des Ruhrgebiets, des Saarlands und des Aachener Raums. Die **Investitionsgüter**- und **Verbrauchsgüterindustrie** war hauptsächlich in Städten mit guten Verkehrsverbindungen zu finden. **Leichtindustriezweige**, die nicht auf eine große Grundstoffbasis angewiesen waren, lagen verhältnismäßig gestreut, z. B. in den Mittelgebirgen Württembergs, im Bergischen Land oder im Erzgebirge.

In den folgenden Jahrzehnten änderten sich diese Strukturen z. T. durch Krisen, die eine Konzentration oder Spezialisierung der Betriebe verlangten, oder durch die Entwicklung immer höherwertiger Produkte und neuer Industriezweige. Schutzzollpolitik, das Aufkommen der amerikanischen Konkurrenz oder, in jüngerer Zeit, die Konkurrenz der Billiglohnländer Ost- und Südostasiens veränderten die Struktur der deutschen Industrielandschaft nachhaltig. Die Industrie weitete sich auf neue Tätigkeitsfelder und neue Produkte aus, z. B. auf den Maschinenbau, die Großchemie oder die Elektrotechnik. Die Spezialisierung hatte auch zur Folge, daß die räumliche Anbindung an die Rohstoffbasis (Eisenerz) oder an den Energieträger Kohle nicht mehr so wichtig war. So konnte sich die Produktion über das gesamte Land ausbreiten.

Nach dem Zweiten Weltkrieg fand eine erneute Umgestaltung statt. Die Großchemie, vor allem die Kunststofferzeugung, die Automobilindustrie mit ihren Zulieferern und die Gebrauchsgüterindustrie erlebten einen bedeutenden Aufschwung. Eine wichtige Unterstützung fand der Wiederaufbau Deutschlands im **„European Recovery Program"** (ERP, Marshall-Plan), das von den Amerikanern ins Leben gerufen worden war.

1950 stand die Textilindustrie nach ihrer Beschäftigungszahl an erster, nach Umsatz an zweiter Stelle in der Rangliste der Industriezweige. 1986 lag sie auf dem siebten bzw. neunten Platz. Ähnlich verlief die Entwicklung im Bergbau, wo durch Mechanisierung und Rationalisierung der Anteil der Beschäftigten und der Anteil am Umsatz stetig zurückgingen.

1989 beschäftigten die Elektrotechnik und der Maschinenbau mit Abstand die meisten Arbeitnehmer. Den größten Umsatz erwirtschaftete der Automobilbau, vor der Chemie, dem Maschinenbau und der Elektrotechnik. Der Strukturwandel traf die verschiedenen Regionen unterschiedlich hart. In Nordrhein-Westfalen und im Saarland waren der Bergbau und die Grundstoffindustrie besonders stark vertreten. In diesen Ländern sank der Anteil an den Industriebeschäftigten der Bundesrepublik zwischen 1952 und 1986 von 40,8% auf 29,8%. Vor allem die südlichen Bundesländer Baden-Württemberg und Bayern haben ihren Anteil an der Zahl der Industriebeschäftigten und am Umsatz steigern können. Das führende Bundesland in bezug auf Industrie ist aber weiterhin mit großem Abstand Nordrhein-Westfalen, wo etwa 30% der deutschen Industriearbeiter leben und fast ein Drittel der industriellen Produktion erzeugt wird.

Die wichtigsten Industriezweige

1. Textil- und Bekleidungsindustrie
Das Textilgewerbe gehörte auch in Deutschland in den Anfängen der Industriellen Revolution zu den entscheidenden Impulsgebern. Von ihm wurden sowohl die Chemie als auch die Maschinenindustrie stark beeinflußt. Die Ursprünge lagen im westlichen Rheinland, in Schwaben und in Sachsen. Bis Anfang der 50er Jahre des 20. Jahrhunderts war die Textilindustrie in Deutschland der wichtigste Arbeitgeber.

> Seit 1950 nimmt die Zahl der Beschäftigten, bedingt durch Mechanisierung und Automatisierung, jedoch ab. Diese Umstrukturierung war in erster Linie eine Folge der Konkurrenz aus sogenannten Niedriglohnländern, in denen zu wesentlich günstigeren Kosten produziert werden konnte.

Inzwischen ist Deutschland eines der bedeutendsten Einfuhrländer für Textilien, allerdings nicht, was hochwertige und spezialisierte Artikel, z.B. synthetische Halbwaren (Gardinenstoffe und Vorerzeugnisse) betrifft. In diesen Bereichen hat Deutschland auch einen relativ großen Exportanteil. Die Textilindustrie konzentriert sich auf Baden-Württemberg, Nordrhein-Westfalen und Bayern. In diesen Ländern sind etwa 80% aller Beschäftigten zu finden.

2. Schwerindustrie
Wie die Textilindustrie hat auch die Schwerindustrie oder eisenschaffende Industrie durch Umstrukturierungen viele Arbeitsplätze eingebüßt. Zwar waren die ursprünglichen Standorte bestimmt durch das Vorkommen von Eisenerz, z.B. im Siegerland, doch mit der großindustriellen Produktion ab der Mitte des 19. Jahrhunderts wurde der Kohlestandort maßgebend. Schwerpunkt dieser Industrie wurde das Rheinisch-Westfälische Revier oder „**Ruhrgebiet**", wohin das Eisenerz entweder auf dem Wasserweg oder per Eisenbahn eingeführt werden konnte. Ein zweiter Schwerpunkt bildete sich im **Saarland**, wo ebenfalls die Steinkohle standortbestimmend war. In den 50er Jahren waren etwa 80% der Produktion an Roheisen, Rohstahl oder Walzprodukten auf diese beiden Reviere konzentriert. Mit der schwindenden Bedeutung der Kohle bei der Verhüttung wurden auch andere Standorte interessant. Da die Erze und auch billigere Kohle importiert wurden, wur-

Die Entwicklung von Kulturlandschaften an Beispielen

den einige Werke oder Teile von Firmen an die Küste (Bremen, Hamburg) verlagert. Dennoch – die Hauptstandorte liegen weiterhin im Ruhrgebiet. Allerdings nicht mehr im Zentrum sondern eher am Rand, wo der Raum **Duisburg** mit seinem großen Binnenhafen die besten Voraussetzungen aufweist. Weitere wichtige Standorte sind Dortmund sowie Dillingen und Völklingen im Saarland.

Trotz des Produktionsrückgangs steht die Bundesrepublik in der EG bei der Eisen- und Stahlproduktion an der Spitze, vor den Ländern Frankreich, Großbritannien und Italien.

3. Maschinen- und Fahrzeugbau

Sowohl der Maschinen- als auch der Fahrzeugbau gehören zu den wichtigsten Industriezweigen in Deutschland, vor allem, was den Export betrifft.

> 1989 waren in der Bundesrepublik im Maschinenbau rund 1 Mio. Arbeitnehmer beschäftigt, im Automobilbau 865 000. Der Anteil am Weltexport betrug 1988 bei Werkzeugmaschinen und Robotern 22,3 %.

Im Straßenfahrzeugbau stiegen zwischen 1976 und 1986 die Umsätze um 104 %, im Maschinenbau immerhin um 64 %.

Die wichtigsten Produkte waren 1990 Werkzeug-, Druck-, Papier-, Textil- und Kunststoffmaschinen, außerdem landwirtschaftliche Maschinen und Baumaschinen.

Als Standortfaktor spielt für den Maschinenbau die Rohstoffbasis kaum eine Rolle, entscheidend ist der Arbeitsmarkt, da für Entwicklung, Konstruktion und Produktion gut ausgebildete Arbeitskräfte zur Verfügung stehen müssen. Aus diesem Grund haben auch die traditionellen Industriestaaten ihren hohen internationalen Anteil halten können.

Auch bei der Kraftfahrzeugindustrie ist der Anteil, der in den Export geht, sehr hoch. Von den 1990 produzierten 4,6 Mio. Pkw gingen 2,7 Mio. in den Export, das entspricht fast einem Anteil von 60 %.

4. Elektrotechnische Industrie

Die elektrotechnische Industrie nahm in den letzten beiden Jahrzehnten des 19. Jahrhunderts einen enormen Aufschwung. Zentrum wurde Berlin, wo sich die wichtigsten Betriebe wie Siemens, AEG oder Telefunken niederließen. Nach dem Zweiten Weltkrieg verlagerte sich die Produktion mehr und mehr in den süddeutschen Raum, wie etwa nach Nürnberg, Stuttgart und München. In der Produktion der Unterhaltungselektronik (Fernseher, Video-, Rundfunkgeräte) haben allerdings schon seit längerer Zeit die ostasiatischen und südostasiatischen Staaten den Markt zum größten Teil übernommen.

In Deutschland sind am Umsatz gemessen die wichtigsten Produktbereiche die Energietechnik, die EDV, Meß-, Regel- und Automatisierungstechnik, die Nachrichtentechnik, die Herstellung von Hausgeräten und Bauelementen.

Fortsetzung auf Seite 145

Vulkanismus, Erdbeben

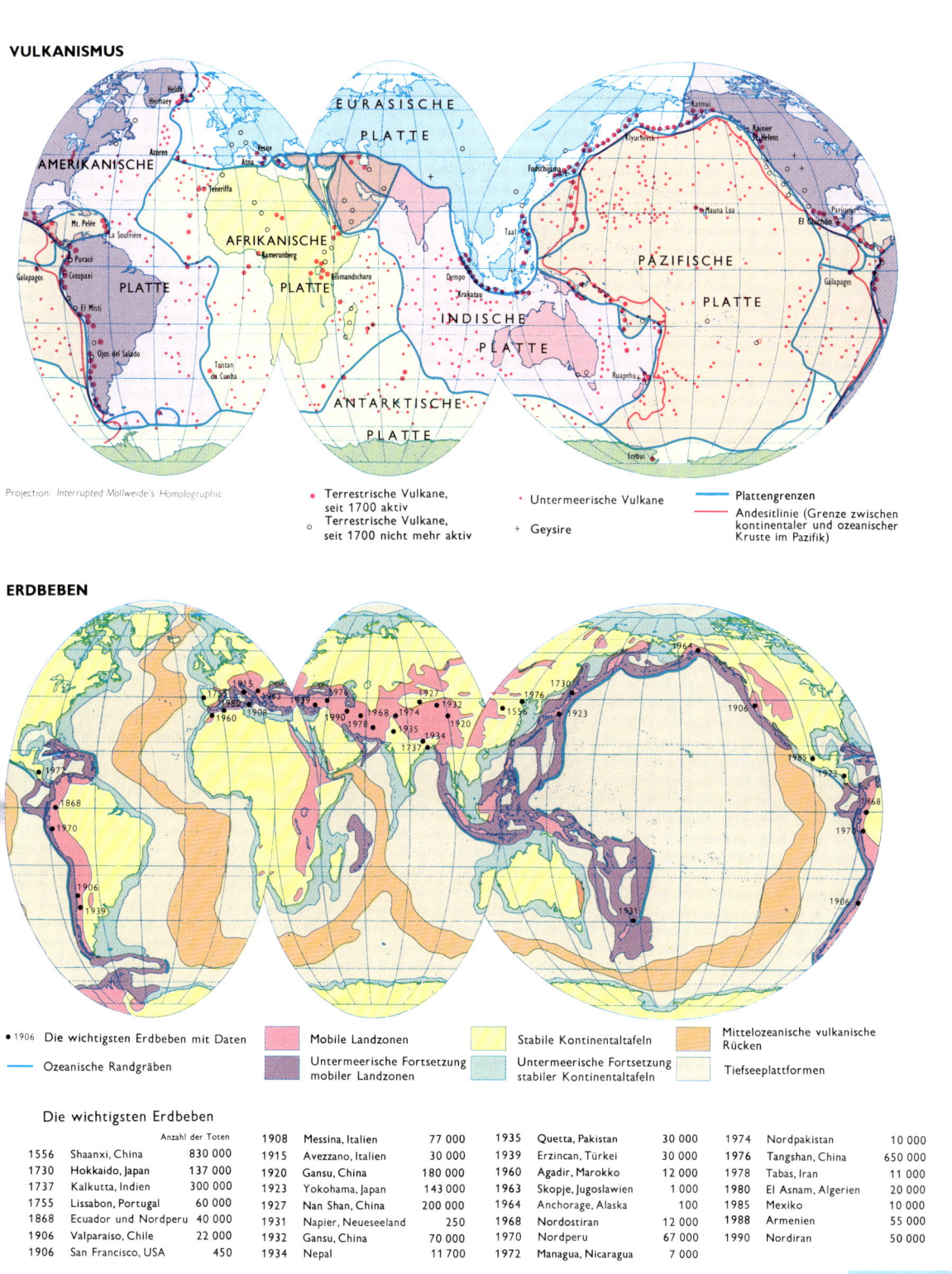

VULKANISMUS

- ● Terrestrische Vulkane, seit 1700 aktiv
- ○ Terrestrische Vulkane, seit 1700 nicht mehr aktiv
- ∗ Untermeerische Vulkane
- + Geysire
- ── Plattengrenzen
- ── Andesitlinie (Grenze zwischen kontinentaler und ozeanischer Kruste im Pazifik)

Projection: Interrupted Mollweide's Homolographic

ERDBEBEN

- ● 1906 Die wichtigsten Erdbeben mit Daten
- ── Ozeanische Randgräben
- Mobile Landzonen
- Untermeerische Fortsetzung mobiler Landzonen
- Stabile Kontinentaltafeln
- Untermeerische Fortsetzung stabiler Kontinentaltafeln
- Mittelozeanische vulkanische Rücken
- Tiefseeplattformen

Die wichtigsten Erdbeben

Jahr	Ort	Anzahl der Toten
1556	Shaanxi, China	830 000
1730	Hokkaido, Japan	137 000
1737	Kalkutta, Indien	300 000
1755	Lissabon, Portugal	60 000
1868	Ecuador und Nordperu	40 000
1906	Valparaiso, Chile	22 000
1906	San Francisco, USA	450
1908	Messina, Italien	77 000
1915	Avezzano, Italien	30 000
1920	Gansu, China	180 000
1923	Yokohama, Japan	143 000
1927	Nan Shan, China	200 000
1931	Napier, Neuseeland	250
1932	Gansu, China	70 000
1934	Nepal	11 700
1935	Quetta, Pakistan	30 000
1939	Erzincan, Türkei	30 000
1960	Agadir, Marokko	12 000
1963	Skopje, Jugoslawien	1 000
1964	Anchorage, Alaska	100
1968	Nordostiran	12 000
1970	Nordperu	67 000
1972	Managua, Nicaragua	7 000
1974	Nordpakistan	10 000
1976	Tangshan, China	650 000
1978	Tabas, Iran	11 000
1980	El Asnam, Algerien	20 000
1985	Mexiko	10 000
1988	Armenien	55 000
1990	Nordiran	50 000

Struktur der Erdoberfläche

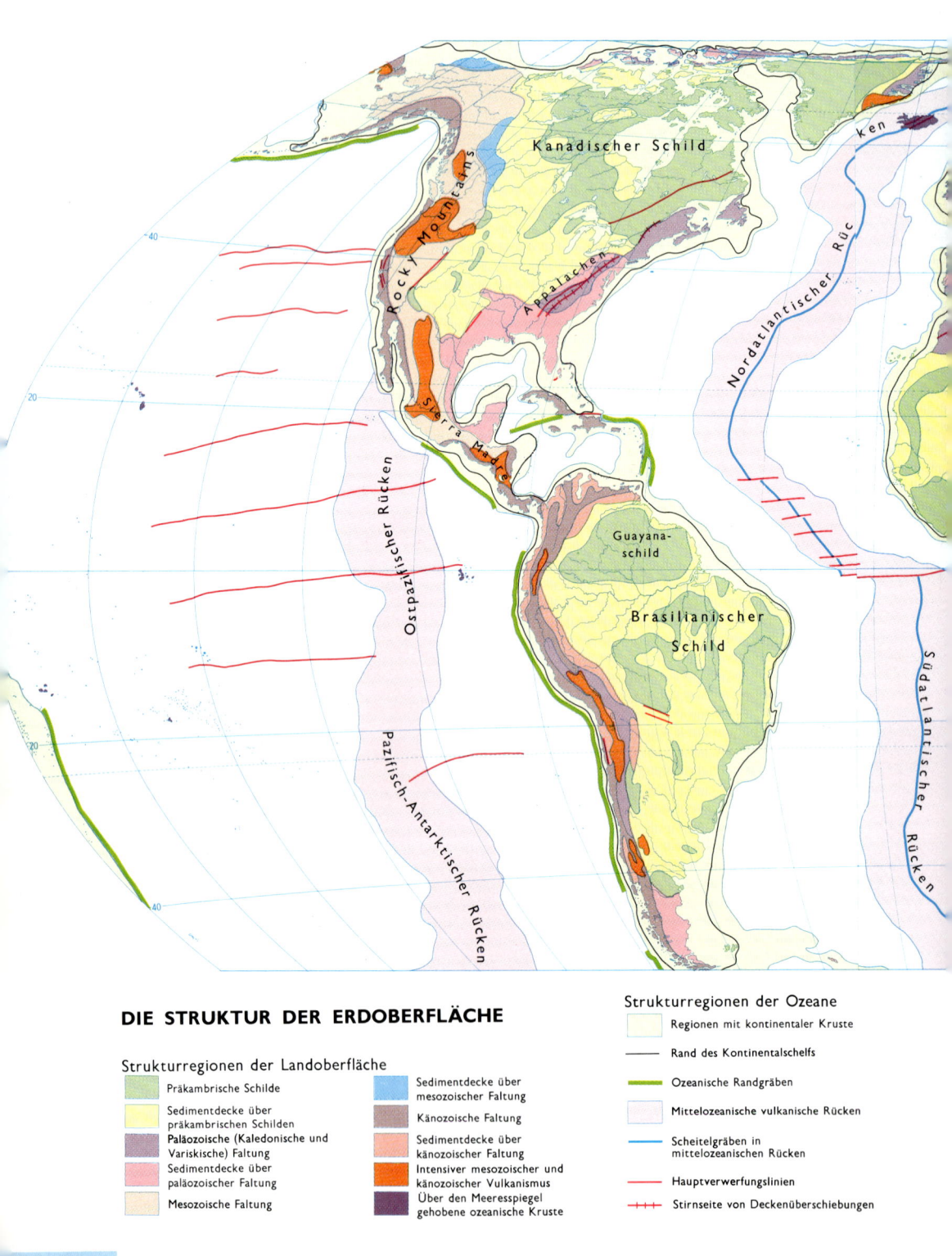

DIE STRUKTUR DER ERDOBERFLÄCHE

Strukturregionen der Landoberfläche

- Präkambrische Schilde
- Sedimentdecke über präkambrischen Schilden
- **Paläozoische (Kaledonische und Variskische) Faltung**
- Sedimentdecke über paläozoischer Faltung
- Mesozoische Faltung
- Sedimentdecke über mesozoischer Faltung
- Känozoische Faltung
- Sedimentdecke über känozoischer Faltung
- Intensiver mesozoischer und känozoischer Vulkanismus
- Über den Meeresspiegel gehobene ozeanische Kruste

Strukturregionen der Ozeane

- Regionen mit kontinentaler Kruste
- Rand des Kontinentalschelfs
- Ozeanische Randgräben
- Mittelozeanische vulkanische Rücken
- Scheitelgräben in mittelozeanischen Rücken
- Hauptverwerfungslinien
- Stirnseite von Deckenüberschiebungen

Struktur der Erdoberfläche

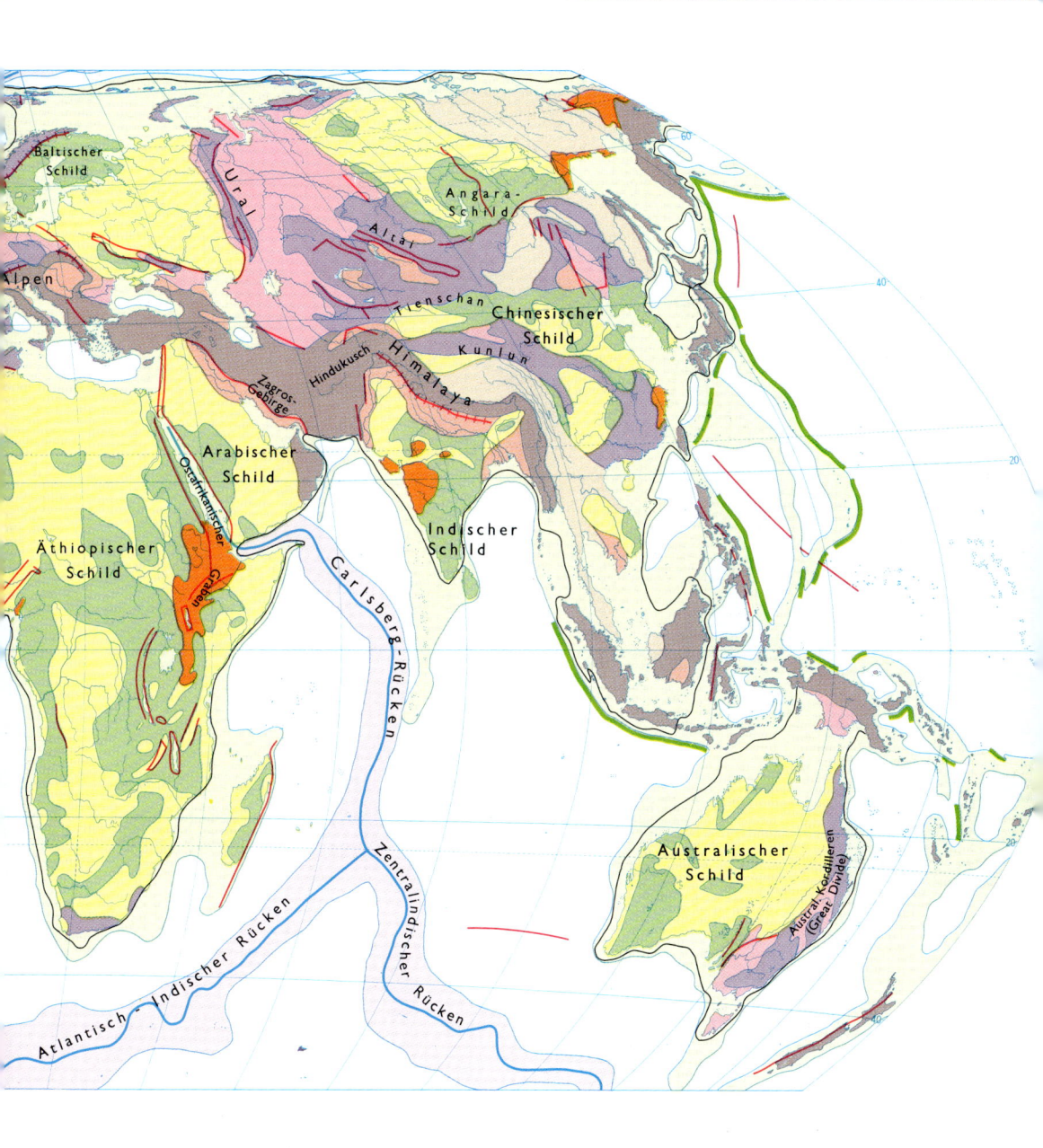

Vegetationszonen

Vegetationszonen der Erde

Legende:
- Hochsteppe
- Tundra und Kältesteppe
- Gebirgsvegetation
- Vegetation der Überschwemmungsgebiete
- Mediterrane Vegetation
- Mangrove
- Feuchtsavanne
- Trockensavanne
- Prärie
- Steppe
- Halbwüste
- Wüste
- Borealer Nadelwald
- Mischwald
- Sommergrüner Laubwald
- Subtropischer Wald
- Tropischer Wald
- Tropischer Regenwald

Maßstab 1:120 000 000

Klimazonen

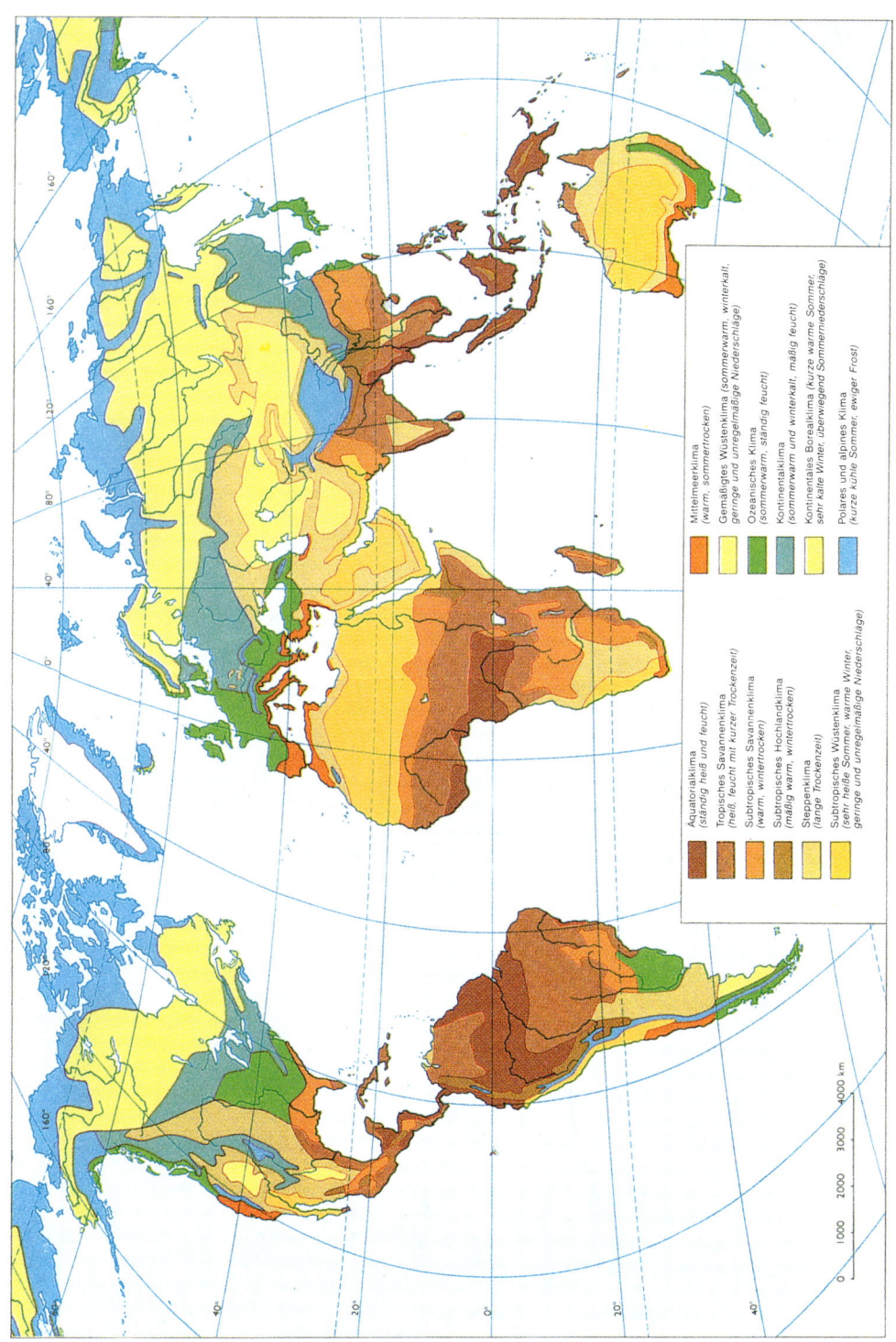

Äquatorialklima (ständig heiß und feucht)
Tropisches Savannenklima (heiß, feucht mit kurzer Trockenzeit)
Subtropisches Savannenklima (warm, wintertrocken)
Subtropisches Hochlandklima (mäßig warm, wintertrocken)
Steppenklima (lange Trockenzeit)
Subtropisches Wüstenklima (sehr heiße Sommer, warme Winter, geringe und unregelmäßige Niederschläge)
Mittelmeerklima (warm, sommertrocken)
Gemäßigtes Wüstenklima (sommerwarm, winterkalt, geringe und unregelmäßige Niederschläge)
Ozeanisches Klima (sommerwarm, ständig feucht)
Kontinentalklima (sommerwarm und winterkalt, mäßig feucht)
Kontinentales Borealklima (kurze warme Sommer, sehr kalte Winter, überwiegend Sommerniederschläge)
Polares und alpines Klima (kurze kühle Sommer, ewiger Frost)

Klimazonen der Erde (Gebiete mit vergleichbarem Klima, abhängig von der geographischen Breite und der Höhenlage über dem Meeresspiegel)

Klima: Temperaturen

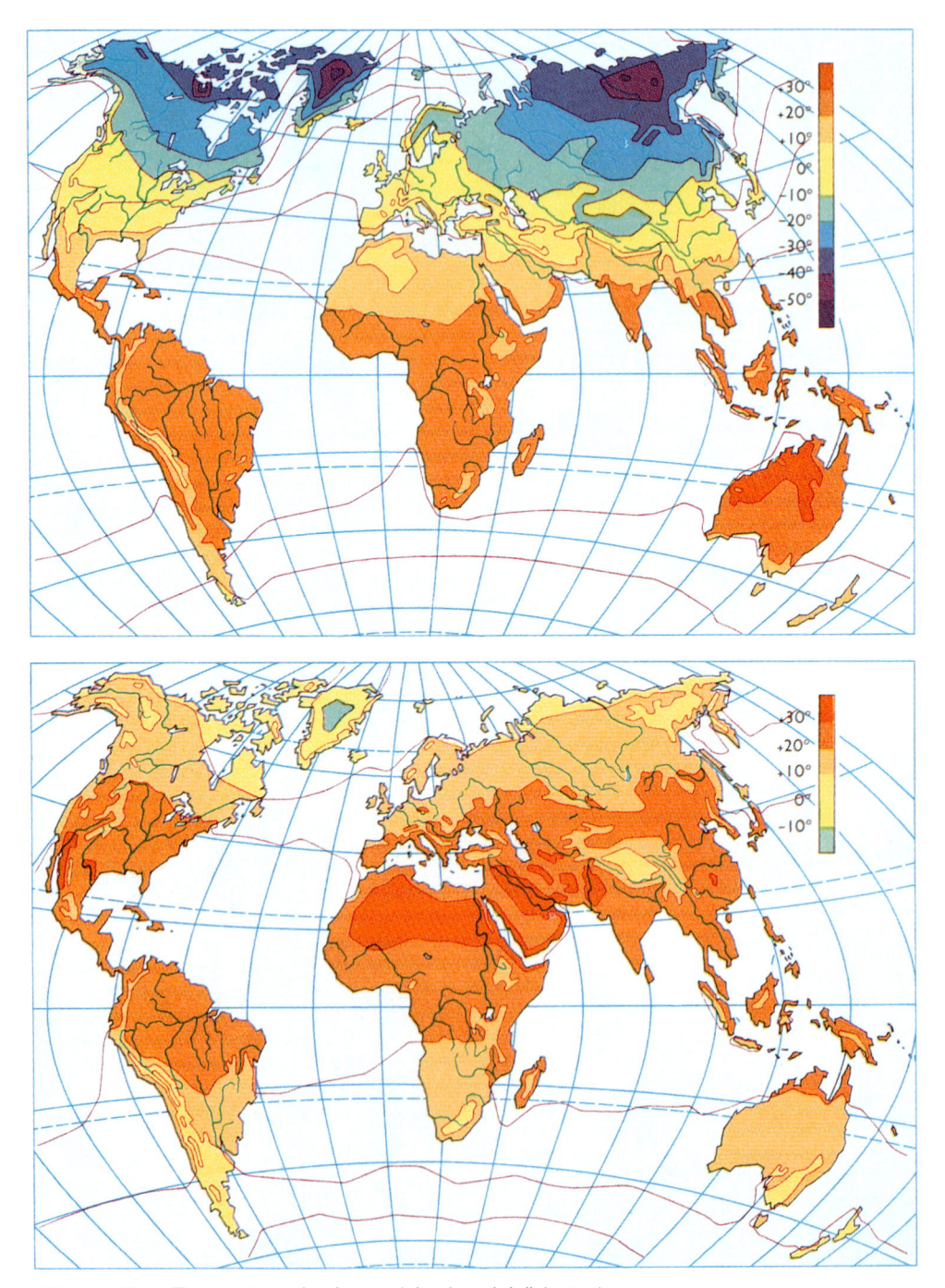

Klima: mittlere Temperaturen im Januar (oben) und Juli (unten)

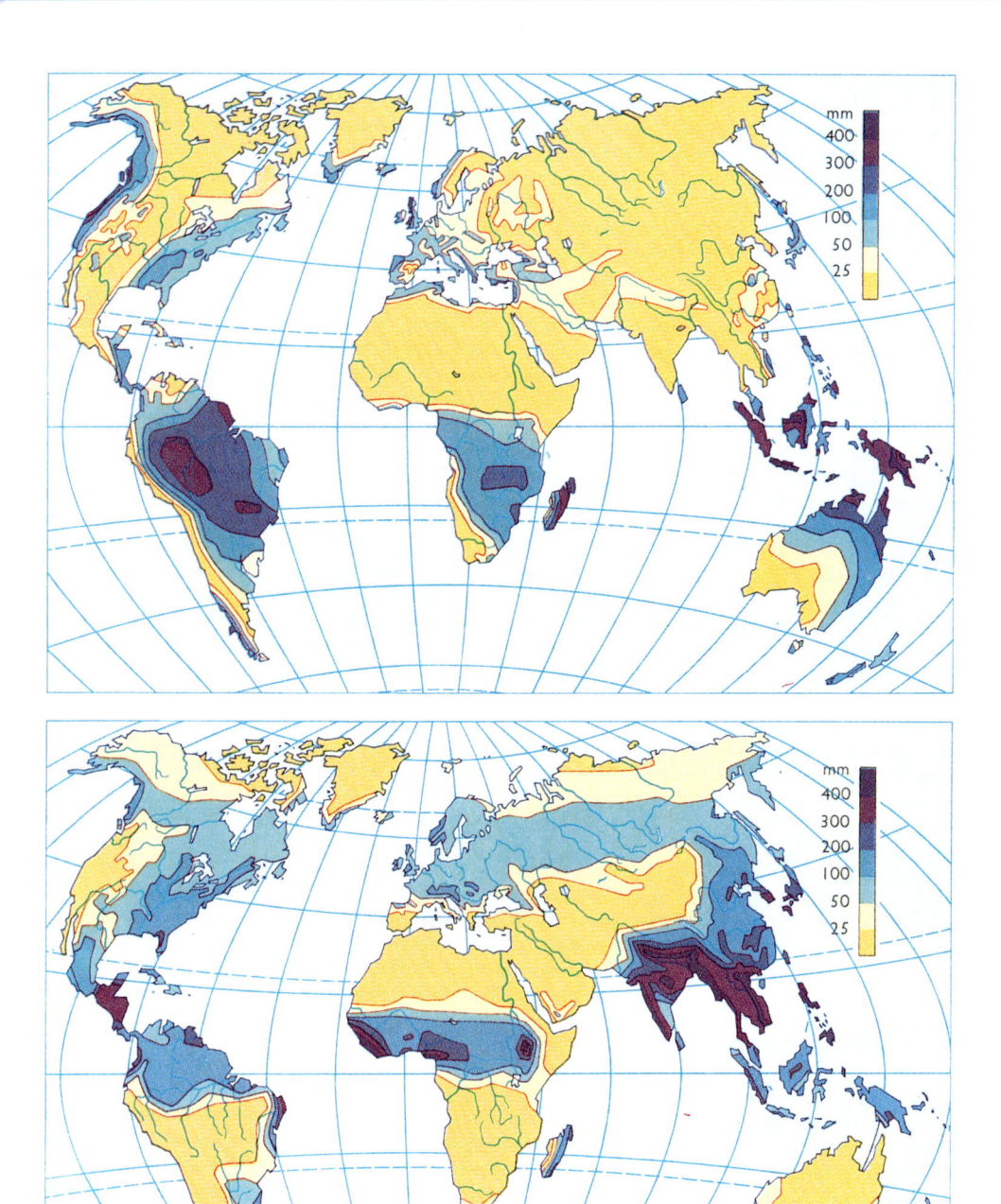

Klima: Niederschläge

Klima: Niederschläge im Januar (oben) und Juli (unten)

Landwirtschaftliche Hauptanbaugebiete

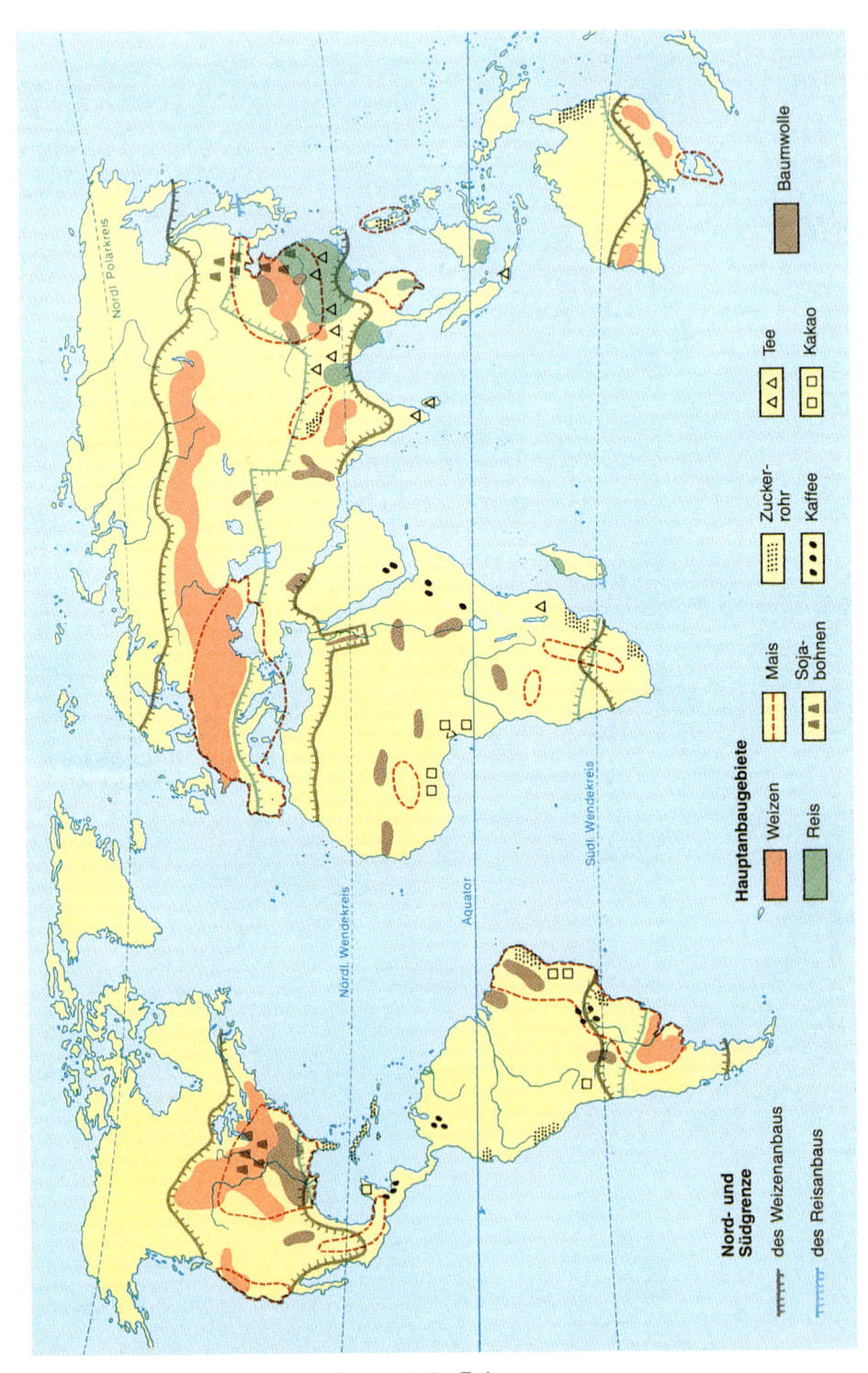

Landwirtschaftliche Hauptanbaugebiete auf der Erde

Kartenzeichen (Wirtschaftskarten)

Kartenzeichen und -symbole (Wirtschaftskarten S. 122–125)

Anbaupflanzen

Ananas	Gewürze	Korkeichen	Sesam
Bananen	Gummibäume	Leinsaat	Sisal
Bataten	Hafer	Mais	Sojabohnen
Baumwolle	Hanf	Maniok	Sonnenblumen
Bohnen	Hirse	Maulbeerbäume	Tabak
Chinarinde	Hopfen	Mohn	Tee
Dattelpalmen	Jute	Obst	Wein
Edelhölzer	Kaffee	Ölpalmen	Weizen
Erdnüsse	Kakao	Oliven	Zitrusfrüchte
Espartogräser	Kartoffeln	Paranüsse	Zuckerrohr
Flachs	Koka	Raps	Zuckerrüben
Gemüse	Kokospalmen	Reis	
Gerste	Kola	Roggen	

Viehzucht

Pferde	Schweine	Ziegen	Kamele
Rinder	Schafe	Rentiere	Lamas

Bergbau

	Steinkohle	D	Diamanten	Mg	Magnesium	Sp	Salpeter
	Braunkohle	Ed	Edelsteine	Mn	Mangan	Sw	Schwefel
	Erdöl	E	Eisen	Mo	Molybdän	Si	Silber
	Erdgas	Gl	Glimmer	Ni	Nickel	Ti	Titan
An	Antimon	Go	Gold	Ös	Ölschiefer	U	Uran
As	Asbest	Gr	Graphit	Ph	Phosphat	Va	Vanadium
A	Asphalt	Ka	Kalisalze	Pl	Platin	Wi	Wismut
Bx	Bauxit	Kl	Kaolin	Py	Pyrit	Wo	Wolfram
Bl	Blei	Ko	Kobalt	Q	Quecksilber	Zk	Zink
Cr	Chrom	Ku	Kupfer	Sa	Salz	Zi	Zinn

Industrie

Elektrizitätserzeugung
- Kernkraftwerk
- Wärmekraftwerk
- Wasserkraftwerk

Grundstoffe und Produktionsgüter
- Eisenmetallurgie
- Nichteisenmetall
- Mineralölverarb.
- Chemie
- Sägewerke, Holzbearbeitung
- Zellstoff- und Papiererzeugung
- Gummi
- Baustoffe

Investitionsgüter
- I Stahl- und Leichtmetallbau
- Maschinenbau
- Landmaschinenbau
- Schienenfahrzeuge
- Kraftfahrzeuge
- Schiffe
- Flugzeuge
- Elektroindustrie
- Feinmechanik, Optik
- Uhren
- Sonstige Metallwaren

Verbrauchsgüter
- Feinkeramik
- Glas
- Holzverarbeitung
- Musikinstrumente
- Spielwaren
- Schmuckwaren
- Papier- und Pappeverarbeitung
- Druckindustrie
- K Kunststoffverarbeitung
- Gerberei und Lederverarbeitung
- Schuhe
- Textilindustrie
- Bekleidung

Nahrungs- und Genußmittel
- Fleischverarbeitung
- Fischverarbeitung
- Mühlen
- Obst- und Gemüseverarbeitung
- Zucker
- Brauereien, Brennereien, Weinkellereien
- Tabakverarbeitung

Sammelsymbole
- M Metallindustrie
- N Nahrungsmittelindustrie
- S Schwerindustrie

Wirtschaftskarte Bundesrepublik Deutschland

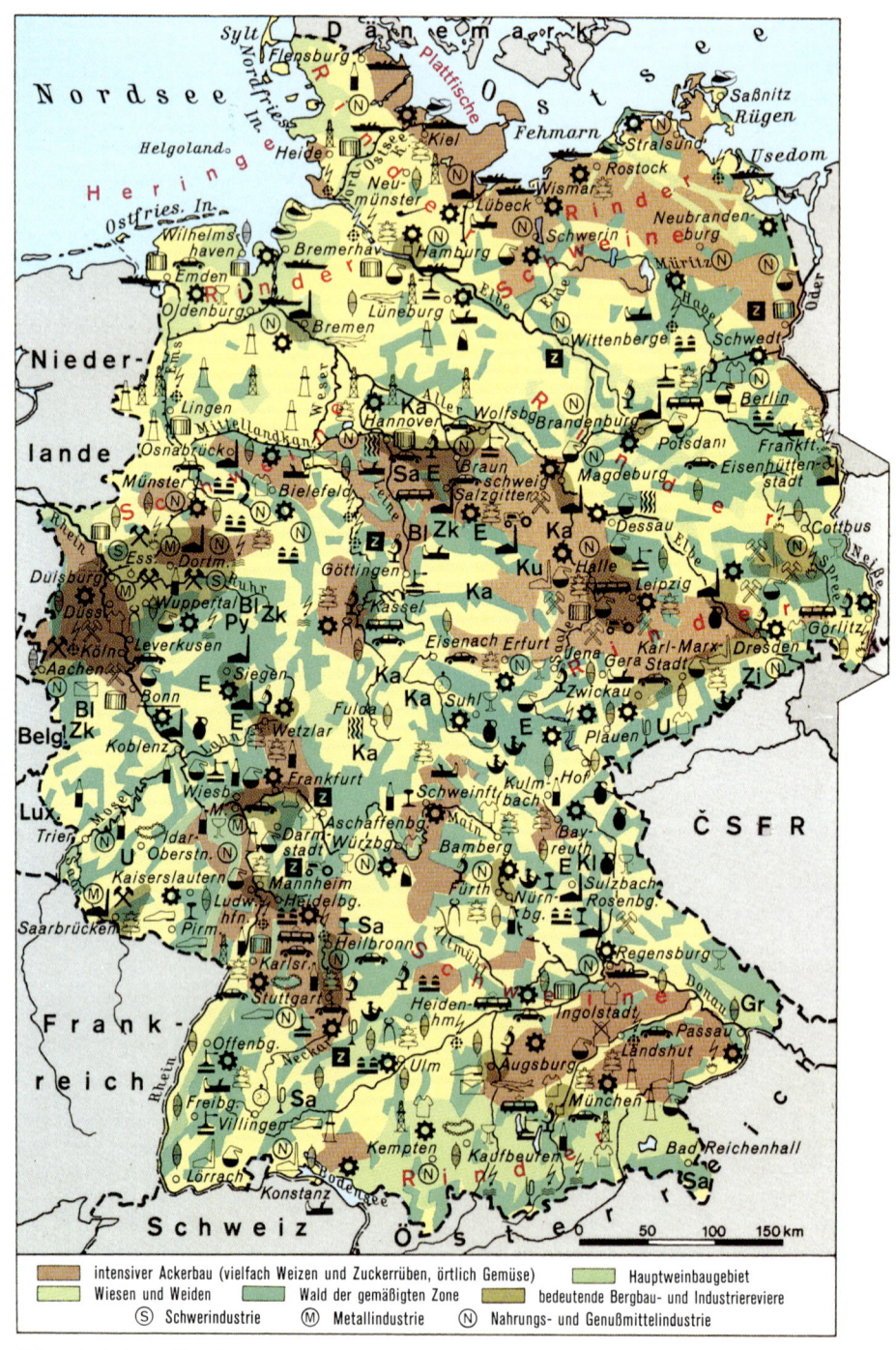

▨ intensiver Ackerbau (vielfach Weizen und Zuckerrüben, örtlich Gemüse)		▨ Hauptweinbaugebiet
▨ Wiesen und Weiden	▨ Wald der gemäßigten Zone	▨ bedeutende Bergbau- und Industrierevier
Ⓢ Schwerindustrie	Ⓜ Metallindustrie	Ⓝ Nahrungs- und Genußmittelindustrie

Wirtschaftskarte Bundesrepublik Deutschland (Erklärung der Kartenzeichen siehe S. 121; die Kernkraftwerke sind nicht vollständig verzeichnet)

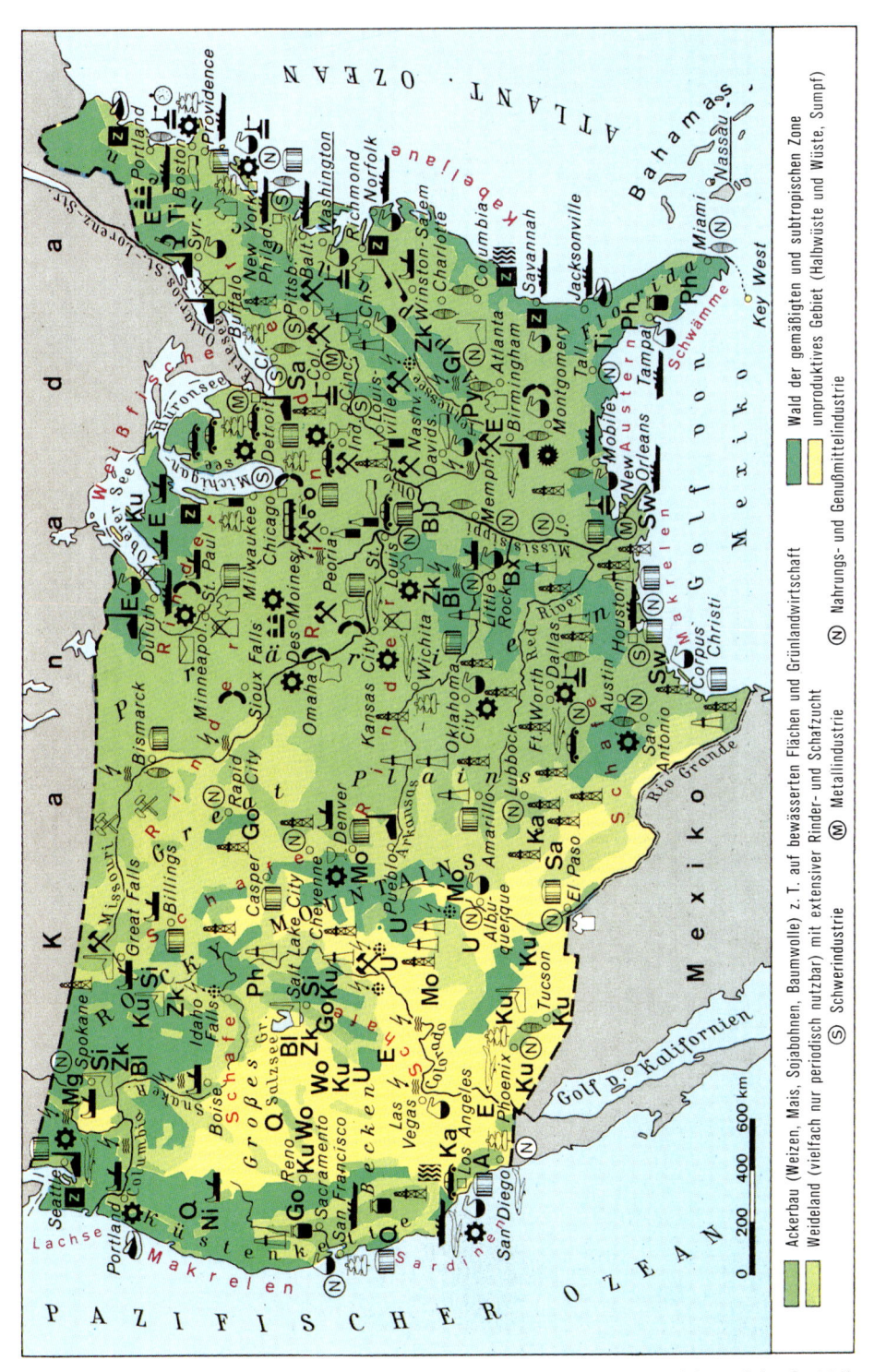

Wirtschaftskarte USA

Wirtschaftskarte Vereinigte Staaten von Amerika (Erklärung der Kartenzeichen siehe S. 121)

123

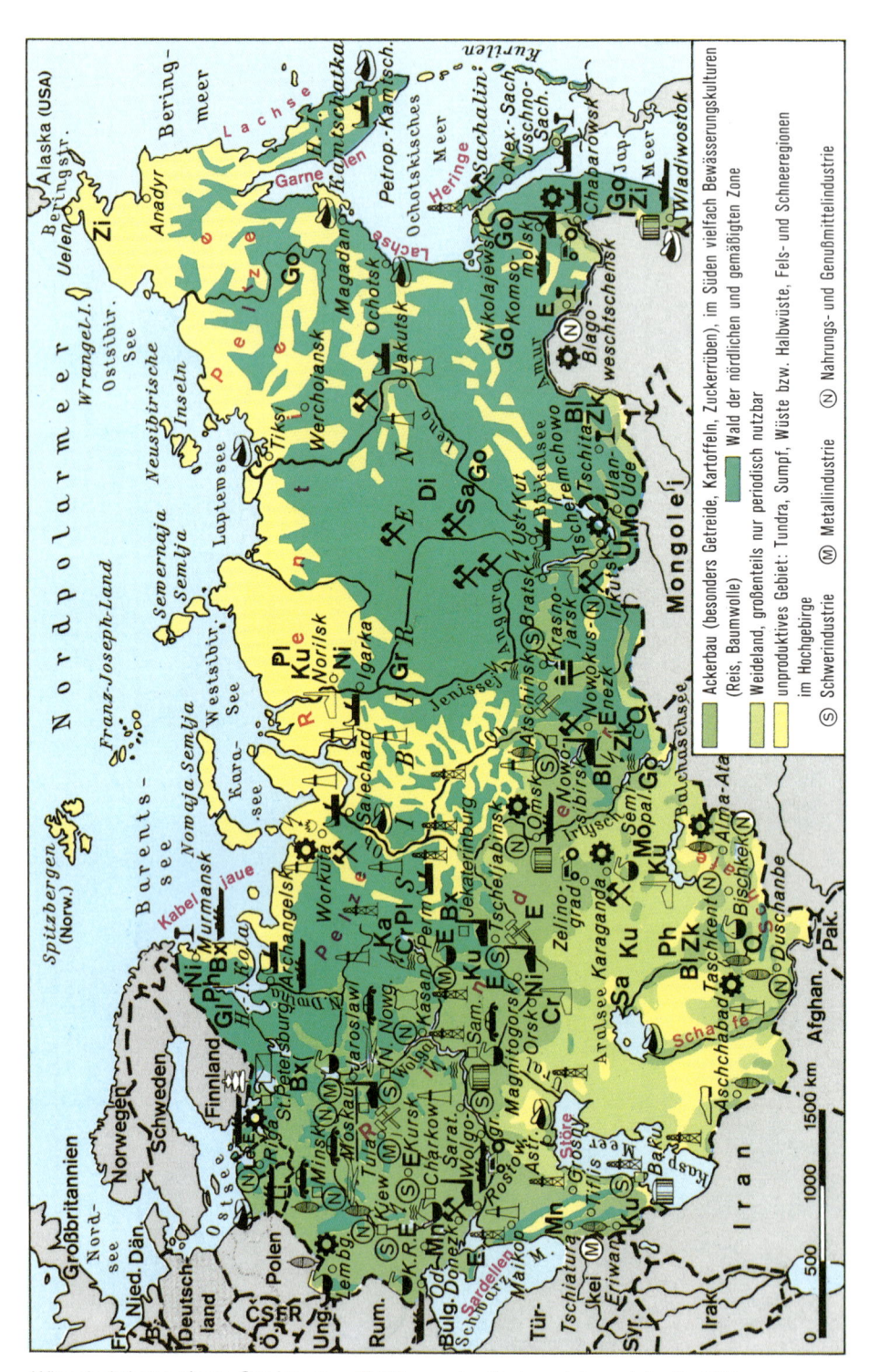

Wirtschaftskarte ehem. Sowjetunion

Wirtschaftskarte ehem. Sowjetunion (Erklärung der Kartenzeichen siehe S. 121)

Wirtschaftskarte Japan

Wirtschaftskarte Japan (Erklärung der Kartenzeichen siehe S. 121)

Physische Weltkarte

DIE WELT: Physisch

Physische Weltkarte

1 : 106 700 000

Politische Weltkarte

DIE WELT : Politisch

Politische Weltkarte

129

Europa

Politisch: EUROPA

Asien

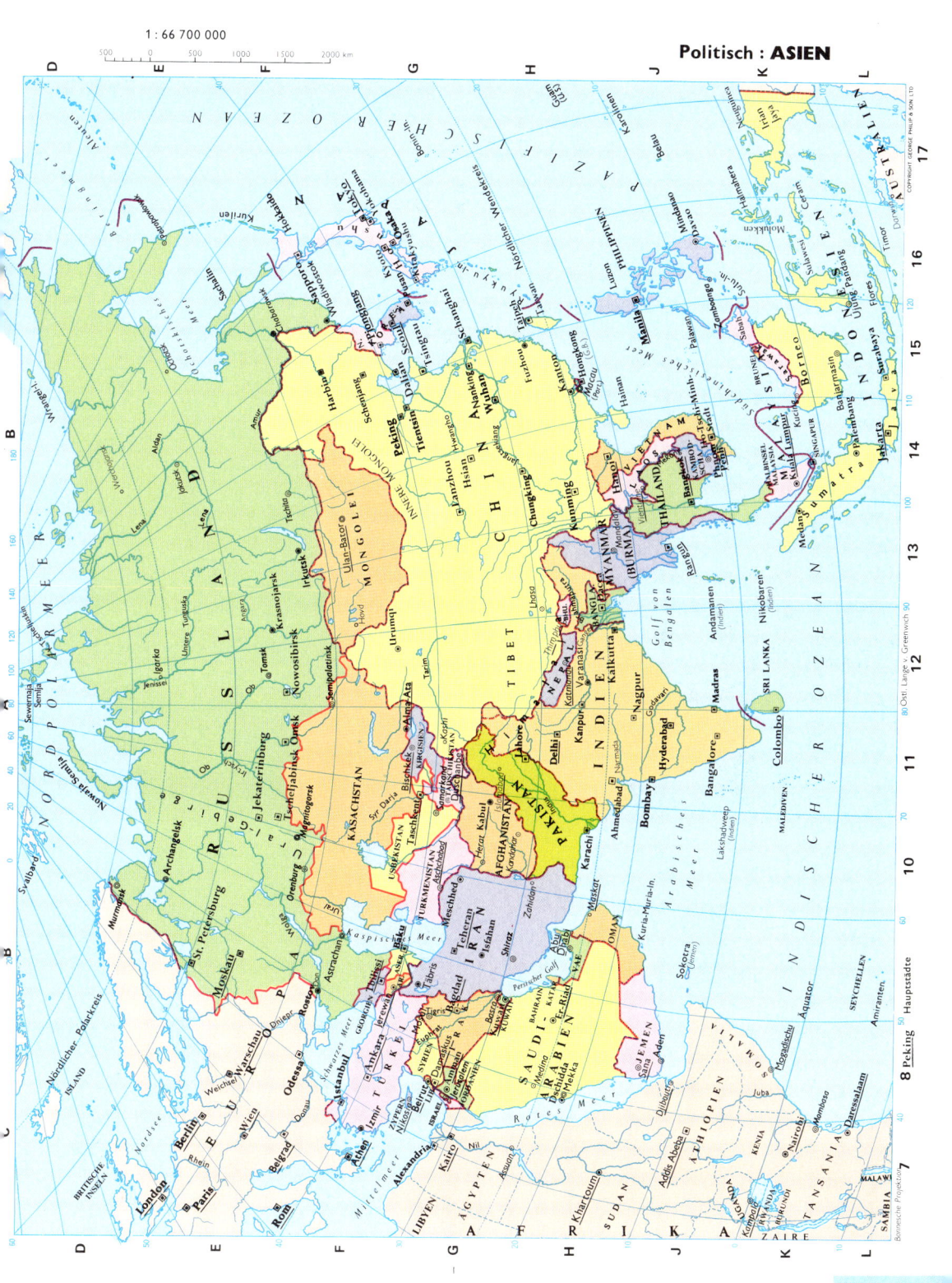

Politisch: ASIEN

1 : 66 700 000

Afrika

Politisch: AFRIKA

1 : 53 300 000

Politisch: NORD- UND MITTELAMERIKA

Südamerika

Politisch: SÜDAMERIKA

1 : 40 000 000

Australien, Ozeanien

AUSTRALIEN: Politisch
1 : 54 000 000

Flaggen

Afghanistan	Äquatorialguinea	Bahrain
Ägypten	Argentinien	Bangladesch
Albanien	Armenien	Barbados
Algerien	Aserbaidschan	Belau (Palau)
Andorra	Äthiopien	Belgien
Angola	Australien	Belize
Antigua und Barbuda	Bahamas	Benin

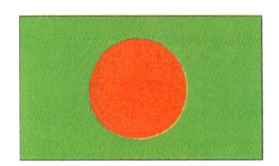

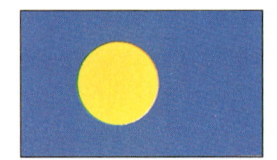

Flaggen

Bhutan	Burkina Faso	Dänemark
Bolivien	Burundi	Deutschland
Bosnien-Herzegowina	Chile	Dominica
Botswana	China, Taiwan	Dominikanische Republik
Brasilien	China, Volksrepublik	Dschibuti
Brunei	Costa Rica	Ecuador
Bulgarien	Côte d'Ivoire (Elfenbeinküste)	El Salvador

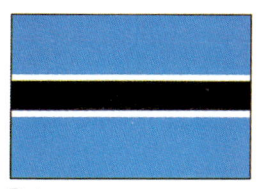

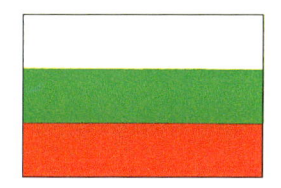

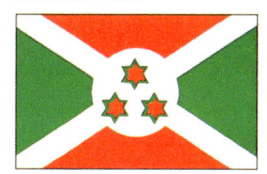

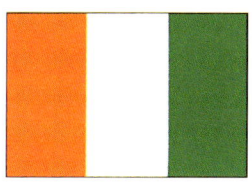

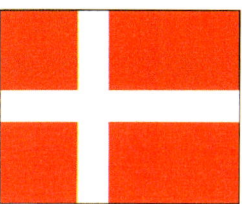

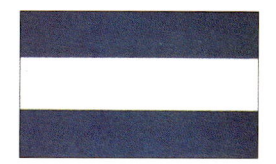

137

Flaggen

Estland	Ghana	Guyana
Fidschi	Grenada	Haiti
Finnland	Griechenland	Honduras
Frankreich	Großbritannien	Indien
Gabun	Guatemala	Indonesien
Gambia	Guinea	Irak
Georgien	Guinea-Bissau	Iran

Flaggen

Irland

Jordanien

Katar

Island

Jugoslawien
(Serbien und Montenegro)

Kenia

Israel

Kambodscha

Kirgisien

Italien

Kamerun

Kiribati

Jamaika

Kanada

Kolumbien

Japan

Kap Verde

Komoren

Jemen

Kasachstan

Kongo

139

Flaggen

Korea-Nord	Lettland	Madagaskar
Korea-Süd	Libanon	Malawi
Kroatien	Liberia	Malaysia
Kuba	Libyen	Malediven
Kuwait	Liechtenstein	Mali
Laos	Litauen	Malta
Lesotho	Luxemburg	Marokko

Flaggen

Marshallinseln	Monaco	Neuseeland
Mauretanien	Mongolei	Nicaragua
Mauritius	Mosambik	Niederlande
Mazedonien	Myanmar	Niger
Mexiko	Namibia	Nigeria
Mikronesien	Nauru	Norwegen
Moldawien	Nepal	Oman

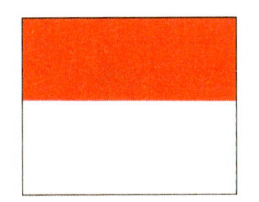

141

Flaggen

Österreich	Polen	Saint Lucia
Pakistan	Portugal	Saint Vincent/Grenadinen
Panama	Ruanda (Rwanda)	Salomonen
Papua-Neuguinea	Rumänien	Sambia
Paraguay	Rußland	Samoa-West
Peru	Sahara	San Marino
Philippinen	Sain Kitts und Nevis	Sao Tomé und Principe

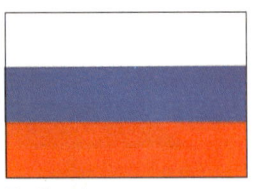

Flaggen

Saudi-Arabien

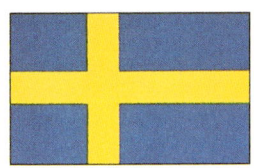

Schweden

Schweiz

Senegal

Seychellen

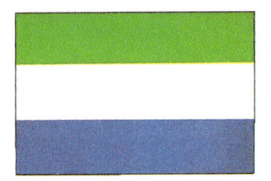

Sierra Leone

Simbabwe (Zimbabwe)

Singapur

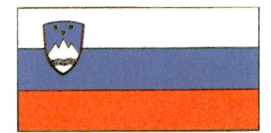

Slowenien

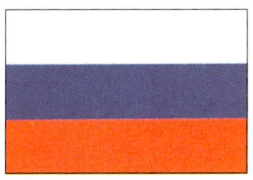

Slowakische Republik

Somalia

Spanien

Sri Lanka

Südafrika

Sudan

Surinam

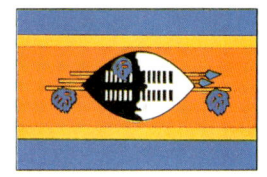

Swasiland

Syrien

Tadschikistan

Tansania

Thailand

Flaggen

Togo

Tonga

Trinidad und Tobago

Tschad

Tschechische Republik

Tunesien

Türkei

Turkmenistan

Tuvalu

Uganda

Ukraine

Ungarn

Uruguay

Usbekistan

Vanatu

Vatikanstadt

Venezuela

Vereinigte Arabische Emirate

Vereinigte Staaten von Amerika

Vietnam

Weißrußland

Zaïre

Zentralafrikanische Republik

Zypern

Die ehemalige DDR

Nach der Teilung Deutschlands in zwei selbständige Staaten war in der DDR eine gründlichere Neuorientierung in bezug auf die Industrieentwicklung notwendig als in der Bundesrepublik.

> Der DDR stand kein schwerindustrielles Zentrum wie z. B. das Ruhrgebiet zur Verfügung. Eisenerz und Steinkohle waren kaum vorhanden, eine ausreichende Basis bestand lediglich bei Kali und Braunkohle. Allerdings besaß das Land eine gut ausgebaute, spezialisierte metallverarbeitende Industrie.

1936 hatte der Anteil des Gebiets der DDR an der deutschen Eisen- und Stahlwarenerzeugung fast ein Viertel betragen, obwohl der Anteil am Eisenerzvorkommen nur 5% und der am Steinkohlevorkommen nur 2,3% betrug. Dafür betrug der Anteil am Büromaschinenbau über 80%, am Textilmaschinenbau fast 70% und am Werkzeugmaschinenbau 50%. Auch die Chemieindustrie, die optische Industrie, die feinmechanische Industrie, die Textil- und Bekleidungsindustrie waren bedeutend.

Die Politik nach dem Krieg lief darauf hinaus, den Osthandel zu verstärken und die Abhängigkeit von der Bundesrepublik im Binnenhandel zu beseitigen. Die unzureichende Energie- und Rohstoffbasis, die Arbeitskräfte- und Kapitalknappheit erwiesen sich jedoch als großes Problem. Da nur Braunkohle als Energieträger in ausreichender Menge vorhanden war, konzentrierte man sich auf diesen Rohstoff als Grundlage der Energiewirtschaft. Die DDR wurde zum größten Braunkohleproduzenten der Welt, mit all den umweltschädlichen Folgen, die erst nach der Wiedervereinigung im Westen in ihrem ganzen Ausmaß bekannt wurden. Die wichtigsten Fördergebiete sind das **Senftenberger Revier** zwischen Dresden und Cottbus im Osten und der Raum **Bitterfeld-Meuselwitz** bei Leipzig.

Wirtschaftlich und auch durch die Rohstoffvorkommen bedingt herrschte in der DDR ein starkes Nord-Süd-Gefälle. Die industriellen Schwerpunkte liegen in den Räumen **Leipzig-Halle** sowie **Halle-Jena-Eisenach**. Die verarbeitende Industrie konzentriert sich stark auf Ostberlin. An der Ostgrenze zu Polen wurden neue industrielle Schwerpunkte geschaffen. Aus dem früheren Fürstenberg entstand „Eisenhüttenstadt" mit einem Hüttenkombinat. Das Erz kam aus der Sowjetunion, die Kohle aus Oberschlesien. Dem Hüttenwerk waren ein Walzwerk, ein Kraftwerk und eine Zementfabrik angegliedert.

In den 80er Jahren rangierte die DDR unter den Industriestaaten etwa an zehnter Stelle. Allerdings waren Vergleiche zwischen den östlichen und westlichen Wirtschaftsregionen aufgrund unterschiedlicher Berechnungsmethoden der volkswirtschaftlichen Zahlen etwas schief. Im Vergleich zur Bundesrepublik benötigte die DDR in der Industriewirtschaft immer mehr Aufwand an Arbeit, Material und Kapital. Die Arbeitsproduktivität lag wesentlich unter westlichem Niveau. Der Anschaffung neuer Techniken standen aber ein akuter Kapitalmangel, die hohen Exportverpflichtungen nach Osteuropa und Fehlplanungen der Bürokratie entgegen. Die Anlagen veralteten und wurden reparaturanfällig. Die Verteuerung der

Energie seit den 70er Jahren verpflichtete zu noch größeren Exportanstrengungen, um Zinsen und Kredite zurückzahlen zu können. Darunter mußte besonders die Versorgung der Bevölkerung mit Verbrauchsgütern leiden. Der Mehraufwand wurde z.T. mit drastischem Konsumverzicht erkauft. Die größten Probleme der letzten Jahre blieben die Frage der Energie- und Rohstoffversorgung bei steigenden Preisen und die unzureichende Konkurrenzfähigkeit auf dem Weltmarkt. Um den Anschluß an die hochtechnologisierte westliche Industrie nicht zu verlieren, wurde trotz ideologischer Vorbehalte und gelegentlicher Abgrenzungsversuche der innerdeutsche Handel und damit der Zugang zum EG-Markt forciert.

Wie in der Bundesrepublik lag auch in der DDR der Schwerpunkt der Beschäftigung im Maschinen- und Fahrzeugbau. Umsatzmäßig lag die Chemische Industrie jedoch etwa auf gleicher Höhe. Einen relativ hohen Umsatz erreichten auch die Nahrungs- und Genußmittelindustrie, Energie- und Bergbauindustrie, die Leichtindustrie, Metallurgie und die Elektrotechnik/Elektronik.

> Der wirtschaftliche Anpassungsprozeß der beiden Staaten verlief nach der deutschen Vereinigung 1990 weit weniger positiv als vorhergesagt. Die von der **Treuhandanstalt** verwalteten ehemaligen staatlichen Betriebe konnten bisher nicht im erwarteten Maß neuen Privateigentümern zugeführt werden.

Übungen

- Nennen Sie Voraussetzungen für die Entwicklung der Industrie in England.
- Welche negativen Folgen hatte die Industrialisierung für die Arbeiterschaft?
- Schildern Sie in Stichworten die Ausbreitung der Industrie in den USA.
- Was bedeutet „Pittsburgh Plus"? Welche Auswirkungen hatte das System auf die Stahlindustrie außerhalb der Region Pittsburgh?
- Welche direkte Verbindung besteht zwischen den Hochschulen der USA und der Industrie? Nennen Sie ein bekanntes Beispiel.
- Wo konzentrierte sich die Industrie Rußlands vor dem Ersten Weltkrieg?
- Was bedeuten die Begriffe „Erstes, Zweites, Drittes Baku"?
- Welche Bedeutung hat der Ural für die russische Industrie?
- Welche natürlichen Hindernisse erschweren auch heute noch die industrielle Entwicklung Sibiriens?
- Welchen Versorgungsschwierigkeiten sehen sich die neuen Republiken nach der Auflösung der Sowjetunion gegenüber?
- Auf welche Art versucht Japan seine Energie- und Rohstoffversorgung aus dem Ausland abzusichern?
- Beschreiben Sie das Verteilungsbild der Industrie in Deutschland um die Jahrhundertwende.
- Wie veränderte sich die deutsche Industriestruktur seit 1850?
- Worin unterschied sich die industrielle Ausgangslage der DDR von der Situation der BRD nach dem Zweiten Weltkrieg?
- Wie versuchte die DDR ihre Energieprobleme zu lösen?

Die Stadtentwicklung in Deutschland

Die ältesten Ausgangspunkte deutscher Städte sind römerzeitliche Militär- und Handelsplätze. Allerdings können nur wenige dieser alten Städte auf eine kontinuierliche Besiedlung bis in die Moderne zurückblicken. Dazu gehören z. B. Köln, Regensburg, Trier und Mainz. Typische Merkmale sind neben der Steinbauweise der schachbrettartige Grundriß.
Wichtiger für die Gestalt der heutigen Städte sind die verschiedenen **Stadtgründungen der Grundherren**, sei es die weltliche Herrschaft, sei es die Kirche gewesen. Außerdem spielten der **Fernhandel** und die **Marktfunktion** eine große Rolle. Im 12. und 13. Jahrhundert gründeten große Adelsgeschlechter wie die Zähringer, Staufer oder Welfen planmäßig zahlreiche Städte. Kennzeichnend für die mittelalterliche Stadt war die Gliederung in Viertel oder Straßen, in denen eine bestimmte Berufsgruppe oder Zunft dominierte. Entsprechend lauteten die Straßennamen z. B. Gerberau, Fischerau, Schlossergasse etc. Auch die Obrigkeit oder die Kaufmannschaft hatte ihre speziellen Viertel, so daß in der Regel Wohnen und Arbeiten räumlich zusammenfielen. Unter den Bauten herrschte nach Größe, Bedeutung und Lage eine klare Rangordnung. Waren im Hochmittelalter die burgartigen Wohnbauten noch der Patrizierschicht vorbehalten, so änderte sich dies mit dem Aufstieg der Zünfte und der wachsenden Bedeutung der Handelsschicht. Da die Stadt meist durch eine Ummauerung gegen das Umland scharf abgegrenzt war, waren Erweiterungen oft nur außerhalb der Stadtmauern möglich. Diese „Neustädte" wurden schließlich mit wachsendem Ausbau der ursprünglichen Stadt angegliedert und in eine erweiterte Stadtummauerung einbezogen.
Eine neue Generation von Städten entstand zwischen dem 16. und 18. Jahrhundert durch die **Gründung absolutistischer Landesherren**.

> Meist dienten diese in ihrem Grundriß streng symmetrischen Anlagen gleichzeitig als Residenzstadt. Auch die Wohnstruktur war klar gegliedert. Die Adligen wohnten in der Nähe des Schlosses, nach außen schloß sich die Beamtenschaft an. Gewerbetreibende und die restlichen Einwohner wohnten weiter entfernt.

Während des Absolutismus wurden einige, vor allem grenznahe Städte zu Festungen erklärt und mit starken Bastionen umgeben. Vor den Befestigungen erstreckte sich das **„Glacis"**, das lange von jeder Besiedlung freigehalten wurde, um ein freies Schußfeld zu haben. Nach der Beseitigung der Bastionen im 18. und 19. Jahrhundert wurde das freie Feld unterschiedlich genutzt. Zum Teil wurde es zur Bebauung freigegeben, zum Teil wurden Grünanlagen mit Boulevards gebaut. Den Verlauf der Mauer zeichnen in vielen dieser Festungsstädte moderne **Ringstraßen** um das Stadtzentrum nach.
Die Erweiterungen des 19. Jahrhunderts waren sehr unterschiedlich. Einerseits entstanden **Mietskasernenviertel** mit meist fünfgeschossigen Wohnhäusern, die einen Innenhof umschlossen. Wer es sich leisten konnte, zog in die **Landhaus- und**

Villenviertel, die meist an der West- oder Südseite einer Stadt angelegt waren. Für eine weitere Vergrößerung des Stadtbereichs sorgte die sich immer stärker ausbreitende Industrie, die am Ende des 19. Jahrhunderts begann, Fabriken abseits der dicht bebauten Wohngebiete anzusiedeln.
Im 19. Jahrhundert machte der Stadtkern eine Wandlung durch, die heute als **City-Bildung** bezeichnet wird.

> Die Innenstadt wurde zum Geschäftszentrum, in dem die Wohnfunktion zugunsten der Geschäftsfunktion an Boden verlor. Auch Banken, Versicherungsgesellschaften und Verwaltungsinstitutionen siedelten sich verstärkt an.

Vor allem solche Funktionen und Geschäfte, die auf eine große Kundenzahl angewiesen sind (Kaufhäuser, Spezialgeschäfte, Banken) ließen sich vermehrt im Zentrum nieder. Da die Bodenpreise entsprechend der zunehmenden Bedeutung der City stiegen, mußten Betriebe, die große Flächen benötigen, sehr bald diese Zone verlassen. Im 20. Jahrhundert vergrößerten sich viele Städte gegen das Umland durch **Eingemeindungen**. Um die innerstädtischen Wohngebiete zu entlasten, entstanden neue Städte, sogenannte Satellitenstädte, die ihrer Hauptfunktion nach im wesentlichen Wohnstädte ("Schlafstädte") waren. Im Versorgungsbereich, im Dienstleistungsbereich und in der Versorgung mit Arbeitsplätzen sind sie stark von der Kernstadt abhängig.

Die Entwicklung nach dem Zweiten Weltkrieg

Nach der großflächigen Zerstörung vieler deutscher Städte im Zweiten Weltkrieg hätte die Möglichkeit bestanden, die Innenstädte nach völlig neuen Konzepten wiederaufzubauen. In den meisten Fällen blieben diese tiefgreifenden Veränderungen jedoch aus, da z. B. die privaten Besitzverhältnisse oder das bestehende Straßennetz ein solches Vorhaben zumindest erschwerten. Wichtig war aber auch der Wille der Bevölkerung, die gewachsenen Formen und Strukturen möglichst zu erhalten bzw. wiederherzustellen.
Auch der zunehmende Pkw-Verkehr übte einen großen Einfluß auf die Planungen aus. Die „**autogerechte Stadt**" erhielt breite Durchgangsstraßen, großzügig angelegte Ringstraßen und dazu entsprechenden Parkraum. In den 60er und 70er Jahren wuchsen in den Innenstädten große Waren- und Kaufhäuser, Banken-, Versicherungs- und Bürogebäude aus dem Boden. Die hohen Bodenpreise zwangen dazu, nach der profitabelsten Nutzung zu suchen. Der Stadtkern wurde immer stärker verdichtet. Dies führte schon in den 70er Jahren zu einer Gegenbewegung, die bemängelte, daß durch diese Art des Bauens das historische Stadtbild verschwand und die Zentren der Großstädte viel von ihrem Reiz verloren hätten. Der zunehmende Straßenverkehr wurde immer mehr als Belastung empfunden. Die neuen Vorstellungen orientierten sich an der Tradition.
Es wurde weniger flächenhaft sondern eher das Einzelobjekt saniert. Denkmalschutz, Fassadengestaltung, Begrünung und die Anlage von Plätzen rückten in

den Vordergrund. Mit diesen Maßnahmen wuchs auch wieder die Attraktivität der Innenstädte.

> Die schlechte Erreichbarkeit, Parkraumnot, das Abwandern von Wohnbevölkerung in die Vorstädte und der Bau großer Einkaufszentren am Stadtrand hatten zu einem erheblichen Einkommensverlust des Einzelhandels in den Stadtzentren geführt.

Dieser Tendenz wurde vor allem durch den Ausbau des öffentlichen Personennahverkehrs, durch den Bau von Tiefgaragen und die Anlage von Einkaufspassagen und Fußgängerzonen begegnet. Das **„Städtebauförderungsgesetz"** von 1987 und andere Programme des Bundes und der Länder stellten der Stadterneuerung die finanziellen Mittel zur Verfügung. Diese Mittel dienten z. B. dem Erhalt historischer Stadtkerne, der Strukturverbesserung der Innenstädte, der Modernisierung von Gebäuden oder unterstützten innerstädtische Industriebranchen bei notwendigen Umstrukturierungen.

In der Nachkriegszeit hatten die Städte begonnen, sich in das Umland auszubreiten. Dieser **„Suburbanisierungsprozeß"** führte zu einem enormen Landschaftsverbrauch. Es entstanden neue Wohnsiedlungen, große Gewerbe- und Industriegebiete, aber auch Handels- und Dienstleistungseinrichtungen „auf der grünen Wiese". In der Nähe von Großstädten wie Berlin oder München wurden riesige **Großraumsiedlungen** gebaut (Märkisches Viertel und Gropiusstadt in Westberlin, Perlach bei München) mit bis zu 20 000 Wohneinheiten für etwa 60 000 bis 80 000 Einwohner. Soziale und bauliche Probleme und eine geringe Lebensqualität machten diese Großsiedlungen sehr bald zu ernsten Problemfällen. In jüngster Zeit findet wieder eine Zuwanderung von Wohnbevölkerung in die Kernzone statt. Altbauviertel vom Ende des 19. Jahrhunderts gewinnen nach Modernisierungsmaßnahmen zunehmend an Wertschätzung.

Die Aufgaben der Raumordnung

Nach umfangreichen Vorarbeiten seit Mitte der 50er Jahre trat 1965 das **Bundesraumordnungsgesetz** (ROG) in Kraft. Nicht erst seit dem Ende des Zweiten Weltkriegs hatten sich verschiedene Regionen der Bundesrepublik wirtschaftlich auseinanderentwickelt. Der Gegensatz zwischen hochindustrialisierten und ländlichen Räumen äußerte sich z. B. in den geringeren Berufschancen oder in dem schwächeren Infrastrukturangebot der ländlichen Gebiete.

> Als Leitsatz der Raumordnung galt die **„Schaffung gleichwertiger Lebensbedingungen"** im gesamten Staatsgebiet. Die regionalen Unterschiede sollten zumindest verringert werden. Ziel war eine ausgewogene, geordnete Entwicklung des Raumes, die Verbesserung der Lebensverhältnisse im wirtschaftlichen, sozialen und kulturellen Bereich sowie die Erhaltung bzw. Herstellung gesunder Lebens- und Arbeitsbedingungen.

Die Entwicklung von Kulturlandschaften an Beispielen

Das Raumordnungsgesetz befaßt sich mit den Problemen der großräumigen Entwicklung und setzt den organisatorischen Rahmen. Die konkrete Verwirklichung der Vorgaben liegt in den Händen der Länder, die mit ihren Landesplanungsgesetzen und Landesprogrammen rechtlich verbindliche Richtlinien schaffen. Diese Richtlinien wirken sich bis in die einzelnen Gemeinden auf deren Flächennutzungspläne und Bebauungspläne aus.

Auf Länderebene liegt die Zuständigkeit für die Landesplanung beim Innenminister. Die **Landesentwicklungspläne** und **-programme** legen die räumliche Entwicklung des Landes fest. Die **Regionalpläne** sollen diese landesentwicklungspolitischen Vorstellungen innerhalb einer bestimmten Region verwirklichen. Planungsträger sind auf dieser Ebene die Regierungspräsidien, Regionalverbände und regionale Planungsgemeinschaften. Die unterste Stufe bildet die **Gemeindeplanung** oder **Ortsplanung**. In der **Bauleitplanung** wird die städtebauliche Entwicklung der Gemeinde festgeschrieben.

> Die Bauleitplanung umfaßt die Flächennutzungspläne und Bebauungspläne. Der Flächennutzungsplan ist der Entwicklungsplan einer Gemeinde. In ihm werden z. B. Baugebiete, Flächen für Versorgungsanlagen, Verkehrsflächen, Grünflächen und die Flächen für die Land- und Forstwirtschaft ausgewiesen. Der Bebauungsplan schreibt die für Bürger und Behörden verbindliche Nutzung der Baugebiete vor.

Das System der Zentralen Orte

Um Chancengleichheit und gleiche Lebensqualität zu schaffen, wurde in den 60er Jahren das System der Zentralen Orte entwickelt. Die Zentralen Orte bieten für einen bestimmten räumlichen Bereich Dienste und Güter an, die nicht überall erhältlich sind. Dabei handelt es sich sowohl um öffentliche als auch um private Versorgungsangebote.

Man unterscheidet vier verschiedene Stufen von Zentralen Orten:

- **Kleinzentren**, in denen der allgemeine und häufig wiederkehrende überörtliche Bedarf gedeckt werden kann (Grundversorgung);
- **Unterzentren**, die den etwas gehobeneren überörtlichen Bedarf abdecken;
- **Mittelzentren** zur Deckung des gehobenen, seltener auftretenden qualifizierten Bedarfs;
- **Oberzentren**, in denen hochqualifizierte und spezialisierte Leistungen angeboten werden;

Die Zentralen Orte sollen für die Einwohner des Umlands ohne großen Zeitaufwand und ohne große Kosten erreichbar sein. Das bedeutet, daß unter Umständen in einer Region ein Ort durch strukturelle Maßnahmen erst zu einem Zentralen Ort ausgebaut werden muß.

Für die einzelnen Kategorien der Zentralen Orte wird natürlich ein unterschiedliches Maß an öffentlicher und privater Infrastruktur vorausgesetzt, wobei Orte der höheren Kategorie teilweise die Aufgaben der niedrigeren Zentralitätsstufen miterfüllen. Zur Ausstattung eines **Oberzentrums** gehören z.B. Hoch- und Fachschulen, Theater, größere Museen, Zentralkrankenhäuser mit Spezialärzten, Landes- und Regionalverwaltungen und Großkaufhäuser.

Die **Mittelzentren** sollen mit Gymnasien, Berufsschulen, Sonderschulen, Krankenhäusern, größeren Sportanlagen, einem Hallenbad und vielseitigen Einkaufsmöglichkeiten ausgestattet sein.

Unterzentren unterscheiden sich von den Kleinzentren durch die etwas bessere Ausstattung mit überörtlichen Einrichtungen. Das Angebot an Gütern, Dienstleistungen und Arbeitsplätzen ist vielseitiger. **Kleinzentren** sind vor allem für den ländlichen Raum von Bedeutung. Zur Deckung der Grundversorgung gehören u. a. Schulen bis zur Realschule, Fachgeschäfte, Arztpraxen, Apotheken, Bankzweigstellen und eine vielseitige Versorgung mit Handwerksbetrieben.

Trotz verschiedener Maßnahmen und Planungskonzepte haben sich großräumige Entwicklungsunterschiede in der Bundesrepublik erhalten. Die großen und günstig strukturierten Verdichtungsräume sind auch weiterhin die wirtschaftlichen Leistungszentren. Den Gegensatz dazu bilden zum einen die früh industrialisierten Gebiete Deutschlands mit ungünstiger Wirtschaftsstruktur, die im Bereich der Arbeitsplatzversorgung große Probleme haben. Schlechte Verdienstmöglichkeiten, verbunden mit Abwanderung der jüngeren Bevölkerung, findet man auch in einigen ländlichen Gebieten entlang der Grenze zur Tschechoslowakei und der ehemaligen DDR, dem „Zonenrandgebiet".

In der neueren Entwicklung tritt neben der Standortplanung immer stärker die **Ressourcensicherung** in den Vordergrund. Darunter versteht man z.B. den Schutz von Landschaften, Freiräumen, Rohstoffen oder Wassererzeugungsgebieten.

Der zunehmende Flächenverbrauch, die wachsende Gefährdung der Umwelt und die weiterhin auseinanderklaffende Schere zwischen schwach strukturierten Gebieten und Wachstumsgebieten werden auch in Zukunft eine Raumplanung nötig machen.

Nach dem Zusammenschluß der beiden deutschen Staaten ergeben sich für die Raumordnungspolitik neue Gesichtspunkte. Im Vergleich zu den Regionen der neuen Bundesländer erscheinen bisher strukturschwache Gebiete der alten Länder nicht mehr so förderungsbedürftig.

Die ökonomischen und ökologischen Probleme der östlichen Bundesländer sind um einiges größer als im Westen. Die Umstrukturierung der Industrie und der Landwirtschaft wird auch weiterhin die Arbeitslosenquote sehr hoch halten.

In bezug auf die Infrastruktur gehören einige Regionen auch EG-weit zu den am schlechtesten ausgestatteten. Gerade die Umweltverschmutzung nimmt stellenweise dramatische Formen an. Unter diesen Umständen scheint es unumgänglich, Fördermittel aus dem Westen abzuziehen und in die neuen Bundesländer umzuleiten. Der Ausbau der Infrastruktur, regionale Schwerpunktsetzung bei der Wirtschaftsförderung sowie verstärkte Finanzzuweisungen sollen die enormen Unterschiede in den Lebensbedingungen zumindest lindern.

Übungen

- Erläutern Sie die zwei wichtigsten Stadtgründungsperioden in Deutschland.
- Was versteht man unter Citybildung?
- Was beinhaltet der Begriff „Suburbanisierung"?
- Nennen und beschreiben Sie die Ziele der Raumordnung.
- Erläutern Sie das System der „Zentralen Orte".

Entwicklungsprobleme in den Staaten der „Dritten Welt"

Der Begriff „**Dritte Welt**" bezeichnet eine Ländergruppe, der zur Zeit etwa 80% aller Staaten der Erde angehören. In diesen Staaten leben ungefähr 75% der Weltbevölkerung. Der Anteil dieser Länder am Bruttosozialprodukt der Welt und am Welthandel beschränkt sich jedoch auf nur ein Fünftel. Andere Bezeichnungen sind „Entwicklungsländer" oder, aus dem Englischen, LDCs (Less Developed Countries).

Der Begriff „Entwicklungsländer" wird immer wieder kritisiert, da er suggeriert, daß sich diese Länder in ihrer Entwicklung dem Standard der Industrieländer annähern. Tatsache ist jedoch, daß sich die Industrieländer Westeuropas weitaus stärker entwickeln als die Entwicklungsländer. Außerdem wird die Entwicklung hin zu einer Industriegesellschaft westlichen Zuschnitts mehr und mehr in Frage gestellt. Zum einen, weil vielen der Entwicklungsländer die Voraussetzungen dazu fehlen, zum andern, weil die negativen Auswirkungen einer solchen Entwicklung, nicht nur in den Industrieländern, bereits jetzt spürbar sind. Bei der Vielzahl der Länder ist klar, daß es deutliche Unterschiede im Entwicklungsstand geben muß. Verschiedene Organisationen wie z.B. der **Entwicklungshilfe-Ausschuß (DAC)** der OECD (Organisation for Economic Cooperation and Development), in der die westlichen Industriestaaten zusammenarbeiten, legt andere Kriterien zugrunde als die **Weltbank**, die sich bei der Vergabe ihrer Kredite am durchschnittlichen Bruttosozialprodukt pro Einwohner orientiert.

> Laut OECD besteht Afrika mit Ausnahme Südafrikas nur aus Entwicklungsländern. In Amerika bilden die USA und Kanada die einzigen Ausnahmen, in Asien nur Japan, in Ozeanien Australien und Neuseeland. Auch in Europa weist der DAC Entwicklungsländer aus. Dazu zählen Albanien, Griechenland, Jugoslawien, Malta, Portugal, Türkei und Zypern. Die Weltbank zählt auch die osteuropäischen Staaten außer der ehemaligen Sowjetunion dazu, schließt aber die reichen ölexportierenden Staaten des Nahen Ostens aus.

Einige der Entwicklungsländer werden in der Untergruppe der **„Least Developed Countries" (LLDCs)** zusammengefaßt und oft auch als **„Vierte Welt"** bezeichnet.

Das sind etwa 40 rohstoff-, kapital- und exportschwache Länder mit etwa 200 Mio. Menschen. Die meisten dieser Länder findet man in Afrika südlich der Sahara sowie in Südostasien. Als wichtigste Kriterien wurden von der UNO ein extrem niedriger Pro-Kopf-Anteil am Bruttoinlandsprodukt (unter 355 US $), ein Anteil der industriellen Produktion am Bruttoinlandsprodukt unter 10% sowie eine hohe Analphabetenrate bei der erwachsenen Bevölkerung festgelegt. Kennzeichnend sind außerdem eine äußerst mangelhafte Ernährung, eine sehr schlechte Gesundheitsversorgung und eine sehr niedrige Produktivität der Landwirtschaft. Auch die Außenhandelsverbindungen sind nur schwach ausgebildet.
Die Weltwirtschaftskrise mit der starken Verteuerung der Öleinfuhren traf einige der Entwicklungsländer besonders hart. Die UNO beschloß deshalb ein Sonderprogramm für diese Staatengruppe (= **MSAC, Most Seriously Affected Countries**), der inzwischen 45 Länder angehören und in denen etwa ein Drittel aller Menschen leben.
Als **Schwellenländer** werden diejenigen Entwicklungsländer bezeichnet, die bereits einen hohen Anteil an der industriellen Weltproduktion und am Fertigwarenexport erreicht haben. Allerdings legen die verschiedenen Organisationen und Geberländer unterschiedliche Maßstäbe an, so daß die Zahl der Schwellenländer zwischen 10 (OECD) und 29 (Bundesministerium für Wirtschaftliche Zusammenarbeit) schwankt. Zu dieser Gruppe gehören z.B. Hongkong, Singapur, Taiwan, Malaysia, Südkorea, Brasilien, Mexiko, Spanien, Portugal, Griechenland, das ehemalige Jugoslawien, Israel und Südafrika.

Die Merkmale der Unterentwicklung

Trotz der großen Unterschiede innerhalb der Gruppe der Entwicklungsländer lassen sich doch einige gemeinsame Merkmale und Probleme herausfiltern.
Zur Beschreibung der Einkommenssituation wird oft das **geringe durchschnittliche Bruttosozialprodukt pro Kopf** angeführt. Allerdings ist dies nicht sehr aussagekräftig, da schwankende Wechselkurse einen Vergleich zwischen den Ländern erschweren und gerade in den Entwicklungsländern viele Güter und Dienstleistungen nicht erfaßt werden.
Weit verbreitet und weitaus stärker als in den Industriestaaten ist die **ungleiche Verteilung der Einkommen** ausgebildet. Im Durchschnitt verfügen in den Entwicklungsländern etwa 10% der Bevölkerung über 40% des Gesamteinkommens. Dem stehen die ärmsten 20% gegenüber, die über etwa 5% des Einkommens verfügen.
Meist behindert eine **mangelhafte Infrastruktur** mit einem schlecht ausgebauten Straßennetz die wirtschaftliche Entwicklung. Die Zahl der **Analphabeten** konnte trotz großer Anstrengungen nicht entscheidend verringert werden. Damit geht eine schlechte Ausbildung und Schulung einher.
Dies hat auch Auswirkungen auf die wirtschaftliche Produktivität, die meist sehr niedrig ist. Viele Entwicklungsländer, vor allem in Afrika, rücken dann immer wieder in den Brennpunkt, wenn sich die **schlechten Ernährungsbedingungen** zu

Die Entwicklung von Kulturlandschaften an Beispielen

Hungerkatastrophen ausweiten. Die ärmsten Länder können ihre Bevölkerung nicht mehr aus eigener Kraft ernähren und sind von Lebensmittellieferungen abhängig geworden.

Weitere Merkmale sind die schlechte **medizinische Versorgung** und eine im Vergleich zu den Industrieländern um 15–20 Jahre **niedrigere Lebenserwartung**.

In bezug auf die Außenwirtschaft wird häufig hervorgehoben, daß die Entwicklungsländer zu stark auf die Bedürfnisse der Industrieländer ausgerichtet und damit **von der westlichen Wirtschaftsentwicklung** abhängig seien. Im Land selbst entstehe dadurch ein zweiteiliges Wirtschaftssystem: ein moderner Exportsektor neben der traditionellen Wirtschaft. Viele Entwicklungsländer sind in ihrem Export zu **einseitig auf wenige Produkte, meist Rohstoffe, ausgerichtet**. Es werden kaum verarbeitete Stoffe oder Industrieprodukte ausgeführt. Besonders bedrohlich ist diese Situation bei jenen Ländern, deren Außenwirtschaft von einem einzigen Exportprodukt wie z.B. Erdöl oder Kaffee abhängt. Sie sind Nachfrageschwankungen und dem Preisverfall auf dem Weltmarkt direkt ausgesetzt. Einige Wissenschaftler gehen davon aus, daß sich das Austauschverhältnis (**Terms of Trade**) zwischen Importen und Exporten für die Entwicklungsländer in den vergangenen Jahren verschlechtert habe. Das bedeutet, daß ein Land für eine bestimmte Menge von Exportgütern immer weniger importieren kann, da die Preise für die Importwaren stärker gestiegen sind als für die Exportwaren. Dies trifft sicherlich auf die Länder zu, die hauptsächlich von Rohstoffexporten (mit Ausnahme des Erdöls) abhängig sind.

Die Verschlechterung der Terms of Trade seit den 70er Jahren wird weithin als ein Hauptgrund für die **starke Verschuldung** und sogar Überschuldung eines Großteils der Entwicklungsländer ins Feld geführt. Die Verschuldung aller Entwicklungsländer stieg von 100 Mrd. US $ im Jahr 1970 auf etwa 1200 Mrd. US $ im Jahr 1988 und auf 1322 Mrd. US $ im Jahr 1990. Mit etwa einem Fünftel der Gesamtschulden stehen Brasilien, Mexiko und Argentinien an der Spitze der Schuldenländer. Der Schuldendienst (Zinsen und Rückzahlungen) schöpft einen erheblichen Anteil der Exporterlöse ab. Die **Schuldendienstquote** (der Anteil des Schuldendiensts am Exporterlös) lag 1989 bei den lateinamerikanischen und nordafrikanischen Ländern bei über 30%, bei den Ländern Schwarzafrikas bei etwa 22%.

> 1985 wurde erstmals eine kritische Grenze überschritten. Seither fließen jährlich mehr Gelder aus den Entwicklungsländern in den Norden als umgekehrt. Man sprach deshalb schon von einer Umkehr der Kapitalströme aus den armen in die reichen Länder.

Die Gründe für die explosionsartige Schuldenvermehrung liegen zum größten Teil außerhalb des Einflußbereichs der Entwicklungsländer selbst. Die wichtigsten Faktoren waren:

- Die Erhöhung des Ölpreises 1979/80. Dadurch verteuerten sich die Importe für die Entwicklungsländer.

- Der Verfall der Rohstoffpreise. Dies führte zu sinkenden Deviseneinnahmen.
- Als Folge der weltweiten Rezession bauten viele Industrieländer zunehmend Handelshemmnisse gegen den Import von Fertigwaren aus den Entwicklungsländern auf.
- Der Zinsanstieg auf dem Kapitalmarkt, der durch die Hochzinspolitik der USA ausgelöst wurde.

Versuche zur Lösung der Verschuldungskrise wie Umschuldungen (Verlängerung der Laufzeiten der Kredite, neue Kredite, um alte Darlehen teilweise bedienen zu können) haben die Probleme nur in die Zukunft verlagert. Die Länder mußten zum Teil erhebliche wirtschaftliche und finanzpolitische Auflagen (**Strukturanpassungen**) erfüllen, z.B. drastische Sparmaßnahmen im öffentlichen Bereich, Abwertung der Landeswährung oder Streichung von Subventionen für Grundnahrungsmittel. Die Folge waren Verschärfungen der wirtschaftlichen und sozialen Spannungen im Land bis hin zu kriegerischen Auseinandersetzungen. Die Strukturanpassungen haben in vielen Ländern Afrikas die Not noch vergrößert. Krankenhäuser mußten geschlossen werden, Medikamente wurden zu teuer, die Ausgaben für Schulen wurden erheblich gekürzt. Nach Angaben der UNICEF starben 1988 in Afrika 320000 Kinder durch den Zusammenbruch des Gesundheitswesens und durch die Verelendung der Familien als direkte Folge von Überschuldung, Strukturanpassungen und dem Verfall der Rohstoffpreise.

Verbunden mit den medizinischen Fortschritten hat sich dennoch in der Dritten Welt die **Bevölkerung geradezu explosionsartig vermehrt**. Zur Zeit beträgt die Wachstumsrate weltweit 1,7%, was eine Verdopplung der Weltbevölkerung in 40 Jahren bedeutet. Für das Jahr 2000 rechnet man mit 6,2 Mrd. Menschen auf der Erde. 80% von ihnen werden in der Dritten Welt leben. Mit dieser Entwicklung konnte das wirtschaftliche Wachstum nicht Schritt halten. Erst eine allgemeine Verbesserung der Lebensqualität wird das Bevölkerungswachstum stoppen können. Maßnahmen zur Familienplanung haben den Anstieg lediglich etwas bremsen, jedoch nicht umkehren können. Man darf aber nicht in den Fehler verfallen, die Bevölkerungsentwicklung als Grund für die Unterentwicklung eines Landes heranzuziehen. Sie ist vielmehr das Ergebnis der Unterentwicklung. Für ein Ehepaar ist es in den meisten Ländern der Dritten Welt notwendig, möglichst viele Kinder, besonders Söhne, zu haben, die ihre Eltern im Alter unterstützen können. Die Familienplanung der Eltern verläuft also unter Umständen zu der offiziellen Familienplanung der staatlichen Stellen genau entgegengesetzt.

Die Ursachen der Unterentwicklung

Bei der Suche nach den Ursachen der Unterentwicklung spielt der politische Standpunkt des Betrachters eine erhebliche Rolle. Die Wirtschaftswissenschaftler der Industrieländer stellen gerne innere Gründe in den Entwicklungsländern in den Vordergrund, während die Vertreter der Entwicklungsländer den von außen einwirkenden Einfluß der Industrieländer für ihre Lage verantwortlich machen.

Die Entwicklung von Kulturlandschaften an Beispielen

Es ist sicher nicht zu leugnen, daß einige der betroffenen Länder **schlechte natürliche Voraussetzungen** für eine Entwicklung aufweisen, wie etwa Rohstoffmangel oder ungünstige Klimaverhältnisse. Auch die starke **Bevölkerungsexplosion** bremst die Entwicklung, da die Lebensmittelproduktion nicht im gleichen Maß wächst. Zu den inneren Gegebenheiten gehören auch Religion, Traditionen oder soziale Verhaltensmuster. Der Einfluß dieser Faktoren als entscheidende Entwicklungshemmnisse wird aber energisch von denjenigen bestritten, die die Verursachung von außen betonen. Als äußere Ursachen gelten in erster Linie Kolonialismus und nach-koloniale Strukturen, außenwirtschaftliche Ausbeutung und strukturelle Abhängigkeit.

Der größte Teil der jetzigen Entwicklungsländer war während der **Kolonialzeit** von den europäischen Ländern unterdrückt und wirtschaftlich nach den Interessen der Industrieländer ausgerichtet worden. Eine eigenständige Entwicklung parallel zu der Entwicklung der Industrieländer fand nicht statt. Die Entwicklungsländer dienten hauptsächlich als **Rohstofflieferanten**. Einige Theorien gehen sogar soweit zu sagen, daß die Entwicklung der Industrieländer nur durch die gezielte Unterentwicklung der Kolonien möglich war. Diese Strukturen wirken bis heute nach, z.B. in der Ausrichtung der Landwirtschaft auf Monokulturen und in der geringen Palette an Exportprodukten. Die verarbeitende Industrie wurde in den Entwicklungsländern aufgebaut und in den Kolonien vernachlässigt. Mit Ausnahme weniger Schwellenländer (relativ weit industrialisierter Entwicklungsländer) gilt diese internationale Arbeitsteilung auch heute noch.

> Die Industrieländer bestimmen die Preise für die Fertigprodukte und im Grunde auch die Preise für die Rohstoffe. Da die Rohstoffexporteure oft von einem Produkt abhängig sind, müssen sie unter Umständen jeden Preis akzeptieren. Leidtragende sind die Kleinbauern, Plantagenarbeiter oder Bergarbeiter, deren Löhne durch den Preisverfall auf den Rohstoffmärkten bis unter das Existenzminimum gedrückt werden.

Im Bereich der **Außenwirtschaft** und des **Außenhandels** beklagen die Entwicklungsländer, daß sie durch das bestehende System systematisch benachteiligt werden. Der Tausch „Rohstoffe aus den Entwicklungsländern gegen Fertigwaren aus den Industrieländern" verläuft zuungunsten der Dritten Welt. Der internationale Handel konzentriert sich zu zwei Drittel auf den Warenaustausch zwischen den Industrieländern. Der Anteil der ärmsten Länder der Vierten Welt erreicht gerade 2–3%, obwohl in diesen Ländern über die Hälfte der Erdbevölkerung lebt. Die Kluft zwischen den armen und reichen Ländern hat sich in den letzten Jahrzehnten nicht geschlossen, sondern sie ist noch größer geworden. Auch ist der Welthandel keineswegs frei, wie immer von den westlichen Ländern behauptet wird. Der Zugang zu den wichtigsten Märkten, z.B. zum EG-Markt, ist durch protektionistische Maßnahmen wie Zölle, Einfuhrbeschränkungen oder technische Auflagen stark eingeschränkt.

Strukturelle Abhängigkeit bedeutet, daß die Kolonien auch nach der formellen Unabhängigkeit in der Abhängigkeit vom internationalen System verblieben sind, das von den Industrieländern dominiert wird. Die Eliten der Entwicklungsländer richten sich in ihren Bedürfnissen, Interessen und ihrem Lebensstil nach den Industrieländern und sind nicht mehr in der Lage, die Bedürfnisse der armen Bevölkerungsschichten wahrzunehmen und zu vertreten.

Die Entwicklungspolitik

Die Ziele der Entwicklungspolitik haben seit den 50er Jahren mehrfach gewechselt. Unterentwicklung und Armut wurden zunächst als Folge von Mangel an Kapital, technischem Know-how oder ineffizienter Organisation der Gesellschaft gesehen. Man müsse deshalb nur das Wirtschaftswachstum fördern und die Industrialisierung in Gang bringen, dann würden auch automatisch die ärmeren Regionen und Bevölkerungsschichten am allgemeinen Wohlstand teilnehmen können. Der Erfolg blieb jedoch weitgehend aus.

Auch in den Schwellenländern, die industriell gesehen enorme Fortschritte gemacht hatten, war der Wachstumsprozeß von zunehmender Armut und Arbeitslosigkeit in den unteren Bevölkerungsschichten begleitet. Die Übertragbarkeit westlicher Fortschrittsvorstellungen wurde immer mehr in Zweifel gezogen. Hohe Wachstumsraten allein waren kein Garant für eine allgemeine Verbesserung der Lebensbedingungen in der Dritten Welt.

In den 70er Jahren legte man den Schwerpunkt auf die **Befriedigung der Grundbedürfnisse** der Masse der Landbevölkerung. Zunächst sollten die Ernährungssituation verbessert, Arbeitsplätze geschaffen und demokratische Verhältnisse herbeigeführt werden. Auf dieser Grundlage sollte dann das wirtschaftliche Wachstum aufbauen. Die „Volks"-Wirtschaft sollte gestärkt, statt der Großprojekte sollten viele kleine Projekte gefördert werden.

Kritiker betonten, daß bei dieser Verfahrensweise die „äußeren" Gründe der Unterentwicklung (z. B. ungleiche Außenhandelschancen, Verschuldung) ignoriert würden. Es wurde auch übersehen, daß internationale Firmen in Entwicklungshilfe ein Geschäft sehen. Kleine Projekte versprechen keine großen Gewinne und Investitionen lohnen sich nicht. Die Exportindustrie ist an Großprojekten interessiert. Auch hat sich herausgestellt, daß die Bürokratien der Hilfsorganisationen nicht auf die Bewältigung einer Vielzahl von Kleinprojekten, sondern auf die Abwicklung von Großvorhaben ausgerichtet sind.

Die Armut nahm im Gefolge der steigenden Verschuldung in den 80er Jahren noch zu, statt abzunehmen. Offensichtlich haben alle bisherigen Entwicklungsmodelle versagt. Das europäische Fortschrittsmodell ist nach Ansicht neuerer Theorien in eine Sackgasse geraten. Inzwischen hat man erkannt, welche ökologischen Folgen die Unterentwicklung auch für die Industrieländer hat. Die Umweltzerstörung in der Dritten Welt ist eine direkte Folge der Armut, da den Menschen oft nichts anderes übrigbleibt, als auch noch die letzten Ressourcen (freies Land oder die Wälder) auszubeuten, um zu überleben. Auch müssen die Industrieländer einsehen, daß ihr Wohlstand zu Lasten der ganzen Welt geht, da die natürlichen Ressourcen begrenzt sind. Neben der Anhebung der Lebensqualität der Dritten Welt müßte eigentlich auch eine Obergrenze für die Entwicklung der Industrieländer angegeben werden.

Dauerhaftes aber qualitatives Wachstum, das auch den Armen zugute kommt, bei gleichzeitiger Schonung der Umwelt wird z.B. von der **Nyerere-Kommission** gefordert. Ziel muß die Befriedigung der Grundbedürfnisse, die Emanzipation der Armen, der Schutz der Menschenrechte und demokratische Freiheit sein. Diese alternative Entwicklung soll auf Eigeninitiative und Selbstorganisation beruhen und die vorhandenen Ökosysteme bewahren. Voraussetzung dafür ist allerdings eine **Reformierung des Weltwirtschaftssystems** und eine **weltweite Abrüstung**. Ohne die Einsicht der Menschen in den Industriegesellschaften, daß ein Umdenken z.B. im Verbrauch der Ressourcen notwendig ist, wird es allerdings nicht gehen. Die Bevölkerung der Industrieländer macht nur 16% der Weltbevölkerung aus. Diese Minderheit verbraucht aber 73% der Erdressourcen.

Übungen

- Was sind LLDCs? Nennen Sie ihre besonderen Merkmale.
- Nennen Sie einige gemeinsame wirtschaftliche und soziale Merkmale unterentwickelter Länder.
- Was versteht man unter der Verschlechterung der Terms of Trade?
- Nennen Sie einige Gründe für die Schuldenexplosion der Staaten der Dritten Welt.
- Welche äußeren Faktoren tragen zur Stabilisierung der Unterentwicklung bei?
- Welche Gefahren birgt das westliche Wachstumsmodell für die Entwicklung der Dritten Welt?

Die Gefährdung des Naturhaushalts durch den Menschen

1992 schien das Wetter in vielen Teilen der Erde „verrückt zu spielen". Im US-Bundesstaat Colorado folgte in der zweiten Maihälfte auf eine Wärmeperiode mit Temperaturen bis 32 °C plötzlicher Schneefall, der vorangegangene Winter war dagegen der wärmste seit 97 Jahren gewesen. Gleichzeitig erlebte Australien auf der Südhalbkugel den kältesten Sommer seit 137 Jahren. Im Mittleren Osten sahen im Januar viele Menschen zum ersten Mal in ihrem Leben Schnee. 40 Jahre lang hatte es zuvor in Damaskus, Amman und Jerusalem nicht mehr geschneit. Während einerseits an so verschiedenen Orten wie Hongkong, Texas und Kalifornien mächtige Niederschläge weite Landesteile überschwemmten, muß die östliche Hälfte Afrikas von Ägypten bis Südafrika gegen die schlimmste Dürre seit 50 Jahren ankämpfen. Extreme Witterungserscheinungen sind eigentlich keine Seltenheit, doch die Massierung in den letzten zwei Jahren scheint darauf hinzuweisen, daß im weltweiten Klimageschehen eine Veränderung stattfindet. Im Gegensatz zu früheren Klimaveränderungen deutet alles darauf hin, daß diesmal der Mensch für den Umschwung verantwortlich ist.

Zu diesen Erscheinungen paßt, daß am 3. Juni 1992 in Rio de Janeiro die **UNCED** begann, die **United Nations Conference on Environment and Development**, auch als „Earth Summit" oder „Weltklimakonferenz" bezeichnet. Auf dieser größten Konferenz der Weltgeschichte, an der Delegierte aus über 160 Ländern und mehr als 100 Staatsoberhäupter teilnahmen, sollte erneut der Versuch unternommen werden, die globalen Umwelt- und Entwicklungsprobleme zu lösen. Eine ähnliche Konferenz 1972 hatte zwar auf Länderebene einige Erfolge gebracht, weltweit hatte sich die Umweltsituation aber weiter verschlechtert. Seit 1972 gingen 200 Mio. Hektar Wald verloren, wurden 500 Mio. Tonnen Humus abgeschwemmt und starben Tausende Tier- und Pflanzenarten aus.

Die Konferenz von 1972 stand im Zeichen der zunehmenden Luftverschmutzung. Inzwischen sind weitere Umweltgefahren hinzugekommen.

Die Erwärmung der Atmosphäre durch den Treibhauseffekt

In der unteren Schicht der Atmosphäre herrscht weltweit eine Durchschnittstemperatur von etwa 15 °C. Dies ist nur dadurch möglich, daß die von der Erdoberfläche abgestrahlte langwellige Wärmestrahlung zu einem großen Teil von verschiedenen Gasen absorbiert und nicht in den Weltraum zurückgestrahlt wird. Ohne diese Gase läge die Temperatur bei etwa −16 °C, und höheres Leben auf der Erde wäre nicht möglich.

Die wichtigsten dieser Gase sind **Kohlendioxid (CO_2)** und die Spurengase **Methan (CH_4), Ozon (O_3), Stickoxide** (z.B. NO_2) und **Fluorchlorkohlenwasserstoffe (FCKW)**. Seit der industriellen Revolution ist der Anteil an Kohlendioxid in der Atmosphäre um 25% gestiegen, der Anteil der Stickoxide um 19%, des Methangases um 100%.

> Folge dieser Zunahme war eine Erhöhung der Mitteltemperatur der Atmosphäre um 0,6 °C. Bei gleichbleibender Entwicklung wird sich die Temperatur in den nächsten 40–50 Jahren um 1,5 bis 4,5 °C erwärmen. Eine derartige Erwärmung ließe den Meeresspiegel um mindestens einen Meter ansteigen, einige Klimamodelle gehen von einem Anstieg bis zu fünf Meter aus.

Die Auswirkungen auf die Bewohner vieler Küstenregionen wären katastrophal. Die Klimagürtel würden vermutlich polwärts verschoben, was bedeutete, daß die Agrarregionen Nordamerikas und der Ukraine austrockneten. Extreme Witterungsverhältnisse wie Starkregen, Wirbelstürme und Überschwemmungen würden sich häufen.

Die Zerstörung der Ozonschicht

In etwa 30 km Höhe wird Sauerstoff (O_2) durch ultraviolette Strahlung zerlegt. Die einzelnen Sauerstoffatome verbinden sich mit O_2 zu Ozon (O_3). Diese Ozonschicht ist zwar nur sehr dünn, für das Leben auf der Erde aber äußerst wichtig: sie absorbiert die gefährliche UV-Strahlung der Sonne, die ansonsten das Leben auf dem Festland vernichten würde. Seit 1935 werden von der Chemie künstliche Fluorchlorkohlenwasserstoffe (FCKW) hergestellt, die z.B. als Treibgase in Sprühdosen oder als Kältemittel in Kühlschränken verwendet werden. Gelangen diese Stoffe in die Atmosphäre, steigen sie im Lauf mehrerer Jahre in die Stratosphäre, wo sie durch die UV-Strahlung zerlegt werden.

> Freigesetztes Chlor und Fluor zerstören das Ozon. In den letzten 15 Jahren ging die Ozonschicht je nach geographischer Breite um 1,6% bis 3% zurück. Über der Antarktis betrug der Rückgang zeitweise bis zu 50%. Außer der Verstärkung der UV-Einstrahlung an der Erdoberfläche hat die Abnahme des Ozon auch eine Abkühlung der Stratosphäre und dadurch eine Destabilisierung der Temperaturschichtung der Atmosphäre zur Folge.

Auch FCKW-Verbote haben den Prozeß bisher nicht aufhalten können, da zusätzlich andere Gase, die nicht verboten sind, das Ozon zerstören. Außerdem befinden sich noch sehr viele Schadstoffe wie eine Zeitbombe erst in den unteren Atmosphärenschichten. Sie werden in den nächsten 10–15 Jahren in die Stratosphäre gelangen und mit der Zerstörung beginnen.

Die Vernichtung der Wälder, Desertifikation, Artensterben, Bevölkerungsexplosion

Das Thema „Vernichtung der Wälder" hat mehrere Aspekte. Während in den nördlichen Ländern das durch die Umweltverschmutzung verursachte Waldsterben anhält, verschwinden in den Tropen jährlich fast 200 000 km^2 Regenwälder durch Brandrodung oder Holzeinschlag. In den Trockengebieten ist der steigende Brennholzbedarf durch die wachsende Bevölkerung einer der Hauptgründe für das Abholzen der letzten Trockenwälder.
Doch die Gefahr der Abholzung droht auch den nördlichen Wäldern. Im Nordwesten der USA fallen immer größere Flächen der uralten Redwood-Wälder den Kreissägen zum Opfer. Ähnliches gilt für die nördlichen Regenwälder Westkanadas. Der Zerfall der Sowjetunion lenkte den Blick japanischer, europäischer und amerikanischer Holzfirmen auf die riesigen Waldreserven Sibiriens. Inzwischen werden auch dort große Flächen an Privatfirmen vergeben und kahlgeschlagen. Gerade in den extremen Klimazonen Sibiriens, der Trockengebiete und der Tropen ist eine Regeneration der Wälder in der alten Form nicht mehr möglich, auch nicht durch Aufforstungsmaßnahmen. Die Folgen sind vielgestaltig: Abschwem-

mung der Böden nach Entfernen der schützenden Pflanzendecke oder Austrocknung bis zu lokalen Klimaveränderungen. Die Ausbreitung der Wüste (Desertifikation) ist inzwischen ein weltweites Phänomen.

Die Vernichtung der Wälder hat zusätzlich Rückwirkungen auf den Anstieg des CO_2 in der Atmosphäre. Ein Teil des Kohlendioxids wird nämlich durch die Bäume absorbiert und dadurch der Luft entzogen. Ohne diesen Filter wäre der CO_2-Gehalt der Atmosphäre noch höher und damit verbunden auch die Erwärmung. Etwa 10 Mio. verschiedener Tier- und Pflanzenarten existieren auf der Erde, 50% davon in den tropischen Regenwäldern. Sie bilden einen ungeheures und noch wenig erforschtes Reservoir z.B. zur Gewinnung von Arzneimitteln. Doch mit dem Verschwinden des Regenwalds ist auch seine Artenvielfalt bedroht.

> Zwischen 1970 und 1980 starben im tropischen Regenwald 1 Mio. Tier- und Pflanzenarten aus. Es wird geschätzt, daß bis zum Jahr 2020 10–20% aller Tier- und Pflanzenarten auf der Erde ausgerottet sein werden – das größte Artensterben seit 65 Mio. Jahren.

Selbst wenn sich die Politiker weltweit über die meisten Fragen einig wären, könnte doch eine Entwicklung alle Bemühungen zunichte machen – das scheinbar unaufhaltsame Anwachsen der Weltbevölkerung.

> 1950 lebten auf der Erde 2,5 Mrd. Menschen, 1990 bereits 5,3 Mrd. Im Jahr 2000 werden es 6,3 Mrd. sein. Bis zum Jahr 2150 wird sich die Weltbevölkerung etwa bei 11,6 Mrd. Menschen eingependelt haben.

Im Vorfeld der Rio-Konferenz waren zahlreiche Lösungsvorschläge für den Kampf gegen die geschilderte Umweltzerstörung erarbeitet, aber auch wieder abgeändert und verworfen worden. So waren z.B. die USA nicht bereit, irgendwelche Erklärungen zu unterschreiben, die eine Gefährdung ihrer Wirtschaft und damit der Arbeitsplätze beinhalteten. Doch gerade die Industrieländer tragen wesentlich zur Umweltverschmutzung bei. Die größten Pro-Kopf-Produzenten von Treibhausgasen sind die USA, Kanada, die Sowjetunion, Deutschland und Großbritannien. Die Industrieländer verbrauchen, bei einem Bevölkerungsanteil von etwa 25%, 75% der Energievorräte und 85% des kommerziell genutzten Holzes. Die Entwicklungsländer stellten vor allem den Zusammenhang zwischen Unterentwicklung und Naturzerstörung in den Vordergrund. Die Forderung der Industrieländer, sie sollten sich mehr um den Schutz der Umwelt kümmern, empfinden sie als Versuch, von den eigenen Sünden abzulenken. Zuerst müsse eine der Hauptursachen der Umweltzerstörung abgeschafft werden: die ungleiche Verteilung wirtschaftlicher Macht zwischen armen und reichen Ländern.

Zwar haben in Rio einige Staaten ihre Bereitschaft zu einzelnen umweltpolitischen Maßnahmen erkennen lassen, von einem gemeinsamen Vorgehen aller Staaten kann aber noch keine Rede sein. Dazu sind die Beschlüsse zu vage und zu unverbindlich. Es bleibt die Gefahr, daß die Entwicklung einmal so weit fortgeschritten sein wird, daß wirksame Gegenmaßnahmen nicht mehr möglich sind.

Übungen

- Nennen Sie die zur Zeit drängendsten Umweltgefahren.
- Wie entsteht der Treibhauseffekt und welche Bedeutung hat er für das Leben auf der Erde?
- Welche atmosphärischen Gase bewirken den Treibhauseffekt?
- Warum wird der Treibhauseffekt heute als Gefahr empfunden?
- Worin besteht die Bedeutung der Ozonschicht und wodurch ist sie gefährdet?
- Warum kann ein FCKW-Verbot die Vergrößerung des „Ozonlochs" nicht sofort verhindern?
- Welche Umweltfolgen hat das Abholzen großer Waldflächen in und außerhalb der Tropen?

Lösungen zu den Übungen

Geologie

- Tiefbohrungen: Untersuchung des Gesteins anhand eines Bohrkerns
  Auswertung von Erdbebenwellen: Geschwindigkeit und Verlauf der Erdbebenwellen geben Aufschluß über Dichte und Zusammensetzung des Gesteins.
- Ausgangspunkt: älteste Gesteine etwa 4,5 Mrd. Jahre alt.
  Bei einer Streckenlänge von 2 m nehmen die Erdzeitalter etwa folgende Strecken ein: Präkambrium 147 cm, Kambrium 3,2 cm, Ordovizium 2,7 cm, Silur 1,8 cm, Devon 2,5 cm, Karbon 2,9 cm, Perm 2,7 cm, Trias 1,4 cm, Jura 2,5 cm, Kreide 3,2 cm, Tertiär 3 cm; Frühmenschen bei 199,9 cm.
- *Kaledonische Gebirgsbildung;* vor allem im Ordovizium und im Silur. Älteste Teile der Britischen Inseln und Westnorwegens. „Zusammenprall" des nordamerikanischen Kontinents mit Europa.
  Variszische Gebirgsbildung; Devon bis Perm. Bretagne, Zentralmassiv, Rheinisches Schiefergebirge, Vogesen, Schwarzwald. Nordbewegung Afrikas.
  Alpidische Gebirgsbildung; beginnend im Mesozoikum. Entstehung des heutigen alpidischen Gebirgsgürtels hauptsächlich im Tertiär. Pyrenäen, Alpen, Dinarisches Gebirge, Fortsetzung über Kaukasus, Himalaya bis zu den ost- und südasiatischen Gebirgen. Kordillerenkette in Nord- und Südamerika.
- Teil des mittelatlantischen Rückens. Bildung neuer Erdkruste direkt an der Erdoberfläche. Vulkanismus, Vulkanformen aller Art.
- Lage im Bereich zweier Plattengrenzen. Pazifische und Nordamerikanische Platte gleiten aneinander vorbei. Spannungen lösen sich als Erdbeben.
- Der Begriff bezieht sich auf die Vielzahl von Vulkanen, die wie ein Ring den Pazifik umgeben. Grund ist Vulkanismus an abtauchenden Platten.
- Nordwärtsbewegung der Afrikanischen und Indischen Platte.
- In Europa vor allem der Oberrheingraben und der Rhônegraben. Setzt sich fort im Jordangraben mit dem Toten Meer. Weiter im Roten Meer und im ostafrikanischen Grabensystem.
- Surtsey: sea-floor-spreading; Kilimandscharo: Spreading-Zone, Grabenbruch; Fudschijama: Subduktionszone; Katmai: Subduktionszone; Cotopaxi: Subduktionszone; Krakatau: Subduktionszone; Pico: Hot Spot Vulkan; Mt. St. Helens: Subduktionszone.
- Am bekanntesten sind Kaiserstuhl, Hegau und Eifelmaare. Außerdem: Vogelsberg, Basaltdecken im Westerwald, Siebengebirge, Rhön, schwäbischer Vulkanismus um Bad Urach.

- Kanadischer Schild: ältester Teil, Präkambrium, bildet sozusagen die Unterlage. Nördliche Appalachen, Neufundland sind Teile des Kaledonischen Gebirges, Altpaläozoikum. Hauptteil der Appalachen, Ozark Mountains sind variszisch, Jungpaläozoikum. Die Gesteine der inneren Ebenen sind paläozoisch und mesozoisch. Die westlichen Gebirge gehören zu der alpidischen Gebirgsbildungsphase und entstanden während der letzten 60 Mio. Jahre.

Die Oberflächenformen der Erde

- *Physikalische Verwitterung* ist die mechanische Zerkleinerung des Gesteins ohne Änderung der Zusammensetzung. *Chemische Verwitterung* ist die Veränderung der Gesteinszusammensetzung, z. B. durch Lösung.
- Im Gegensatz zu anderen Substanzen dehnt sich Wasser beim Gefrieren aus. Sind Gesteinsrisse mit Wasser gefüllt, übt dieses beim Gefrieren einen enormen Druck auf das Gestein aus und kann Teile absprengen.
- Beide Landschaftsformen sind Produkte der Eiszeiten. Fjorde sind durch aushobelnde Wirkung eines Gletschers und subglaziale Schmelzwasser entstanden (ähnlich dem Trogtal). Förden sind ehemalige subglaziale Schmelzwasserrinnen in einer Moränenlandschaft.
- Z. B. in Südostalaska, wo immer noch Gletscher bis an die Küste vordringen.
- Die wichtigsten Formen sind: Endmoräne, davor Sander/Sandschwemmebenen. Hinter der Endmoräne die Grundmoränenlandschaft mit kuppigem Relief, Seen, Senken, Kiesrücken und Drumlins.
- Wattenküste an der Nordsee; Produkt der Gezeiten; regelmäßig überflutet, von Prielen durchzogen. Inselkette vor der Küste.
  Förden an der Ostküste Schleswig-Holsteins; entstanden durch die Gletscher der Eiszeiten. Boddenküste an der Ostsee; überflutete Grundmoränenlandschaft. Steilküste z. B. auf Rügen; festes Gestein, Versteilung durch Brandung.
- Kalk, kalkhaltiges Gestein (Dolomit), Gips; zur Lösung des Gesteins muß mit CO_2 angereichertes Wasser vorhanden sein. Lösung an der Erdoberfläche oder im Untergrund.
- Wichtig für Aufbereitung des Gesteins, die Verwitterung sowie den Abtransport des Verwitterungsmaterials und die Talbildung; wichtigster Faktor bei der Erosion und damit bei der Formung der Erdoberfläche.

Klima und Klimazonen

- Wetter: kurze Dauer, Zustand der Atmosphäre zu einem eng begrenzten Zeitpunkt. Klima: langfristiger, meist über 30 Jahre gemessener durchschnittlicher Zustand der Atmosphäre.
- Geographische Lage im Gradnetz, Höhenlage, Exposition (Ausrichtung nach der Himmelsrichtung), Nähe zum Meer, Bodenbedeckung.

- *Sommeranfang:* die Sonne erreicht scheinbar ihren nördlichsten Punkt, steht senkrecht über dem nördlichen Wendekreis; längster Tag.
  Herbstanfang: die Sonne steht senkrecht über dem Äquator, Tag- und Nachtgleiche; auf der Nord- und Südhalbkugel herrschen dieselben Einstrahlungsverhältnisse. Unterschiedliche Einstrahlungsverhältnisse zu den verschiedenen Jahreszeiten sind durch die Schrägstellung der Erdachse bei ihrem Lauf um die Sonne bedingt. Ein halbes Jahr ist die Nordhalbkugel, ein halbes Jahr die Südhalbkugel der Sonne zugewandt.
- In den Tropen steht die Sonne immer sehr hoch. Es herrscht immer eine hohe Einstrahlung; deshalb kein Unterschied zwischen Winter und Sommer.
- Auf dem Weg durch die Atmosphäre wird ein Teil der Einstrahlung an Wolken, Dunst, Wassertröpfchen reflektiert und gestreut, ein Teil wird absorbiert. Streuung zurück in den Weltraum oder an die Erdoberfläche. Nur ein Viertel erreicht direkt die Erdoberfläche. Dort wird ein weiterer Teil ebenfalls reflektiert, je nach Oberflächenbeschaffenheit.
- Die Erdoberfläche nimmt kurzwellige Sonnenstrahlung auf und strahlt langwellig zurück (Wärmestrahlung). Diese Rückstrahlung wird hauptsächlich vom Wasserdampf und dem Kohlendioxid in der Atmosphäre absorbiert. Effekt: Erwärmung der Atmosphäre wie in einem Glashaus, bei dem das Glas ebenfalls langwellige Strahlung nicht durchläßt. Ohne den Glashauseffekt wäre die Erde bei einer mittleren Temperatur von $-16\,°C$ nicht bewohnbar.
- Beim Aufsteigen kondensiert Wasserdampf, dabei wird Energie freigesetzt, die die Luft wiederum erwärmt. Da trockene Luft weniger Wasserdampf als feuchte Luft enthält, kühlt sie schneller ab.
- Ein thermisches Tief entsteht durch Erhitzen der Erdoberfläche. Dabei wird auch die darüber befindliche Luftschicht erwärmt. Erwärmte Luft steigt auf und erzeugt dadurch ein Gebiet tieferen Luftdrucks am Boden. Ein thermisches Hoch entsteht durch Absinken von kalter Luft zur Erdoberfläche. Es entsteht ein Hochdruckgebiet am Boden. Thermische Druckgebilde entstehen z.B. im Übergangsbereich Land–See (Land-Seewind). Ein thermisches Hochdruckgebiet liegt regelmäßig über den Polen, bedingt durch absinkende kalte Luftmassen. Ein thermisches Tief bildet sich im Sommer über Zentralasien und Sibirien durch die starke Erhitzung der großen Landfläche. Im Winter bildet sich ein thermisches Hoch in dieser Region.
- Mit Eintreffen der Warmfront erste Regenfälle (Landregen), danach folgt der Warmsektor mit meist freundlichem Wetter. Die folgende Kaltfront bringt heftige Niederschläge mit meist starkem Wind.
- Die ITC folgt der scheinbaren Verlagerung der Sonne auf die jeweilige Sommerhalbkugel. Mit dem Sonnenhöchststand sind in zeitlichem Abstand die tropischen Regenzeiten verknüpft. In Äquatornähe gibt es zwei Regenzeiten, die durch mehr oder weniger stark ausgeprägte Trockenzeiten unterbrochen sind. An den Wendekreisen gibt es nur eine Regenzeit.
- Die starke Nordverlagerung der ITC über Indien bewirkt, daß im Sommer der Südost-Passat der Südhalbkugel über den Äquator nach Norden vordringt, umgelenkt wird und als Südwest-Monsun heftige Niederschläge verursacht.

Lösungen zu den Übungen

Die Landschaftsgürtel der Erde

- Die tageszeitlichen Unterschiede von Temperatur und Niederschlägen sind größer als die jahreszeitlichen.
- Tageszeitenklima, immer hoher bis sehr hoher Sonnenstand, Durchschnittstemperatur eines jeden Monats über 18 °C, kein Winter. Am Äquator zwei Regenzeiten, die zu den Randtropen hin zu einer Regenzeit verschmelzen.
- Tropische Böden sind meist sehr tiefgründig chemisch verwittert. Vor allem in den inneren Tropen sind sie aufgrund der starken Niederschläge ausgewaschen und nährstoffarm. Im B-Horizont oft Anreicherung von Eisen- oder Aluminiumoxiden, die bei Austrocknung verhärten.
- Nach der Rodung und dem Abbrennen der Vegetation sind die Böden zunächst sehr fruchtbar, nach drei oder vier Ernten jedoch ausgelaugt. Da die dichte, schützende Vegetation nun fehlt besteht die große Gefahr, daß die oberste, lockere Schicht durch die starken Regenfälle abgeschwemmt wird und sogenannte „Badlands" entstehen.
- Die randtropischen Wüstengebiete liegen im Bereich der Passate. Das sind trockene Winde, die aus Nordost bzw. Südost aus dem subtropischen Hochdruckgürtel zur Äquatorialen Tiefdruckrinne wehen. Da in der Kernzone absinkende Luftmassen vorherrschen, sind die Passate äußerst niederschlagsarm.
- Vergrößerung des Wurzelsystems, Verringerung der Verdunstung, Ausbildung unterirdischer oder oberirdischer Speicherorgane (Kakteen).
- Flußoasen entlang wasserreicher Flüsse, z.B. Niltal; Grundwasseroasen, in denen der Grundwasserspiegel so hoch liegt, daß ihn die Pflanzen mit ihren Wurzeln erreichen können, oder in denen das Wasser mittels Pumpen an die Oberfläche gebracht werden kann; Quelloasen, in denen das Wasser in Quellen an die Oberfläche tritt.
- Weidewechsel in den verschiedenen Jahreszeiten; im Frühjahr und Sommer ins Gebirge, im Herbst und Winter in die milderen Tallagen. Ähnlichkeiten mit Wanderschäferei in Südwestdeutschland und saisonalen Viehtrieben in den Trockengebieten der USA.
- *Ozeanisch:* kühle Sommer, milde Winter, relativ hohe Niederschläge, geringe Temperaturschwankungen.
  Kontinental: heiße Sommer, kalte bis sehr kalte Winter, hohe jährliche Temperaturschwankungen, geringe Niederschläge.
- Die Schwarzerdegebiete liegen meist in kontinentalen Zonen, in denen das Pflanzenwachstum einerseits durch Frost, andererseits durch Trockenheit in der Wachstumsperiode stark eingeschränkt ist.
- Nur wenig Ackerbau möglich, hauptsächlich Grünlandwirtschaft und Viehhaltung. Zunehmend Nutzung der Wälder z.B. in Sibirien. Zum Teil reiche Rohstoffvorkommen (Erdöl, Kohle, Erze).

Die Agrarlandschaften

- *Polare Grenze:* Wärmemangelgrenze; geringe und nur kurzzeitige Erwärmung. *Trockengrenze:* Wassermangel, zu geringe oder auch zu ungünstig verteilte Niederschläge; hohe Verdunstung. *Höhengrenze:* Kältegrenze, ähnlich polarer Grenze. Abhängig von geographischer Breite. Je nach Pflanzenart sehr unterschiedlich ausgeprägt.
- Wechsel von Getreideanbau mit Schwarzbrache ohne Anbau. Gepflügter Boden nimmt Wasser besser auf, speichert es auch besser. Durch Eggen nach Niederschlägen wird die Verdunstung reduziert.
- Gefahr der Versalzung, wenn Entwässerung nicht gewährleistet ist. Versickertes Wasser steigt in der Trockenzeit kapillar nach oben und bringt gelöste Salze mit, die nach Verdunstung des Wassers an der Oberfläche ausfällen und Salzkrusten bilden.
- Gemäßigtes Klima mit ausreichenden Niederschlägen und relativ langer Vegetationszeit in vielen Regionen bietet gute Voraussetzungen für eine vielseitige Landwirtschaft.
- *Junge Marschen:* wenig ausgewaschen, daher intensiver Anbau. *Alte Marschen:* tiefere Lage, Vernässung, weniger fruchtbar; hauptsächlich Grünlandwirtschaft.
- *Niedere Geest:* sandig, unfruchtbar, meist bewaldet. *Hohe Geest:* Altmoränenlandschaft, Böden relativ stark ausgewaschen; neben Grünland noch Ackerbau. *Jungmoränenlandschaft:* Böden noch mineralstoffreicher und fruchtbarer; meist Akkerland. *Endmoränen, Sanderflächen:* meist bewaldet. Urstromtäler meist Grünland. *Bördenlandschaften:* Lößbedeckung eine Folge der Eiszeiten; die fruchtbarsten Böden Deutschlands.
- *Zuerwerb:* Schwerpunkt liegt auf der Landwirtschaft. Außerbetriebliches Einkommen unter 50 %. *Nebenerwerb:* außerbetriebliches Einkommen beträgt mindestens 50 %.
- Größere Höfe mit höheren Flächenerträgen, besseren Böden und günstigerem Relief liegen hauptsächlich in Norddeutschland. Dadurch Einkommensgefälle in der Landwirtschaft von Nord nach Süd.
- Reduktion der Milchproduktion durch Quotensystem. Überproduktion wird bestraft durch weniger Geld. *Flächenstillegung:* Landwirte erhalten für brachliegende Flächen eine Ausgleichszahlung. *Extensivierung:* ein Teil der Fläche wird für eine bestimmte Zeit als Grünland brachgelegt; darf auch nicht gedüngt oder mit Pflanzenschutzmitteln behandelt werden.
- *Tundra:* nicht nutzbar. *Taiga:* kaum nutzbar; im europäischen Teil Anbau von Kartoffeln, Gerste, Gemüse und Futterpflanzen. *Mischwaldzone:* Anbau von Wintergetreide, Gemüse möglich. Grünland und Viehhaltung. *Waldsteppe:* Schwarzerdezone, sehr fruchtbarer Boden. Getreide, Zuckerrüben, Blattfrüchte. *Steppe:* Anbau in Bewässerungsgebieten; Gemüse, Hackfrüchte, Mais, Zuckerrüben. *Halbwüsten, Wüsten:* Anbau auf wenig Bewässerungsland, u. a. Baumwolle, Zuckerrüben, Gemüse, Tabak. Extensive Weidewirtschaft.

- Bezeichnet den Raum mit den besten agrarischen Voraussetzungen; Eckpunkte: St. Petersburg–Odessa–Krasnojarsk.
- *Kolchose:* kollektiviertes Land; Zusammenlegung ehemaliger privater Ländereien; genossenschaftliche Produktion; Kollektiv ist Unternehmer, Arbeiter am Gewinn beteiligt; Leiter vom Kollektiv gewählt.
 Sowchose: Staat ist Unternehmer; Arbeiter sind Angestellte und arbeiten für Lohn.
- Weltweit wichtigster Produzent von Agrarprodukten; auch im Export führender Staat mit einer breiten Palette von Produkten.
- Naturausstattung: humid, kühlgemäßigt, z.T. Bergland. Marktorientierung: Nähe zu Ballungszentren; großer Bedarf, Milch kann nicht weit transportiert werden. Herkunft der Einwanderer aus Regionen, in denen Milchwirtschaft eine wichtige Rolle spielte.
- Von Nord nach Süd wärmebedingt Aufteilung in Sommerweizenanbau im Norden und Winterweizenanbau im Süden. Von Ost nach West zunehmende Trokkenheit, zunehmende Verdunstungsrate, abnehmender Humusgehalt des Bodens. Dadurch unterschiedliche Voraussetzungen für die Landwirtschaft.
- Dry-farming. Stubble-Mulching: Stoppeln werden nach der Ernte teilweise untergepflügt; Schutz gegen Winderosion. Listerkulturen: Längs- und Querrillen auf den Feldern, dadurch bessere Wasserspeicherung.
- Abnehmende Zahl der Farmen, Dominanz großer Unternehmen, Konzentration von Produktion auf große Farmen bei zunehmender Spezialisierung, Wandel der Organisationsformen.
- Kontraktanbau: Farmer stellen ihr Land einer großen Firma zum Anbau zur Verfügung. Korporationen: Firmen der Nahrungsmittelindustrie kaufen Land auf; kontrollieren inzwischen weit über die Hälfte der agrarischen Produktion. Genossenschaften: gemeinsame Vermarktung der Produkte.
- Wald schützt Boden gegen Austrocknung, Winderosion und Wassererosion. Da der Boden schnell erschöpft ist, kann nach einiger Zeit nichts mehr angebaut werden, und ohne Bedeckung wird die dünne Krume durch die gelegentlich auftretenden Starkregen abgeschwemmt. Bäume verlangsamen hingegen den Abfluß des Wassers und schützen gegen die Erosion.
- Erwärmung der Atmosphäre durch Treibhausgase. Überbeanspruchung der Böden durch agrarische Nutzung, Überweidung, Entwaldung, falsche Bewässerung.

Alte und junge Industrieländer

- Ausreichend Kapital, große Zahl landloser Bauern als Arbeiter; Handwerker- und Unternehmerschicht bestand bereits in einigen Städten, Rohstoffe (Kohle) vorhanden, Förderung durch Wirtschaftspolitik.
- Ausbeutung, z. T. Verelendung in den Städten, Frauen- und Kinderarbeit unter äußerst schlechten Bedingungen, Krankheiten und Seuchen aufgrund fehlender sanitärer Einrichtungen in den übervölkerten Städten.

- Erste Ansätze um 1800 im Nordosten (Holz, Wasserkraft, Schiffsbau, Fischerei). Schwerindustrie in Pennsylvania auf Kohlebasis in der ersten Hälfte des 19. Jh.s. Um 1900 Automobilindustrie in Detroit. Mittlerer Westen ist Zentrum der Schwerindustrie. Im 20. Jh. Entwicklung der Industrie in Kalifornien (Filmindustrie, Flugzeugbau, Erdöl). In den 30er Jahren Erdölfunde im Süden, nach dem Zweiten Weltkrieg Zuwanderung und Schaffung neuer Arbeitsplätze auch in dieser Region (Petrochemie, Flugzeugindustrie, Raumfahrtindustrie). Nach dem Zweiten Weltkrieg wurde der Raum um San Francisco zum Zentrum der Elektronikindustrie.
- Preissystem, mit dem Pittsburgh in den 20er Jahren den Stahlpreis festlegte. In den USA mußte Stahl überall zu dem Preis verkauft werden, als ob er in Pittsburgh hergestellt und von dort geliefert worden wäre. Günstigere Standorte hatten somit keinen Preisvorteil.
- Enge Verbindung zwischen Industrie und Hochschulen, die von großen Firmen finanziell unterstützt werden. Industrie als Mäzen der Universitäten. Beispiele: MIT (Massachussetts Institute of Technology, Stanford University in Kalifornien).
- Konzentration auf die großen Städte Moskau und St. Petersburg, den Ural und die südliche Ukraine.
- Bezieht sich auf die Erschließung verschiedener Erdölfelder. Erstes Baku: Baku am Kaspischen Meer, Erdölgewinnung seit dem Ende des 19. Jh.s. Zweites Baku: Erdölfelder im südwestlichen Uralvorland, seit den 30er Jahren erschlossen. Drittes Baku: Erdölfelder am mittleren Ob in Westsibirien, Förderung seit den 60er Jahren.
- Rohstofflieferant (Eisenerz, Steinkohle, Kupfer, Nickel), Schwerindustriezentrum, chemische und petrochemische Industrie, Maschinen- und Fahrzeugbau.
- Extremes Klima, tief gefrorener Boden (Permafrost), weite Gebiete versumpft, große Entfernungen zu den Bevölkerungszentren im Westen.
- Die Beziehungen zwischen den Republiken waren sehr eng. Bedeutende gegenseitige Abhängigkeit, wobei die meisten Republiken auf die Versorgung durch Rußland angewiesen waren und sind. Nach der Auflösung der Sowjetunion brachen diese Verbindungen z.T. zusammen. Auch viele Lieferungen der Republiken nach Rußland wurden ausgesetzt. Die Russische Föderation nutzte Abhängigkeit zeitweise auch als Druckmittel gegen die Republiken.
- Durch Direktinvestitionen im Bergbau rohstoffliefernder Staaten, z.B. in Australien, Kanada, Südamerika oder Indonesien.
- Konzentration der Schwerindustrie auf die Kohlestandorte (Oberschlesien, Ruhrgebiet, Saarland, Raum Aachen). In den großen Städten Investitionsgüter- und Konsumgüterherstellung, die Leichtindustrie gestreut, vor allem in den Mittelgebirgen (z.B. Württemberg, Bergisches Land).

Lösungen zu den Übungen

- Aufkommen der Schwerindustrie seit der Mitte des 19. Jh.s, führend jedoch die Textilindustrie vor der Nahrungs- und Genußmittelindustrie bis ins 20. Jh. Danach Konzentration, Umstrukturierung, Entwicklung neuer Industrien und höherwertiger Produkte. Nach dem Zweiten Weltkrieg Aufschwung der chemischen Industrie und der Automobilindustrie bei Rückgang der Textilindustrie. Schwindende Bedeutung des Bergbaus. Die wichtigsten Industriezweige sind heute Automobilbau, Chemie, Maschinenbau und Elektrotechnik.
- Praktisch keine Schwerindustrie vorhanden, kaum Rohstoffe außer Braunkohle und Kali, keine dem Marshall-Plan entsprechende Unterstützung durch das Ausland.
- Heimische Braunkohle als wichtigste Grundlage, Einfuhr von Kohle und Erdöl aus der Sowjetunion (Erdöl seit 1963).

Stadtentwicklung in Deutschland

- Stadtgründungen im 12. und 13. Jh. durch verschiedene Adelsgeschlechter. Städte als Handels- und Handwerkszentren. Im 16. bis 18. Jh. Gründungen durch absolutistische Landesherren. Neue Städte als Residenzstädte.
- Entwicklung der Innenstadt zum Geschäftszentrum; Wohnfunktion verliert an Bedeutung; Konzentration von Handel, Banken, Versicherungen, Verwaltungen. Durch Anstieg der Bodenpreise meist Errichtung vielgeschossiger Gebäude.
- Wanderung von Bevölkerung und Wirtschaftsbetrieben an den Stadtrand. Ausdehnung der Städte ins Umland. Entstehung neuer Wohnsiedlungen, Gewerbeflächen, Einkaufszentren usw. im Umland der Großstädte.
- Ziel: Schaffung gleichwertiger Lebensbedingungen im gesamten Raum, z.B. durch Herstellung gleichwertiger Arbeitsbedingungen und Arbeitsmöglichkeiten. Gesetze nennen Vorgaben zur Entwicklung eines Raums bis hinunter zur Gemeinde- und Ortsplanung.
- Orte, an denen bestimmte Güter und Dienstleistungen für die Versorgung eines begrenzten Umlands angeboten werden. Das System ist hierarchisch aufgebaut, wobei Orte höherer Stufe die Funktionen der Orte niedrigerer Stufe miterfüllen. Man unterscheidet wischen Klein-, Unter-, Mittel- und Oberzentren.

Entwicklungsprobleme in den Staaten der „Dritten Welt"

- LLDC = „Least Developed Countries"; extrem rohstoff-, kapital- und exportschwache Länder, vor allem in Afrika. Kennzeichen sind: extrem niedriger Pro-Kopf-Anteil am Bruttoinlandsprodukt, sehr geringe Industrialisierung, hohe Analphabetenrate, mangelhafte Ernährung, schlechte Gesundheitsversorgung, sehr niedrige Produktivität der Landwirtschaft.
- Geringes BSP pro Kopf, extrem ungleiche Einkommensverteilung, mangelhafte Infrastruktur, hohe Analphabetenrate, schlechte Ernährungs- und Gesundheitsbedingungen, niedrige Lebenserwartung.

- Austauschverhältnis zwischen Importgüter-Preisen und Exportgüter-Preisen verschlechterte sich zuungunsten der Entwicklungsländer. Länder müssen mehr Güter exportieren um die gleiche Menge an Waren importieren zu können.
- Erhöhung der Erdölpreise bei gleichzeitigem Verfall anderer Rohstoffpreise, Handelshemmnisse durch Industrieländer, Zinsanstieg vor allem in den USA.
- Ungleiche Außenhandelschancen, starke Verschuldung und hohe Schuldendienstquote, z.T. niedrige Rohstoffpreise (die meisten Entwicklungsländer sind weiterhin nur Rohstofflieferanten); das internationale System wird von den Industrienationen dominiert.
- Gefahr der Finanzierung unsinniger Großprojekte, die die Grundbedürfnisse der Mehrzahl der Bevölkerung nicht befriedigen. Voraussetzungen für entsprechende Entwicklung fehlen, dadurch kommt es zu Fehlinvestitionen. Ökologische Gefahren sind: noch größerer Ressourcenverbrauch, noch stärkere Umweltverschmutzung und -zerstörung.

Gefährdung des Naturhaushalts

- Erwärmung der Atmosphäre, Zerstörung der Ozonschicht, Vernichtung der Wälder, Desertifikation (Ausbreitung der Wüste), Artensterben.
- Durch die kurzwellige Einstrahlung der Sonne wird die Erdoberfläche erwärmt, die ihrerseits langwellige Wärmestrahlung zurückstrahlt. Verschiedene absorbierende Gase in der Atmosphäre verhindern, daß diese Strahlung in den Weltraum entweicht. Ohne diesen Effekt wäre die Lufttemperatur auf der Erde zu niedrig für höheres Leben.
- Die wichtigsten sind: Kohlendioxid, Methan, Ozon, Stickoxide, FCKW.
- Durch die Zunahme der absorbierenden Gase seit der Industriellen Revolution hat sich die Erdatmosphäre ständig erwärmt. Bei weiterer Erwärmung besteht die Gefahr, daß der Meeresspiegel erheblich ansteigt, daß sich die Klimagürtel verschieben und daß extreme Wetterlagen stark zunehmen werden.
- Die Ozonschicht schützt die Erdoberfläche vor der gefährlichen UV-Strahlung der Sonne. Sie ist durch die künstlichen Treibgase (FCKW) gefährdet, da diese, nachdem sie in der Stratosphäre durch die UV-Strahlung zerlegt wurden, ihrerseits die Ozonmoleküle zerstören. Die Folge ist eine verstärkte UV-Einstrahlung an der Erdoberfläche.
- Zum einen haben die Ersatzstoffe eine ähnliche Wirkung wie die FCKW, zum anderen gelangen die FCKW, die sich zur Zeit noch in den unteren Schichten der Atmosphäre befinden, erst im Lauf der kommenden 10 bis 15 Jahre in die Stratosphäre.
- Die Austrocknung oder Abschwemmung des Bodens wird verstärkt; der Schutz vor der Erosion fällt weg; evtl. Absenkung des Grundwasserspiegels; Erhöhung des Kohlendioxidgehalts in der Atmosphäre, da die Filterwirkung der Bäume abnimmt.

Die Staaten der Erde

Erläuterungen

Die nachfolgende Übersicht enthält geographische und wirtschaftliche Daten zu 197 Staaten. Es wurden auch Staaten aufgeführt, die noch nicht oder nur von wenigen Ländern als selbständige Staaten anerkannt werden. Dazu sind z.B. die „Homelands" in Südafrika oder die ehemalige jugoslawische Provinz Mazedonien zu zählen.

Bei den Staaten, die aus dem Zerfall der Sowjetunion und Jugoslawiens hervorgegangen sind, liegen zwar geographische, aber noch keine oder nur wenige Wirtschaftsdaten wie z.B. Angaben zum Bruttosozialprodukt oder zur Inflationsrate vor (k.A. = keine Angaben). Auch die Angaben zur Bevölkerung sind besonders im ehemaligen Jugoslawien sehr unsicher, da durch die Flüchtlingsbewegung ganze Landesteile und Städte entvölkert sind.

Bei den Angaben zur Stadtbevölkerung schien es in einigen Fällen sinnvoll, nicht nur die Bevölkerungszahl des eigentlichen Stadtgebiets, sondern die Zahl der gesamten Stadtregion (Aggl. = Agglomeration) anzugeben.

Hinter den Angaben zur Landesfläche bzw. zur Gesamtbevölkerung wird der jeweilige Rang des Landes innerhalb einer Tabelle der 197 Staaten angegeben. Die Bevölkerungszahlen wurden im allgemeinen gerundet, da je nach Quelle die Angaben nicht immer übereinstimmen. Die meisten Daten entstehen außerdem durch Hochrechnungen oder auch Schätzungen, die auf einer früheren Volkszählung basieren und einen gleichmäßigen Bevölkerungszuwachs voraussetzen.

Ein Vergleich des Bruttosozialprodukts zwischen den verschiedenen Staaten ist bei unterschiedlichen Wirtschaftssystemen nur eingeschränkt möglich. Auch geht in vielen Entwicklungsländern ein großer Teil der wirtschaftlichen Aktivitäten (der Bereich der „Schattenwirtschaft" spielt in diesen Ländern eine große Rolle) nicht in das Bruttosozialprodukt ein. Da die Erhebungen einige Zeit in Anspruch nehmen, bis sie in den amtlichen Statistiken erscheinen, liegt das Bezugsjahr meist ein bis drei Jahre zurück. Für eine eingehendere Beschäftigung mit den einzelnen Staaten sei vor allem auf die Länderberichte des Statistischen Bundesamtes in Wiesbaden verwiesen.

Staaten von A–Z

Afghanistan
Karte: Asien, Seite 131, F10
Autokennzeichen: AFG
Fläche: 652 090 km^2 (40)
Einwohner: 15,6 Mio. (54) **Dichte:** 23/km^2
Wachstum: 2,2%
Zusammensetzung der Bevölkerung:
Afghanen, Tadschiken, Usbeken, Hesoren
Hauptstadt: Kabul (1 180 000)
Wichtige Städte: Kandahar (203 000), Herat (160 000), Mazar-i-Sharif (120 000)
Staatssprache(n): Paschtu und Dari
Religionen: hauptsächlich Islam
Staatsform: Islamische Republik
BSP (US$): 1984 = 4850 Mio.
pro Kopf: 260 **Inflationsrate:** 1989 = 50%
Landeswährung: 1 Afghani (Af) = 100 Puls
Ausfuhr: Erdgas, Nahrungsmittel, Früchte
Einfuhr: Maschinen, Industrieanlagen, mineralische Brennstoffe
Klima: trockenes Kontinentalklima; heiße Sommer, kalte Winter; teilweise Wüsten- und Halbwüstenklima
Landschaften: großenteils gebirgiges, schroffes Bergland über 1500 m, Wüsten- und Halbwüsten
Höchster Berg: Nowshak, 7585 m
Flüsse: Hilmend, 1390 km
Heri-Rud, Amu Darya

Ägypten
Karte: Afrika, Seite 132, D6
Autokennzeichen: ET
Fläche: 1 001 449 km^2 (29)
Einwohner: 53 Mio. (29) **Dichte:** 53/km^2
Wachstum: 2,6%
Zusammensetzung der Bevölkerung:
Hamiten, Beduinen, Nubier
Hauptstadt: Kairo (6 Mio.)
Wichtige Städte: Alexandria (2,8 Mio.), Gize (1,6 Mio.), Shubra al-Khauna (470 000)
Staatssprache(n): Arabisch
Religionen: Islam Staatsreligion; etwa 7% Christen
Staatsform: Präsidialrepublik
BSP (US$): 1989 = 33 501 Mio.
pro Kopf: 630 **Inflationsrate:** 1990 = 40%
Landeswährung: 1 ägypt. Pfund = 100 Piaster = 1000 Milliemes
Ausfuhr: Erdöl, Erdölprodukte, Baumwolle, Aluminium
Einfuhr: Nahrungsmittel, chem. Erzeugnisse, Maschinen, Metalle, Holz
Klima: im Norden Mittelmeerklima, im Süden teils subtropisch, teils Wüstenklima; heißeste Zeit April bis Oktober, angenehme Temperaturen Oktober bis April
Landschaften: etwa 90% Wüsten mit vereinzelten Oasen; fruchtbares Niltal; Hügel- und Bergland im Osten und entlang des Nils
Höchster Berg: Jebel Katrina, 2642 m
Flüsse: Nil, 6700 km

Albanien
Karte: Europa, Seite 130, G10
Autokennzeichen: AL
Fläche: 28 748 km^2 (142)
Einwohner: 3,14 Mio. (122)
Dichte: 109/km^2 **Wachstum:** 2,1%
Zusammensetzung der Bevölkerung:
97% Albaner
Hauptstadt: Tirana (230 000)
Wichtige Städte: Shkoder (71 000), Durres-Enver Hoxha (72 000)
Staatssprache(n): Albanisch
Religionen: Islam, Christen
Staatsform: Präsidiale Republik
BSP (US$): 1987 = 1930 Mio.
pro Kopf: 710 **Inflationsrate:** k.A.
Landeswährung: 1 Lek = 100 Qindarka
Ausfuhr: Chromerz, Erdöl, Tabak, Felle, Wolle, Früchte
Einfuhr: k.A.
Klima: Mittelmeerklima an der Küste mit Regen im Oktober/November; das Landesinnere mit warmen Sommern und sehr kalten Wintern
Landschaften: schmaler Küstensaum, etwas hügelig; im Innern teilweise schroffes Gebirge mit nur wenigen Paßstraßen
Höchster Berg: Jezerce, 2693 m
Flüsse: Drin, 280 km

Algerien

Karte: Afrika, Seite 132, D4
Autokennzeichen: DZ
Fläche: 2741 km^2 (11)
Einwohner: 1990 = 25,3 Mio. (32)
Dichte: 10/km^2 **Wachstum:** 3,1%
Zusammensetzung der Bevölkerung: Mischbevölkerung, Berber, Schwarzafrikaner
Hauptstadt: Algier (3 Mio.)
Wichtige Städte: Oran (660000), Constantine (450000), Annaba (350000)
Staatssprache(n): Arabisch, Berberdialekte, Französisch
Religionen: hauptsächlich Islam, Christen
Staatsform: Demokratische Volksrepublik
BSP (US$): 1989 = 53 116 Mio.
pro Kopf: 2170
Inflationsrate: 1991 = 30%
Landeswährung: 1 Dinar = 100 Centimes
Ausfuhr: Erdöl, Erdgas, Eisenerz, Phosphate, Wein, Früchte, Frühgemüse, Kork, Häute
Einfuhr: Nahrungsmittel, Ausrüstungen, Halbfertigwaren, Konsumgüter, Rohmaterialien
Klima: Mittelmeerklima an der Küste; Temperatur im Sommer über 30 °C, im Winter etwa 15 °C. Im Gebirge und in den Hochebenen sehr heiße Sommer, sehr kalte Winter mit Schnee; Sahara ganzjährig sehr trocken und heiß
Landschaften: im Norden 80 bis 150 km breite Küstenebene, dahinter zwei Gebirgsketten: Tell-Atlas und Sahara-Atlas, dazwischen Hochland der Schotts; südlich des Sahara-Atlas Wüste Sahara mit isoliertem vulkanischem Ahaggar-Massiv
Höchster Berg: Tahat, 2908 m
Flüsse: Cheliff, 675 km

Andorra

Karte: Europa, Seite 130, G6
Autokennzeichen: AND
Fläche: 453 km^2 (181)
Einwohner: 1989 = 50500 (187)
Dichte: 108/km^2 **Wachstum:** 4,7%
Zusammensetzung der Bevölkerung: Andorraner, Spanier, Franzosen
Hauptstadt: Andorra La Vella (15700)
Wichtige Städte: Les Escaldes (10800)
Staatssprache(n): Spanisch, Katalanisch, Französisch
Religionen: hauptsächlich Katholiken
Staatsform: Fürstentum/Republik
BSP (US$): k.A. **pro Kopf:** 1987 = 9835
Inflationsrate: 1991 = 10
Landeswährung: keine eigene Landeswährung; es gelten die Währungen Frankreichs und Spaniens.
Ausfuhr: k.A.
Einfuhr: k.A.
Klima: bestimmt durch die Hochgebirgslage in den Pyrenäen. Warme Sommer mit kühlen Abenden, kalte Winter mit Schnee von Mitte November bis weit in den Mai
Landschaften: Hochgebirge mit engen Tälern
Höchster Berg: Port d'Envalira, 2407 m

Angola

Karte: Afrika, Seite 132, H5
Autokennzeichen: k.A.
Fläche: 1246700 km^2 (22)
Einwohner: 1989 = 9,7 Mio. (72)
Dichte: 8/km^2 **Wachstum:** 2,5%
Zusammensetzung der Bevölkerung: Bantu, Watwa
Hauptstadt: Luanda (1,3 Mio.)
Wichtige Städte: Huambo (200000), Benguela (155000)
Staatssprache(n): Lobito (150000), Bantu-Sprachen, Portugiesisch
Religionen: etwa 65% Christen, Naturreligionen
Staatsform: Sozialistische Volksrepublik
BSP (US$): 1989 = 6010 Mio.
pro Kopf: 620 **Inflationsrate:** k.A.
Landeswährung: 1 Novo Kwanza = 100 Lwei
Ausfuhr: Erdöl, Erdölerzeugnisse, Diamanten, Kaffee
Einfuhr: Maschinen, Elektrotechnik, Fahrzeuge, Nahrungsmittel
Klima: tropisch, hohe Luftfeuchtigkeit. Im Landesinnern und im nördlichen Bergland häufig starke Regenfälle, im

Süden angenehme Temperaturen mit weniger Regen
Landschaften: schmaler Küstenstreifen, dann Anstieg zu Hochplateau (1000 bis 1500 m). Höchster Teil im Westen (Hochland von Bihe), hauptsächlich Savanne. Im Süden Wüste Namib, im Norden tropischer Regenwald
Höchster Berg: Serrado Mocco, 2620 m
Flüsse: Cubango, 1250 km

Antigua und Barbuda
Karte: Weltkarte, Seite 128, D6
Autokennzeichen: AG
Fläche: 440 km² (183)
Einwohner: 1988 = 85 000 (183)
Dichte: 193/km² **Wachstum:** 1,4%
Zusammensetzung der Bevölkerung: Schwarze, Mulatten, Weiße
Hauptstadt: St. John's (36 000)
Wichtige Städte: Codrington
Staatssprache(n): Englisch, Kreolisch
Religionen: Christen, Naturreligionen
Staatsform: Parlamentarische Monarchie im Commonwealth
BSP (US$): 1988 = 230 Mio.
pro Kopf: 3690 **Inflationsrate:** 1988 = 7,1%
Landeswährung: 1 Ostkaribischer Dollar = 100 Cents
Ausfuhr: Baumwolle, Obst, Zucker, Fisch
Einfuhr: k.A.
Klima: tropisch warm, gleichmäßige Temperatur das ganze Jahr über bei 24 bis 28 °C. Niederschläge regelmäßig verteilt mit einer relativen Trockenzeit im Februar und März
Landschaften: Koralleninseln mit zahlreichen Stränden
Höchster Berg: Boggy Peak, 402 m

Äquatorialguinea
Karte: Afrika, Seite 132, F5
Autokennzeichen: k.A.
Fläche: 28 051 km² (143)
Einwohner: 1989 = 336 000 (166)
Dichte: 15/km²
Wachstum: 5,5%

Zusammensetzung der Bevölkerung: Bantu, Mischlinge, Spanier
Hauptstadt: Malabo (33 000)
Wichtige Städte: Bata (40 000), Luba (15 000)
Staatssprache(n): Bantu-Sprachen, Pidgin-Englisch, Spanisch
Religionen: überwiegend Katholiken, Naturreligionen
Staatsform: Präsidialrepublik mit Einparteiensystem
BSP (US$): 1989 = 149 Mio.
pro Kopf: 430
Inflationsrate: 1988 = 6%
Landeswährung: 1 CFA-Francs = 100 Centimes
Ausfuhr: Kakao, Kaffee, Holz
Einfuhr: k.A.
Klima: tropisch, im Tiefland feucht-heiß. Temperaturen 22 bis 32 °C. Ganzjährig hohe Luftfeuchtigkeit. Hauptregenzeit Oktober bis Januar, Februar bis Mai hohe Niederschläge.
Landschaften: mehrere Inseln vor der Küste vulkanisch, Festlandsteil mit Küstenebene und hügeligem Hinterland mit Plantagen, Wald- und Graslandschaften
Höchster Berg: Pico de Malabo, 3008 m
Flüsse: Mbini, 200 km

Argentinien
Karte: Südamerika, Seite 134, F3
Autokennzeichen: RA
Fläche: 2 889 km² (8)
Einwohner: 32,4 Mio. (29)
Dichte: 12/km² **Wachstum:** 1,4%
Zusammensetzung der Bevölkerung: 90% Weiße; Mestizen, Indianer
Hauptstadt: Buenos Aires (2,9 Mio., Aggl. 10,9 Mio.)
Wichtige Städte: Cordoba (980 000), Rosario (969 000), Mendoza (600 000), La Plata (560 000)
Staatssprache(n): Spanisch
Religionen: etwa 90% Katholiken
Staatsform: Präsidiale Republik
BSP (US$): 1989 = 68 700 Mio.
pro Kopf: 2160 **Inflationsrate:** 1991 = 91%

Landeswährung: 1 Argentinischer Peso = 100 Centavos
Ausfuhr: Futtermittel, Getreide, Fette, Öle, Metalle, Metallerzeugnisse, Fleisch
Einfuhr: chem. Erzeugnisse, Maschinen, Metalle, Metallerzeugnisse, Mineralöle, Treibstoffe
Klima: Anteile an der subtropischen und gemäßigten Zone. Im Norden allgemein hohe Temperaturen, der Nordosten feucht. Der zentrale Teil hat trockene Winter. Nach Süden gemäßigtes Steppenklima mit zunehmender Trockenheit, kalten bis strengen Wintern und kühlen bis milden Sommern. Mittelteil und Südwesten kaltfeucht (kühle Sommer, sehr kalte Winter). Die Südspitze berührt noch den antarktischen Klimabereich.
Landschaften: im Westen erreicht das Hochgebirge der Kordilleren fast 7000 m. Zentraler Teil bestimmt durch die Ebenen des relativ waldreichen Gran Chaco und der baumlosen Pampa mit fruchtbaren Schwarzerdeböden (Ackerbau, Viehzucht). Das Land um den Parana ist flachwellig bis hügelig.
Höchster Berg: Aconcagua, 6958 m
Flüsse: Paraná, 2920 km

Armenien

Karte: Europa, Seite 130, G14
Autokennzeichen: ARM (vorläufig)
Fläche: 29 800 km^2 (140)
Einwohner: 1990 = 3,3 Mio. (121)
Dichte: 111/km^2 **Wachstum:** k.A.
Zusammensetzung der Bevölkerung: Armenier, Aserbeidschaner, Russen, Kurden, Perser, Juden, Osseten, Bergkarabachen
Hauptstadt: Jerewan (1,2 Mio.)
Wichtige Städte: Leninakan (230 000), Kirowakan (170 000)
Staatssprache(n): Armenisch, Russisch, Kurdisch
Religionen: haupts. Christen, Moslems
Staatsform: Republik
BSP (US$): k.A. **pro Kopf:** k.A.
Inflationsrate: k.A.

Landeswährung: 1 Rubel = 100 Kopeken
Ausfuhr: landwirtschaftliche Produkte, Erze (Gold, Silber), Baumwolle, Textilien, synthetischer Kautschuk, Seide, Tabak
Einfuhr: Halbfertigwaren, Maschinen, Erdöl, Nahrungsmittel
Klima: bedingt durch das Relief vielgestaltige klimatische Bedingungen. Das Klima in den Tälern und im Vorgebirge ist kontinental und trocken mit heißen Sommern und mäßig kalten Wintern. Sonnenreich; Tallagen durch die hohen Gebirgsketten gut geschützt. Jahresniederschlag zwischen 200 und 400 mm
Landschaften: Gebirgsland mit Hochebenen; mehr als 90% des Landes über 1000 m im Bereich der südlichen Kaukasuskette. In den fruchtbaren Tälern und in den Ebenen, vor allem in der Araratebene, Bewässerungskulturen verbreitet
Höchster Berg: Aragats, 4095 m
Flüsse: Aras

Aserbaidschan

Karte: Europa, Seite 130, G15
Autokennzeichen: AZB (vorläufig)
Fläche: 86 600 km^2 (111)
Einwohner: 1990 = 7,1 Mio. (85)
Dichte: 82/km^2 **Wachstum:** k.A.
Zusammensetzung der Bevölkerung: Aserbaidschaner, Russen, Armenier, Georgier, Juden
Hauptstadt: Baku (1,7 Mio.)
Wichtige Städte: Kiroyabad (280 000), Sumgait (230 000)
Staatssprache(n): Aseri, Russisch, Armenisch
Religionen: überwiegend Moslems, Christen
Staatsform: Republik
BSP (US$): k.A. **pro Kopf:** k.A.
Inflationsrate: k.A.
Landeswährung: 1 Rubel = 100 Kopeken
Ausfuhr: Erdöl, Erdgas, Erze, Baumwolle, Tabak, Fisch, Kaviar, Halbfertigwaren, Chemikalien
Einfuhr: Nahrungsmittel, Maschinen, Textilien, Halbfertigwaren
Klima: trockenes Halbwüsten- und Steppen-

klima; im Norden auch gemäßigtes, im Süden subtropisches Klima. Im Gebirge gemäßigt kaltes und kaltes Klima. Region um Baku sowie die Kura-Aras-Niederung sehr niederschlagsarm (200 bis 300 mm)
Landschaften: überwiegend Gebirgsland mit Anteilen am Großen und Kleinen Kaukasus, die sich aus mehreren Gebirgsketten zusammensetzen. Zwischen den Gebirgen Kuratal, dessen tiefste Teile sogar unter dem Meeresspiegel liegen. Im äußersten Südosten Talyschgebirge
Höchster Berg: Basar-Djusi, 4466 m
Flüsse: Kura, Aras

Äthiopien
Karte: Afrika, Seite 132, F7
Autokennzeichen: ETH
Fläche: 1 221 900 km^2 (24)
Einwohner: 1989 = 48,8 Mio. (23)
Dichte: 39/km^2 **Wachstum:** 2,9%
Zusammensetzung der Bevölkerung: Amharen, Tigre, Galla, Danakil, Somali, Niloten
Hauptstadt: Addis Abeba (1,4 Mio.)
Wichtige Städte: Asmara (275 000), Diredana (98 000)
Staatssprache(n): Amhara, Englisch, Französich, Italienisch
Religionen: Äthiopische Christen, Muslime, Naturreligionen
Staatsform: Demokratisch-Sozialistische Volksrepublik
BSP (US$): 1989 = 5953 Mio.
pro Kopf: 120 **Inflationsrate:** 1989 = 9,6%
Landeswährung: 1 Äthiopisches Birr = 100 Cents
Ausfuhr: Kaffee, Viehzuchtprodukte, Ölsaaten., Erdölprodukte
Einfuhr: k.A.
Klima: tropisches Klima, differenziert je nach Höhe. Bis 1000 m heiße Zone, 1000 bis 2500 m mäßig warme Zone, 2500 m kühle Zone. Regenzeit Juni bis September
Landschaften: im Zentrum Hochland zwischen 2000 und 3000 m mit Weiden und Ackerland. Es fällt im Osten abrupt zur Küstenebene ab. Von Norden nach Süden vom Afrikanischen Rift Valley durchzogen. Im Osten und Nordosten Wüstengebiete (Danakil), im Westen und Norden Anteil an der Sahelzone
Höchster Berg: Ras Dashen Terara, 4620 m
Flüsse: Schebele, 1100 km

Australien
Karte: Australien/Ozeanien, Seite 135, G2
Autokennzeichen: AUS
Fläche: 7 686 848 km^2 (6)
Einwohner: 1988 = 17 Mio. (51)
Dichte: 2/km^2 **Wachstum:** 1,4%
Zusammensetzung der Bevölkerung: 90% britisch-irischer Abstammung, 230 000 Aborigines (Urbevölkerung)
Hauptstadt: Canberra (290 000)
Wichtige Städte: Sydney (3,4 Mio.), Melbourne (2,9 Mio.), Brisbane (1,2 Mio.), Perth (1,0 Mio.)
Staatssprache(n): Englisch
Religionen: überwiegend Christen, Muslime, Naturreligionen
Staatsform: Parlamentarisch-Föderative Monarchie im Commonwealth
BSP (US$): 1989 = 242 131 Mio.
pro Kopf: 14 440
Inflationsrate: 1991 = 1,5%
Landeswährung:
1 Australischer Dollar = 100 Cents
Ausfuhr: Wolle, Kohle, Aluminium, Gold, Tonerde, Weizen
Einfuhr: Maschinen, Anlagen, Transportausrüstung, Chemikalien, Textilien
Klima: ein Drittel des Landes in der tropischen Klimazone, zwei Drittel in der subtropisch-gemäßigten. Frühling und Sommer warm bis heiß mit hoher Luftfeuchtigkeit und Regenzeit im Norden. Der Herbst im Norden sehr angenehm, das Zentrum mit warmen Tagen und kühlen Nächten. Der Süden kühl, zeitweise Regen. Im Winter sind die Tage warm, die Nächte etwas kühl
Landschaften: Australien besteht landschaftlich aus drei Hauptregionen:
1. Westplateau in 300 m bis 600 m Höhe mit großen Wüstengebieten (Great Sandy Desert, Great Victoria Desert);

2. Inneres Tiefland, z. T. unter dem Meeresspiegel (Lake Eyre) mit Wüsten und ausgedehnten Salzpfannen;
3. östliches Hochland mit der Great Dividing Range entlang der Pazifikküste bis Tasmanien
Höchster Berg: Mt. Kosciusko, 2228 m
Flüsse: Darling, 2720 km

Bahamas
Karte: Nord-/Mittelamerika, Seite 133, G12
Autokennzeichen: BS
Fläche: 13 878 km^2 (156)
Einwohner: 1989 = 250 000 (171)
Dichte: 18/km^2 **Wachstum:** 2,0%
Zusammensetzung der Bevölkerung: Schwarze, Mulatten, Weiße
Hauptstadt: Nassau (154 000)
Wichtige Städte: Freeport (25 000)
Staatssprache(n): Englisch
Religionen: Christen, jüdische Minderheit, Naturreligionen
Staatsform: Parlamentarische Monarchie im Commonwealth
BSP (US$): 1989 = 2820 Mio.
pro Kopf: 11 370
Inflationsrate: 1989 = 4,4%
Landeswährung: 1 Bahama-Dollar = 100 Cents
Ausfuhr: Meerestiere, Gemüse, Holz, Zement, Rum, Salz; bedeutende Rolle des Fremdenverkehrs
Einfuhr: k. A.
Klima: tropisches Klima, gemäßigt durch die Passatwinde, mit kühlen Nächten. Juni bis Oktober Regenzeit mit kurzen Schauern
Landschaften: Inselarchipel, etwa 1000 km lang. Etwa 700 Inseln und 2400 Riffs, zumeist flach; meist nicht höher als 30 m
Höchster Berg: Mt. Alvernia, 125 m

Bahrain
Karte: Asien, Seite 131, G9
Autokennzeichen: BRN
Fläche: 678 km^2 (177)
Einwohner: 1989 = 488 000 (157)
Dichte: 709/km^2 **Wachstum:** 2,8%
Zusammensetzung der Bevölkerung: Araber, Inder, Pakistaner, Perser
Hauptstadt: Manama (145 000)
Wichtige Städte: Al Muharraq (75 000)
Staatssprache(n): Arabisch, Englisch
Religionen: Muslime, Christen, Hindus
Staatsform: Monarchie/Emirat
BSP (US$): 1988 = 3009 Mio.
pro Kopf: 6360 **Inflationsrate:** 1988 = 0,3%
Landeswährung: 1 Bahrain Dinar = 1000 Fils
Ausfuhr: Erdöl, Erdölprodukte, Aluminiumprodukte
Einfuhr: k. A.
Klima: feuchtwarmes, subtropisches Klima mit höchsten Temperaturen von Mai bis Oktober (etwa 35 °C); relativ kühl von Dezember bis März (18 bis 25 °C)
Landschaften: fruchtbarer Küstenstreifen, ansonsten Kalksteinfelsen, von einer dünnen Sandschicht bedeckt; insgesamt 33 Inseln
Höchster Berg: Dschebel Dukan, 122 m

Bangladesch
Karte: Asien, Seite 131, G12
Autokennzeichen: BD
Fläche: 143 998 km^2 (92)
Einwohner: 1988 = 104 532 000 (10)
Dichte: 726/km^2 **Wachstum:** 2,8%
Zusammensetzung der Bevölkerung: Bengalen, Bahari
Hauptstadt: Dacca (3,4 Mio.)
Wichtige Städte: Chittagong (1,3 Mio.), Khulna (650 000)
Staatssprache(n): Bengali
Religionen: Muslime, Hindus, Buddhisten
Staatsform: Präsidiale Republik
BSP (US$): 1989 = 19 913 Mio.
pro Kopf: 180 **Inflationsrate:** 1989 = 9%
Landeswährung: 1 Taka = 100 Poisha
Ausfuhr: Jute, Juteproduktem, Häute und Felle, Meerestiere, Tee
Einfuhr: k. A.
Klima: tropisches Monsunklima. Höchste Luftfeuchtigkeit und starke Regenfälle von Juni bis September
Landschaften: umfaßt hauptsächlich die

Mündungsgebiete der Flüsse Ganges, Brahmaputra und Meghna; sehr flach und von unzähligen Wasserläufen durchzogen
Höchster Berg: Mt. Keokradong, 1230 m
Flüsse: Ganges (Mündungsdelta), Brahmaputra

Barbados
Karte: Weltkarte, Seite 128, D6
Autokennzeichen: BDS
Fläche: 430 km^2 (184)
Einwohner: 1989 = 255 000 (169)
Dichte: 591/km^2 **Wachstum:** 0,3%
Zusammensetzung der Bevölkerung: 92% afrik. Abstammung, Mulatten, Weiße
Hauptstadt: Bridgetown (10000)
Wichtige Städte:
Staatssprache(n): Englisch, Bajan
Religionen: Anglikaner, Katholiken, Methodisten
Staatsform: Parlamentarische Monarchie im Commonwealth
BSP (US$): 1989 = 1622 Mio.
pro Kopf: 6370
Inflationsrate: 1988 = 4,7%
Landeswährung: 1 Barbados Dollar = 100 Cents
Ausfuhr: Elektronik, elektronische Geräte, Erdöl, Zucker, Textilien, Rum
Einfuhr: k.A.
Klima: tropisches Klima, durch die ständig wehenden Passatwinde aber angenehm. Das ganze Jahr über Luftfeuchtigkeit zwischen 55 und 75%
Landschaften: östlichste Insel der Kleinen Antillen, von Korallenriffen umgeben; Insel aus Korallenkalken aufgebaut
Höchster Berg: Mount Hillaby, 340 m

Belgien
Karte: Europa, Seite 130, E6
Autokennzeichen: B
Fläche: 30 519 km^2 (138)
Einwohner: 1990 = 9,9 Mio. (68)
Dichte: 326/km^2 **Wachstum:** 0%
Zusammensetzung der Bevölkerung: hauptsächlich Flamen und Wallonen
Hauptstadt: Brüssel (140 000, Aggl. 1 Mio.)
Wichtige Städte: Antwerpen (470 000), Gent (230 000), Charleroi (210 000), Lüttich (200 000)
Staatssprache(n): Französisch, Niederländisch, Deutsch
Religionen: Katholiken, Protestanten
Staatsform: Parlamentarische Monarchie
BSP (US$): 1989 = 162 026 Mio.
pro Kopf: 16 390 **Inflationsrate:** 1991 = 3,2%
Landeswährung: 1 Belgischer Franc = 100 Centimes
Ausfuhr: Halbfertigwaren, Maschinen, Transportmittel, chem. Erzeugnisse, Nahrungsmittel
Einfuhr: chem. Erzeugnisse, Nahrungsmittel, mineralische Brennstoffe
Klima: atlantisches, gemäßigtes Klima; maritim beeinflußt
Landschaften: südlich der Maas Hochland der Ardennen, das allmählich auf 700 m ansteigt, hauptsächlich Heide, Moore und Wälder. Zur Nordsee gleichmäßig abfallend. Heidelandschaften wechseln mit fruchtbaren Marschen
Höchster Berg: Botrange, 694 m
Flüsse: Maas, 395 km

Belize
Karte: Nord-/Mittelamerika, Seite 133, H11
Autokennzeichen: BH
Fläche: 22 965 km^2 (149)
Einwohner: 1989 184 000 (173)
Dichte: 8/km^2 **Wachstum:** 2,8%
Zusammensetzung der Bevölkerung: Kreolen, Mestizen, Schwarze, Indianer, Weiße
Hauptstadt: Belmopan (4000)
Wichtige Städte: Belize City (60 000)
Staatssprache(n): Englisch, Spanisch
Religionen: Katholiken, Protestanten, Buddhisten
Staatsform: Konstitutionelle Monarchie im Commonwealth
BSP (US$): 1988 = 264 Mio.
pro Kopf: 1500 **Inflationsrate:** 1988 = 1,5%
Landeswährung: 1 Belize Dollar = 100 Cents

Ausfuhr: Zucker, Zitrusfrüchte, Bananen, Rindfleisch, Holz, Meerestiere, Bekleidung
Einfuhr: k.A.
Klima: subtropisches Klima; Winter trocken mit angenehmen Temperaturen, die im Bergland nachts bis auf 5 °C absinken. April und Mai sehr warm (bis 40 °C) mit hoher Luftfeuchtigkeit an der Küste.
Zwei Regenzeiten: Mai bis Ende Juli und September/Oktober
Landschaften: die Küstenbereiche und der nördliche Landesteil weite Ebenen, Sümpfe, Mangroven, dahinter mit Buschwerk bewachsene Hügelketten. Im Süden Mayagebirge
Höchster Berg: Victoria Peak, 1122 m

Benin

Karte: Afrika, Seite 132, F4
Autokennzeichen: RPB
Fläche: 112 622 km^2 (99)
Einwohner: 1990 = 4,7 Mio. (102)
Dichte: 42/km^2 **Wachstum:** 3,2%
Zusammensetzung der Bevölkerung:
60 Stämme (meist Sudan-Gruppen),
Hauptstadt: Porto Novo (164 000)
Wichtige Städte: Cotonou (Reg.-Sitz) (478 000), Parakou (92 000)
Staatssprache(n): Französisch,
60 verschiedene afrikanische Dialekte
Religionen: Naturreligionen, Katholiken, Muslime
Staatsform: Präsidialrepublik
BSP (US$): 1989 = 1753 Mio.
pro Kopf: 380 **Inflationsrate:** 1988 = 4,3%
Landeswährung: 1 C.F.A.-Franc = 100 Centimes
Ausfuhr: Kaffee, Kakao, pflanzliche Öle, Baumwolle, Erdöl, Erdölprodukte
Einfuhr: Textilien, Eisen- und Stahlerzeugnisse, Maschinen, elektrotechnische Erzeugnisse, Fahrzeuge
Klima: tropisches Klima, heiß, vor allem im Süden mit hoher Luftfeuchtigkeit. Im Norden extreme Temperaturen bis 42 °C. Trockenzeiten: im Norden November bis Mai, im Süden November bis März und Mitte Juli bis Mitte September. Regenzeiten: im Süden April bis Mitte Juli und Mitte September bis Oktober, im Norden Juni bis September
Landschaften: kurze Küste mit Palmenstränden, dahinter seichte Lagunen. Nach Norden Übergang von Feuchtsavanne zur Trockensavanne nördlich des Atakora-Hochlands
Höchster Berg: Atakoraberge bis 641 m
Flüsse: Ouémé, 450 km

Bhutan

Karte: Asien, Seite 131, G13
Autokennzeichen: BHT
Fläche: 47 000 km^2 (128)
Einwohner: 1989 = 1,4 Mio. (144)
Dichte: 31/km^2 **Wachstum:** 2,1%
Zusammensetzung der Bevölkerung:
tibetanische und nepalesische Volksgruppen
Hauptstadt: Thimphu (58 000)
Wichtige Städte: Phuntsholing (20 000)
Staatssprache(n): Dzongkha, Bumthangkha, Sarchopkha, Nepali
Religionen: Buddhisten, Hindus
Staatsform: Konstitutionelle erbliche Monarchie
BSP (US$): 1988 = 266 Mio.
pro Kopf: 180 **Inflationsrate:** 1989 = 10%
Landeswährung: 1 Ngultrum = 100 Chetrum
Ausfuhr: Reis, Mais, Gerste, Hölzer, Kräuter, Woll- und Baumwollartikel
Einfuhr: k.A.
Klima: durch unterschiedliche Höhenlage differenziert. Tropische Zone bis etwa 1700 m (feuchtheiß im Sommer). Gemäßigte Zone bis etwa 4000 m, 4000 m bis 5200 m alpine Zone, darüber hochalpin. Mitte Mai bis Ende September monsunale Regenzeit. Im Winter nur geringe Niederschläge
Landschaften: im Süden noch Anteil an der fruchtbaren Brahmaputra-Ebene; erstreckt sich nach Norden über die Himalaya-Vorberge und den Vorderhimalaya bis ins Hochgebirge des Himalaya
Höchster Berg: Kula Kangri, 7554 m
Flüsse: Sankosh, 250 km

Bolivien

Karte: Südamerika, Seite 134, D3
Autokennzeichen: BOL
Fläche: 1098581 km^2 (27)
Einwohner: 1989 = 7,1 Mio. (86)
Dichte: 7/km^2 **Wachstum:** 2,7%
Zusammensetzung der Bevölkerung:
Indianer, Mestizen, Weiße
Hauptstadt: Sucre (86000)
Wichtige Städte: La Paz (990000 [Aggl. 2 Mio.]), Santa Cruz de la Sierra 440000, Cochabamba (320000)
Staatssprache(n): Spanisch, Ketschua, Aimara
Religionen: Katholiken, Protestanten
Staatsform: Präsidiale Republik
BSP (US$): 1989 = 4301 Mio.
pro Kopf: 600 **Inflationsrate:** 1991 = 14,7%
Landeswährung: 1 Boliviano = 100 Centavos
Ausfuhr: Erdöl, Erdgas, Zink, Zinn, Gold, Silber, illegale Kokainausfuhr im Wert von etwa 600 Mio. US$ jährlich
Einfuhr: Kapitalgüter, Rohstoffe, Halbfertigwaren, Konsumgüter
Klima: je nach Höhenlage unterschiedliches Klima. Im Hauptsiedlungsgebiet zwischen 3000 und 4000 m gemäßigt kühl und trocken; im Tiefland tropisch bis subtropisches Klima, der Norden heiß und mäßig feucht, der Süden heiß und trocken
Landschaften: Siedlungszentrum ist der Altiplano, eine 3700 m hochgelegene Ebene zwischen zwei Andenketten. Die Tiefländer östlich der Anden nehmen den größten Teil des Staatsgebiets ein. Im Norden ausgedehnte Regenwälder, im Süden Savanne mit weiten Graslandern. Die Ostkette der Anden zwischen dem Altiplano und den Tiefländern wird von fruchtbaren Tälern, Yungas, gequert.
Höchster Berg: Illimani, 6882 m
Flüsse: Mamoré (mit Rio Grande), 1800 km

Bophuthatswana

Autokennzeichen: YB
Fläche: 44000 km^2 (130)
Einwohner: 1986 = 1,6 Mio. (141)
Dichte: 39/km^2 **Wachstum:** 3%
Zusammensetzung der Bevölkerung:
Bantu, Tswana
Hauptstadt: Mmabatho (9000)
Wichtige Städte: Mabopane (56000), Ga-Rankuwa (50000)
Staatssprache(n): Tswana, Englisch
Religionen: überwiegend Protestanten
Staatsform: Parlamentarische Demokratie
BSP: 1985 2600 Mio. Rand **pro Kopf:** k.A.
Inflationsrate: k.A.
Landeswährung: 1 Rand = 100 Cents
Ausfuhr: Diamanten, Platin, Vanadium, Chrom, Fleisch, Fleischprodukte,
Einfuhr: k.A.
Klima: Überwiegend subtropisch mit winterlicher Trockenzeit (Mai bis September). Tagsüber angenehme Temperaturen mit kalten Nächten; von Oktober bis April Regenzeit mit sehr hohen Temperaturen
Landschaften: In sieben einzelne Gebiete zersplittert, hauptsächlich von Buschsteppe und Wüsten geprägt
Höchster Berg: Pilanesberg, 1669 m

Bosnien-Herzegowina

Karte: Europa, Seite 130, G9
Autokennzeichen: BOH (vorläufig)
Fläche: 51129 km^2 (124)
Einwohner: 1987 = 4,4 Mio. (105)
Dichte: 85/km^2 **Wachstum:** k.A.
Zusammensetzung der Bevölkerung:
Serben, Kroaten, Moslems
Hauptstadt: Sarajevo 450000
Wichtige Städte: Banja Luka (183000), Zenica (132000)
Staatssprache(n): Serbokroatisch
Religionen: Katholiken, orthodoxe Christen, Moslems
Staatsform: Republik
BSP (US$): k.A. **pro Kopf:** 1990 = 1600
Inflationsrate: 1990 = 300%
Landeswährung: 1 Dinar = 100 Para
Ausfuhr: Chemikalien, Halbfertigwaren, Metalle, Holz, Tabak
Einfuhr: Mineralien, Halbfertigwaren, Waffen, Maschinen, Erdöl, Nahrungsmittel
Klima: mitteleuropäisches, schwach kontinentales Klima

Landschaften: im Norden stark bewaldete Gebirge bis 1500 m Höhe, im Süden unfruchtbares Karstgebiet bis 2000 m Höhe
Höchster Berg: im Bosnischen Erzgebirge bis über 2200 m.
Flüsse: Drina, Save, Bosna

Botswana

Karte: Afrika, Seite 132, J6
Autokennzeichen: RB
Fläche: 581 730 km^2 (46)
Einwohner: 1988 = 212 000 (147)
Dichte: 2/km^2 **Wachstum:** 3,4%
Zusammensetzung der Bevölkerung:
Bantu, Buschmänner, Weiße, Inder
Hauptstadt: Gaborone 112 000
Wichtige Städte: Selebi-Pikwe (47 000), Lobatse (26 000)
Staatssprache(n): Se-Tswana, andere Bantusprachen, Englisch
Religionen: Naturreligionen, Christen, Muslime, Hindus
Staatsform: Präsidiale Republik
BSP (US$): 1988 = 1105 Mio.
pro Kopf: 1010 **Inflationsrate:** 1989 = 11,5%
Landeswährung: 1 Pula = 100 Thebe
Ausfuhr: Diamanten, Fleisch
Einfuhr: Lebensmittel, Getränke, Maschinen, Elektrotechnik, Treibstoffe
Klima: subtropisches Klima, Mai bis September Trockenzeit mit warmen Tagestemperaturen und kalten Nächten. Regenzeit von Oktober bis April, wobei im Januar die Temperaturen 35 °C erreichen
Landschaften: der Süden und der Westen von der Kalahari, einer etwa 1000 m hoch gelegenen Halbwüste geprägt. Im Norden bildet das Okavango-Sumpfgebiet ein riesiges Binnendelta, im Nordosten Makarikari-Salzpfanne
Höchster Berg: Oosti, 1489 m
Flüsse: Limpopo, 1750 km (im Land 500 km)

Brasilien

Karte: Südamerika, Seite 134, D4
Autokennzeichen: BR
Fläche: 8 511 965 km^2 (5)
Einwohner: 1991 = 153,3 Mio. (5)
Dichte: 18/km^2 **Wachstum:** 2,1%
Zusammensetzung der Bevölkerung:
Weiße, Mulatten, andere Mischlinge, Asiaten, Indianer
Hauptstadt: Brasilia (1 568 000)
Wichtige Städte:
Sao Paulo (10 Mio., Aggl. 15 Mio.),
Rio de Janeiro (5,6 Mio., Aggl. 10 Mio.),
Belo Horizonte (2,1 Mio., Aggl. 3 Mio.),
Salvador (1,8 Mio., Aggl. 2,1 Mio.)
Staatssprache(n): Portugiesisch
Religionen: Katholiken, Protestanen, orthodoxe Christen, Buddhisten, Naturreligionen
Staatsform: Präsidiale Bundesrepublik
BSP (US$): 1989 = 375 146 Mio.
pro Kopf: 2550 **Inflationsrate:** 1991 = 480%
Landeswährung: 1 Cruzeiro = 100 Centavos
Ausfuhr: Eisen- und Stahlerzeugnisse, Transportmittel, Rohkaffee
Einfuhr: Kapitalgüter, Rohöl, Konsumgüter, chem. Erzeugnisse
Klima: bedingt durch die Größe des Landes sehr unterschiedliche Klimabedingungen. Der Westen hat trockene, warme Winter und feuchtheiße Sommer mit hohen Niederschlägen. Im Süden und Osten angenehmes Klima, an der Küste heiß, im Landesinnern mild bis gemäßigt, im Winter kühl. Im Norden tropisch hohe Temperaturen mit ganzjährig reichlichen Niederschlägen. Der Nordosten ist an der Küste tropisch-feucht, im Innern heiß und trocken
Landschaften: im Norden Amazonastiefland, mit einem Viertel der Landesfläche die größte Region des Staates. Im Westen, im Mato Grosso, sind Savannen und lichte Wälder weit verbreitet. Der Süden und der Südosten werden vom ausgedehnten Brasilianischen Hochland beherrscht, in dem einige Bergketten bis auf 2000 m ansteigen; meist jedoch Hochflächen zwischen 600 und 1000 m, die durch Täler nur gering gegliedert sind
Höchster Berg: Pico da Neblina, 3014 m
Flüsse: Amazonas, 6530 km (im Land 3500 km), Rio Negro

Brunei
Karte: Asien, Seite 131, J15
Autokennzeichen: BRU
Fläche: 5765 km^2 (165)
Einwohner: 1989 = 249 000 (170)
Dichte: 42/km^2 **Wachstum:** 3,4 %
Zusammensetzung der Bevölkerung:
Malaien, Chinesen
Hauptstadt: Bandar Seri Begawan (56 300)
Wichtige Städte: Tutong (43 000),
Seria (23 500)
Staatssprache(n): Malaisch, Englisch,
Chinesisch
Religionen: Muslime, Buddhisten,
Konfuzianer, Christen
Staatsform: Sultanat (Absolute Monarchie)
BSP (US$): 1987 = 3317 Mio.
pro Kopf: 15 390 **Inflationsrate:** 1990 = 2,3 %
Landeswährung: 1 Brunei Dollar =
100 Cents
Ausfuhr: Mineralöl, Mineralölerzeugnisse,
Erdgas
Einfuhr: Fertigwaren, Maschinen,
Transportausrüstung, Nahrungsmittel,
chemische Erzeugnisse
Klima: tropisches Klima mit hoher Luftfeuchtigkeit und ganzjährig hohen Temperaturen (25 bis 33 °C); Nächte relativ kühl. Das ganze Jahr über Niederschläge möglich mit Maximum von Oktober bis Ende Januar
Landschaften: durch eine Landzunge zweigeteilt. Landesinnere hügelig, mit tropischen Wäldern bedeckt; Küstenvorland (Schwemmland) bei Flut regelmäßig überspült.
Höchster Berg: Bukit Pagon, 1850 m
Flüsse: Belait, 70 km

Bulgarien
Karte: Europa, Seite 130, G10
Autokennzeichen: BG
Fläche: 110 994 km^2 (102)
Einwohner: 1990 = 9,1 Mio. (74)
Dichte: 82/km^2 **Wachstum:** 0,2 %
Zusammensetzung der Bevölkerung:
Bulgaren, Türken, Sinti
Hauptstadt: Sofia (1 137 000)
Wichtige Städte: Plovdiv (364 000),
Varna (306 000), Burgas (201 000)
Staatssprache(n): Bulgarisch
Religionen: orthodoxe Christen,
Muslime, Katholiken
Staatsform: Republik
BSP (US$): 1989 = 20 860 Mio.
pro Kopf: 2320 **Inflationsrate:** 1991 = 450 %
Landeswährung: 1 Lew = 100 Stotinki
Ausfuhr: Maschinen, Nahrungsmittel,
Konsumgüter, Metalle, Kautschuk,
Brennstoffe
Einfuhr: Maschinen, Metalle, chem.
Erzeugnisse, Konsumgüter, Brennstoffe
Klima: gemäßigtes Kontinentalklima, im Westen ähnlich wie in Mitteleuropa, im Süden Mittelmeerklima, am Schwarzen Meer milde Winter
Landschaften: im Zentrum West-Ost verlaufende Bergkette des Balkan, der nach Norden in eine Hügellandschaft übergeht. Nördlich davon die weite Donauniederung. Südlich des Balkan bildet das Tal der Maritsa das Kernland Bulgariens. Die bis zu 3000 m hohen Rhodopen beherrschen den Südwesten des Landes
Höchster Berg: Mussala, 2925 m
Flüsse: Donau, 2840 km
(im Land etwa 600 km)

Burkina Faso
Karte: Afrika, Seite 132, E3
Autokennzeichen: BF
Fläche: 274 200 km^2 (72)
Einwohner: 1989 = 9,4 Mio. (73)
Dichte: 34/km^2 **Wachstum:** 2,6 %
Zusammensetzung der Bevölkerung:
Volta, Westsudanische Gruppen, Fulbe,
Dagara, Lobi
Hauptstadt: Ouagadougou (442 000)
Wichtige Städte: Bobo-Dioulasso (231 000),
Koudougou (52 000)
Staatssprache(n): Französisch, Volta- und
Bantu-Sprachen
Religionen: Muslime,
Naturreligionen, Christen
Staatsform:
Präsidiale Republik/Militärregime

BSP (US$): 1989 = 2716 Mio.
pro Kopf: 310 **Inflationsrate:** 1988 = 4,3%
Landeswährung: 1 C.F.A.-Franc =
100 Centimes
Ausfuhr: Gold, Baumwolle
Einfuhr: Fertigwaren, Nahrungsmittel, Fahrzeugausrüstungen
Klima: bestimmend ist Wüstenklima; relativ kühle Trockenzeit von Mitte November bis Mitte Februar, von Mitte Februar bis Mitte Mai heiße Trockenzeit mit Temperaturen bis zu 50 °C. Auf die "Regenzeit" mit relativ hoher Luftfeuchtigkeit von Mitte Juni bis Mitte September folgt eine kurze heiße Trockenzeit bis Mitte November. Im Süden Temperaturen ganzjährig bei etwa 30 °C.
Landschaften: ein Großteil des Landes liegt in der wüstenhaften Sahelzone, dem Übergangsgebiet zur Sahara. Der Norden ist hauptsächlich Trockensavanne, im Süden wird die Landschaft, bedingt durch die sporadischen Sommerregen, etwas grüner
Höchster Berg: Téna Kourou, 747 m
Flüsse: Schwarzer Volta, 1600 km
(im Land etwa 850 km)

Burundi
Karte: Afrika, Seite 132, G6
Autokennzeichen: BU
Fläche: 27 834 km^2 (144)
Einwohner: 1990 = 5,4 Mio. (95)
Dichte: 193/km^2 **Wachstum:** 2,9%
Zusammensetzung der Bevölkerung:
Bantu, Watussi, Twa
Hauptstadt: Bujumbura (400 000)
Wichtige Städte: Gitega (95 300)
Staatssprache(n): Kirundi, Französisch
Religionen: Katholiken, Naturreligionen, Protestanten, Muslime
Präsidiale Republik/Militärregime
BSP (US$): 1989 = 1149 Mio.
pro Kopf: 220 **Inflationsrate:** 1988 = 4,4%
Landeswährung: 1 Franc Burundi =
100 Centimes
Ausfuhr: Kaffee, Tee, Baumwolle, Ölfrüchte, Häute, Mineralien
Einfuhr: k.A.
Klima: im Hochland zwischen 1000 und 2000 m gemäßigtes tropisches Klima, Durchschnittstemperaturen etwa 18 °C, kühl von Mai bis Oktober mit gelegentlichem Nachtfrost. Unterhalb 1000 m tropisch-feuchtwarm mit Temperaturen um 23 °C, am Malawisee sehr schwül. Februar bis Mai November/Dezember Regenzeit extrem hohe Luftfeuchtigkeit. Trockenzeit Januar bis Mitte Februar und Juni bis September
Landschaften: im Osten Hochland mit weiten Grasflächen für die Viehwirtschaft. Nach Westen Übergang zu einem Gebirgszug, der schließlich steil zum Ostafrikanischen Graben und zum Tanganjikasee abbricht
Höchster Berg: 2760 m
Flüsse: Ruvubu, 200 km

Chile
Karte: Südamerika, Seite 134, F2
Autokennzeichen: RCH
Fläche: 756 945 km^2 (37)
Einwohner: 1989 = 13 Mio. (56)
Dichte: 17/km^2 **Wachstum:** 1,7%
Zusammensetzung der Bevölkerung:
Mestizen, Weiße, etwa 2% Indianer
Hauptstadt: Santiago de Chile (4,3 Mio.)
Wichtige Städte: Valparaíso (270 000), Concepción (220 000)
Staatssprache(n): Spanisch
Religionen: Katholiken, Protestanten
Staatsform: Präsidiale Republik
BSP (US$): 1989 = 22 910 Mio.
pro Kopf: 1770 **Inflationsrate:** 1991 = 18,7%
Landeswährung: 1 Chilenischer Peso =
100 Centavos
Ausfuhr: Kupfer, Agrarprodukte, Fischmehl, Papier, Zellulose
Einfuhr: Rohstoffe, Halbfertigwaren, Investitionsgüter, Konsumgüter
Klima: durch die lange Nord-Süd-Erstreckung Anteil sowohl an der tropischen als auch an der gemäßigten Klimazone. Allgemein nehmen die Jahrestemperaturen nach Süden ab. Küstengebiete durch den Humboldtstrom relativ kühl. Nordzone warm und trocken, der Süden hat lange

Winter mit mit reichlich Niederschlägen an der Südküste. In der Atacama-Wüste soll es angeblich nie regnen.
Die meisten Niederschläge fallen im Winter von Mai bis September.
Landschaften: bei einer Gesamtlänge von 4300 km ist das Land durchschnittlich nur 190 km breit. Der Norden ist gekennzeichnet durch die extrem trockene Atacama-Wüste, die nach Süden zunächst in Buschland und schließlich in die fruchtbare Senke Mittelchiles übergeht. Das Valle Longitudinal zwischen der Küstenkette und der Hauptkette der Anden ist wirtschaftliches Zentrum Chiles. Nach Süden folgt eine bewaldete Landschaft mit vielen Seen. Der südlichste Teil ist noch größtenteils unberührte Wildnis: eine zerklüftete Küstenlandschaft mit Fjorden, Buchten und zahlreichen Inseln
Höchster Berg: Aconcagua, 6880 m
Flüsse: Ojos de Salado, 192 km

China, Republik (Taiwan)

Karte: Asien, Seite 131, G16
Autokennzeichen: RC
Fläche: 36179 km^2 (135)
Einwohner: 1990 = 20,2 Mio. (42)
Dichte: 558/km^2 **Wachstum:** 1,1%
Zusammensetzung der Bevölkerung: Chinesen
Hauptstadt: Taipeh (2,6 Mio.)
Wichtige Städte: Khaosiung (1,3 Mio.), Taichung (715000)
Staatssprache(n): Chinesisch
Religionen: Konfuzianer, Buddhisten, Taoisten, Protestanten, Katholiken, Muslime
Staatsform: Republik
BSP (US$): 1989 = 150000 Mio.
pro Kopf: 7500 **Inflationsrate:** 1990 = 4,1%
Landeswährung:
1 Neuer Taiwan Dollar = 100 Cents
Ausfuhr: Elektronik, Maschinen, Fasern, Garne, Gewebe, Infotechnik
Einfuhr: Metalle, Metallwaren, Elektronik, Chemikalien
Klima: subtropisch; feuchtwarm, regenreich, kühl im Gebirge. Jährliche Durchschnittstemperaturen über 20 °C, im Sommer Temperaturen bis 35 °C
Landschaften: das Rückgrat der Insel bildet eine Gebirgskette, deren Gipfel fast 4000 m erreichen. Zwischen der breiten Küstenebene im Westen und dem Gebirge wellige Hügellandschaft
Höchster Berg: Yushan, 3997 m

China, Volksrepublik

Karte: Asien, Seite 131, F14
Autokennzeichen: VRC/TJ
Fläche: 9560980 km^2 (3)
Einwohner: 1990 = 1,13 Mrd. (1)
Dichte: 119/km^2 **Wachstum:** 1,3%
Zusammensetzung der Bevölkerung: Chinesen, Turk-Völker, Thai-Gruppen, Mongolen, Tibeter, Mandschu, 55 andere ethnische Gruppen
Hauptstadt: Beijing (Peking) (6 Mio.)
Wichtige Städte: Shanghai (7,1 Mio.), Tianjin (5,5 Mio.), Shenyang (4,3 Mio.)
Staatssprache(n): Chinesisch als Amtssprache, Mandarin, Cantonesisch
Religionen: Konfuzianer, Buddhisten, Taoisten, Muslime, Katholiken, Protestanten
Staatsform: Sozialistische Volksrepublik
BSP (US$): 1989 = 393006 Mio.
pro Kopf: 360 **Inflationsrate:** 1990 = 2,1%
Landeswährung: 1 Renminbi Yun
= 10 Jiao = 100 Fen
Ausfuhr: Garne, Gewebe, Tee, Seide, Bekleidung
Einfuhr: Maschinen, Fahrzeuge, chem. Produkte, Eisen, Stahl, Nahrungsmittel
Klima: sehr große Klimaunterschiede, überwiegend kontinentales Klima. In Zentral- und Nordchina heiße Sommer und kalte Winter, im Süden und Südosten mildere Winter. Küstengebiete durch den Monsun sehr feucht. Im Norden und Westen teilweise extrem trockenes Wüstenklima mit Niederschlägen unter 100 mm; Juli/August Regenzeit in Peking mit hoher Luftfeuchtigkeit
Landschaften: größter Teil Chinas Gebirgsland, über 60% des Territoriums liegen über 2000 m. Der Nordwesten wird be-

herrscht von den Steppen- und Wüstenlandschaften Xinjiangs mit der Wüste Takla Makan, im Südwesten Hochgebirgslandschaft Tibets, eines der unzugänglichsten Gebiete der Welt. Viele der vergletscherten Berggipfel sind über 6000 m hoch. Die Osthälfte Chinas durch den Fluß Wei He in zwei Teile geteilt. Im Norden ausgedehnte Schwemmlandebenen des Huang He und die kontinental geprägte Hochebene zur Mongolei. Südchina besteht aus mittelgebirgsartigem Bergland mit einem dichten Geflecht von Flüssen, Bächen, Seen und Kanälen
Höchster Berg: Mount Everest (Tibet), 8848 m
Flüsse: Jangtsekiang, 5500km, Hwangho, Amur

Ciskei

Autokennzeichen: GC
Fläche: 8300 km^2 (163)
Einwohner: 1985 = 777 000 (153)
Dichte: 94/km^2 **Wachstum:** k.A.
Zusammensetzung der Bevölkerung: Xhora, Weiße, Asiaten
Hauptstadt: Bisho (i. Aufbau) (k.A.)
Wichtige Städte: Mdantsane (300 000), Zwelitsha (47 000)
Staatssprache(n): IsiXhosa, Englisch
Religionen: überwiegend Protestanten
Staatsform: Republik
BSP (Rand): 1985 = 825 Mio.
pro Kopf: k.A. **Inflationsrate:** k.A.
Landeswährung: 1 Rand = 100 Cents
Ausfuhr: landwirtschaftliche Produkte, Holz, Industrieerzeugnisse (Uhren, Fernsehgeräte)
Einfuhr: k.A.
Klima: gemäßigt subtropisch, im Sommer (Dezember bis März) an der Küste heiß
Landschaften: schmaler Küstenstreifen; dahinter allmählicher Anstieg bis über 1000 m
Flüsse: Buffalo River

Costa Rica

Karte: Nord-/Mittelamerika, Seite 133, H11
Autokennzeichen: CR
Fläche: 51 100 km^2 (125)
Einwohner: 1989 = 2,9 Mio. (124)
Dichte: 56/km^2 **Wachstum:** 2,3%
Zusammensetzung der Bevölkerung: Weiße, Mestizen, Mulatten, 0,2% Indianer
Hauptstadt: San José (250 000)
Wichtige Städte: Puntarenas (48 000), Limon (43 000)
Staatssprache(n): Spanisch
Religionen: Katholiken, Protestanten
Staatsform: Präsidiale Republik
BSP (US$): 1989 = 4898 Mio.
pro Kopf: 1790 **Inflationsrate:** 1989 = 10%
Landeswährung: 1 Costa-Rica-Colón = 100 Céntimos
Ausfuhr: Kaffee, Bananen, Fleisch, chem. Erzeugnisse, Maschinen, Textilien, Leder
Einfuhr: k.A.
Klima: tropisch mit allgemein sehr hoher Luftfeuchtigkeit, differenziert nach Höhenlage. Bis 600 m feuchtheiß, 800 m bis 1600 m gemäßigt, über 1600 m relativ kühl; an der pazifischen Küste relative Trockenzeit von Januar bis April
Landschaften: von Nordwesten nach Südosten ziehen sich mehrere vulkanische Bergketten durch das Land, z. T. erreichen die Gipfel über 3000 m. An der Karibikküste hauptsächlich Mangrovesümpfe; Siedlungszentrum ist das Valle Central, ein etwa 50 km langes Hochtal in der Kordillerenkette
Höchster Berg: Cerro Chirripo, 3819 m
Flüsse: Rio Reventazón, 150 km

Côte d'Ivoire (Elfenbeinküste)

Karte: Afrika, Seite 132, F3
Autokennzeichen: CI
Fläche: 322 463 km^2 (67)
Einwohner: 1990 = 12,6 Mio. (57)
Dichte: 39/km^2 **Wachstum:** 4%
Zusammensetzung der Bevölkerung: Bantu, Bete, Senufo, Malinke, Aschanti
Hauptstadt: Yamoussoukro (75 000)
Wichtige Städte: Abidjan (1,9 Mio.)

Staatssprache(n): Französisch als Amtssprache, Diula, sudanesische Sprachen
Religionen: Naturreligionen, Muslime, Christen
Staatsform: Präsidiale Republik
BSP (US$): 1989 = 9305 Mio.
pro Kopf: 790 **Inflationsrate:** 1990 = 0,7%
Landeswährung: 1 C.F.A.-Franc = 100 Centimes
Ausfuhr: Kakaobohnen, Erdölprodukte, Holz, Kaffeebohnen
Einfuhr: Nahrungsmittel, Konsumgüter, Investitionsgüter, Rohöl
Klima: tropisches Klima, Hitze und große Luftfeuchtigkeit an der Küste, im Landesinnern trockener. Temperaturen an der Küste zwischen 25 und 29 °C, im Landesinnern 14 bis 40 °C. Im Süden zwei Regenzeiten (April bis Juni und Oktober bis Dezember), im Norden eine Regenzeit (Juni bis Oktober)
Landschaften: von Lagunen durchzogener Küstensaum, im Westen mit felsigen Halbinseln, dazwischen Sandstrände. Nach Norden steigt das Land allmählich auf 400 m bis 500 m an; dahinter beginnt die trockene Savannenlandschaft. Der äußerste Norden ist reine Graslandschaft
Höchster Berg: Mont Nimba, 1752 m
Flüsse: Bandama, 750 km

Dänemark

Karte: Europa, Seite 130, D7
Autokennzeichen: DK
Fläche: 43 092 km^2 (132)
Einwohner: 1990 = 5,1 Mio. (97)
Dichte: 119/km^2 **Wachstum:** 0%
Zusammensetzung der Bevölkerung: Dänen, Deutsche, Schweden
Hauptstadt: Kopenhagen (470 000, Aggl. 1,3 Mio.)
Wichtige Städte: Aarhus (260 000), Odense (180 000)
Staatssprache(n): Dänisch, Deutsch
Religionen: 98% Protestanten
Staatsform: Konstitutionelle Monarchie
BSP (US$): 1989 = 105 263 Mio.
pro Kopf: 20 150 **Inflationsrate:** 1991 = 2,7%

Landeswährung: 1 Dänische Krone = 100 Öre
Ausfuhr: Maschinen, Nahrungsmittel, Fertigwaren, chem. Erzeugnisse
Einfuhr: Maschinen, Transportmittel, bearbeitete Waren, Fertigwaren, chem. Erzeugnisse
Klima: gemäßigtes Seeklima; im Sommer Tagestemperaturen von 18 bis 25 °C, niederschlagsreiche Winter, teilweise Frost
Landschaften: Dänemark besteht aus der Halbinsel Jütland und weiteren 406 Inseln; größter Teil des Landes flach und durch die Ablagerungen der letzten Eiszeit geprägt (Sandflächen, hügelige Grundmoränenlandschaft im Osten); Küstenlinie insgesamt über 7300 km lang mit zahlreichen Buchten und Einschnitten; die breiten Sandstrände der Nordseeküste gehören zu den längsten in Europa
Höchster Berg: Yding Skovhoj, 173 m
Flüsse: Gudena, 155 km

Deutschland

Karte: Europa, Seite 130, E7
Autokennzeichen: D
Fläche: 356 945 km^2 (61)
Einwohner: 1990 = 79,7 Mio. (12)
Dichte: 223/km^2 **Wachstum:** 0,7%
Zusammensetzung der Bevölkerung: Deutsche, einige Minderheiten (Sorben, Wenden, Dänen, Sinti)
Hauptstadt: Berlin (3,4 Mio.)
Wichtige Städte: Bonn (Reg.-Sitz, 290 000), Dortmund (630 000), Düsseldorf (750 000), Essen (620 000), Frankfurt (630 000), Hamburg (1,6 Mio.), Köln (930 000), München (1,2 Mio.)
Staatssprache(n): Deutsch
Religionen: Protestanten, Katholiken, Muslime
Staatsform: Parlamentarische Bundesrepublik
BSP (US$):
1990 = 2 425 500 Mio. (alte Bundesländer)
pro Kopf: 20 750
Inflationsrate: 1991 = 4,7%
Landeswährung: 1 Deutsche Mark = 100 Pfennig

Ausfuhr: Fahrzeuge, Maschinen, chem. Erzeugnisse, elektrotechnische Erzeugnisse, Textilien
Einfuhr: elektrotechnische Erzeugnisse, chemische Erzeugnisse, Fahrzeuge, Textilien, bergbauliche Erzeugnisse, Nahrungsmittel
Klima: Übergangsklima vom ozeanischen Klima im Westen (feucht-gemäßigt) zum kontinentalen Klima im Osten mit warmen bis heißen Sommern und kühlen bis kalten Wintern
Landschaften: für den Norden sind Marschenlandschaften der Nordseeküste und Jung- bzw. Altmoränenlandschaften der Norddeutschen Tiefebene charakteristisch. Nach Süden durch Täler und Becken stark gegliederte Mittelgebirgszone und Süddeutsches Schichtstufenland, mit den höchsten Erhebungen im Schwarzwald und im Bayerischen Wald. Mit den Alpen, etwa ein Prozent der Landesfläche, geringer Anteil am Hochgebirge.
Höchster Berg: Zugspitze, 2963 m
Flüsse: Donau, 2860 km (647 km im Land), Elbe, 1165 km (828 km im Land), Rhein, 1320 km (865 km im Land)

Dominica
Karte: Weltkarte, S. 128, D6
Autokennzeichen: WD
Fläche: 751 km^2 (174)
Einwohner: 82000 (184) **Dichte:** 105/km^2
Wachstum: 1,3%
Zusammensetzung der Bevölkerung: Schwarze, Mulatten, Kreolen, Kariben
Hauptstadt: Roseau (11000)
Wichtige Städte:
Staatssprache(n): Englisch, kreolisches Französisch (Patois)
Religionen: Katholiken, Methodisten, Anglikaner
Staatsform: Parlamentarische Republik
BSP (US$): 1989 = 136 Mio.
pro Kopf: 1680 **Inflationsrate:** 1988 = 1,7%
Landeswährung:
1 Ostkaribischer Dollar = 100 Cents
Ausfuhr: Bananen, Kakao, Kobra, Kokosnüsse, Fruchtsäfte, Gemüse
Einfuhr: k.A.
Klima: subtropisch mit hoher Luftfeuchtigkeit. Juli bis November Regenzeit; auch im Winter erreichen Maximaltemperaturen fast 30 °C
Landschaften: stark zerklüftete Insel in der östlichen Karibik, von drei erloschenen Vulkanen beherrscht, die nur einem schmalen Küstenstreifen Platz machen
Höchster Berg: Morne Diablotin, 1447 m

Dominikanische Republik
Karte: Nord-/Mittelamerika, Seite 133, H12
Autokennzeichen: DOM
Fläche: 48734 km^2 (127)
Einwohner: 1984 = 6,8 Mio. (89)
Dichte: 141/km^2 **Wachstum:** 2,4%
Zusammensetzung der Bevölkerung: 73% Mulatten, Weiße, Schwarze
Hauptstadt: Santo Domingo (1,4 Mio.)
Wichtige Städte: Santiago de los Caballeros (285000), La Romana (100000)
Staatssprache(n): Spanisch
Religionen: Katholiken, Protestanten
Staatsform: Präsidiale Republik
BSP (US$): 1989 = 5513 Mio.
pro Kopf: 790 **Inflationsrate:** 1991 = 54%
Landeswährung:
1 Dominikanischer Peso = 100 Centavos
Ausfuhr: Zucker, Roheisen, Eisennickel, Kaffee, Kakao, Tabak, Leichtindustrie
Einfuhr: k.A.
Klima: tropisch heiß, mit hoher Luftfeuchtigkeit, auch nachts kaum Abkühlung. Durch Passatwinde etwas gemildert. Mai/Juni und September/Oktober Regenzeiten; Wirbelsturmgefahr September bis November
Landschaften: im Westen des Landes vier fast parallel verlaufende Bergketten, die breite, fruchtbare Talebenen einschließen. Im Süden und im Osten ausgedehnte Küstenebenen am Atlantik bzw. zur Karibik
Höchster Berg: Pico Duarte, 3175 m

Djibouti

Karte: Afrika, Seite 132, E8
Autokennzeichen: k.A.
Fläche: 23 200 km^2 (148)
Einwohner: 1988 = 380 000 (160)
Dichte: 17/km^2 **Wachstum:** 4,2%
Zusammensetzung der Bevölkerung:
Issa, Afar, Europäer, Araber
Hauptstadt: Djibouti (65 000)
Wichtige Städte: Dikhil (30 000)
Staatssprache(n): Somalisch, Arabisch, Französisch
Religionen: Muslime, Christen
Staatsform:
Präsidiale Republik/Einparteiensystem
BSP (US$): 1986 = 341 Mio.
pro Kopf: 748 **Inflationsrate:** 1987 = 8%
Landeswährung: 1 Djibouti-Franc = 100 Centimes
Ausfuhr: Häute, Felle, andere Viehzuchtprodukte, Kaffee
Einfuhr: k.A.
Klima: eines der heißesten Gebiete der Erde mit sehr seltenen Regenfällen. Juni bis September sehr heiß (30 bis 50 °C). Im Juli weht der Chamsim, ein heißer Wüstenwind, der oft von Sandstürmen begleitet ist; Oktober bis Mai relativ gemäßigt, trotzdem liegen die Temperaturen zwischen 25 und 35 °C
Landschaften: hauptsächlich Wüsten und Halbwüsten mit kahlen Basaltbergen und salzgefüllten Senken.
Höchster Berg: Mousa 'alli, 2063 m

Ecuador

Karte: Südamerika, Seite 134, C2
Autokennzeichen: EC
Fläche: 283 561 km^2 (71)
Einwohner: 1990 = 9,6 Mio. (71)
Dichte: 32/km^2 **Wachstum:** 2,7%
Zusammensetzung der Bevölkerung:
Mestizen, Weiße, 20% Indianer, Mulatten, Schwarze
Hauptstadt: Quito (1,4 Mio.)
Wichtige Städte: Guayaquil (1,5 Mio.), Cuenca (330 000)
Staatssprache(n): Spanisch, Ketschua
Religionen: Katholiken, Protestanten
Staatsform: Präsidiale Republik
BSP (US$): 1989 = 10 774 Mio.
pro Kopf: 1040 **Inflationsrate:** 1991 = 49%
Landeswährung: 1 Sucre = 100 Centavos
Ausfuhr: Rohöl, Garnelen, Bananen, Kaffee
Einfuhr: Rohstoffe, Kapitalgüter, Konsumgüter
Klima: Osthänge der Anden und Urwaldgebiete ganzjährig feucht und warm: Küste und Andenwesthänge haben tropisches bis subtropisches Klima mit hohen Temperaturen und hoher Luftfeuchtigkeit. Von Januar bis Mai Regenzeit; Hochland bis 3000 m gemäßigtes Klima mit sehr starken Temperaturschwankungen
Landschaften: Küstenebene am Pazifik ist Zentrum von Industrie und Handel; nach Osten zwei hohe Gebirgsketten. Zwischen den Gebirgen die Sierra, ein Hochland um 2500 bis 3000 m. Im Osten Amazonastiefland mit tropischen Regenwäldern, fast menschenleer
Höchster Berg: Chimborazo, 6267 m
Flüsse: Guayas, 290 km

El Salvador

Karte: Nord-/Mittelamerika, Seite 133, H11
Autokennzeichen: ES
Fläche: 21 041 km^2 (150)
Einwohner: 1989 = 5,1 Mio. (98)
Dichte: 243/km^2 **Wachstum:** 1,3%
Zusammensetzung der Bevölkerung:
Mestizen, Indianer, Weiße
Hauptstadt: San Salvador (450 000)
Wichtige Städte: Santa Ana (140 000), San Miguel (88 000)
Staatssprache(n): Spanisch, Indianersprachen
Religionen: Katholiken, Protestanten
Staatsform: Präsidiale Republik
BSP (US$): 1989 = 5356 Mio.
pro Kopf: 1040 **Inflationsrate:** 1991 = 14%
Landeswährung: 1 El-Salvador-Colón = 100 Centavos
Ausfuhr: Kaffee, Baumwolle, Gold, Zucker, chem. Erzeugnisse

Einfuhr: k.A.
Klima: tropisches feuchtheißes Klima mit hohen Tagestemperaturen und kühlen Nächten; Regenzeit von Mai bis Oktober. November bis April mild, nachts Abkühlung bis 15 °C
Landschaften: sehr gebirgig, mit über 50 Vulkanen, an tiefen Bruchzonen von West nach Ost aufgereiht. Große Teile noch stark bewaldet. Der lagunenreichen Küste sind zahlreiche Inseln und Korallenriffe vorgelagert
Höchster Berg:
Cerro Monte Christo, 2418 m
Flüsse: Rio Lempa, 320 km

Estland

Karte: Europa, Seite 130, D11
Autokennzeichen: EST
Fläche: 45 100 km^2 (129)
Einwohner: 1990 = 1,6 Mio. (142)
Dichte: 35/km^2 **Wachstum:** 0,5%
Zusammensetzung der Bevölkerung:
Esten, Russen, Finnen, Ukrainer, Weißrussen
Hauptstadt: Tallinn (480 000)
Wichtige Städte: Tartu (114 000), Kothla-Jarve (77 000), Narwa (81 000)
Staatssprache(n): Estnisch, Russisch
Religionen: 92% Lutherisch, Russisch-Orthodoxe
Staatsform: Republik
BSP (US$): 1989 = 10 000 Mio.
pro Kopf: 6240 **Inflationsrate:** k.A.
Landeswährung: 1 Kroon = 100 Cents
Ausfuhr: Maschinen, Textilien, landwirtschaftliche Produkte, Chemikalien, Fisch, Fleisch
Einfuhr: Erdöl, Erdgas, Maschinen, Halbfertigwaren, Nahrungsmittel
Klima: maritim geprägt, nach dem Landesinnern zunehmend kontinental. Sommerdurchschnittstemperaturen 16 bis 19 °C, Januarmittel -4 °C; schneereiche Winter. Niederschlag 600 bis 700 mm
Landschaften: ebene oder leicht wellige Landschaft, durchschnittliche Höhe 50 m. Teil des Osteuropäischen Tieflands, im Südosten vom Baltischen Landrücken durchzogen. Eiszeitliche Reliefformen vorherrschend. Ein Fünftel des Landes ist Sumpfgebiet, 30% waldbedeckt. Im Westen und Südwesten stark gegliederte Küste, zum Finnischen Meerbusen steile Kalksteinstufe
Höchster Berg: Haaniahöhen, 318 m
Flüsse: Narva, Emajogi

Fidschi

Karte: Australien/Ozeanien, Seite 135, F7
Autokennzeichen: FJI
Fläche: 18 274 km^2 (153)
Einwohner: 1988 = 732 000 (155)
Dichte: 40/km^2 **Wachstum:** 1,8%
Zusammensetzung der Bevölkerung:
Inder, Fidschi, Europäer, Chinesen
Hauptstadt: Suva (69 000)
Wichtige Städte: Lautoka City (25 000), Nadi (7000)
Staatssprache(n): Englisch, Melanesich
Religionen: Christen, Hindus, Muslime
Staatsform: Republik
BSP (US$): 1989 = 1218 Mio.
pro Kopf: 1640
Inflationsrate: 1988 = 11,8%
Landeswährung: 1 Fidschi-Dollar = 100 Cents
Ausfuhr: Zucker, Kokosöl, Kopra, Ingwer, Bananen, Fischkonserven
Einfuhr: k.A.
Klima: tropisches Klima; Sommertemperaturen bis 32 °C, im Winter sinkend bis etwa 15 °C.
Keine sehr hohe Luftfeuchtigkeit. Mai bis November kurze Regenfälle und kühle Nächte, Dezember bis März starke Niederschläge, aber nur von kurzer Dauer
Landschaften: 322 Inseln und Atolle, meist von Korallenriffen umgeben. Die Hauptinseln Viti Levu und Vanua Levu von erloschenen, zerklüfteten Vulkanen geprägt. Süd- und Osthänge meist von tropischen Regenwäldern bedeckt. Im Regenschatten ausgedehnte Graslandschaften, meist durch Rodung und intensive Beweidung entstanden

Höchster Berg:
Tomanivi auf Viti Levu, 1324 m
Flüsse: Rewa, 115 km

Finnland

Karte: Europa, Seite 130, C11
Autokennzeichen: SF
Fläche: 338 145 km^2 (63)
Einwohner: 1990 = 5 Mio. (99)
Dichte: 15/km^2 **Wachstum:** 0,4%
Zusammensetzung der Bevölkerung:
Finnen, Finnen-Schweden, Saamen
Hauptstadt: Helsinki (490 000)
Wichtige Städte: Tampere (170 000),
Espoo (170 000), Turku (160 000)
Staatssprache(n): Finnisch, Schwedisch,
Religionen: Protestanten,
Finnisch-Orthodoxe, Katholiken
Staatsform: Parlamentarisch-Demokratische Republik
BSP (US$): 1990 = 133 071 Mio.
pro Kopf: 22 060 **Inflationsrate:** 1991 = 4,4%
Landeswährung: 1 Finnmark = 100 Penniä
Ausfuhr: Halbfertigprodukte, Maschinen, Transportmittel, Rohstoffe
Einfuhr: Maschinen, Transportmittel, bearbeitete Waren, Brennstoffe, chem. Erzeugnisse
Klima: kontinentales Klima, die Sommer mäßig warm bei sehr langen Tagen, die Winter sehr kalt bei sehr langen Nächten
Landschaften: ausgedehnte Wälder, Tundren, Moore, Sumpflandschaften und fast 60 000 Seen; Großteil des Landes flachwellig und nur durch niedrige Bergrücken, meist Moränenwälle der letzten Eiszeit, gegliedert. Lediglich im Norden, in Lappland, steigen die Berge auf über 1000 m an
Höchster Berg: Haltiatunturi, 1328 m
Flüsse: Kokemäenjoki 480 km

Frankreich

Karte: Europa, Seite 130, F6
Autokennzeichen: F
Fläche: 551 700 km^2 (47)
Einwohner: 1990 = 56,5 Mio. (18)
Dichte: 102/km^2 **Wachstum:** 0,4%
Zusammensetzung der Bevölkerung:
Franzosen, einige Sprachminderheiten (Bretonen, Katalanen, Flamen, Basken)
Hauptstadt: Paris (2,2 Mio.)
Wichtige Städte: Marseille (800 000), Lyon (400 000), Toulouse (370 000), Nizza (350 000)
Staatssprache(n): Französisch, Sprachen der Minderheiten
Religionen: Katholiken, Muslime, Protestanten
Staatsform: Parlamentarische Republik
BSP (US$): 1989 = 1 000 866 Mio.
pro Kopf: 17 830 **Inflationsrate:** 1991 = 3%
Landeswährung:
1 Französischer Franc = 100 Centimes
Ausfuhr: Investitionsgüter, chem. Erzeugnisse, Konsumgüter, Kfz, Metalle, Nahrungsmittel
Einfuhr: Investitionsgüter, Konsumgüter, chem. Erzeugnisse, Metallerzeugnisse, Kfz, Energieträger
Klima: gemäßigtes, mildes Klima; am Kanal Einfluß des Golfstroms, dadurch auch milde Winter. Im Süden Mittelmeerklima mit Niederschlägen im Frühjahr und Herbst
Landschaften: das Landesinnere gegliedert durch zwei große Beckenlandschaften, das Pariser Becken und das Garonne-Becken, durch die Grabenzone von Rhône und Saone sowie durch das Massif Central, das die drei Zonen voneinander trennt. Im Nordosten bildet die Bretagne eine schwellenartige Aufwölbung; Hochgebirge der Pyrenäen im Südwesten und der Alpen im Südosten. Mittelgebirgscharakter haben der Französische Jura, die Vogesen sowie die Ardennen
Höchster Berg: Mont Blanc, 4807 m
Flüsse: Loire, 1015 km, Rhône, Seine

Gabun

Karte: Afrika, Seite 132, G5
Autokennzeichen: G
Fläche: 267 667 km^2 (74)
Einwohner: 1990 = 1,17 Mio. (148)
Dichte: 4/km^2 **Wachstum:** 3,9%

Zusammensetzung der Bevölkerung:
Bantu-Gruppen, Pygmäen
Hauptstadt: Libreville (350 000)
Wichtige Städte: Port-Gentil (123 000), Franceville (38 000), Lambarene (24 000)
Staatssprache(n): Französisch, Bantu-Dialekte
Religionen: Katholiken, Protestanten, Muslime, Naturreligionen
Staatsform: Präsidiale Republik
BSP (US$): 1988 = 3200 Mio.
pro Kopf: 2970 **Inflationsrate:** 1990 = 8,6%
Landeswährung: 1 C.F.A.-Franc = 100 Centimes
Ausfuhr: Rohöl, Mangan, Holz, Uran
Einfuhr: Metallerzeugnisse, agrar. Güter, Fertigwaren, Ausrüstungsgüter, Werkzeuge
Klima: typisch tropisches Regenwaldklima mit immer sehr hoher Luftfeuchtigkeit. Regenzeiten Oktober bis Dezember und Februar bis Mai
Landschaften: Küstenebene relativ schmal und leicht wellig, im Norden stärker gegliedert als im Süden. Zum Landesinnern Randschwelle des Kongobeckens mit Höhen über 100 m. Nach Osten flacht die Randschwelle zum Kongobecken wieder ab. Über zwei Drittel des Landes von tropischem Regenwald bedeckt
Höchster Berg:
Birougou-Berge bis zu 1190 m
Flüsse: Ogo We, 1100 km

Gambia

Karte: Afrika, Seite 132, E2
Autokennzeichen: WAG
Fläche: 11 295 km^2 (158)
Einwohner: 1988 = 812 000 (152)
Dichte: 72/km^2 **Wachstum:** 3,3%
Zusammensetzung der Bevölkerung:
Mandingo, Fulbe, Wolof, Djola, Sarakole
Hauptstadt: Banjul (44 000)
Wichtige Städte: Serekunda (68 000)
Staatssprache(n):
Englisch, Mandingo, Wolof
Religionen: 96% Muslime, Protestanten, Katholiken
Staatsform: Präsidiale Republik
BSP (US$): 1989 = 196 Mio.
pro Kopf: 230 **Inflationsrate:** 1989 = 8%
Landeswährung: 1 Dalasi = 100 Bututs
Ausfuhr: Erdnüsse, Erdnußerzeugnisse (etwa 80% des Exports)
Einfuhr: Nahrungsmittel, Maschinen, Fahrzeuge
Klima: tropisches Klima, an der Küste milder als im Landesinnern, wo es sehr heiß werden kann (Extreme bis 43 °C). Regenzeit von Juli bis November mit Niederschlagsmaximum im August und im Oktober
Landschaften: kleinster afrikanischer Staat, etwa 320 km lang und maximal 48 km breit; beschränkt sich praktisch auf die meist flache Flußniederung des Gambia-Flusses
Flüsse: Gambia, 1120 km (im Land 450 km)

Georgien

Karte: Europa, Seite 130, G14
Autokennzeichen: GEO (vorläufig)
Fläche: 69 700 km^2 (118)
Einwohner: 1990 = 5,5 Mio. (93)
Dichte: 79/km^2 **Wachstum:** k.A.%
Zusammensetzung der Bevölkerung:
Georgier, Armenier, Russen, Aserbaidschaner, Osseten, Tscherkessen, Abchasen, Juden
Hauptstadt: Tbilissi (1,3 Mio.)
Wichtige Städte: Kutaissi (235 000), Rustavi (160 000), Suchumi (120 000)
Staatssprache(n): Georgisch, Russisch, Armenisch, Aserbaidschanisch
Religionen: orthodoxe Christen, Juden
Staatsform: Republik
BSP (US$): k.A.
pro Kopf: k.A. **Inflationsrate:** k.A.
Landeswährung: 1 Rubel = 100 Kopeken; eigene Währung in Vorbereitung
Ausfuhr: landwirtschaftliche Produkte, Erze, Kohle, Maschinen, Halbfertigwaren
Einfuhr: Halbfertigwaren, Nahrungsmittel, Maschinen, Erdöl
Klima: durch die Nordkette des Kaukasus geschützte Lage. Warmes, subtropisches Klima mit langen, warmen Sommern und

mäßig kalten Wintern. Sehr viel Sonne, Winter fast schneefrei. Sehr mild am Schwarzen Meer (Jahresdurchschnitt 14 bis 15 °C), allerdings auch sehr hohe Luftfeuchtigkeit und gebietsweise Jahresniederschläge bis zu 3000 mm
Landschaften: drei Viertel des Landes Berge, etwa 54% liegen über 1000 m. Im Norden der Große Kaukasus mit Höhen über 5000 m, im Süden der Kleine Kaukasus, dazwischen einige Niederungen. An den Hängen der tieferen Lagen subtropische Wälder. 300 km Küste am Schwarzen Meer. Südgeorgien besteht aus Lava-Ebenen, die ihren Ursprung im Vulkanismus des Kleinen Kaukasus haben
Höchster Berg: Dykhtau, 5204 m
Flüsse: Kura, Rion

Ghana

Karte: Afrika, Seite 132, F3
Autokennzeichen: GH
Fläche: 238 537 km^2 (78)
Einwohner: 1989 = 15,5 Mio. (52)
Dichte: 65/km^2 **Wachstum:** 3,4%
Zusammensetzung der Bevölkerung: Aschanti, Fanti, Ga, Ga-Adangbe, Ewé
Hauptstadt: Accra (965 000)
Wichtige Städte: Kumasi (349 000), Tamale (137 000)
Staatssprache(n): Englisch, Sprachen der Volksgruppen
Religionen: Protestanten, Naturreligionen, Katholiken
Staatsform: Präsidiale Republik/Militärregime
BSP (US$): 1989 = 5503 Mio.
pro Kopf: 380 **Inflationsrate:** 1991 = 18%
Landeswährung: 1 Cedi = 100 Pesewas
Ausfuhr: Kakao (50% des Exports), Gold, Holz
Einfuhr: Investitionsgüter, Halbfertigwaren, Energie
Klima: tropisches Klima. Der Küstenstreifen im Osten relativ trocken und warm und durch die Seewinde gemäßigt. Der westliche Küstenabschnitt und die Ashantiregion warm und feucht. Der Norden heiß und trocken. Im Süden Regenzeiten von Mai bis Juli und September/Oktober, im Norden Mai bis Oktober
Landschaften: Küstenzone im Süden 20 bis 100 km breit mit weiten Sandstränden und vielen Lagunen; Flußmündungen von Mangrovesümpfen eingenommen. Landeinwärts stark bewaldetes, hügeliges Plateau mit Höhen zwischen 300 m und 500 m. Das nördlich daran anschließende Voltabecken mit dem größten Stausee der Erde, dem Voltasee, liegt zwischen 200 m und 400 m hoch; nördlich schließt sich wieder ein etwas höher gelegenes Savannengebiet an
Höchster Berg: Afadjoto, 885 m
Flüsse: Volta, 2100 km (im Land etwa 1000 km)

Grenada

Karte: Weltkarte, S. 128, D6
Autokennzeichen: WG
Fläche: 344 km^2 (186)
Einwohner: 1989 = 100 000 (181)
Dichte: 291/km^2 **Wachstum:** 1,9%
Zusammensetzung der Bevölkerung: hauptsächlich afrik. Abstammung, Mulatten, indischer Abstammung
Hauptstadt: Saint George's (10 000)
Staatssprache(n): Englisch, kreol. Französisch (Patois)
Religionen: Katholiken, Anglikaner, Protestanten
Staatsform: Konstitutionelle Monarchie im Commonwealth
BSP (US$): 1989 = 179 Mio.
pro Kopf: 1900 **Inflationsrate:** 1989 = 5%
Landeswährung: 1 Ostkaribischer Dollar = 100 Cents
Ausfuhr: Kakao, Bananen, Muskatnüsse, Fische, Rum, Zucker; Tourismus als wichtige Einnahmequelle
Einfuhr: k. A.
Klima: tropisches, durch den Passatwind aber gemäßigtes Klima. Jahresdurchschnittstemperaturen etwa 29 °C. Regenzeit Juni bis Dezember mit kurzen täglichen Niederschlägen

Landschaften: südlicher Abschluß der Kleinen Antillen. Das Zentrum bilden erloschene Vulkane. Entlang der kleinen Flüsse schmale Ebenen. An der Küste lange Sandstrände; ein Großteil des Landesinnern von tropischen Regenwäldern bedeckt
Höchster Berg: Mt. St. Catherine, 840 m

Griechenland

Karte: Europa, Seite 130, H10
Autokennzeichen: GR
Fläche: 131 957 km^2 (95)
Einwohner: 1990 = 10,1 Mio. (67)
Dichte: 76/km^2 **Wachstum:** 0,4%
Zusammensetzung der Bevölkerung: Griechen
Hauptstadt: Athen (886 000, Aggl. 3 Mio.)
Wichtige Städte: Thessaloniki (400 000), Patras (155 000), Iraklion (111 000)
Staatssprache(n): Neugriechisch
Religionen: griechisch-orthodoxe Christen, Muslime, Protestanten, Katholiken
Staatsform: Parlamentarisch-Demokratische Republik
BSP (US$): 1989 = 53 626 Mio.
pro Kopf: 5340 **Inflationsrate:** 1991 = 18,3%
Landeswährung: 1 Drachme = 100 Lepta
Ausfuhr: Textilien, Schuhe, Olivenöl, Garne, Erdölprodukte, Aluminium, Chemikalien, Obst, Tabak
Einfuhr: Erdöl, Fleisch, Chemikalien
Klima: Mittelmeerklima; heiße, trockene Sommer, Winter kurz und regnerisch, im Landesinnern auch kalt
Landschaften: Landesnatur vom Meer und vom Gebirge bestimmt. Etwa ein Fünftel des Staatsgebiets besteht aus Inseln. Die Küstenlinie beträgt insgesamt über 15 000 km, davon entfallen auf das Festland 4100 km. Das Meer greift in zahlreichen Buchten und Golfen in das Land ein. Das Land größtenteils von Gebirgen beherrscht, die eine Fortsetzung der Dinariden in Jugoslawien sind. Sie verzweigen sich in Griechenland und setzen sich über die Inseln bis nach Kleinasien fort. Ebenen, die weit in das Land hineingreifen, fast nur entlang der Flüsse
Höchster Berg: Olympos, 2917 m
Flüsse: Acheloos, 220 km

Großbritannien und Nordirland

Karte: Europa, Seite 130, E5
Autokennzeichen: GB
Fläche: 242 432 km^2 (77)
Einwohner: 1989 = 57,2 Mio. (16)
Dichte: 234/km^2 **Wachstum:** 0,2%
Zusammensetzung der Bevölkerung: Briten, Iren, farbige Einwanderer
Hauptstadt: London (6,7 Mio.)
Wichtige Städte: Birmingham (1 Mio.), Glasgow (733 000), Leeds (710 000), Sheffield (540 000)
Staatssprache(n): Englisch, keltische Sprachen (Walisisch, Gälisch)
Religionen: Anglikaner, Presbyterianer, Katholiken, Methodisten, Muslime
Staatsform: Konstitutionelle Monarchie
BSP (US$): 1989 = 834 166 Mio.
pro Kopf: 14 750 **Inflationsrate:** 1991 = 6,2%
Landeswährung: 1 Pfund Sterling = 100 Pence
Ausfuhr: Maschinen, Fahrzeuge, elektrotechnische Erzeugnisse, bearbeitete Waren, chem. Erzeugnisse, Brennstoffe, Nahrungsmittel
Einfuhr: Maschinen, Fahrzeuge, elektrotechnische Erzeugnisse, bearbeitete Waren, Nahrungsmittel, chem. Erzeugnisse
Klima: vom Atlantik beeinflußtes maritimes Klima. Häufige Wetter- und Luftdruckwechsel. Im allgemeinen mild mit gemäßigten Temperaturen. Temperaturunterschiede zwischen Sommer und Winter nur gering
Landschaften: Landschaft stark von den Eiszeiten geprägt. Im Süden und Osten flachwellige Tiefländer. Hochländer bilden das Bergland von Wales, die Penninen sowie das Schottische Hochland. Vor allem in Schottland haben die Gletscher der letzten Eiszeit ihre Spuren hinterlassen. Die übertieften Furchen heute meist von Seen eingenommen. Weitere Zeugen der Eiszeit sind gerundete

Bergrücken und Trogtäler. Die Hochflächen von Wales werden von einigen Gebirgszügen und tiefen Flußtälern durchzogen. Wirtschaftliches Zentrum Englands bilden die Beckenlandschaften, von denen sich die Bergländer des Nordwestens abheben. Nordirland besteht hauptsächlich aus hügeligem Flachland, das von einigen Bergzügen gegliedert wird
Höchster Berg: Ben Nevis, 1343 m
Flüsse: Themse, 335 km

Guatemala
Karte: Nord-/Mittelamerika, Seite 133, H10
Autokennzeichen: GCA
Fläche: 108 889 km^2 (104)
Einwohner: 1989 = 8,9 Mio. (76)
Dichte: 80/km^2 **Wachstum:** 2,9%
Zusammensetzung der Bevölkerung:
über 45% Indianer, Mestizen, Schwarze, Mulatten, 5% Weiße
Hauptstadt:
Ciudad de Guatemala (1,1 Mio.)
Wichtige Städte: Escuintla (109 000), Quezaltenango (101 000)
Staatssprache(n): Spanisch,
23 indianische Dialekte
Religionen: 96% Katholiken, Protestanten
Staatsform: Präsidiale Republik
BSP (US$): 1989 = 8205 Mio.
pro Kopf: 920 **Inflationsrate:** 1991 = 10%
Landeswährung: 1 Quetzal = 100 Centavos
Ausfuhr: Kaffee, Zucker, Bananen
Einfuhr: Rohmaterialien, Halbfertigwaren, Maschinen, Konsumgüter
Klima: tropisches Klima, differenziert nach Höhenlage. Heiße, feuchte Zone bis 800 m (tierra caliente), gemäßigte Zone mit angenehmen Temperaturen von 800 bis 1800 m (tierra templada). Über 1800 m (tierra fria) kühl, Frost möglich
Landschaften: Kernraum ist das zentrale Hochland, das aus zwei Gebirgskomplexen besteht. Zum Pazifik bricht das Gebirge steil ab. Die Küstenzone ist etwa 30 bis 50 km breit und sehr fruchtbar. Das nördliche karibische Tiefland ist hügelig und besteht aus stark verkarstetem Kalkgestein.
Charakteristisch für die Gebirgsländer sind zahlreiche, zum Teil noch aktive Vulkane
Höchster Berg: Volcán Tajumulco, 4220 m
Flüsse: Motagua, 545 km

Guinea
Karte: Afrika, Seite 132, E2
Autokennzeichen: RG
Fläche: 245 857 km^2 (76)
Einwohner: 1990 = 6,8 Mio. (88)
Dichte: 28/km^2 **Wachstum:** 2,4%
Zusammensetzung der Bevölkerung:
vor allem Sudangruppen, Fulbe
Hauptstadt: Conakry (800 000)
Wichtige Städte: Labé (110 000), Kankan (100 000)
Staatssprache(n): Französisch, Maninka, Pular
Religionen: Muslime, Naturreligionen, Christen
Staatsform:
Präsidiale Republik/Militärregime
BSP (US$): 1989 = 2372 Mio.
pro Kopf: 430 **Inflationsrate:** 1990 = 26%
Landeswährung: 1 Guinea-Franc = 100 Cauris
Ausfuhr: Bauxit, Aluminium, Diamanten
Einfuhr: Halbfertigwaren, Konsumgüter, Investitionsgüter
Klima: tropisches Klima, in der Küstenregion heiß und feucht mit Temperaturen von 24 bis 32 °C. Der gebirgige Osten ist gemäßigter. Regenzeiten von Juni bis Oktober
Landschaften: Küstenbereich mit Mangrovesümpfen etwa fünfzig bis 90 km breit. Im Südosten Guineabergland bis über 1700 m hoch. Hier steht noch ein großer Teil des ursprünglichen Regenwalds. Bergland von Fouta Djalon, eine hügelige Landschaft, erreicht etwa 1500 m. Zwischen den beiden Gebirgen Hochfläche in etwa 500 bis 600 m Höhe
Höchster Berg: Mt. Nimba, 1752 m
Flüsse: Niger, 4160 km (im Land 600 km)

Guinea-Bissau
Karte: Afrika, Seite 132, E2
Autokennzeichen: k.A.
Fläche: 36 125 km^2 (136)
Einwohner: 1989 = 966 000 (151)
Dichte: 27/km^2 **Wachstum:** 1,9%
Zusammensetzung der Bevölkerung:
Schwarzafrikaner und Mulatten,
Fulbe, Weiße
Hauptstadt: Bissau (125 000)
Wichtige Städte: Bafatá (13 400)
Staatssprache(n): Portugiesisch,
sudanesische Sprachen
Religionen: Muslime,
Naturreligionen, Katholiken
Staatsform: Präsidiale Republik
BSP (US$): 1989 = 173 Mio.
pro Kopf: 180 **Inflationsrate:** k.A.
Landeswährung: 1 Guinea-Peso =
100 Centavos
Ausfuhr: Rohstoffe (Ölsaaten, Spinnstoffe), Meerestiere, Erd- und Kokosnüsse
Einfuhr: Maschinen, elektrotechnische Erzeugnisse, Fahrzeuge, Nahrungsmittel
Klima: tropisch feuchtheiß, nach Osten trockener und heißer.
Regenzeit von Mai bis November mit Maximum im Juli und August
Landschaften: Küstengebiet mit zahlreichen weit ins Land hineinreichenden Trichtermündungen, Wattflächen und Sümpfen; Hinterland flach, Baum- und Strauchsavannen
Flüsse: Corubal, 600 km

Guyana
Karte: Südamerika, Seite 134, B4
Autokennzeichen: GUY
Fläche: 214 969 km^2 (82)
Einwohner: 1988 = 1 Mio. (150)
Dichte: 5/km^2 **Wachstum:** 0,7%
Zusammensetzung der Bevölkerung:
Inder, Schwarze, Indianer, Weiße,
Chinesen
Hauptstadt: Georgetown (170 000)
Wichtige Städte: Linden (30 000),
New Amsterdam (20 000)
Staatssprache(n): Englisch, indianische Dialekte, Portugiesisch, Hindi
Religionen: Hindus, Protestanten,
Katholiken, Anglikaner
Staatsform: Präsidiale Republik
BSP (US$): 1989 = 398 Mio.
pro Kopf: 400 **Inflationsrate:** 1989 = 21%
Landeswährung: 1 Guyana-Dollar =
100 Cents
Ausfuhr: Zucker, Reis, Rum, Bauxit, Aluminiumoxid, Diamanten
Einfuhr: k.A.
Klima: tropisches Klima mit höchsten Temperaturen im Landesinnern. Regenzeiten Mai bis Juli und November bis Februar
Landschaften: Hauptsiedlungsgebiet ist die Küstenzone, die etwa 50 km ins Landesinnere reicht. Großteil dieser Landschaft liegt unter dem Meeresspiegel, wurde von Holländern eingepoldert. Ein schmaler Savannenstreifen leitet zum Pakaraima-Bergland über, das noch mit Regenwald bedeckt ist
Höchster Berg: Mount Roraima, 2810 m
Flüsse: Essequibo, 1050 km

Haiti
Karte: Nord-/Mittelamerika, Seite 133, H12
Autokennzeichen: RH
Fläche: 27 750 km^2 (145)
Einwohner: 1987 = 6,3 Mio. (92)
Dichte: 199/km^2 **Wachstum:** 1,8%
Zusammensetzung der Bevölkerung:
Schwarze, Mulatten, Weiße
Hauptstadt: Port-au-Prince (800 000)
Wichtige Städte: Cap-Haitien (70 500),
Gonaives (36 500)
Staatssprache(n): Französich, Krreolisch
Religionen: Katholiken, Protestanten,
Staatsform: Präsidiale Republik
BSP (US$): 1989 = 2256 Mio.
pro Kopf: 400 **Inflationsrate:** 1988 = 5,8%
Landeswährung: 1 Gourde = 100 Centimes
Ausfuhr: Textilien, Elektroteile,
Spielwaren, Sportartikel, Kaffee,
Kakao, ätherische Öle
Einfuhr: k.A.
Klima: in den Ebenen subtropisch heißes Klima, In den Höhenlagen gemäßigt. Geringe Luftfeuchtigkeit

Landschaften: durch mehrere Gebirgsketten und dazwischen verlaufende Längssenken stark gegliedert. Die ursprüngliche Vegetation, tropischer Regenwald, durch Rodung weitgehend verschwunden
Höchster Berg: Pic la Selle, 2674 m
Flüsse: Artibonite, 170 km

Honduras

Karte: Nord-/Mittelamerika, Seite 133, H11
Autokennzeichen: k.A.
Fläche: 112 088 km^2 (100)
Einwohner: 1989 = 5 Mio. (100)
Dichte: 43/km^2 **Wachstum:** 3,6%
Zusammensetzung der Bevölkerung:
Mestizen, Indianer, Schwarze, Mulatten, Weiße
Hauptstadt: Tegucigalpa (640 000)
Wichtige Städte: San Pedro Sula (429 000), Choluteca (65 000)
Staatssprache(n): Spanisch, Englisch, idianische Dialekte
Religionen: Katholiken, Protestanten
Staatsform: Präsidiale Republik
BSP (US$): 1989 = 4495 Mio.
pro Kopf: 900 **Inflationsrate:** 1989 = 11%
Landeswährung: 1 Lempira = 100 Centavos
Ausfuhr: Kaffee, Bananen, Meerestiere, Holz, Zucker, Zink, Silber, Platinerze, Baumwolle
Einfuhr: k.A.
Klima: an der nördlichen Küste tropisch, feuchtwarm, im Gebirge gemäßigt; pazifische Küstenebene ebenfalls tropisch aber mit einer Trockenzeit. Regenzeit von Mai bis Oktober
Landschaften: drei Viertel des Landes Bergland, zwei Drittel noch mit tropischem Urwald bedeckt. Tiefland im Norden von sehr vielen Flüssen durchzogen und weitgehend versumpft. Lagunen und feuchte Niederungen an der karibischen Küste, schwer zugänglich
Höchster Berg: Cerro las Minas, 2849 m
Flüsse: Patuca, 320 km

Indien

Karte: Asien, Seite 131, G11
Autokennzeichen: IND
Fläche: 3 287 590 km^2 (7)
Einwohner: 1991 = 844 Mio. (2)
Dichte: 242/km^2 **Wachstum:** 2,2%
Zusammensetzung der Bevölkerung:
Inder, mongol. Abstammung
Hauptstadt: Neu Delhi (6,2 Mio.)
Wichtige Städte: Calcutta (9,2 Mio.), Bombay (Mumbai, 8,2 Mio.), Madras (4,3 Mio.), Bangalore (2,9 Mio.)
Staatssprache(n): Hindi, Bengali, Marathi, Urdu, zahlreiche andere Dialekte, Englisch
Religionen: Hindus, Muslime, Christen, Sikhs, Buddhisten
Staatsform:
Parlamentarische Bundesrepublik
BSP (US$): 1989 = 287 383 Mio.
pro Kopf: 350 **Inflationsrate:** 1991 = 15%
Landeswährung: 1 Indische Rupie = 100 Paise
Ausfuhr: Perlen, Edelsteine, Schmuck, Maschinen, Transportausrüstung, Textilien, Bekleidung, Leder, Lederprodukte, Chemikalien
Einfuhr: Maschinen, Transportausrüstung, Erdöl, Erdölprodukte, Perlen, Edelsteine, Chemikalien, Eisen, Stahl
Klima: im Norden kontinentales Hochgebirgsklima, teilweise tropisch. Zentralindien heiß und trocken, der Süden tropisch, an den Küsten feuchtheiß. Juni bis September Regenzeit; im Südosten, bedingt durch den Monsun, Mitte Oktober bis Ende Dezember starke Niederschläge und große Überschwemmungen
Landschaften: drei Großräume: Hochgebirge des Himalaya und des Karakorum, nördliche Flußtiefländer, zentrales Hochland von Dekkan. Hochgebirge des Himalaya und des Karakorum bilden Sperriegel nach Norden; untere Berghänge aufgrund der reichhaltigen Niederschläge von üppiger Vegetation bedeckt. Südlich der Gebirgskette weites Tiefland, von den Flüssen Indus, Ganges und Brahmaputra und deren Nebenflüsse durchzogen. Südlicher Teil Indiens wird vom ausgedehn-

ten Dekkan-Plateau eingenommen, das nach Osten und Westen von den West- und Ostghats abgeschlossen wird.
Breite Tiefländer nur an der Ostküste
Höchster Berg: Kanchenjunga, 8586 m
Flüsse: Ganges, 2500 km,

Indonesien
Karte: Asien, Seite 131, K 14
Autokennzeichen: RI
Fläche: 1 904 569 km^2 (15)
Einwohner: 1989 = 167,9 Mio. (4)
Dichte: 92/km^2 **Wachstum:** 2,1%
Zusammensetzung der Bevölkerung:
Javaner, Sundanesen, Maduresen, Batak u. a., Chinesen
Hauptstadt: Jakarta (7,8 Mio.)
Wichtige Städte: Surabaya (2 Mio.), Bandung (1,4 Mio.), Medan (1,4 Mio.), Samarang (1 Mio.)
Staatssprache(n): Bahasa Indonesia, 300 andere Sprachen
Religionen: Muslime, Hindus, Buddhisten, Protestanten, Katholiken
Staatsform: Präsidiale Republik
BSP (US$): 1989 = 87 936 Mio.
pro Kopf: 490 **Inflationsrate:** 1991 = 8%
Landeswährung: 1 Rupiah = 100 Sen
Ausfuhr: Industrieerzeugnisse, Erdöl, Erdgasprodukte, Kautschuk, Kaffee, Palmöl, Tabak, Tee, Kopra, Gewürze
Einfuhr: Rohstoffe und Vorerzeugnisse, Investitionsgüter, Konsumgüter
Klima: tropisches Klima mit hoher Luftfeuchtigkeit. Durchschnittstemperaturen um 27 °C. Regenzeit November bis März (Monsun)
Landschaften: über 13 000 Inseln, erstreckt sich über 5000 km in Ost-West-Richtung; gebirgige Inselkette, bildet die Fortsetzung der jungen Gebirgskette von den Alpen über den Himalaya nach Südostasien. Auf den meisten Inseln noch tätige Vulkane, die eine zerklüftete, schroffe Landschaft geschaffen haben. Durch tektonische Bewegungen entstanden Plateaus, Senken und Gräben. Auf einigen der Inseln (Borneo, Sulawesi und Irian Jaya)

haben sich noch geschlossene Regenwälder erhalten, andernorts durch Rodungen große Erosionsschäden
Höchster Berg: Puncak Jaya auf Irian Jaya, 5030 m
Flüsse: Barito auf Kalimantan, 880 km

Irak
Karte: Asien, Seite 131, F8
Autokennzeichen: IRQ
Fläche: 438 317 km^2 (57)
Einwohner: 1989 = 18,2 Mio. (45)
Dichte: 39/km^2 **Wachstum:** 3,6%
Zusammensetzung der Bevölkerung:
Iraker, Kurden, Türken, Perser
Hauptstadt: Bagdad (3,9 Mio.)
Wichtige Städte: Basra (617 000), Mossul (571 000), Kirkuk (535 000)
Staatssprache(n): Arabisch, Kurdisch, Türkisch, Aramäisch
Religionen: Islam (Staatsreligion), Christen
Staatsform:
Präsidiale Republik/Einparteiensystem
BSP (US$): 1984 = 29 730 Mio.
pro Kopf: 1808 **Inflationsrate:** 1989 = 30%
Landeswährung: 1 Irak-Dollar = 1000 Fils
Ausfuhr: über 90% Erdöl, Datteln; Baumwolle, Viehzuchtprodukte
Einfuhr: Lebensmittel, Investitionsgüter
Klima: subtropisch; heiße, trockene Sommer, kalte, niederschlagsreiche Winter
Landschaften: Kernraum ist das Zweistromland von Euphrat und Tigris, die mesopotamische Tiefebene; etwa die Hälfte des Landes nehmen große Plateaulandschaften im Westen und Südwesten ein. Westlich des Euphrat eine weite Kieswüste. Der Südwesten ist durch zahlreiche Trockentäler stärker gegliedert; kurdisches Bergland im Nordosten stark verkarstet
Höchster Berg: Keli Haji Ibrahim, 3658 m
Flüsse: Euphrat, 3575 km (im Land 1100 km)

Iran

Karte: Asien, Seite 131, F9
Autokennzeichen: IR
Fläche: 1 648 000 km^2 (17)
Einwohner: 1989 = 53 Mio. (20)
Dichte: 32/km^2 **Wachstum:** 3%
Zusammensetzung der Bevölkerung:
Perser, Aserbaidschaner,
Kurden, Araber, Armenier
Hauptstadt: Teheran (6 Mio.)
Wichtige Städte: Mashhad (1,5 Mio.),
Isfahan (1 Mio.), Tabriz (1 Mio.)
Staatssprache(n): Persisch und verwandte
Dialekte, Sprachen der anderen nicht-
iranischen Völker
Religionen: 98% Muslime, Christen,
Anhänger der Zarathustra-Religion
Staatsform: Islamische Präs. Republik
BSP (US$): 1985 = 132 000 Mio.
pro Kopf: 2532 **Inflationsrate:** 1991 = 50%
Landeswährung: 1 Rial = 100 Dinars
Ausfuhr: Erdöl- und Erdölprodukte,
Agrarprodukte
Einfuhr: Fahrzeuge, Maschinen, Werkzeuge,
Nahrungsmittel, chem. Erzeugnisse,
Eisen, Stahl
Klima: im Hochland kontinental; heiße,
trockene Sommer und kalte Winter mit
viel Schnee. Am Kaspischen Meer ganz-
jährig mild und ausgeglichen, feucht. Sehr
heiße und feuchte Sommer und milde
Winter an der Südküste
Landschaften: Großteil sind Wüstengebiete
mit nur spärlicher Vegetation; zentrales
Hochland im Norden und Westen von
mächtigen Gebirgsketten umschlossen
(Zagros-Gebirge und Elburs). Im Innern
ist das Hochland durch zahlreiche Gebirgs-
ketten gegliedert, die verschiedene Wüsten-
gebiete voneinander trennen (Wüste Lut,
Große Salzwüste). An den Außenseiten der
Gebirge einige Senken, z. B. am Schatt
Al Arab, der Teil des mesopotamischen
Tieflands ist, und am Kaspischen Meer
Höchster Berg: Demawend, 5604 m
Flüsse: Karun, 830 km

Irland

Karte: Europa, Seite 130, E4
Autokennzeichen: IRL
Fläche: 70 284 km^2 (117)
Einwohner: 1989 = 3,5 Mio. (118)
Dichte: 50/km^2 **Wachstum:** 0,5%
Zusammensetzung der Bevölkerung: Iren
Hauptstadt: Dublin (500 000)
Wichtige Städte: Cork (133 000),
Galway (47 000), Limerick (56 000)
Staatssprache(n): Irisch, Englisch
Religionen: 94% Katholiken, Anglikaner,
Juden, Presbyterianer
Staatsform: Parlamentarische Republik
BSP (US$): 1989 = 30 054 Mio.
pro Kopf: 8500 **Inflationsrate:** 1991 = 3,6%
Landeswährung: 1 Irisches Pfund =
100 New Pence
Ausfuhr: Maschinen, Fahrzeuge,
elektrotechnische Geräte, Nahrungsmittel,
chem. Erzeugnisse,
Einfuhr: Maschinen, Fahrzeuge, elektrotechnische Erzeugnisse, Fertigwaren,
chem. Erzeugnisse, Nahrungsmittel
Klima: gemäßigtes maritimes Klima,
bestimmt durch den Golfstrom. Milde Winter, kühle Sommer, ganzjährig regenreich
Landschaften: Kern der Insel sind die Reste
zweier alter Gebirgssysteme, des Kaledonischen und des Armorikanischen Gebirges,
die vor allem im Süden und im Norden
noch zu finden sind. Das Innere ist eben
bis flachwellig, mit wasserreichen Flüssen,
Seen und Mooren. Die Küste ist reich gegliedert und stark zerlappt, vor allem im
Süden viele Naturhäfen.
Höchster Berg: Carrauntoohil, 1041 m
Flüsse: Shannon, 360 km

Island

Karte: Europa, Seite 130, E2
Autokennzeichen: IS
Fläche: 103 000 km^2 (105)
Einwohner: 1991 = 256 000 (168)
Dichte: 2,5/km^2 **Wachstum:** 1,1%
Zusammensetzung der Bevölkerung:
nahezu ausschl. Isländer
Hauptstadt: Reykjavik (96 000)

Wichtige Städte: Kópavogur (15 600), Hafnarfjördur (14 200), Akureyri (14 000)
Staatssprache(n): Isländisch
Religionen: 96% Protestanten
Staatsform: Parlamentarische Republik
BSP (US$): 1989 = 5351 Mio.
pro Kopf: 21 240 **Inflationsrate:** 1991 = 7,2%
Landeswährung: 1 Isländische Krone = 100 Aurar
Ausfuhr: Fische und Fischerzeugnisse, Aluminium
Einfuhr: Maschinenbauerzeugnisse, Fertigwaren
Klima: gemäßigtes ozeanisches Klima, auch durch den Golfstrom beeinflußt. Sommer kühl mit häufigen Regenfällen. Winter trotz der nördlichen Lage relativ mild (Temperaturen +3 bis -1 °C)
Landschaften: größtenteils Bergland, meist vulkanischen Ursprungs. Küste durch Fjorde und Buchten stark gegliedert, hat eine Länge von etwa 6000 km. Tiefland hauptsächlich im Südwesten; entstand durch Absenkung des Landes. Das Landesinnere besteht größtenteils aus Bergen und Hochflächen zwischen 700 und 800 m. Einige der Berge tragen ausgedehnte Eiskappen, von denen Talgletscher abfließen. Der Vatnajökull, der Rest einer eiszeitlichen Inlandseismasse, ist größer als alle Alpengletscher zusammen. Der Vulkanismus zeigt sich in noch immer aktiven Vulkanen und zahlreichen heißen Quellen und Geysiren
Höchster Berg: Hvannadalshnúkur, 2119 m
Flüsse: Thjorsá, 230 km

Israel
Karte: Asien, Seite 131, F7
Autokennzeichen: IL
Fläche: 20 770 km^2 (151)
Einwohner: 4,5 Mio. (104)
Dichte: 217/km^2 **Wachstum:** 1,7%
Zusammensetzung der Bevölkerung: Juden, Palästinenser
Hauptstadt: Jerusalem (470 000)
Wichtige Städte: Tel-Aviv (320 000), Haifa (220 000)

Staatssprache(n): Neu-Hebräisch, Arabisch
Religionen: Juden, Muslime, Christen, Drusen
Staatsform: Parlamentarische Republik
BSP (US$): 1989 = 44 131 Mio.
pro Kopf: 9750 **Inflationsrate:** 1991 = 17%
Landeswährung: 1 Neuer Shekel = 100 Agorot
Ausfuhr: Elektronik, Chemikalien, Maschinen, Textilien, Nahrungsmittel
Einfuhr: Produktionsgüter, Investitionsgüter, Konsumgüter
Klima: heiße, trockene Sommer, kühle Winter mit häufigen Niederschlägen (Mittelmeerklima), Wüstenklima im Negev
Landschaften: An der Mittelmeerküste schmaler Küstenstreifen, das Kerngebiet des Staates. Im Osten ein Bergland vom Libanon bis in den südlichen Teil Israels. Die Grenze nach Osten bildet der Jordangraben, im Toten Meer mit 392 m Tiefe die tiefstgelegene Landfläche der Erde. Fast zwei Drittel des Staates von der Wüste Negev eingenommen
Höchster Berg: Hare Meron, 1208 km
Flüsse: Jordan, 330 km

Italien
Karte: Europa, Seite 130, G8
Autokennzeichen: I
Fläche: 301 268 km^2 (69)
Einwohner: 1990 = 57,7 Mio. (15)
Dichte: 192/km^2 **Wachstum:** 0,2%
Zusammensetzung der Bevölkerung: Italiener, Sarden, Rätoromanen, deutschsprachige Südtiroler
Hauptstadt: Rom (2,8 Mio.)
Wichtige Städte: Mailand (1,4 Mio.), Neapel (1,2 Mio.), Turin (1,0 Mio.)
Staatssprache(n): Italienisch, regionale Sprachen
Religionen: über 99% Katholiken
Staatsform: Parlamentarische Republik
BSP (US$): 1989 = 871 955 Mio.
pro Kopf: 15 150 **Inflationsrate:** 1991 = 6,4%
Landeswährung: 1 Lira = 100 Centesimi
Ausfuhr: Metallerzeugnisse, Maschinen, Textilien, Bekleidung, Fahrzeuge,

Chemieprodukte, Tourismus bedeutend
Einfuhr: Maschinen, Metallwaren, chem. Produkte, Fahrzeuge
Klima: im wesentlichen Mittelmeerklima mit milden Wintern, Sommer nicht extrem heiß. Ausnahme: Alpen und Apennin mit Gebirgsklima
Landschaften: der Apennin, eine Mittelgebirgskette, die sich von Nord nach Süd durch ganz Italien hinzieht, bildet das Rückgrat der Halbinsel; ist Fortsetzung der Alpen, die im Norden Italien abgrenzen und mit dem Apennin zusammen die ausgedehnte Po-Ebene, den wirtschaftlichen Kernraum des Landes, einschließen. Die Gebirgskette setzt sich auf Sizilien, der größten Mittelmeerinsel, fort. Geringes Alter des Gebirges zeigt sich in zahlreichen, immer noch tätigen, Vulkanen (Vesuv, Ätna, Vulkane der Liparischen Inseln)
Höchster Berg: Monte Bianco, 4807 m
Flüsse: Po, 650 km

Jamaika
Karte: Nord-/Mittelamerika, Seite 133, H12
Autokennzeichen: JA
Fläche: 10 990 km^2 (160)
Einwohner: 1988 = 2,4 Mio. (131)
Dichte: 223/km^2 **Wachstum:** 1,5%
Zusammensetzung der Bevölkerung: Schwarze, Mulatten, Inder, Weiße, Chinesen
Hauptstadt: Kingston (104 000)
Wichtige Städte: Spanish Town (89 100), Montego Bay (70 300)
Staatssprache(n): Englisch
Religionen: 75% Protestanten, Katholiken, Hindus, Muslime
Staatsform: Konstitutionelle Monarchie im Commonwealth
BSP (US$): 1989 = 3011 Mio.
pro Kopf: 1260 **Inflationsrate:** 1989 = 15%
Landeswährung: 1 Jamaika-Dollar = 100 Cents
Ausfuhr: Aluminiumoxid und Bauxit, Zucker, Tabak, Rum, Früchte, Gewürze
Einfuhr: k.A.
Klima: tropisches Klima an der Küste, im Gebirge gemäßigt. Geringe nächtliche Abkühlung. Kurze, kräftige Niederschläge in den Sommermonaten. Ganzjährig sehr hohe Wassertemperatur um 26 °C
Landschaften: Jamaika wird durch die zentrale Bergkette beherrscht, die im Osten ihre größte Höhe erreicht; große Teile des Landes stark verkarstet, bekannt ist das im Nordwesten gelegene "Cockpit Country" mit Kegelkarst. Die Küstenebene, die die Insel umgibt, besitzt nur an der Südküste eine größere Breite
Höchster Berg: Blue Mountain Peak, 2256 m
Flüsse: Rio Minho

Japan
Karte: Asien, Seite 131, F17
Autokennzeichen: J
Fläche: 377 815 km^2 (60)
Einwohner: 1990 = 124 Mio. (7)
Dichte: 327/km^2 **Wachstum:** 0,6%
Zusammensetzung der Bevölkerung: Japaner; einige Minderheiten (Ainu, Koreaner, Chinesen)
Hauptstadt: Tokyo (11,9 Mio.)
Wichtige Städte: Yokohama (3,2 Mio.), Osaka (2,6 Mio.), Nagoya (2,1 Mio.), Sapporo (1,6 Mio.), Kyoto (1,5 Mio.)
Staatssprache(n): Japanisch
Religionen: Buddhisten, Schintoisten, Christen
Staatsform: Parlamentarische Monarchie
BSP (US$): 1989 = 2 920 310 Mio.
pro Kopf: 23 730 **Inflationsrate:** 1991 = 3,1%
Landeswährung: 1 Yen = 100 Sen
Ausfuhr: Maschinen, Elektrotechnik, Fahrzeuge
Einfuhr: Brennstoffe, Maschinen, Nahrungsmittel
Klima: erstreckt sich über mehrere Klimazonen, von den Subtropen im Süden bis zum subpolaren Klima im Norden. Durch Meeresnähe gemäßigtes Klima, in den Bergen und im Norden aber kühl. Im Winter Temperaturen bis -6 °C. Im Sommer heiß und schwül und relativ viel Regen. Im September Taifungefahr

Landschaften: vier Hauptinseln und etwa 3500 kleine Inseln. Rund 80% der Landfläche von Gebirgen und Vulkanen eingenommen. Drei Viertel des Landes nicht bewohnbare Steilhänge. Ebenes Land fast nur in den erdgeschichtlich jungen Aufschüttungsbereichen der Küste. Eine große Bedrohung stellt der aktive Vulkanismus dar. Von über 250 Vulkanen noch etwa 60 aktiv
Höchster Berg: Fudschijama, 3776 m
Flüsse: Shinano, 360 km

Jemen
Karte: Asien, Seite 131, H8
Autokennzeichen: YAR
Fläche: 527 968 km^2 (48)
Einwohner: 1989 = 11,2 Mio. (61)
Dichte: 21/km^2 **Wachstum:** 2,6%
Zusammensetzung der Bevölkerung: Jemeniten (Südaraber), Inder, Somalis
Hauptstadt: Sana (427 000)
Wichtige Städte: Aden (250 000), Taizz (220 000)
Staatssprache(n): Arabisch
Religionen: Muslime
Staatsform: Islamische Republik
BSP (US$): 1989 = 7203 Mio.
pro Kopf: 640 **Inflationsrate:** k. A.
Landeswährung: 1 Yemen-Rial = 100 Fils
Ausfuhr: Erdölprodukte, Baumwolle, Häute, Felle
Einfuhr: k. A.
Klima: Küste sehr heiß mit extrem hoher Luftfeuchtigkeit. Temperaturen zwischen 34 und 53 °C. Wüstengebiete sehr trocken mit extremen Temperaturunterschieden zwischen Tag und Nacht. Im Hochland gemäßigte Temperaturen. Sandstürme und starke Regenfälle März bis Mai und Juli bis September
Landschaften: Küste des Roten Meeres etwa 40 km breit, dann steiler Anstieg zum Hochland, das sich in weite Talebenen und hoch aufragende Plateauberge gliedert. Die Küste zum Indischen Ozean ist schmaler und landeinwärts von bis zu 2300 m hohem Tafelland begrenzt.

Zwischen den beiden Hochländer im Norden und Nordosten die Sandwüste Rub Al Khali
Höchster Berg: Hadur Schuaib, 3760 m

Jordanien
Karte: Asien, Seite 131, F7
Autokennzeichen: JOR
Fläche: 97 740 km^2 (108)
Einwohner: 1988 = 3,9 Mio. (113)
Dichte: 40/km^2 **Wachstum:** 3,7%
Zusammensetzung der Bevölkerung: 99% Araber, Palästinenser, Tscherkessen, Armenier, Kurden
Hauptstadt: Amman (833 500)
Wichtige Städte: As-Sarka (286 000), Irbid (150 000)
Staatssprache(n): Arabisch
Religionen: 96% Muslime, Christen
Staatsform: Konstitutionelle Monarchie
BSP (US$): 1989 = 5291 Mio.
pro Kopf: 1730 **Inflationsrate:** 1989 = 35%
Landeswährung: 1 Jordan-Dinar = 1000 Fils
Ausfuhr: Phosphatprodukte, Obst, Gemüse, Pottasche
Einfuhr: k. A.
Klima: im Jordangraben subtropisches Klima mit sehr hohen Sommertemperaturen (über 40 °C). Im Süden und Osten Wüsten- und Steppenklima (heiße Sommer bis 50 °C, trocken). Gemäßigt warm im Hochland und an den östlichen Hängen des Jordangrabens. Im Sommer 35 bis 40 °C, im Winter -4 bis +12 °C mit gelegentlichen Regenfällen
Landschaften: westlicher Teil ist Bergland, das nach Osten von der Ghor-Spalte begrenzt wird. Diese Grabenzone erstreckt sich vom Golf von Aqaba über das Tote Meer bis zum Jordan-Graben. Das östliche Bergland teilt sich in die Randgebirge des Wadi al Araba und in das Jordan-Plateau und geht schließlich in die Syrische Wüste über. Agrarisch am wertvollsten ist Westjordanien, wobei allerdings der südliche Teil an seinem Ostrand bereits in die Wüste Juda übergeht
Höchster Berg: Jebel Batra, 1555 m
Flüsse: Jordan, 350 km

Jugoslawien (Serbien und Montenegro)

Karte: Europa, Seite 130, G10
Autokennzeichen: YU
Fläche: 102 173 km^2 (106)
Einwohner: 1987 = 10,3 Mio. (64)
Dichte: 101/km^2 **Wachstum:** 0,7%
Zusammensetzung der Bevölkerung:
Serben, Albaner, Montenegriner
Hauptstadt: Belgrad (1,5 Mio., 1983)
Wichtige Städte: Novi Sad (170 000), Kragujevac (165 000), Nis (161 000)
Staatssprache(n): Serbisch, Albanisch
Religionen:
orthodoxe Christen und Moslems
Staatsform: Bundesrepublik
BSP (US$): unbek. **pro Kopf:** 1990 = 2170
Inflationsrate: Mai 1992 = 100%
Landeswährung:
1 Jugoslawischer Dinar = 100 Para
Ausfuhr: Metalle, Textilien, Nahrungsmittel, Chemikalien, Halbfertigwaren, Maschinen
Einfuhr: Erdöl, Halbfertigwaren, Nahrungsmittel, Maschinen.
Einfuhr und Ausfuhr durch das Embargo stark zurückgegangen.
Klima: schwach kontinental im Landesinnern; Montenegro ozeanisch beeinflußt; niederschlagsreiche Winter, im Gebirge relativ kalt
Landschaften: Montenegro gebirgig mit Erhebungen bis über 2200 m; ebenes Land nur um den Skutari-See an der Grenze zu Albanien. Auch Serbien zu einem großen Teil Gebirgsland, mit Ausnahme der Wojwodina im Norden und dem Gebiet um Belgrad
Höchster Berg: Durmitor, 2522 m
Flüsse: Donau, Theiss, Save

Kambodscha (Kampuchea)

Karte: Asien, Seite 131, H14
Autokennzeichen: VRK
Fläche: 181 035 km^2 (88)
Einwohner: 1988 = 7,9 Mio. (79)
Dichte: 43/km^2 **Wachstum:** 5,7%
Zusammensetzung der Bevölkerung:
Khmer, Vietnamesen, Chinesen, Malaiien
Hauptstadt: Phnom Penh (700 000)
Wichtige Städte: Kompong Som (53 000)
Staatssprache(n): Khmer, Französisch, Vietnamesisch
Religionen: Buddhisten, Moslems, Christen
Staatsform: Sozialistische Volksrepublik
BSP (US$): 1984 = 1130 Mio.
pro Kopf: 155
Inflationsrate: 1989 = 200–250%
Landeswährung: 1 Riel = 100 Sen
Ausfuhr: bearbeitete Waren, tierische und pflanzliche Produkte
Einfuhr: k.A.
Klima: tropisches Monsunklima; feuchtheiße und regenreiche Sommer. Trockenzeit November bis April. Jährliche Durchschnittstemperaturen 26 bis 30 °C
Landschaften: Tiefland des Mekong mit riesigen Reisfeldern nimmt den größten Teil des Landes ein. Im Westen und Osten bewaldetes Bergland
Höchster Berg: Phnum Aoral, 1771 m
Flüsse: Mekong, 2600 km (im Land 525 km)

Kamerun

Karte: Afrika, Seite 132, F5
Autokennzeichen: CAM
Fläche: 475 442 km^2 (52)
Einwohner: 1990 = 11,3 Mio. (60)
Dichte: 24/km^2 **Wachstum:** 3,2%
Zusammensetzung der Bevölkerung:
Kameruner, Bantugruppen, Sudangruppen, Pygmäen, Fulbe, Haussa
Hauptstadt: Yaoundé (800 000)
Wichtige Städte: Douala (1,1 Mio.), Garoua (95 000)
Staatssprache(n): Französisch, Englisch, Bantu, sudanesische Sprachen
Religionen: Katholiken, Protestanten, Moslems, Naturreligionen
Staatsform: Präsidiale Republik
BSP (US$): 1989 = 16 661 Mio.
pro Kopf: 1010 **Inflationsrate:** 1990 = 0,1%
Landeswährung: 1 C.F.A.-Franc = 100 Centimes
Ausfuhr:
Erdöl, Kaffee, Industriegüter, Kakao

Einfuhr: Halbfertigwaren, Kapitalgüter, Verbrauchsgüter, Nahrungsmittel
Klima: Süden tropisch feuchtheiß, regenreich (Regenzeit Juli bis September). Zentrum relativ trocken, frisch, bedingt durch die Höhenlage (Trockenzeit November bis Mai). Norden tropisch heiß mit Temperaturen über 40 °C (Regenzeit Juni bis September)
Landschaften: im Süden tropischer Regenwald, mit Plantagen (Kaffee, Kakao, Bananen). Im Norden Mandara-Gebirge, an das sich südlich das Adamoua-Hochland mit seinen Vulkankegeln anschließt. Von Nord nach Süd Übergang von Trockensavanne im Sahel zu Grassavanne und Baumsavanne im Hochland
Höchster Berg: Mt. Cameroun, 4070 m
Flüsse: Sanaga, 900 km

Kanada

Karte: Nord-/Mittelamerika, Seite 133, D8
Autokennzeichen: CDN
Fläche: 9 976 139 km² (2)
Einwohner: 1990 = 26,6 Mio. (31)
Dichte: 3/km² **Wachstum:** 0,9%
Zusammensetzung der Bevölkerung: hauptsächlich Nachkommen britischer, französischer und anderer europäischer Einwanderer, Indianer, Inuit
Hauptstadt: Ottawa (800 000)
Wichtige Städte: Toronto (3,4 Mio.), Montreal (2,9 Mio.), Vancouver (1,4 Mio.), Edmonton (800 000)
Staatssprache(n): Englisch, Französisch
Religionen: Katholiken, United Church, Anglikaner, Presbyterianer, Lutheraner u. a.
Staatsform: Parlamentarische Monarchie im Commonwealth
BSP (US$): 1989 = 500 337 Mio.
pro Kopf: 19 020 **Inflationsrate:** 1990 = 4,8%
Landeswährung:
1 Kanadischer Dollar = 100 Cents
Ausfuhr: Industriegüter, Kfz, Maschinen, Holz
Einfuhr: Maschinen, Kfz, Industriegüter, Konsumgüter
Klima: arktisches Klima im Norden, in der Tundra im Sommer (Juni bis August) gemäßigt. Extreme Temperaturunterschiede auch im Osten und im Zentrum, im Sommer +30 °C, im Winter −30 °C keine Seltenheit. Pazifikküste hat sehr mildes Klima mit hohen Niederschlägen. Prärien östlich der Rocky Mountains sehr trocken, da sie im Regenschatten des Gebirges liegen
Landschaften: im Osten ziehen sich die Ausläufer der Appalachen bis nach Neufundland. Westlich davon liegt das wirtschaftliche Kernland, das St. Lawrence Tal, und das Gebiet zwischen Ontariosee und Huronsee. Geologischer Kern ist der Kanadische Schild, der Rumpf eines alten abgetragenen Gebirges. Das weite, flache oder hügelige Land ist von riesigen Wäldern und zahlreichen Seen bedeckt. Es erstreckt sich von Neufundland über Quebec und Ontario, den Norden Saskatchewans bis fast an die Grenze zu Alaska. Der Süden Saskatchewans und große Teile Albertas bilden die Fortsetzung der Großen Ebenen, die sich bis an den Golf von Mexiko erstrecken. Im Westen dominieren die Rocky Mountains und die Küstengebirgskette. Die Westküste ist zerlegt in zahlreiche Inseln, Buchten und Fjorde, die Teile einer „ertrunkenen" Gebirgslandschaft darstellen
Höchster Berg: Mt. Logan, 5951 m
Flüsse: Mackenzie River, 2318 km; Peace River, 1923 km; St.-Lawrence River, 1170 km

Kap Verde

Karte: Weltkarte, S. 128, D8
Autokennzeichen: CV
Fläche: 4033 km² (167)
Einwohner: 1990 = 367 000 (163)
Dichte: 91/km² **Wachstum:** 2,2%
Zusammensetzung der Bevölkerung: Mulatten, Schwarze, Weiße
Hauptstadt: Praia (60 000)
Wichtige Städte: Mindelo (42 000), Sao Filipe (11 000)
Staatssprache(n): Crioulo, Portugiesisch,
Religionen: Katholiken, Naturreligionen
Staatsform: Republik

BSP (US$): 1989 = 281 Mio.
pro Kopf: 760 **Inflationsrate:** 1987 = 3,8%
Landeswährung: 1 Kap-Verde-Escudo = 100 Centavos
Ausfuhr: Bananen, Fische, Salz, Kaffee
Einfuhr: Maschinen, Fahrzeuge, Nahrungsmittel
Klima: tropisches Klima mit gleichbleibenden Temperaturen während des ganzen Jahres. Nur wenig Niederschläge, da im Bereich des Nordostpassats, der von der Sahara herüberweht
Landschaften: Inseln vulkanischen Ursprungs mit meist nur sehr schmalen Küstenebenen. Überwiegend schroffes Bergland mit geringer Bewaldung
Höchster Berg: Pico de Fogo, 2829 m

Kasachstan

Karte: Europa, Seite 130, F15
Autokennzeichen: KAZ (vorläufig)
Fläche: 2300 km^2 (9)
Einwohner: 1990 = 16,7 Mio. (49)
Dichte: 6/km^2 **Wachstum:** k. A.
Zusammensetzung der Bevölkerung: Kasachen, Russen, Deutsche, Ukrainer (insgesamt etwa 100 Nationalitäten)
Hauptstadt: Alma-Ata (1,15 Mio.)
Wichtige Städte: Karaganda (615 000), Tschimkent (390 000), Semipalatinsk (330 000)
Staatssprache(n): Kasachisch, Russisch
Religionen: Moslems, orthodoxe Christen
Staatsform: Republik
BSP (US$): k. A. **pro Kopf:** 1989 ca. 4065
Inflationsrate: k. A.
Landeswährung: 1 Rubel = 100 Kopeken; eigene Währung in Vorbereitung
Ausfuhr: Erdöl, Erdgas, Rohstoffe, Halbfertigwaren, Nahrungsmittel, Baumwolle, Chemikalien, Textilien
Einfuhr: Nahrungsmittel, Maschinen, Halbfertigwaren,
Klima: extrem kontinental und trocken; lange, heiße und trockene Sommer mit Sandstürmen und kurze, schneearme Winter. In den Wüstengebieten unter 100 mm Niederschläge im Jahr. Im Norden durchschnittliche Januartemperaturen um –19 °C, Sommertemperaturen um +19 °C
Landschaften: größten Teil nehmen Ebenen und Senken ein, im Westen die Kaspisenke und das Tiefland von Turan. In der Kaspisenke liegt mit -132 m der tiefste Punkt der ehemaligen Sowjetunion. Den zentralen Teil umfaßt der Kasachische Rücken und die Hungersteppe. Im Norden Anteil am Westsibirischen Tiefland. Im Osten und Südosten begrenzt von den Gebirgen des Altai, des Tarbagatai, des Dsungarischen Alatau sowie Teilen des Tienschan
Höchster Berg: Alma-Ata 4951 m
Flüsse: Ural, Irtysch, Syr-Darja

Katar

Karte: Asien, Seite 131, G9
Autokennzeichen: Q
Fläche: 11 000 km^2 (159)
Einwohner: 1988 = 341 000 (165)
Dichte: 31/km^2 **Wachstum:** 5,4%
Zusammensetzung der Bevölkerung: Araber, Südasiaten, Perser, Pakistaner
Hauptstadt: Doha (210 000)
Wichtige Städte: Rayyan (92 000), Wakrah (24 000)
Staatssprache(n): Arabisch, Persisch
Religionen: überwiegend Moslems, Christen
Staatsform: Emirat, Absolute Monarchie
BSP (US$): 1989 = 4077 Mio.
pro Kopf: 9920 **Inflationsrate:** 1989 = 3,9%
Landeswährung: 1 Katar-Riyal = 100 Dirhams
Ausfuhr: Erdöl, petrochemische Produkte, Stahl
Einfuhr: k. A.
Klima: Wüstenklima; im Sommer sehr heiß bei hoher Luftfeuchtigkeit, im Winter trocken und warm mit geringen Niederschlägen
Landschaften: größtenteils unfruchtbare Wüste, leichtwellige Hügellandschaft; am Meer Salzsümpfe
Höchster Berg: Dschebel Dukan, 35 m

Kenia

Karte: Afrika, Seite 132, F7
Autokennzeichen: EAK
Fläche: 582 646 km^2 (45)
Einwohner: 1990 = 25 Mio. (33)
Dichte: 43/km^2 **Wachstum:** 3,8%
Zusammensetzung der Bevölkerung:
Bantu, Niloten, Hamiten
Hauptstadt: Nairobi (1,5 Mio.)
Wichtige Städte:
Mombasa-Kilindi (340 000),
Kisumu (150 000), Nakuru (93 000)
Staatssprache(n): Suaheli, Englisch
Religionen: Protestanten, Katholiken, Moslems
Staatsform:
Präsidiale Republik/Einparteiensystem
BSP (US$): 1989 = 8785 Mio.
pro Kopf: 368
Inflationsrate: 1989 = 10,4%
Landeswährung: 1 Kenia-Shilling = 100 Cents
Ausfuhr: Kaffee, Tee, Industriegüter, Mineralölprodukte, Sisal, Ananas
Einfuhr: Maschinen, Transportwaren
Klima: im Hochland gemäßigt, meist schönes Wetter mit kühlen Nächten. An der Küste feuchtwarm (27–31 °C). Zwei Regenzeiten: April bis Juni und im November
Landschaften: im Westen bewaldetes Hochland, zum Teil sehr hohe Berge. Auch die Senke zum Victoriasee ist stark bewaldet. Von Norden nach Süden vom Rift Valley durchzogen, in dem in einer Senke im Norden der Turkanasee liegt. Im Osten und im Norden trockene Savannenlandschaft. Im Osten zur Küste hin sumpfiges Flachland. Die Küste begleiten Palmen- und Mangrovewälder
Höchster Berg: Mount Kenya, 5199 m
Flüsse: Tana, 700 km

Kirgisien

Karte: Asien, Seite 131, E11
Autokennzeichen: KIR (vorläufig)
Fläche: 198 500 km^2 (85)
Einwohner: 1990 = 4,4 Mio. (106)
Dichte: 22/km^2 **Wachstum:** k.A.
Zusammensetzung der Bevölkerung:
Kirgisen, Russen, Usbeken, Ukrainer, Tataren, Deutsche
Hauptstadt: Bischkek (626 000)
Wichtige Städte: Osch (210 000),
Prschevalsk (k.A.), Kyzyl-Kia (80 000)
Staatssprache(n): Kirgisisch, Russisch
Religionen: Moslems, orthodoxe Christen
Staatsform: Republik
BSP (US$): k.A. **pro Kopf:** k.A.
Inflationsrate: k.A.
Landeswährung: 1 Rubel = 100 Kopeken; eigene Währung in Vorbereitung
Ausfuhr: Baumwolle, Quecksilber, Antimon, Fleisch, Kohle, Erdöl, Erdgas, Nahrungsmittel, Textilien
Einfuhr: Halbfertigwaren, Nahrungsmittel, Maschinen
Klima: kontinentales Klima, mit Ausnahme einiger Gebirgsgegenden trocken; mittlere Januartemperaturen bis -18 °C, mittlere Julitemperaturen 18–26 °C. Im Süden Sommer heißer als im Norden, Winter jedoch milder, z. T. auch ohne Schneefall
Landschaften: größter Teil ist Hochgebirge und Teil des Tienschan bzw. Pamir-Alai-Systems. Die Gebirgsketten erreichen Höhen um 4000 m bis 5000 m, die Täler liegen zwischen 500 m und 3000 m Höhe. Südlich des Terskei-Alatau liegt eine Zone von hochgelegenen, ebenen Flächen mit Seen. Mehr als ein Drittel des Landes über 3000 m hoch. Die Vorberge im Norden und Westen unter 1200 m
Höchster Berg: Pik Pobeda, 7439 m
Flüsse: Naryn

Kiribati

Karte: Australien/Ozeanien, Seite 135, E7
Autokennzeichen: k.A.
Fläche: 728 km^2 (175)
Einwohner: 1988 = 67 000 (186)
Dichte: 92/km^2 **Wachstum:** 1,9%
Zusammensetzung der Bevölkerung:
Mikronesier, Polynesier, Chinesen
Hauptstadt: Bairiki (2100)
Staatssprache(n): Gilbertese, polynesische Dialekte

Religionen: Katholiken, Protestanten, Bahai
Staatsform: Präsidiale Republik
BSP (US$): 1989 = 48 Mio.
pro Kopf: 700 **Inflationsrate:** 1990 = 4,8%
Landeswährung:
1 Australischer Dollar = 100 Cents
Ausfuhr: Kopra, Fischereiprodukte
Einfuhr: k.A.
Klima: tropisch immerfeucht; Durchschnittstemperatur um 27 °C, hohe Luftfeuchtigkeit
Landschaften: vier große Inselgruppen mit insgesamt 33 Koralleninseln; Inseln meist sehr flach und ragen nur wenige Meter über den Meeresspiegel
Höchster Berg: höchste Erhebung 81 m

Kolumbien

Karte: Südamerika, Seite 134, B2
Autokennzeichen: CO
Fläche: 1 138 914 km^2 (25)
Einwohner: 30 Mio. (30)
Dichte: 27/km^2 **Wachstum:** 2,1%
Zusammensetzung der Bevölkerung:
Mestizen, Weiße, Indianer, Mulatten, Schwarze
Hauptstadt: Bogotá (4 Mio.)
Wichtige Städte: Medellín (1,4 Mio.), Cali (1,3 Mio.), Barranquilla (900 000)
Staatssprache(n): Spanisch, indianische Dialekte
Religionen: 90% Katholiken, Protestanten, Juden
Staatsform: Präsidiale Republik
BSP (US$): 1989 = 38 607 Mio.
pro Kopf: 1190 **Inflationsrate:** 1991 = 27%
Landeswährung:
1 Kolumbianischer Peso = 100 Centavos
Ausfuhr: Kaffee, Bananen, Erdöl, Kokain (illegal), Bergbauprodukte, Baumwolle
Einfuhr: Maschinen, chem. Erzeugnisse, Metalle
Klima: abhängig von der Höhenlage; tropisch/subtropisch heiße Zone bis 1200 m; 1200 m bis 2400 m gemäßigte Zone mit Durchschnittstemperaturen von 17 bis 27 °C; kühle Zone zwischen 2400 m und 3200 m, Durchschnittstemperaturen 11 bis 17 °C; darüber Frostzone und die schneebedeckten Andengipfel; Schneegrenze zwischen 4500 m und 5000 m
Landschaften: Anden beherrschen mit ihren Gipfeln und den Hochbecken den westlichen Landesteil. Sie spalten sich in drei Ketten: die Westkordillere, die Zentralkordillere und die Ostkordillere, dazwischen weite, fruchtbare Täler; Gebirge am Pazifik und im Südosten von Tiefländern umrahmt, die tropischen Regenwald tragen; Nordosten, die Llanos, mit Savannen bedeckt
Höchster Berg: Pico Cristóbal Colon, 5800 m
Flüsse: Magdalena, 1530 km

Komoren

Karte: Afrika, Seite 132, H8
Autokennzeichen: k.A.
Fläche: 1862 km^2 (172)
Einwohner: 1988 = 442 000 (158)
Dichte: 198/km^2 **Wachstum:** 3,7%
Zusammensetzung der Bevölkerung:
Araber, Madagassen, Bantu, Inder
Hauptstadt: Moroni (16 000)
Wichtige Städte: Mutsamudu (10 000)
Staatssprache(n): Komorisch, Arabisch, Französisch, Bantu
Religionen: überwiegend Moslems
Staatsform:
Präsidiale Islamische Bundesrepublik
BSP (US$): 1989 = 209 Mio.
pro Kopf: 460 **Inflationsrate:** 1986 = 8,3%
Landeswährung: 1 Komoren-Franc = 100 Centimes
Ausfuhr: Vanille, Gewürze, Sisal, Kopra
Einfuhr: k.A.
Klima: tropisch, regenreich. Hauptregenzeit November bis April; an der Küste durch die Winde etwas gemäßigt
Landschaften: Inseln vulkanischen Ursprungs, zum Teil sehr schroff und felsig. Ein großer Teil der tropischen Regenwälder inzwischen durch Brandrodung zerstört
Höchster Berg: Kartala, 2361 m

Kongo

Karte: Afrika, Seite 132, G5
Autokennzeichen: RCB
Fläche: 342 000 km^2 (62)
Einwohner: 1990 = 2,3 Mio. (133)
Dichte: 7/km^2 **Wachstum:** 3,4%
Zusammensetzung der Bevölkerung:
Kongolesen, Bantu-Gruppen, Pygmäen
Hauptstadt: Brazzaville (800 000)
Wichtige Städte: Pointe-Noire (380 000)
Staatssprache(n): Lingala, Kikongo, Französisch
Religionen: Katholiken, Protestanten, Naturreligionen, Moslems
Staatsform: Sozialistische Volksrepublik
BSP (US$): 1989 = 2045 Mio.
pro Kopf: 930 **Inflationsrate:** 1990 = 2%
Landeswährung: 1 C.F.A.-Franc = 100 Centimes
Ausfuhr: Erdöl, Holz, Kakao
Einfuhr: Maschinen, Transportmittel, chem. Erzeugnisse
Klima: tropisch, feuchtheiß; im Süden tropisch wechselfeucht. Zwei Regenzeiten: Oktober bis Dezember und Februar bis Mai
Landschaften: hinter der Küstenebene bewaldete Bergketten und Plateaus mit Savannen. Im Norden sumpfiges Tiefland, im Kongobecken mit tropischem Regenwald
Höchster Berg: höchste Erhebung 857 m
Flüsse: Zaire, 4320 km (im Land 950 km)

Korea-Nord

Karte: Asien, Seite 131, E16
Autokennzeichen: k.A.
Fläche: 120 538 km^2 (97)
Einwohner: 1989 = 22,4 Mio. (39)
Dichte: 186/km^2 **Wachstum:** 2,5%
Zusammensetzung der Bevölkerung:
Koreaner
Hauptstadt: Pjöngjang (1,3 Mio.)
Wichtige Städte: Hamhung (775 000), Tschöngdschin (490 000)
Staatssprache(n): Koreanisch, Russisch, Chinesisch
Religionen: Buddhisten, Konfuzianer
Staatsform: Kommunistische Volksrepublik
BSP (US$): 1984 = 34 020 Mio.
pro Kopf: 1629 **Inflationsrate:** k.A.
Landeswährung: 1 Won = 100 Chon
Ausfuhr: Erze, Steinkohle, Magnesium, Stahl
Einfuhr: Maschinen, Fahrzeuge, Erdöl
Klima: kühl-gemäßigt; kalte Winter, schwülwarme Sommer
Landschaften: gebirgig, vor allem im Norden; drei Viertel des Landes bewaldet. Im Westen zur Koreabucht einige ausgedehnte, landwirtschaftlich genutzte Tiefebenen
Höchster Berg: Paektu-San, 2744 m
Flüsse: Yalujiang, 800 km

Korea-Süd

Karte: Asien, Seite 131, F16
Autokennzeichen: ROK
Fläche: 99 016 km^2 (107)
Einwohner: 1990 = 43 Mio. (24)
Dichte: 432/km^2 **Wachstum:** 1,2%
Zusammensetzung der Bevölkerung:
Koreaner
Hauptstadt: Seoul (9,6 Mio.)
Wichtige Städte: Pusan (3,5 Mio.), Taegu (2 Mio.), Inchon (1,4 Mio.)
Staatssprache(n): Koreanisch; Englisch, Japanisch
Religionen: Buddhisten, Konfuzianer, Schamanen, Protestanten, Katholiken
Staatsform: Präsidiale Republik
BSP (US$): 1989 = 186 467 Mio.
pro Kopf: 4400 **Inflationsrate:** 1991 = 9,5%
Landeswährung: 1 Won = 100 Chon
Ausfuhr: Stahl, Metalle, Schiffe, Elektroartikel, Bekleidung, Schuhe, Textilgewebe, Wolle
Einfuhr: Erdöl, chem. Produkte
Klima: kühlgemäßigt-kontinental; kalte Winter, schwülheiße Sommer; im äußersten Süden subtropisch
Landschaften: überwiegend gebirgig. Der Gebirgskamm im Osten fällt zur Küste im Westen allmählich ab. Im Süden und Osten der Küste etwa 3000 Inseln vorgelagert
Höchster Berg: Halla-San, 1950 m
Flüsse: Naktong-Gang, 525 km

Kroatien

Karte: Europa, Seite 130, F9
Autokennzeichen: CRO (vorläufig)
Fläche: 56 538 km^2 (123)
Einwohner: 1987 = 4,7 Mio. (103)
Dichte: 83/km^2 **Wachstum:** k. A.
Zusammensetzung der Bevölkerung:
Kroaten, Serben, Slowenen,
Ungarn, Italiener
Hauptstadt: Zagreb (930 000)
Wichtige Städte: Split (210 000),
Rijeka (210 000)
Staatssprache(n): Serbokroatisch
Religionen: Katholiken, orthodoxe
Christen, Moslems
Staatsform: Republik
BSP (US$): k. A. **pro Kopf:** 1990 = 3400
Inflationsrate: 1990 = 500%
Landeswährung: 1 Dinar = 100 Para
(neue Währung geplant: Krone)
Ausfuhr: Nahrungsmittel, Fleisch, Wein,
Holz, Metalle, Chemikalien.
Einfuhr: Nahrungsmittel,
Erdöl, Maschinen
Klima: an der Küste (Dalmatien, Istrien)
Mittelmeerklima, im Landesinnern
mitteleuropäisches kontinentales Klima
Landschaften: im Zentrum und entlang
der Save flachwelliges Hügelland; Gebiet
zwischen Donau, Drau und Save sehr
fruchtbar; Küstensaum in Dalmatien nur
schwach ausgebildet. Küstenhinterland
weitgehend stark verkarstetes Gebirgsland
Höchster Berg: Dinarische Alpen bis 1831 m
Flüsse: Save, Drau

Kuba

Karte: Nord-/Mittelamerika, Seite 133, G11
Autokennzeichen: C
Fläche: 110 861 km^2 (103)
Einwohner: 1989 = 10,5 Mio. (63)
Dichte: 94/km^2 **Wachstum:** 0,9%
Zusammensetzung der Bevölkerung:
Weiße, Mestizen, Mulatten,
Schwarze, Chinesen
Hauptstadt: Havanna (2 Mio.)
Wichtige Städte: Santiago de Cuba
(360 000), Camagüey (260 000)
Staatssprache(n): Spanisch
Religionen: überw. Katholiken,
Protestanten
Staatsform: Sozialistische Republik
BSP (US$): 1984 = 9450 Mio.
pro Kopf: 918 **Inflationsrate:** k. A.
Landeswährung: 1 Kubanischer Peso =
100 Centavos
Ausfuhr: Zucker, Nickel, Fisch,
Tabakwaren, Rum, Zitrusfrüchte
Einfuhr: k. A.
Klima: tropisch-feuchtheiß, Luftfeuchtigkeit bis 90%. Regenzeit Mai bis Oktober
Landschaften: größtenteils Hügelland,
im Südosten und im Zentrum teilweise
gebirgig. Hauptinsel von zahlreichen kleineren Inseln umgeben
Höchster Berg: Pico Turquino, 1974 m
Flüsse: Rio Cauto

Kuwait

Karte: Asien, Seite 131, G8
Autokennzeichen: KT
Fläche: 18 818 km^2 (154)
Einwohner: 1988 = 1,9 Mio. (136)
Dichte: 110/km^2 **Wachstum:** 4,4%
Zusammensetzung der Bevölkerung:
Araber, Asiaten
Hauptstadt: Kuwait City (170 000)
Wichtige Städte: Hawalli (150 000)
Staatssprache(n): Arabisch
Religionen: überwiegend Moslems,
Christen
Staatsform: Emirat
BSP (US$): 1989 = 33 082 Mio.
pro Kopf: 16 380 **Inflationsrate:** 1988 = 1,5%
Landeswährung: 1 Kuwait-Dinar = 1000 Fils
Ausfuhr: Erdgas, Erdöl, Chemikalien
Einfuhr: k. A.
Klima: Wüstenklima, eines der heißesten
Gebiete der Erde; im Januar auch Minustemperaturen möglich. An der Küste hohe
Luftfeuchtigkeit bis 98%, aber kein Niederschlag. Oktober bis April gemäßigte Temperaturen, gelegentliche Starkregen
Landschaften: meist flach, monoton, karg;
im Landesinnern einige Oasen
Höchster Berg: ash Shaqayah, 290 m

Laos

Karte: Asien, Seite 131, H14
Autokennzeichen: LAO
Fläche: 236 800 km² (80)
Einwohner: 1988 = 3,9 Mio. (114)
Dichte: 16/km² **Wachstum:** 2,6%
Zusammensetzung der Bevölkerung:
Tal-Lao, Berg-Lao, Palung-Wa, Thai, Miao, Mon-Khmer
Hauptstadt: Vientiane (380 000)
Wichtige Städte: Savannakhet (53 000), Pakse (47 000)
Staatssprache(n): Lao, Sprachen der Volksgruppen; Französisch
Religionen: 90% Buddhisten, Christen, Konfuzianismus, Taoismus
Staatsform: Sozialistische Volksrepublik
BSP (US$): 1989 = 693 Mio.
pro Kopf: 170 **Inflationsrate:** 1989 = 35%
Landeswährung: 1 Kip = 100 At
Ausfuhr: Kaffee, Teakholz, Zinn, Reis, Baumwolle, Gewürze, Tee
Einfuhr: k.A.
Klima: tropisches Monsunklima, Oktober bis März teilweise kühl. Starke Regenfälle und hohe Luftfeuchtigkeit Juni bis September. März bis Mai Temperaturen bis 36 °C
Landschaften: im wesentlichen gebirgig und dicht bewaldet. Im Norden Hochplateaus zwischen 1000 m und 1500 m, große Teile unwegsam und von tiefen Schluchten durchzogen. Mekongtal mit ausgedehnten, fruchtbaren Niederungen
Höchster Berg: Phou Bia, 2820 m
Flüsse: Mekong, 4200 km (im Land 1620 km)

Lesotho

Karte: Afrika, Seite 132, J6
Autokennzeichen: LS
Fläche: 30 355 km² (139)
Einwohner: 1988 = 1,7 Mio. (140)
Dichte: 55/km² **Wachstum:** 2,7%
Zusammensetzung der Bevölkerung:
Sotho- und Südbantugruppen
Hauptstadt: Maseru (109 000)
Wichtige Städte:
Staatssprache(n): Sesotho; Englisch
Religionen: Christen, Mosleme
Staatsform: Konstitutionelle Monarchie/Militärregime
BSP (US$): 1989 = 816 Mio.
pro Kopf: 470 **Inflationsrate:** 1989 = 15%
Landeswährung: 1 Loti = 100 Lisente
Ausfuhr: Diamanten, Wolle, Textilien
Einfuhr: Nahrungsmittel, Halbfertigwaren, Maschinenbauerzeugnisse
Klima: Hochlandklima bis 30 °C im Sommer, im Winter etwa 7 °C (häufig Schnee). Insgesamt niederschlagsreich mit Maximum Oktober bis April
Landschaften: baumlose, von tiefen Schluchten zerschnittene Hochflächen. Im Osten und Süden durch die Drakensberge begrenzt
Höchster Berg: Thabana Ntlenyana, 3482 m
Flüsse: Oranje, 2080 km (im Land 350 km)

Lettland

Karte: Europa, Seite 130, D10
Autokennzeichen: LET
Fläche: 64 500 km² (121)
Einwohner: 1990 = 2,7 Mio. (127)
Dichte: 42/km² **Wachstum:** k.A.
Zusammensetzung der Bevölkerung:
Letten, Russen, Weißrussen, Ukrainer, Polen, Litauer
Hauptstadt: Riga (916 000)
Wichtige Städte: Daugavpils (128 000), Liepaja (115 000)
Staatssprache(n): Lettisch, Russisch
Religionen: Katholiken, orthodoxe Christen, Juden
Staatsform: Republik
BSP (US$): 1990 = 10 400 Mio.
pro Kopf: 3842 **Inflationsrate:** k.A.
Landeswährung: 1 Lettischer Rubel = 100 Kopeken,
Ausfuhr: Maschinen, Chemikalien, Textilien, Nahrungsmittel, Halbfertigwaren, Fleisch, Fisch
Einfuhr: Halbfertigwaren, Metalle, Nahrungsmittel, Erdöl
Klima: Übergangsklima von ozeanisch zu kontinental. Im Januar Durchschnittstemperatur in Riga −4,5 °C, im Juli 18 °C

Landschaften: glaziale Ablagerungen bestimmen die Oberflächenformen; hügeliger Charakter. Da glaziales Relief die Entwässerung stark behindert, Teile des Landes versumpft oder von Seen bedeckt. Mittellettische Niederung im Westen von den Moränenhügeln von Kurzeme, im Südosten vom Baltischen Rücken und im Nordosten von den Höhen von Vidzeme eingeschlossen. Küstenniederung etwa 5 km bis 40 km breit
Höchster Berg: Gajzinjkaln, 311 m
Flüsse: Dvina

Libanon

Karte: Asien, Seite 131, F7
Autokennzeichen: RL
Fläche: 10 400 km^2 (161)
Einwohner: 1988 = 2,8 Mio. (114)
Dichte: 272/km^2 **Wachstum:** 0,2%
Zusammensetzung der Bevölkerung: Araber, Palästinenser, Armenier, Kurden
Hauptstadt: Beirut (750 000)
Wichtige Städte: Tripoli (175 000), Zahlé (47 000)
Staatssprache(n): Arabisch, Armenisch, Kurdisch
Religionen: Moslems, Christen
Staatsform: Parlamentarische Republik
BSP (US$): 1984 = 6050 Mio.
pro Kopf: 2233 **Inflationsrate:** 1989 = 40%
Landeswährung:
1 Libanesisches Pfund = 100 Piastres
Ausfuhr: Schmuckwaren, Textilien, Wolle, Olivenöl, Obst, Gemüse
Einfuhr: k. A.
Klima: mediterran; im Sommer feuchtheiß, Niederschläge im Winter, im Gebirge als Schnee
Landschaften: schmaler Küstenstreifen, dahinter parallel zur Küste das Libanongebirge. Zwischen einem zweiten Gebirgszug im Osten, dem Antilibanon (bis 2629 m hoch), liegt die fruchtbare Bekaa-Hochebene
Höchster Berg: Qurnat as Sawda, 3083 m
Flüsse: Al Litan

Liberia

Karte: Afrika, Seite 132, F3
Autokennzeichen: LB
Fläche: 111 369 km^2 (101)
Einwohner: 1988 = 2,5 Mio. (130)
Dichte: 23/km^2 **Wachstum:** 3,2%
Zusammensetzung der Bevölkerung: Kpelle, Bassa, Kru, Mandingo
Hauptstadt: Monrovia (ca. 350 000)
Wichtige Städte: Gbarnga (30 000)
Staatssprache(n): Golla, Kpelle, Mande, andere Stammessprachen
Religionen: Naturreligionen, Moslems, Christen
Staatsform: Präsidiale Republik
BSP (US$): 1987 = 1051 Mio.
pro Kopf: 450
Inflationsrate: 1990 = etwa 20%
Landeswährung:
1 Liberianischer Dollar = 100 Cents
Ausfuhr: Eisenerz, Naturkautschuk, Edelhölzer, Kaffee, Kakao
Einfuhr: Maschinen, Fahrzeuge, elektrotechnische Güter, Nahrungsmittel
Klima: tropisch feuchtheiß mit starken Sommerregen; ganzjährig gleichbleibende Temperaturen um 30 °C bei hoher Luftfeuchtigkeit. Regenzeit April bis November
Landschaften: schmaler Küstenstreifen Regenwald, Savanne, Sümpfen und Mangrove. Über ein Hügelland Anstieg zu einem bewaldeten, stark zerschnittenen Tafelland. An der Grenze zu Guinea Übergang zu Savanne
Höchster Berg: Monts Nimba, 1390 m
Flüsse: Cavally, 340 km

Libyen

Karte: Afrika, Seite 132, D5
Autokennzeichen: LAR
Fläche: 1 759 540 km^2 (16)
Einwohner: 1988 = 4,2 Mio. (109)
Dichte: 2/km^2 **Wachstum:** 4,3%
Zusammensetzung der Bevölkerung: Libyer, Berber, Schwarze
Hauptstadt: Tripolis (1 Mio.)
Wichtige Städte: Bengasi (650 000), Misratah (285 000)

Staatssprache(n): Arabisch, Berberdialekte
Religionen: 98% Moslems, Christen
Staatsform: Sozialistische Volksrepublik auf islamischer Grundlage
BSP (US$): 1989 = 22 976 Mio.
pro Kopf: 5410 **Inflationsrate:** 1989 = 10%
Landeswährung: 1 Libyscher Dinar = 1000 Dirhams
Ausfuhr: Erdöl, Erdgas, Häute, Felle, Olivenöl, Obst
Einfuhr: Maschinen, Transportgüter, Nahrungsmittel, Chemikalien
Klima: an der Küste Mittelmeerklima; Sommer heiß, Winter mild, hohe Luftfeuchtigkeit. Regenzeit Oktober bis März. Stürmische Winde Mai, Juni, Oktober. Im Landesinnern Steppen- bis Wüstenklima. Erhebliche Temperaturschwankungen zwischen Tag und Nacht
Landschaften: 90% des Landes von der Sahara eingenommen. Das Landesinnere gliedert sich in mehrere Becken und dazwischenliegende Schwellen. In den Becken Wechsel zwischen Dünengebieten und Kies- und Sandwüsten. Im Südosten Ausläufer des Tibesti-Gebirges. Die Küstentiefländer größtenteils mit Steppenvegetation bewachsen
Höchster Berg: Bette, 2266 m
Flüsse: Faregh

Liechtenstein

Karte: Europa, Seite 130, F7
Autokennzeichen: FL
Fläche: 160 km^2 (192)
Einwohner: 1990 = 28 000 (191)
Dichte: 178/km^2 **Wachstum:** 1,2%
Zusammensetzung der Bevölkerung: Liechtensteiner, Schweizer, Österreicher, Deutsche
Hauptstadt: Vaduz (4900)
Wichtige Städte: Schaan (4900), Balzers (3700)
Staatssprache(n): Deutsch
Religionen: Katholiken, Protestanten
Staatsform: Parlamentarische Monarchie
BSP (sfr): 1989 = 876 Mio.
pro Kopf: 58 938

Inflationsrate: 1987 = 1,5%
Landeswährung:
1 Schweizer Franken = 100 Rappen
Ausfuhr: Maschinen und Transportmittel
Einfuhr: Maschinen, Transportmittel
Klima: gemäßigtes mitteleuropäisches Klima
Landschaften: im Westen Rheintal, nach Osten alpiner Anstieg bis über 2000 m
Höchster Berg: Naafkopf, 2574 m
Flüsse: Rhein, 1310 km (im Land 30 km)

Litauen

Karte: Europa, Seite 130, D10
Autokennzeichen: LIT
Fläche: 65 200 km^2 (120)
Einwohner: 1991 = 3,7 Mio. (115)
Dichte: 57/km^2 **Wachstum:** 0,7%
Zusammensetzung der Bevölkerung: Litauer, Russen, Polen, Weißrussen, Ukrainer, Letten, Juden
Hauptstadt: Vilnius (590 000)
Wichtige Städte: Kaunas (420 000), Klaipeda (200 000)
Staatssprache(n): Litauisch, Russisch
Religionen: überwiegend Katholiken
Staatsform: Republik
BSP (US$): 1989 = 21 800 Mio.
pro Kopf: 5880 **Inflationsrate:** k.A.
Landeswährung: 1 Rubel = 100 Kopeken (eigene Währung in Vorbereitung)
Ausfuhr: Maschinen, Chemikalien, Halbfertigwaren, Papier, Holzprodukte, Textilien, landwirtschaftliche Produkte
Einfuhr: Erdöl, Erdgas, Maschinen, Halbfertigwaren, Nahrungsmittel, Chemikalien
Klima: ozeanisch bis gemäßigt kontinental; durchschnittliche Januartemperatur etwa −5 °C, Julitemperatur etwa 18 °C
Landschaften: größter Teil des Landes flach mit einigen Moränenhügeln im Osten und Mittelwesten; wichtigste Landschaftselemente sind Endmoränen und Zungenbecken, die von Grundmoränenmaterial bedeckt sind und Sümpfe oder kleine Seen tragen
Höchster Berg: Höhe von Zemeite, 228 m
Flüsse: Nemunas

Luxemburg

Karte: Europa, Seite 130, F7
Autokennzeichen: L
Fläche: 2586 km^2 (170)
Einwohner: 1990 = 378000 (161)
Dichte: 146/km^2 **Wachstum:** 0,4%
Zusammensetzung der Bevölkerung: Luxemburger, Portugiesen, Italiener, Franzosen, Deutsche, Belgier
Hauptstadt: Luxemburg (77000)
Wichtige Städte: Esch-sur-Alzette (24000), Differdange (16000)
Staatssprache(n): Luxemburgisch, Französisch, Deutsch
Religionen: 95% Katholiken, Protestanten
Staatsform: Parlamentarische Monarchie
BSP (US$): 1989 = 9408 Mio.
pro Kopf: 24860 **Inflationsrate:** 1991 = 2,6%
Landeswährung: 1 Luxemburgischer Franc = 100 Centimes
Ausfuhr: Metalle, Metallerzeugnisse, Kunststoffe, Maschinen
Einfuhr: Metalle, Metallerzeugnisse, Maschinen, Transportmittel, Mineralstoffe, chem. Erzeugnisse
Klima: gemäßigt ozeanisches Klima
Landschaften: im Süden Hügelland, im Norden (Ardennen, Eifel) bergig
Höchster Berg: Buurgplaatz, 559 m
Flüsse: Mosel, 580 km (im Land 37 km)

Madagaskar

Karte: Afrika, Seite 132, H8
Autokennzeichen: RM
Fläche: 587041 km^2 (44)
Einwohner: 1990 = 12 Mio. (58)
Dichte: 20/km^2 **Wachstum:** 2,8%
Zusammensetzung der Bevölkerung: Madagassen, Inder, Franzosen, Komorer, Chinesen
Hauptstadt: Antananarivo (1 Mio.)
Wichtige Städte: Toamasina (83000), Flanar (73000)
Staatssprache(n): Malagasy, Französisch
Religionen: Naturreligionen, Christen, Moslems
Staatsform: Sozialistische Republik
BSP (US$): 1989 = 2543 Mio.
pro Kopf: 150 **Inflationsrate:** 1990 = 11,8%
Landeswährung: 1 Madagaskar-Franc = 100 Centimes
Ausfuhr: Graphit, Chromerz, Bauxit, Kaffee, Vanille, Baumwolle, Nelken
Einfuhr: Ausrüstungsgüter, Halbfertigwaren, Konsumgüter, Nahrungsmittel, Energie
Klima: Ostküste hat heiße, regenreiche Sommer mit Temperaturen bis zu 30 °C. Der Süden ist trocken und heiß; Nord- und Westküste mit trockenen Wintern und regnerischen Sommern; Klima im Hochland angenehm mit Durchschnittstemperaturen um 20 °C, im Winter relativ kühl
Landschaften: im Innern zum Teil sehr steile Gebirgszüge mit ausgedehnten Hochplateaus; nach Westen Übergang zu flachwelligem Hügelland mit Trockenwäldern und Dornsavannen. Im Osten steiler Abfall zur tropischen Küste
Höchster Berg: Tsaratanana, 2876 m
Flüsse: Mangoky, Betsiboka

Malawi

Karte: Afrika, Seite 132, H7
Autokennzeichen: MW
Fläche: 118484 km^2 (98)
Einwohner: 1990 = 8 Mio. (78)
Dichte: 68/km^2 **Wachstum:** 3,4%
Zusammensetzung der Bevölkerung: Bantu, Asiaten, Mischlinge
Hauptstadt: Lilongwe (110000)
Wichtige Städte: Blantyre-Limbe (260000)
Staatssprache(n): Chichewa, Bantu-Dialekte; Englisch
Religionen: Christen, Moslems, Hindus, Naturreligionen
Staatsform: Präsidiale Republik/Einparteiensystem
BSP (US$): 1989 = 1475 Mio.
pro Kopf: 180
Inflationsrate: 1988 = 31,5%
Landeswährung: 1 Malawi-Kwacha = 100 Tambala
Ausfuhr: Tabak, Zucker, Kaffee, Tee
Einfuhr: k.A.
Klima: tropisch-wechselfeucht mit sommer-

licher Regenzeit Ende November bis April bei sehr hoher Luftfeuchtigkeit; Mai bis August trocken und kühl mit gelegentlichen Regenfällen; September trocken und heiß
Landschaften: fast auf der gesamten Länge vom Malawi-See, dem drittgrößten See Afrikas, durchzogen. Ein Großteil des Staates besteht aus Graslandschaften und Waldgebieten. Der Süden besteht praktisch aus dem Shire-Tal mit steil aufragenden Bergen
Höchster Berg: Sapitwa, 3002 m
Flüsse: Shire, 500 km

Malaysia
Karte: Asien, Seite 131, J14
Autokennzeichen: MAL
Fläche: 329 749 km^2 (65)
Einwohner: 1988 = 16,9 Mio. (47)
Dichte: 51/km^2 **Wachstum:** 2,6%
Zusammensetzung der Bevölkerung: Malaien, Chinesen, Inder, Pakistaner
Hauptstadt: Kuala Lumpur (940 000)
Wichtige Städte: Ipoh (300 000), Pinang (250 000)
Staatssprache(n): Malaiisch, chinesische Dialekte, Indisch
Religionen: Islam ist Staatsreligion, Buddhisten, Hindus, Christen
Staatsform: Parlamentarisch-demokratische Wahlmonarchie
BSP (US$): 1989 = 37 005 Mio.
pro Kopf: 2130
Inflationsrate: 1990 = 3,2%
Landeswährung:
1 Malaysischer Ringgit = 100 Sen
Ausfuhr: Erdöl, Mineralölprodukte, Kautschuk, Holz, Zinn
Einfuhr: Maschinen, Nahrungsmittel, Konsumgüter, chem. Erzeugnisse
Klima: tropisches immerfeuchtes Monsunklima; hohe Luftfeuchtigkeit. Regenzeit an der Westküste im Sommer am stärksten ausgeprägt. Im Ostteil auf Borneo die stärksten Niederschläge November bis Februar. Hohe durchschnittliche Jahrestemperatur um 28 °C
Landschaften: Das Land besteht aus zwei voneinander getrennten Teilen: Halbinsel Westmalaysia und Provinzen Sabah und Sarawak auf Borneo. Beide Teile im Landesinnern gebirgig und von dichtem Regenwald eingehüllt; an der Küste lange Sandstrände
Höchster Berg: Gunong Tahan, 2190 m
Flüsse: Rajang, 560 km; Pahang, 440 km

Malediven
Karte: Asien, Seite 131, J11
Autokennzeichen: k.A.
Fläche: 298 km^2 (188)
Einwohner: 1988 = 200 000 (172)
Dichte: 678/km^2 **Wachstum:** 3,4%
Zusammensetzung der Bevölkerung: Malediver
Hauptstadt: Male (46 000)
Wichtige Städte: Divehi;
Staatssprache(n): Englisch
Religionen: Islam (Staatsreligion)
Staatsform: Präsidiale Republik
BSP (US$): 1989 = 87 Mio.
pro Kopf: 420
Inflationsrate: 1988 = 14%
Landeswährung: 1 Rufiyaa = 100 Laari
Ausfuhr: Meerestiere, Kopra, Kokosfasern
Einfuhr: k.A.
Klima: tropisches Klima; Durchschnittstemperaturen um 28 °C; Mai bis August Regenzeit
Landschaften: Inselgruppe mit über 2000 Inseln und Atollen. Typisch sind weiße Sandstrände um Palmenwälder im Innern der Inseln

Mali
Karte: Afrika, Seite 132, E3
Autokennzeichen: RMM
Fläche: 1 240 192 km^2 (23)
Einwohner: 1989 = 9,1 Mio. (75)
Dichte: 7/km^2 **Wachstum:** 2,4%
Zusammensetzung der Bevölkerung: Bambara, Fulbe, Senouffo, Soninké, Tuareg, Songhai, Malinké
Hauptstadt: Bamako (740 000)
Wichtige Städte: Ségou (99 000), Mopti (78 000)

Staatssprache(n): Arabisch, Songhai-Jerma; Französisch
Religionen: überwiegend Moslems, Naturreligionen, Christen
Staatsform: Präsidiale Republik
BSP (US$): 1989 = 2109 Mio.
pro Kopf: 260 **Inflationsrate:** 1988 = 3,7%
Landeswährung: 1 Mali-Franc = 100 Centimes
Ausfuhr: Baumwolle, Häute, Felle, Fische, Erdnüsse, Gold
Einfuhr: Maschinen, elektrotechnische Erzeugnisse, Fahrzeuge, Nahrungsmittel,
Klima: tropisch wechselfeuchtes Klima; Regenzeit von Juni bis September; Oktober bis Februar trocken und kühl, März bis Juni trocken und heiß. Während der Trockenzeit weht meist der heiße Wüstenwind Harmattan aus Nordost
Landschaften: überwiegend Tafelland mit einzelnen Bergrümpfen (Zeugenbergen). Im Norden greift Sahara in das Land hinein; das Nigerbecken im Süden besteht hauptsächlich aus Dornstrauch- und Grassavanne
Höchster Berg: Hombori Tondo, 1155 m
Flüsse: Niger, 4160 km (im Land 1800 km)

Malta

Karte: Europa, Seite 130, J8
Autokennzeichen: M
Fläche: 316 km^2 (187)
Einwohner: 1988 = 348 000 (164)
Dichte: 1103/km^2 **Wachstum:** 0,9%
Zusammensetzung der Bevölkerung: Malteser
Hauptstadt: Valetta (9300)
Wichtige Städte: Sliema (14 000), Rabat (13 000)
Staatssprache(n): Maltesisch, Englisch, Italienisch
Religionen: 98% Katholiken
Staatsform: Parlamentarische Republik
BSP (US$): 1989 = 2041 Mio.
pro Kopf: 5820 **Inflationsrate:** 1991 = 2,4%
Landeswährung: 1 Maltesische Lira = 100 Cents
Ausfuhr: Textilien, Schuhe, Kartoffeln, Blumen, Gemüse
Einfuhr: Industriewaren, Konsumgüter
Klima: Mittelmeerklima; heiße Sommer, gemildert durch frischen Seewind; Winter mild mit Niederschlägen von Dezember bis März
Landschaften: Das Innere der Inseln meist hügelig mit einzelnen Bergen; an der Küste oft steil abfallende Klippen mit zahlreichen Buchten
Höchster Berg: Höchste Erhebung 253 m

Marokko

Karte: Afrika, Seite 132, C3
Autokennzeichen: MA
Fläche: 446 550 km^2 (56)
Einwohner: 1988 = 24 Mio. (34)
Dichte: 54/km^2 **Wachstum:** 2,7%
Zusammensetzung der Bevölkerung: Berber, Araber
Hauptstadt: Rabat-Salé (1 Mio.)
Wichtige Städte: Casablanca (2,5 Mio.), Fès (590 000), Marrakesch (510 000)
Staatssprache(n): Arabisch, Berberdialekte; Französisch, Spanisch
Religionen: 98% Moslems, Christen
Staatsform: Konstitutionelle Monarchie
BSP (US$): 1989 = 22 069 Mio.
pro Kopf: 900 **Inflationsrate:** 1991 = 8,2%
Landeswährung: 1 Dirhanm = 100 Centimes
Ausfuhr: Nahrungsmittel, Phosphate, Erze, Konsumgüter, Teppiche, Textilien, Dünger
Einfuhr: Investitionsgüter, Halbfertigwaren, Nahrungsmittel, Energie
Klima: allgemein subtropisches Klima; an der Küste Temperaturen im Sommer um 26 °C, im Winter etwa 16 °C; regenreich von November bis März. Im Norden Mittelmeerklima. Im Gebirge sehr heiße, trockene Sommer, im Winter geschlossenen Schneedecke im Hohen Atlas. Im Süden und Südosten Wüstenklima mit hohen Tagestemperaturen und kühlen Nächten
Landschaften: von Südwesten nach Nordosten von den hohen Atlasketten durchzogen. Die stellenweise recht breite Küstenebene am Mittelmeer und Atlantik

ist sehr fruchtbar. Im Südwesten grenzt der Antiatlas an die Sahara mit Grassteppen und einzelnen Oasen
Höchster Berg: Jebel Toubkal, 4165 m
Flüsse: Moulouya, 590 km

Marshallinseln
Karte: Australien/Ozeanien, Seite 135, C7
Autokennzeichen:
Fläche: 181 km^2 (191)
Einwohner: 1988 = 41 000 (189)
Dichte: 227/km^2 **Wachstum:** 3,5%
Zusammensetzung der Bevölkerung: Mikronesier, Amerikaner
Hauptstadt: Uliga (7600),
Wichtige Städte: Ebeye, Jaluit
Staatssprache(n): mikronesische Dialekte; Englisch
Religionen: Katholiken, Protestanten
Staatsform: Republik
BSP (US$): 1980 = 219 Mio.
pro Kopf: 7560 **Inflationsrate:** k. A.
Landeswährung: 1 US-Dollar = 100 Cents
Ausfuhr: Kopra, Fisch
Einfuhr: k. A.
Klima: tropisch; Jahrestemperatur um 27 °C
Landschaften: zwei Inselketten im westlichen Pazifik; sehr flach mit maximalen Höhen um 6 m; typisch sind weiße Sandstrände und Palmenwälder

Mauretanien
Karte: Afrika, Seite 132, E2
Autokennzeichen: RIM
Fläche: 1 025 520 km^2 (28)
Einwohner: 1988 = 1,9 Mio. (138)
Dichte: 2/km^2 **Wachstum:** 2,6%
Zusammensetzung der Bevölkerung: arabisch-berberische Mischbevölkerung, Schwarze
Hauptstadt: Nouakchott (450 000)
Wichtige Städte: Nouadhibou (25 000), Zouérate (22 000)
Staatssprache(n): Arabisch; Französisch
Religionen: Moslems
Staatsform: Präsidiale Republik/Militärregime

BSP (US$): 1989 = 953 Mio.
pro Kopf: 490 **Inflationsrate:** 1988 = 1,4%
Landeswährung: 1 Ouguiya = 5 Khoums
Ausfuhr: Eisenerz, Kupfer, Fisch, Fleisch, Salz
Einfuhr: k. A.
Klima: im Landesinnern Wüstenklima; Tagestemperaturen bis 50 °C, nachts starke Abkühlung; an der Küste milder, Temperaturen 25 °C bis 30 °C. Entlang des Senegal tropisches Klima mit hoher Luftfeuchtigkeit und hohen Temperaturen
Landschaften: im Norden Teil der Sahara, im Osten Anteil am Sahel mit spärlicher Buschvegetation; meist weite Ebenen und eintönige Wüstenlandschaften; stark gegliederte Nordküste mit Steilküsten und vorgelagerten Inseln; im Süden Senegalniederung mit Landwirtschaft
Höchster Berg: Kediet ej Jill, 915 m
Flüsse: Senegal, 1625 km (im Land 700 km)

Mauritius
Karte: Afrika, Seite 132, J9
Autokennzeichen: MS
Fläche: 2040 km^2 (171)
Einwohner: 1988 = 1 Mio. (149)
Dichte: 525/km^2 **Wachstum:** 1,0%
Zusammensetzung der Bevölkerung: Inder, Kreolen, Chinesen
Hauptstadt: Port Louis (140 000)
Wichtige Städte:
Beau Bassin-Rose Hill (93 000)
Staatssprache(n): Englisch, Französisch, Kreolisch
Religionen: Hindus, Katholiken, Moslems,
Staatsform: Parlamentarische Monarchie im Commonwealth
BSP (US$): k.A.
pro Kopf: k.A. **Inflationsrate:** 1990 = 13,5%
Landeswährung: 1 Mauritius-Rupie = 100 Cents
Ausfuhr: Textilien, Tee, Zucker, Tabak
Einfuhr: k. A.
Klima: tropisch wechselfeucht; November bis April niederschlagsreich mit hoher Luftfeuchtigkeit; Temperaturen an der

Küste bis 35 °C; Mai bis Oktober trockener, Temperaturen um 20 °C
Landschaften: Vulkaninsel mit Hochflächen im Landesinnern. Zerklüftete Steilküsten, zahlreiche Buchten mit langen Sandstränden; natürliche Regenwaldvegetation meist abgeholzt, statt dessen Zuckerrohrplantagen
Höchster Berg:
Piton de la Rivière Noirs, 828 m

Mazedonien (Makedonien)
Karte: Europa, Seite 130, G10
Autokennzeichen: YU, MAC (vorgeschlagen)
Fläche: 25 713 km^2 (147)
Einwohner: 2 Mio. (135)
Dichte: 78/km^2 **Wachstum:** k.A.
Zusammensetzung der Bevölkerung:
Mazedonier, Türken, Albaner
Hauptstadt: Skopje (507 000, 1983)
Wichtige Städte: Tetovo (160 000), Titov Veles
Staatssprache(n): Mazedonisch, Serbisch
Religionen: mazedonisch-orthodox
Staatsform: Republik, noch nicht anerkannt
BSP (US$): k.A.
pro Kopf: 1990 = 1400 **Inflationsrate:** k.A.
Landeswährung: 1 Dinar = 100 Para (wird geändert)
Ausfuhr: Textilien, Nahrungsmittel, Mineralien (Antimon, Eisen, Silber), Tabak, Baumwolle
Einfuhr: Nahrungsmittel, Rohstoffe, Chemikalien, Maschinen, Brennstoffe, Erdöl
Klima: kontinentales Klima
Landschaften: größter Teil des Landes gebirgig (im Norden das Sjar-Gebirge, entlang der albanischen Grenze Jablanitsa- und Dasjat-Gebirge). Früher fruchtbare Böden lange vernachlässigt und versumpft; bessere Entwässerungstechniken haben die Landwirtschaft wieder auf einen guten Stand gebracht
Höchster Berg: Korab 2764
Flüsse: Vadar

Mexiko
Karte: Nord-/Mittelamerika, Seite 133, G9
Autokennzeichen: MEX
Fläche: 1 958 201 km^2 (14)
Einwohner: 1990 = 89 Mio. (11)
Dichte: 42/km^2 **Wachstum:** 2,2%
Zusammensetzung der Bevölkerung:
Mestizen, Indianer, Weiße
Hauptstadt: Ciudad de Mexico (Aggl. 19,4 Mio.)
Wichtige Städte:
Guadalajara (Aggl. 3,2 Mio.),
Monterrey (Aggl. 2,6 Mio.),
Tijuana (930 000)
Staatssprache(n): Spanisch, indianische Sprachen
Religionen: 92% Katholiken, Protestanten
Staatsform: Präsidiale Bundesrepublik
BSP (US$): 1989 = 170 053 Mio.
pro Kopf: 1990 **Inflationsrate:** 1991 = 18,8%
Landeswährung:
1 Mexikanischer Peso = 100 Centavos
Ausfuhr: Erdöl, Mineralölprodukte, Kfz, Schwefel, Textilien, Baumwolle, Chemieprodukte
Einfuhr: Industrieprodukte, chem. Erzeugnisse,
Klima: Im Süden unterhalb 800 m und auf Yucatan tropisches, ganzjährig feuchtes Klima; Durchschnittstemperaturen um 25 °C, hohe Luftfeuchtigkeit. Im Hochland zwischen 800 und 2000 m gemäßigt mit Temperaturen um 20 °C. Oberhalb 2000 m etwa 15 °C im Durchschnitt. Im Norden trocken. Regenzeit von Juni bis September
Landschaften: Tiefebenen am Golf von Mexiko und auf der Halbinsel Yucatan. Am Pazifik schmale Küstenstreifen. Im Landesinneren hochgelegene Becken mit hochaufragenden Vulkanen und langen Gebirgsketten. Zentralplateau läuft nach Süden mit Seen, breiten Tälern und erloschenen Vulkanen aus. Halbinsel Baja California überwiegend wüstenhaftes Gebirgsland mit Höhen bis zu 3000 m
Höchster Berg: Pico de Orizaba, 5700 m
Flüsse: Rio Bravo, 1885 km

Mikronesien

Karte: Australien/Ozeanien, Seite 135, D4
Autokennzeichen: FSM
Fläche: 721 km² (176)
Einwohner: 1988 = 90 000 (182)
Dichte: 125/km² **Wachstum:** 3,5%
Zusammensetzung der Bevölkerung:
Mikronesier, Weiße
Hauptstadt: Pohnpei (5500)
Wichtige Städte: Moen (10 000),
Yap (8000)
Staatssprache(n): mikronesische Dialekte, Englisch
Religionen: Katholiken, Protestanten
Staatsform:
Parlamentarische Bundesrepublik
BSP (US$): k.A.
pro Kopf: 1989 = 1500
Inflationsrate: k.A.
Landeswährung: 1 US$ = 100 Cents
Ausfuhr: Kopra, Fisch, Kokosnüsse
Einfuhr: k.A.
Klima: tropisches Klima, Jahrestemperatur um 27 °C
Landschaften: die größten Inseln sind vulkanischen Ursprungs, oft hügelig bis bergig; zum Teil Koralleninseln
Höchster Berg:
Dolohmwar auf Ponape, 765 m

Moldawien

Karte: Europa, Seite 130, F11
Autokennzeichen: MOL (vorläufig)
Fläche: 33 700 km² (136)
Einwohner: 1990 = 4,36 Mio. (107)
Dichte: 14/km² **Wachstum:** k.A.
Zusammensetzung der Bevölkerung:
Moldauer, Ukrainer, Russen, Gagausen, Bulgaren, Juden
Hauptstadt: Kischinjow (720 000)
Wichtige Städte: Tiraspol (173 000), Beltzy (157 000)
Staatssprache(n): Moldawisch, Russisch, Gagausisch
Religionen: orthodoxe Christen, Moslems
Staatsform: Republik
BSP (US$): k.A.
pro Kopf: k.A. **Inflationsrate:** k.A.
Landeswährung: 1 Rubel = 100 Kopeken (eigene Währung in Vorbereitung)
Ausfuhr: Nahrungsmittel, Textilien, Halbfertigwaren, Tabak
Einfuhr: Halbfertigwaren, Maschinen, Nahrungsmittel, Erdöl
Klima: gemäßigtes Klima; kurze, milde, schneearme Winter und lange, heiße Sommer; Niederschläge maximal 550 mm/Jahr
Landschaften: Osteuropäische Ebene ist hier wellig und von Flüssen und Schluchten stark zerschnitten; in der Mitte Zentralmoldawische Platte über 400 m hoch, geht östlich in die Dnestrplatte und im Norden in die Nordmoldawische Platte über; im Süden stark zerschnittene Südmoldawische Ebene, die allmählich in die Schwarzmeerniederung übergeht; der Norden gehört zur Waldsteppe, der Süden zur Steppenzone; der überwiegende Teil ist allerdings in Kulturland umgewandelt
Höchster Berg:
Moldawische Hügel bis 429 m
Flüsse: Dnestr, Pruth

Monaco

Karte: Europa; Seite 130, G7
Autokennzeichen: MC
Fläche: 1,95 km² (196)
Einwohner: 1988 = 30 000 (190)
Dichte: 15 385/km² **Wachstum:** 0,6%
Zusammensetzung der Bevölkerung:
Monegassen, Franzosen, Italiener
Hauptstadt: Monaco-Ville (1234)
Wichtige Städte: Monte Carlo (13 000), La Condamine (Hafen) 12 000
Staatssprache(n): Französisch, Monegasco, Italienisch
Religionen: Katholiken, Anglikaner
Staatsform:
Konstitutionelles erbliches Fürstentum
BSP (US$): 1983 = 2887 Mio.
pro Kopf: ca. 51 000
Inflationsrate: k.A.
Landeswährung: 1 Franz. Franc = 100 Centimes
Ausfuhr: Kosmetik, elektronische Güter, Kunststoffartikel.

Einfuhr: k.A.
Klima: Mittelmeerklima; milde Winter; sehr wenig Regen

Mongolei
Karte: Asien, Seite 131, E13
Autokennzeichen: k. A.
Fläche: 1 566 500 km^2 (18)
Einwohner: 1988 = 2 Mio. (134)
Dichte: 1/km^2 **Wachstum:** 2,9%
Zusammensetzung der Bevölkerung: Ostmongolen, Westmongolen, Burjatsche, Chinesen
Hauptstadt: Ulan Bator (480 000)
Wichtige Städte: Darchan (64 000), Choybalsan (23 000)
Staatssprache(n): Mongolisch, Russisch
Religionen: Buddhisten
Staatsform: Volksrepublik
BSP (US$): 1984 = 1450 Mio.
pro Kopf: 747 **Inflationsrate:** k.A.
Landeswährung: 1 Tugrig = 100 Mongo
Ausfuhr: Kupfer, Molybdän, Fleisch, Wolle, Felle, Leder
Einfuhr: k.A.
Klima: kontinentales Steppenklima; sehr kalte und trockene Winter, warme, vor allem im Norden trockene Sommer. Sehr hohe Sommertemperaturen in der Gobi; sehr große tägliche Temperaturschwankungen
Landschaften: im Norden Hochlandtaiga und Hochlandsteppe, im Westen Gebirgskette des Mongolischen Altai, im Süden und Osten Wüsten und Halbwüsten
Höchster Berg: Munh-Hajrhan, 4362 m
Flüsse: Keruelen, 1100 km

Mosambik
Karte: Afrika, Seite 132, H7
Autokennzeichen: MOC
Fläche: 801 590 km^2 (34)
Einwohner: 1988 = 14,7 Mio. (55)
Dichte: 18/km^2 **Wachstum:** 2,7%
Zusammensetzung der Bevölkerung: Bantu, Tsongai, Schona
Hauptstadt: Maputo (900 000)
Wichtige Städte: Beira (150 000), Quelimane (185 000)
Staatssprache(n): Bantu-Sprachen, Suaheli, Portugiesisch
Religionen: Naturreligionen, Christen, Moslems
Staatsform: Sozialistische Volksrepublik
BSP (US$): 1988 = 1193 Mio.
pro Kopf: 80 **Inflationsrate:** 1989 = 40%
Landeswährung: 1 Metical = 100 Centavos
Ausfuhr: Meerestiere, Baumwolle, Textilien, Tee, Holz, Sisal, Zucker, Cashewnüsse
Einfuhr: k.A.
Klima: heißes, an der Küste tropisch-feuchtes Klima; Regenzeit Oktober bis März
Landschaften: 2500 km Küste, im Norden Steilküste, im Süden flache Sandküsten mit Lagunen, Sandstränden und vorgelagerten Inseln; im Hinterland ausgedehnte, flachwellige Plateaus mit aufgesetzten Inselbergen; an der Küste Mangrove, entlang der Flüsse Galeriewälder, sonst hauptsächlich Trockensavanne und Trockenwälder
Höchster Berg: Monte Binga, 2436 m
Flüsse: Sambesi, 2720 km
(im Land 850 km)

Myanmar
Karte: Asien, Seite 131, G13
Autokennzeichen: BUR
Fläche: 676 552 km^2 (39)
Einwohner: 1989 = 40,7 (25)
Dichte: 59/km^2 **Wachstum:** 2,1%
Zusammensetzung der Bevölkerung: Birmanen, Schan, Karen, Tschin, Mon
Hauptstadt: Yangon (Rangoon) (2,5 Mio.)
Wichtige Städte: Mandalay (530 000), Moulmein (220 000)
Staatssprache(n): Birmanisch, Vielzahl von Dialekten, Englisch
Religionen: Buddhisten, Moslems, Hindus, Christen
Staatsform: Sozialistische Republik/Militärregime
BSP (US$): 1986 = 8180 Mio.
pro Kopf: 200 **Inflationsrate:** 1991 = 35%
Landeswährung: 1 Kyat = 100 Pyas
Ausfuhr: Reis, Teakholz, Ölsaaten, Baum-

wolle, Erdöl, Bergbauprodukte, Kautschuk
Einfuhr: k.A.
Klima: tropisches Monsunklima; Trockenzeit im Winter. November bis Februar trocken und kühl, heiß März bis Mitte Mai. Mitte Mai bis Ende Oktober Regenzeit mit hoher Luftfeuchtigkeit, etwas geringere Temperaturen
Landschaften: im Zentrum Tiefland des Irawadi; im Osten, Norden und Westen hohe Gebirgsketten, die im Osten das verkarstete Shan-Plateau umschließen. Etwa Hälfte des Landes bewaldet; tropischer Regenwald in den unteren Bereichen der Bergländer, darüber Bambusdschungel
Höchster Berg: Hkakabo Razi, 5881 m
Flüsse: Irawadi, 2080 km; Saluen

Namibia

Karte: Afrika, Seite 132, J5
Autokennzeichen: k.A.
Fläche: 823 168 km^2 (33)
Einwohner: 1988 = 1,7 Mio. (139)
Dichte: 2/km^2 **Wachstum:** 3,2%
Zusammensetzung der Bevölkerung: vorwiegend Bantu-Völker, Damaras, Namas, Coloureds
Hauptstadt: Windhuk (120 000)
Wichtige Städte: Tsumeb (18 000), Swakopmund (14 000)
Staatssprache(n): Afrikaans, Deutsch, Englisch
Religionen: Christen, Naturreligionen
Staatsform: Präsidiale Republik
BSP (US$): 1985 = 1200 Mio.
pro Kopf: 1020 **Inflationsrate:** 1990 = 14%
Landeswährung: 1 Rand = 100 Cents
Ausfuhr: Uran, Diamanten, Agrarprodukte
Einfuhr: Nahrungsmittel, Erdölprodukte
Klima: subtropisch-trocken, nach Norden im Hochland zunehmende Niederschläge
Landschaften: Namibwüste entlang der Atlantikküste, 50 bis 100 km breit, eine der trockensten Wüsten der Erde; östlich davon das Zentralplateau, eine Hochebene mit vereinzelten Inselbergen; weiter nach Osten Übergang zum Kalahari-Becken; im Norden Etoscha-Salzpfanne, eines der berühmtesten Wildreservate Afrikas
Höchster Berg: Brandberg, 2574 m
Flüsse: Swakop, 400 km, Oranje, 2100 km (im Land 575 km)

Nauru

Karte: Australien/Ozeanien, Seite 135, E6
Autokennzeichen: NAU
Fläche: 21,3 km^2 (195)
Einwohner: 1988 = 8400 (195)
Dichte: 401/km^2 **Wachstum:** 2,4%
Zusammensetzung der Bevölkerung: Nauruer (Mischbevölkerung)
Hauptstadt: Yaren (4000)
Staatssprache(n): Naurisch, Englisch
Religionen: Protestanten, Katholiken
Staatsform: Parlamentarische Republik
BSP (US$): 1981 = 171 Mio.
pro Kopf: 20 306 **Inflationsrate:** k.A.
Landeswährung:
1 Australischer Dollar = 100 Cents
Ausfuhr: Phosphate, Früchte
Einfuhr: k.A.
Klima: tropisch, durch Seewind gemäßigt; hohe Luftfeuchtigkeit; Regenzeit November bis Mai, aber auch außerhalb der Regenzeit häufige Niederschläge
Landschaften: zentrales Felsplateau; Insel von Korallenriff umgeben

Nepal

Karte: Asien, Seite 131, G12
Autokennzeichen: NEP
Fläche: 140 797 km^2 (94)
Einwohner: 1989 = 18,4 Mio. (44)
Dichte: 130/km^2 **Wachstum:** 2,6%
Zusammensetzung der Bevölkerung: Nepalesen, tibeto-nepalische Gruppen, tibetische Gruppen
Hauptstadt: Katmandu (390 000), Aggl. 800 000)
Wichtige Städte: Biratnagar (320 000)
Staatssprache(n): Nepali, Bihari, Newari
Religionen: Hindus, Buddhisten, Moslems
Staatsform: Konstitutionelle Monarchie
BSP (US$): 1989 = 3206 Mio.

pro Kopf: 170 **Inflationsrate:** 1989 = 8,1%
Landeswährung: 1 Nepalische Rupie = 100 Paisa
Ausfuhr: Viehprodukte, Reis, Jute, Wollteppiche, Edelhölzer
Einfuhr: k.A.
Klima: durch Höhe bedingt sehr unterschiedliche Klimazonen; im Osten tropisch warm und feucht, in der Mitte subtropisches, von den Temperaturen angenehmes Klima; im Norden alpines Klima mit niedrigen Temperaturen und kalten Wintern. Durch Monsun bedingt hohe Niederschläge im Sommer
Landschaften: Landschaft durch gewaltige Höhenunterschiede bestimmt. Im Norden Hochgebirge des Himalaya, zur Gangesebene fällt das Land bis auf 100 m ab (Dschungeltiefland). Im Südosten Katmandu-Tal mit über 2000 m hohen Regenwaldbergen
Höchster Berg: Mount Everest, 8848 m
Flüsse: Kosi, 730 km (im Land 340 km)

Neuseeland

Karte: Australien/Ozeanien, Seite 135, H7
Autokennzeichen: NZ
Fläche: 270 986 km^2 (73)
Einwohner: 1990 = 3,4 Mio. (120)
Dichte: 13/km^2 **Wachstum:** 0,8%
Zusammensetzung der Bevölkerung:
Nachkommen englischer, irischer, schottischer Einwanderer, Maori, Polynesier, Inder
Hauptstadt: Wellington (325 000, Aggl.)
Wichtige Städte: Auckland (870 000), Christchurch (300 000)
Staatssprache(n): Englisch, Maori
Religionen: Protestanten, Katholiken, Methodisten, Maori-Religionen
Staatsform: Parlamentarische Monarchie im Commonwealth
BSP (US$): 1989 = 39 437 Mio.
pro Kopf: 11 800 **Inflationsrate:** 1991 = 3,3%
Landeswährung:
1 Neuseeland-Dollar = 100 Cents
Ausfuhr: Fleisch, Milcherzeugnisse, Wolle, Häute, Holz, Aluminium
Einfuhr: Maschinen, Kfz, Erdöl, Kunststoffe
Klima: gemäßigtes Seeklima; auf der Südinsel ganzjährig Niederschläge; Nordinsel wärmer und trockener, vor allem im Sommer
Landschaften: auf der Nordinsel noch tätige Vulkane, immergrüne Wiesen, Sandstrände mit Wanderdünen an der Küste; Südinsel von den Neuseeländischen Alpen beherrscht, die zum Teil auch vergletschert sind; im Westen fällt das Gebirge steil ab, zum Osten hin geht es in weite Ebenen über
Höchster Berg: Mount Cook, 3764 m
Flüsse: Mataura, Waitaki

Nicaragua

Karte: Nord-/Mittelamerika, Seite 133, H11
Autokennzeichen: NIC
Fläche: 130 682 km^2 (96)
Einwohner: 1988 = 3,6 Mio. (116)
Dichte: 28/km^2 **Wachstum:** 3,4%
Zusammensetzung der Bevölkerung:
Mestizen, Schwarze, Mulatten, Weiße, Indianer
Hauptstadt: Managua (680 000)
Wichtige Städte: Léon (100 000), Granada (88 000)
Staatssprache(n): Spanisch
Religionen: 95% Katholiken, Protestanten
Staatsform: Präsidiale Republik
BSP (US$): 1987 = 2911 Mio.
pro Kopf: 830
Inflationsrate: 1991 = 10%
Landeswährung: 1 Gold-Cordoba = 100 Centavos
Ausfuhr: Kaffee, Baumwolle, Fleisch, Zucker, Bananen, Holz
Einfuhr: k.A.
Klima: an der Karibik tropisches Klima mit hoher Luftfeuchtigkeit, im zentralen Hochland gemäßigt und angenehm; an der pazifischen Küste heiß mit Trockenzeit im Winter
Landschaften: karibische Moskitoküste mit ihren zahlreichen Lagunen ist versumpft; nach Westen steigt das Land bis auf über 2000 m an und ist von tropischen Regenwäldern bzw. tropischen Bergwäldern bedeckt. Im Westen liegt der Nicaragua-See in einem Grabenbruch, der stark erdbeben-

gefährdet ist. Eine Reihe von Vulkanen schließt das Land gegen den Pazifik ab
Höchster Berg: Pico Mogotón, 2107 m
Flüsse: Rió Coco, 750 km

Niederlande
Karte: Europa, Seite 130, E7
Autokennzeichen: NL
Fläche: 41 473 km^2 (133)
Einwohner: 1990 = 15 Mio. (53)
Dichte: 345/km^2 **Wachstum:** 0,5%
Zusammensetzung der Bevölkerung: Niederländer, Friesen, zahlreiche Einwanderer aus den ehemaligen Kolonien
Hauptstadt: Amsterdam (1 Mio., Aggl.)
Wichtige Städte: Den Haag (Reg.-Sitz) (440 000), Rotterdam (570 000)
Staatssprache(n): Niederländisch
Religionen: Protestanten, Katholiken, Moslems
Staatsform: Parlamentarische Monarchie
BSP (US$): 1989 = 237 415 Mio.
pro Kopf: 16 010 **Inflationsrate:** 1991 = 3,4%
Landeswährung:
1 Holländischer Gulden = 100 Cents
Ausfuhr: Nahrungsmittel, Tabakwaren, Chemieprodukte, Maschinen, Rohöl, Mineralölprodukte, Elektronikprodukte.
Einfuhr: Maschinen, Nahrungsmittel, Tabak, chemische Produkte
Klima: gemäßigtes ozeanisches Klima; relativ warme, trockene Sommer, milde Winter
Landschaften: größtenteils flaches Land, ein Fünftel liegt unter dem Meeresspiegel; hinter dem Küstentiefland beginnen die hohen Niederlande, ein sanft welliges Hügelland, das aus glazialen Ablagerungen aufgebaut ist
Höchster Berg: Vaalser Berg, 321 m
Flüsse: Rhein, 1320 km

Niger
Karte: Afrika, Seite 132, E4
Autokennzeichen: RN
Fläche: 1 267 000 km^2 (21)
Einwohner: 1988 = 7,25 Mio. (84)
Dichte: 6/km^2 **Wachstum:** 3,5%
Zusammensetzung der Bevölkerung: Haussa, Fulbe, Sudangruppen, Tuareg
Hauptstadt: Niamey (600 000)
Wichtige Städte: Zinder (83 000), Maradi (65 000)
Staatssprache(n): Französisch, Dialekte der Volksgruppen
Religionen: Moslems, Naturreligionen
Staatsform: Präsidiale Republik
BSP (US$): 1989 = 2195 Mio.
pro Kopf: 290 **Inflationsrate:** 1988 = 3,6%
Landeswährung:
1 C.F.A.-Franc = 100 Centimes
Ausfuhr: Bergbauprodukte (Uran), Baumwolle
Einfuhr: Maschinen, elektrotechnische Erzeugnisse, Fahrzeuge
Klima: im Norden trocken-heißes Wüstenklima: im Süden wechselfeucht mit sommerlicher Regenzeit, wobei sich die Niederschläge von Süden nach Norden verringern
Landschaften: große Teile des Nordens von der Sahara eingenommen, mit der Ténéré im Zentrum (Kies- und Sandwüste) sowie dem Bergland von Air; im Süden Gras und Dornsavannen; im Südwesten des Nigers bewaldet
Höchster Berg: Bagzane, 2022 m
Flüsse: Niger, 4160 km (im Land 660 km)

Nigeria
Karte: Afrika, Seite 132, F4
Autokennzeichen: WAN
Fläche: 923 768 km^2 (31)
Einwohner: 114 Mio. (8)
Dichte: 123/km^2 **Wachstum:** 3,3%
Zusammensetzung der Bevölkerung: Ibo, Yoruba, Haussa, Fulbe
Hauptstadt: Lagos (5 Mio., Aggl.)
Wichtige Städte: Ibadan (1 Mio.), Ogbomosho (590 000)
Staatssprache(n): Sudan- und Bantusprachen, Englisch
Religionen: Moslems, Christen, Naturreligionen
Staatsform: Präsidiale Bundesrepublik/Militärregime

BSP (US$): 1989 = 28 314 Mio.
pro Kopf: 250 **Inflationsrate:** 1991 = 20%
Landeswährung: 1 Naira = 100 Kobo
Ausfuhr: Erdöl, Erdgas, Ölprodukte, Kakao
Einfuhr: Maschinen, Chemikalien
Klima: im Süden tropisch-feuchtheiß, hohe Luftfeuchtigkeit, Temperaturen um 30 °C; Regenzeit April bis Oktober. Im Norden tropisch-heiß mit niedrigerer Luftfeuchtigkeit; weniger starke Regenzeit, starke nächtliche Abkühlung
Landschaften: im Süden flache Küstenniederung beiderseits des Nigerdeltas mit Mangrovewäldern; nach Norden Übergang über tropischen Regenwald zu Feuchtsavanne; im Zentrum Bergland von Jos, über 1700 m hoch; an seiner Nordabdachung Übergang zu Trockensavanne; im Osten Anteil am Hochland von Kamerun
Höchster Berg: Vogelpeak, 2042 m
Flüsse: Niger, 4160 km (im Land 1200 km)

Nördliche Marianen

Karte: Australien/Ozeanien, Seite 135, C4
Autokennzeichen: k. A.
Fläche: 475 km^2 (180)
Einwohner: 1990 = 21 800 (193)
Dichte: 46/km^2 **Wachstum:** k. A.
Zusammensetzung der Bevölkerung: Polynesier
Hauptstadt: Susupe (19 200)
Wichtige Städte:
Staatssprache(n): Chamorro, Englisch
Religionen: Katholiken, Protestanten
Staatsform: Republik; Aufhebung der US-Treuhandschaft im Nov. 1990
BSP (US$): k. A.
pro Kopf: k. A. **Inflationsrate:** k. A.
Landeswährung: 1 US-Dollar = 100 Cents
Ausfuhr: Fisch, Kokosnuß
Einfuhr: k. A.
Klima: tropisches Klima mit ganzjährigen Durchschnittstemperaturen um 26 °C
Landschaften: alle Inseln vulkanischen Ursprungs
Höchster Berg: Höchste Erhebung 959 m

Norwegen

Karte: Europa, Seite 130, C7
Autokennzeichen: N
Fläche: 323 878 km^2 (66)
Einwohner: 1990 = 4,2 Mio. (108)
Dichte: 13/km^2 **Wachstum:** 0,3%
Zusammensetzung der Bevölkerung: Norweger, Lappen, Finnen
Hauptstadt: Oslo (460 000)
Wichtige Städte: Bergen (210 000), Trondheim (137 000)
Staatssprache(n): Norwegisch
Religionen: überwiegend Protestanten
Staatsform: Parlamentarische Monarchie
BSP (US$): 1989 = 92 097 Mio.
pro Kopf: 21 850
Inflationsrate: 1991 = 2,9%
Landeswährung:
1 Norwegische Krone = 100 Öre
Ausfuhr: Erdöl, Erdgas, Schiffe, Halbfertigwaren, Maschinen, Chem. Erzeugnisse, Lebensmittel, Papier
Einfuhr: Maschinen, Fahrzeuge, elektrotechnische Güter, chem. Erzeugnisse
Klima: an der Küste mildes, ozeanisches Klima durch den Einfluß des warmen Golfstroms; im Osten kontinentaler und kühler, mit langen, kalten Wintern
Landschaften: entlang der Küste zum Atlantik stark zerlappte Fjordlandschaft mit zahlreichen Inseln; Landesinneres gebirgig mit vielen Seen und Flüssen, im Süden auch lokal vergletschert; zahlreiche Trogtäler, die oft von Seen erfüllt sind; große Teile des Landes von Nadelwald bedeckt, der im Norden und im Gebirge in tundrenartige Landschaft übergeht
Höchster Berg: Glittertinden, 2472 m
Flüsse: Glama, 600 km

Oman

Karte: Asien, Seite 131, G9
Autokennzeichen:
Fläche: 212 457 km^2 (83)
Einwohner: 1988 = 1,4 Mio. (145)
Dichte: 6/km^2 **Wachstum:** 4,7%
Zusammensetzung der Bevölkerung: Araber, Inder, Pakistaner, Perser

Hauptstadt:
Maskat (30 000, Aggl. 100 000)
Wichtige Städte: Sur (30 000), Nizwa (25 000)
Staatssprache(n): Arabisch, Urdu
Religionen: nur Moslems (Staatsreligion)
Staatsform: Sultanat (Absolute Monarchei)
BSP (US$): 1989 = 7757 Mio.
pro Kopf: 5220
Inflationsrate: 1989 = 2%
Landeswährung:
1 Rial Omani = 1000 Baizas
Ausfuhr: Erdöl, Fische, Kupfer
Einfuhr: k. A.
Klima: Wüstenklima, im Gebirge etwas gemäßigt (subtropisches Klima); März bis Oktober um 45 °C mit hoher Luftfeuchtigkeit an der Küste (Juni bis September Monsun)
Landschaften: im Norden fruchtbare Küstenebene Batina, vom Omangebirge umschlossen; im Süden Tafellandschaft, fast ausschließlich Wüste, bis auf die fruchtbare Küste von Dhofar
Höchster Berg: Jabal ash-Sham, 3035 m

Österreich

Karte: Europa, Seite 130, F8
Autokennzeichen: A
Fläche: 83 856 km^2 (112)
Einwohner: 1990 = 7,8 Mio. (81)
Dichte: 93/km^2 **Wachstum:** 0,0%
Zusammensetzung der Bevölkerung:
Österreicher, Kroaten, Slowenen
Hauptstadt: Wien (1,5 Mio.)
Wichtige Städte: Graz (240 000), Linz (200 000), Salzburg (140 000), Innsbruck (117 000)
Staatssprache(n): Deutsch
Religionen: 80% Katholiken, Protestanten, Moslems
Staatsform:
Parlamentarische Bundesrepublik
BSP (US$): 1989 = 131 899 Mio.
pro Kopf: 17 360
Inflationsrate: 1991 = 3,3%
Landeswährung: 1 Schilling = 100 Groschen
Ausfuhr: Maschinen, Halbfertigwaren, elektronische Geräte, Textilien, Chemieprodukte
Einfuhr: Maschinen, Fahrzeuge, Halbfertigwaren, Rohstoffe
Klima: im Osten kontinentales Klima mit kalten Wintern und heißen Sommern. Größtenteils feucht-gemäßigt mit warmen Sommern und schneereichen und kalten Wintern
Landschaften: im Norden Donauniederung als wichtigste Verkehrs-, Siedlungs- und Wirtschaftsachse; größter Teil des Landes bergig bis alpin, etwa zwei Drittel entfallen auf die Alpen; nach Osten Übergang zu ebenem oder welligem Flachland; Gipfelhöhen der Alpen sinken von West nach Ost von über 3500 m auf 1800 m; im nördlichen Alpenvorland entstand durch eiszeitliche Vergletscherung eine hügelige, 300 m bis 400 m hohe Moränenlandschaft; nördlich der Donau ein von einzelnen Flüssen zerschnittenes, waldreiches Plateau
Höchster Berg: Großglockner, 3797 m
Flüsse: Donau, 2842 km (im Land 300 km), Inn

Pakistan

Karte: Asien, Seite 131, G10
Autokennzeichen: PAK
Fläche: 796 095 km^2 (35)
Einwohner: 1988 = 105,4 Mio. (9)
Dichte: 132/km^2 **Wachstum:** 3,2%
Zusammensetzung der Bevölkerung:
Pakistaner, Bengali
Hauptstadt: Islamabad (Aggl. 370 000)
Wichtige Städte: Karachi (5,1 Mio.), Lahore (2,9 Mio.), Faisalabad (1,1 Mio.)
Staatssprache(n): Urdu, Sinhi,
Religionen: 97% Moslems, Hindus, Christen
Staatsform: Föderative Republik
BSP (US$): 1989 = 40 134 Mio.
pro Kopf: 370 **Inflationsrate:** 1991 = 12,3%
Landeswährung:
1 Pakistanische Rupie = 100 Paisa
Ausfuhr: Rohbaumwolle, Baumwollprodukte, Teppiche, Leder, Reis
Einfuhr: Rohstoffe, Kapitalgüter,

Klima: kontinentales Trockenklima mit heißen Sommern und kühlen Wintern; im Norden im Sommer Monsunregen, an der Küste im Winter sehr hohe Luftfeuchtigkeit; im Westen und im Südosten Wüstenklima
Landschaften: im Norden Hochgebirge bis über 8000 m Höhe; westlich des Indus bilden lange Gebirgsketten eine Barriere zwischen dem Industiefland und den vorderasiatischen Tafellandschaften; im Osten Wüste Tharr
Höchster Berg:
K2 (Mt. Godwin Austen), 8611 m
Flüsse: Indus, 2880 km (im Land 2200 km)

Palau (Belau)
Karte: Australien/Ozeanien, Seite 135, D3
Autokennzeichen: k. A.
Fläche: 458 km² (181)
Einwohner: 1985 = 14800 (194)
Dichte: 32/km² **Wachstum:** 3,5%
Zusammensetzung der Bevölkerung: Mikronesier
Hauptstadt: Koror (7685)
Staatssprache(n): Mikronesische Dialekte, Englisch
Religionen: Protestanten, Katholiken
Staatsform: Präsidiale Republik
BSP (US$): k. A.
pro Kopf: k. A. **Inflationsrate:** k. A.
Landeswährung: 1 US-Dollar = 100 Cents
Ausfuhr: Meerestiere, Kopra
Einfuhr: k. A.
Klima: tropisch-immerfeucht
Landschaften: Palau ist vulkanischen Ursprungs; viele Inseln mit steilen Felsküsten, zum Teil Korallenatolle

Panama
Karte: Nord-/Mittelamerika, Seite 133, J11
Autokennzeichen: PA
Fläche: 77082 km² (115)
Einwohner: 1988 = 2,3 Mio. (132)
Dichte: 30/km² **Wachstum:** 2,2%
Zusammensetzung der Bevölkerung: Mestizen, Schwarze, Mulatten, Weiße, Indianer, Asiaten
Hauptstadt: Panamá (Aggl. 550000)
Wichtige Städte: Colón (60000), David (51000)
Staatssprache(n): Spanisch, Englisch, indianische Dialekte
Religionen: 92% Katholiken, Protestanten
Staatsform: Präsidiale Republik
BSP (US$): 1989 = 4211 Mio.
pro Kopf: 1780 **Inflationsrate:** 1991 = 2,9%
Landeswährung: 1 Balboa = 100 Centésimos
Ausfuhr: Bananen, Garnelen, Textilien
Einfuhr: Konsumgüter, Maschinen, Erdöl, Chem. Erzeugnisse
Klima: feuchtheißes Tropenklima mit hoher Luftfeuchtigkeit; Regenzeit von Mai bis November; im westlichen Hochland gemäßigt mit kühlen Nächten von November bis April
Landschaften: vorwiegend gebirgig, stark bewaldet; an der Pazifikküste Trockenwald und Savanne, zur kolumbianischen Grenze Regenwald; entlang der Kanalzone relativ flaches Land
Höchster Berg: Volcán Barú, 3478 m
Flüsse: Rio Bayano

Papua-Neuguinea
Karte: Australien/Ozeanien, Seite 135, E4
Autokennzeichen: PNG
Fläche: 462840 km² (53)
Einwohner: 1990 = 4 Mio. (111)
Dichte: 9/km² **Wachstum:** 2,4%
Zusammensetzung der Bevölkerung: Papua, malaiische, melanesische Gruppen
Hauptstadt: Port Moresby (150000)
Wichtige Städte: Lae (80000), Madang (25000)
Staatssprache(n): Moto, Pidgin, Englisch
Religionen: Protestanten, Katholiken, Anglikaner, Naturreligionen
Staatsform: Parlamentarische Monarchie im Commonwealth
BSP (US$): 1989 = 3444 Mio.
pro Kopf: 900 **Inflationsrate:** 1988 = 4,7%
Landeswährung: 1 Kina = 100 Toea
Ausfuhr: Kupfer, Kaffee, Kakao, Holz, Kautschuk, Fleischprodukte

Einfuhr: Maschinen, Motoren, Transportmittel, Nahrungsmittel, chemische Erzeugnisse
Klima: tropisches, immerfeuchtes Klima mit hoher Luftfeuchtigkeit; Regenzeit an der Südküste November bis März, an der Nordküste April bis Oktober; im Hochland etwas kühler mit spürbarer nächtlicher Abkühlung
Landschaften: durch die Hauptinsel verläuft ein langer, breiter Gebirgszug mit noch aktiven Vulkanen; im Süden des Gebirges ein feuchtes Tiefland mit zahlreichen Sümpfen und Flüssen
Höchster Berg: Mount Wilhelm, 4509 m
Flüsse: Sepik, 960 km

Paraguay
Karte: Südamerika, Seite 134, E4
Autokennzeichen: PY
Fläche: 406 752 km^2 (58)
Einwohner: 1988 = 4 Mio. (110)
Dichte: 10/km^2 **Wachstum:** 3,2%
Zusammensetzung der Bevölkerung: Mestizen, Weiße, Indianer
Hauptstadt: Asunción (Aggl. 730 000)
Wichtige Städte: Ciudad del Este (110 000)
Staatssprache(n): Spanisch, Guarani
Religionen: 90% Katholiken, Protestanten, Mennoniten
Staatsform: Präsidiale Republik
BSP (US$): 1989 = 4299 Mio.
pro Kopf: 1030 **Inflationsrate:** 1991 = 14%
Landeswährung: 1 Guarani = 100 Céntimos
Ausfuhr: Sojabohnen, Baumwolle, Rindfleisch, Holz, Tabak
Einfuhr: Maschinen, Motoren, Brennstoffe, Nahrungsmittel, chem. Produkte
Klima: im Norden tropisch, größtenteils jedoch subtropisches Klima; Sommer heiß mit hoher Luftfeuchtigkeit und sehr hohen Temperaturen bis 40 °C; Niederschläge nehmen von Osten nach Westen ab; Trockenzeit von Juli bis September
Landschaften: im Westen flaches Grasland des Chaco, durchsetzt mit Trockenwäldern und Dornbüschen, das von West nach Ost von 500 m auf 50 m abfällt; der Osten hügelig, waldreich und zum Teil mit üppigen tropischen Regenwäldern
Höchster Berg: Mt. Rosario, 756 m
Flüsse: Paraguay, 2540 km

Peru
Karte: Südamerika, Seite 134, D2
Autokennzeichen: PE
Fläche: 1 285 216 km^2 (19)
Einwohner: 1988 = 21,3 Mio. (40)
Dichte: 17/km^2 **Wachstum:** 2,2%
Zusammensetzung der Bevölkerung: Indianer, Mestizen, Weiße
Hauptstadt: Lima (5,9 Mio.)
Wichtige Städte: Arequipa (570 000), Trujillo (480 000), Callao (450 000)
Staatssprache(n): Spanisch, Quechua, Aymara
Religionen: 95% Katholiken, Protestanten
Staatsform: Präsidiale Republik
BSP (US$): 1989 = 23 009 Mio.
pro Kopf: 1090 **Inflationsrate:** 1991 = 140%
Landeswährung: 1 Nuevo Sol = 100 Centimos
Ausfuhr: Kupfer, Blei, Zink, Erdöl, Textilien, Fischmehl, Kaffee
Einfuhr: Rohstoffe, Kapitalgüter, Konsumgüter
Klima: an der Küste warm, trocken, starke Nebel- und Wolkenbildung von Mai bis Oktober; im Andenhochland zwischen 3000 m und 4000 m gemäßigtes bis kaltes Gebirgsklima; Regenzeit Dezember bis April; das Amazonastiefland hat feuchttropisches Klima mit hohen Niederschlägen vor allem von Oktober bis April
Landschaften: etwa die Hälfte des Landes wird von den Anden mit den beiden Gebirgsketten und Hochebenen eingenommen; im Süden umschließen zwei Andenketten den Altiplano mit dem Titicacasee; schmale Küstenebene, extrem trocken und wüstenhaft; im Osten sinkt das Land zum Amazonastiefland ab
Höchster Berg: Huascaran, 6768 m
Flüsse: Rio Ucayali, 2700 km

Philippinen

Karte: Asien, Seite 131, H16
Autokennzeichen: RP
Fläche: 300 000 km^2 (70)
Einwohner: 1988 = 58,7 Mio. (14)
Dichte: 196/km^2 **Wachstum:** 2,5%
Zusammensetzung der Bevölkerung:
Filipinos, indonesische Bergvölker, Chinesen
Hauptstadt: Manila (Aggl. 7,2 Mio.)
Wichtige Städte: Quezon City (1,3 Mio.), Davao (610 000)
Staatssprache(n): Pilipino und zahlreiche Dialekte, Englisch, Spanisch
Religionen: überwiegend Katholiken, Protestanten, Moslems
Staatsform: Präsidiale Republik
BSP (US$): 1989 = 42 754 Mio.
pro Kopf: 700 **Inflationsrate:** 1991 = 17,7%
Landeswährung:
1 Philippinischer Peso = 100 Centavos
Ausfuhr: Elektrotechnische Güter, Textilien, Kupfer, Fisch, Holz
Einfuhr: Maschinen, Metalle, Transportausrüstungen
Klima: tropisches Klima, Luftfeuchtigkeit um 90%; Regenzeit Juni bis Oktober, Trockenzeit November bis Mai; sehr heiß April und Mai
Landschaften: insgesamt etwa 7000 Inseln; Hälfte der Fläche noch von tropischem Regenwald bedeckt; einige Inseln gebirgig mit noch aktiven Vulkanen; keine Koralleninseln, sondern die Spitzen untermeerischer Gebirge. Charakteristisch für viele Inseln die Reisterrassen, die an den Berghängen angelegt wurden
Höchster Berg: Mt. Apo, 2954 m
Flüsse: Cagayan, 350 km

Polen

Karte: Europa, Seite 130, E9
Autokennzeichen: PL
Fläche: 312 683 km^2 (68)
Einwohner: 1990 = 38,4 Mio. (27)
Dichte: 123/km^2 **Wachstum:** 0,8%
Zusammensetzung der Bevölkerung:
Polen, Vielzahl nationaler Minderheiten (Deutsche, Ukrainer, Weißrussen, Slowaken, Russen)
Hauptstadt: Warschau (1,65 Mio.)
Wichtige Städte: Lodz (850 000), Krakau (740 000), Breslau (640 000)
Staatssprache(n): Polnisch
Religionen: überwiegend Katholiken, orthodoxe Christen, Protestanten
Staatsform: Republik
BSP (US$): 1989 = 66 974 Mio.
pro Kopf: 1760 **Inflationsrate:** 1991 = 70,3%
Landeswährung: 1 Zloty = 100 Groszy
Ausfuhr: Maschinen, chem. Produkte, Kohle, Schwefel, Kupfer
Einfuhr: Maschinen, chem. Produkte, Brennstoffe
Klima: kontinentales Klima; kalte und schneereiche Winter, Frühjahr sonnig und warm, die Sommer heiß mit Niederschlägen und Gewittern, der Herbst sonnig und trocken
Landschaften: überwiegend Tiefebene, nur im Süden gebirgig; an der Ostsee Ausgleichsküste mit Haffs und Nehrungen; in Pommern und Masuren zahlreiche Seen
Höchster Berg: Rysy, 2499 m
Flüsse: Weichsel, 1070 km

Portugal

Karte: Europa, Seite 130, H4
Autokennzeichen: P
Fläche: 92 389 km^2 (110)
Einwohner: 1990 = 10,3 Mio. (65)
Dichte: 111/km^2 **Wachstum:** 0,6%
Zusammensetzung der Bevölkerung:
Portugiesen
Hauptstadt: Lissabon (Aggl. 1,3 Mio.)
Wichtige Städte: Porto (327 000), Amadora (95 000)
Staatssprache(n): Portugiesisch
Religionen: überwiegend Katholiken, Protestanten, Moslems
Staatsform: Parlamentarische Republik
BSP (US$): 1989 = 44 058 Mio.
pro Kopf: 4260 **Inflationsrate:** 1991 = 14,3%
Landeswährung: 1 Escudo = 100 Centavos
Ausfuhr: Textilien, Maschinen, chem. Produkte, Kfz, Wein, Olivenöl

Einfuhr: Maschinen, Kfz, Textilien, Erze
Klima: im Norden mildes, ozeanisches Klima; hohe Luftfeuchtigkeit und hohe Niederschläge April bis Oktober; im Nordosten kontinentales Klima; im Süden Mittelmeerklima mit heißen Sommern; nur geringe Niederschläge; die Azoren und Madeira haben ganzjährig mildes ozeanisches Klima mit durchschnittlich 22 °C im Sommer
Landschaften: der Norden ist bergig, zum Teil rauh und zerklüftet; das Küstenland im Nordwesten ist flach; entlang der Flüsse im Zentrum intensiver Ackerbau; an der Südküste querverlaufender Höhenzug, der zur Algarve mit ihren Steilküsten, Felsbuchten und Sandstränden überleitet
Höchster Berg: Estrela, 1993 m
Flüsse: Tejo, 950 km (im Land etwa 400 km), Montego, Douro

Ruanda (Rwanda)
Karte: Afrika, Seite 132, G6
Autokennzeichen: RWA
Fläche: 26 338 km² (146)
Einwohner: 1988 = 6,75 Mio. (90)
Dichte: 256/km² **Wachstum:** 3,3%
Zusammensetzung der Bevölkerung: Bantu, Watussi, Pygmäen
Hauptstadt: Kigali (155 000)
Wichtige Städte: Butare (25 000)
Staatssprache(n): Kinyarwanda, Französisch
Religionen: Katholiken, Protestanten, Moslems, Naturreligionen
Staatsform: Präsidiale Republik/Einparteiensystem
BSP (US$): 1989 = 2141 Mio.
pro Kopf: 310 **Inflationsrate:** 1989 = 1%
Landeswährung: 1 Ruanda Franc = 100 Centimes
Ausfuhr: Kaffee, Tee, Zinn, Wolfram, Baumwolle
Einfuhr: k.A.
Klima: tropisches Höhenklima, ganzjährig mild gemäßigt; zwei Regenzeiten: große Regenzeit Februar bis Mai, kleine Regenzeit Mitte September bis November; durchschnittliche Höchsttemperaturen maximal 28 °C

Landschaften: im Westen Gebirgskette mit noch tätigen Vulkanen mit Steilabbruch zum Ostafrikanischen Graben mit dem Kivusee; nach Osten sanft abfallendes Hochland
Höchster Berg: Volcan Karisimbi, 4507 m
Flüsse: Kagera, 690 km (im Land 500 km)

Rumänien
Karte: Europa, Seite 130, F10
Autokennzeichen: RO
Fläche: 237 500 km² (79)
Einwohner: 1990 = 23 Mio. (38)
Dichte: 98/km² **Wachstum:** 0,4%
Zusammensetzung der Bevölkerung: Rumänen, Magyaren, Deutsche, Sinti und Roma
Hauptstadt: Bukarest (2 Mio.)
Wichtige Städte: Brasov (350 000), Constanta (330 000), Timisoara (325 000)
Staatssprache(n): Rumänisch
Religionen: rumänisch-orthodoxe Christen, Katholiken, Protestanten
Staatsform: Republik
BSP (US$): 1984 = 38 590 Mio.
pro Kopf: 1666 **Inflationsrate:** 1991 = 340%
Landeswährung: 1 Leu = 100 Bani
Ausfuhr: Maschinen, Brennstoffe, Metalle, Konsumgüter
Einfuhr: Brennstoffe, Metalle, Maschinen
Klima: gemäßigt-kontinental, trocken; im Sommer heiß, im Winter regional sehr kalt
Landschaften: Großteil des Landes gebirgig; die stark bewaldeten Karpaten umschließen in einem Halbkreis das Hochland von Siebenbürgen; der Nordosten, das Moldaugebiet, ist Hügellandschaft; östlich der Karpaten leiten fruchtbare Tiefländer zur Schwarzmeerküste über, an deren Nordrand sich das Donaudelta befindet
Höchster Berg: Moldoveanul, 2543 m
Flüsse: Donau, 2842 m (im Land 1000 km)

Rußland

Karte: Asien, Seite 131, D8
Autokennzeichen:
SU, RUS (vorläufig)
Fläche: 17 075 400 km² (1)
Einwohner: 148,5 Mio. (6)
Dichte: 9/km² **Wachstum:** k.A.
Zusammensetzung der Bevölkerung:
Russen, Tataren, Ukrainer; insgesamt über 100 verschiedene Nationalitäten
Hauptstadt: Moskau (9 Mio.)
Wichtige Städte: St. Petersburg (5 Mio.), Nischnij Nowgorod (1,4 Mio.), Nowosibirsk (1,4 Mio.), Omsk (1,1 Mio.)
Staatssprache(n): Russisch, Sprachen der Nationalitäten
Religionen: russisch-orthodoxe Christen, Katholiken, Moslems
Staatsform: Republik
BSP: 1989 = 938 000 Mio Rubel
pro Kopf: k.A. **Inflationsrate:** k.A.
Landeswährung: 1 Rubel = 100 Kopeken
Ausfuhr: Nahrungsmittel, Gold, Uran, Eisenerz, Erdöl, Erdgas, Diamanten, Holz, Kohle, Halbfertigwaren
Einfuhr: Halbfertigwaren, Maschinen
Klima: der größte Teil weist kontinentales Klima auf; subtropisches Klima der Schwarzmeerküste nimmt nur unbedeutende Fläche ein; südliche Hälfte des Fernen Ostens durch Monsunklima gekennzeichnet; allgemein nehmen Niederschläge von Ost nach West ab, mit Ausnahme der Gebirge und des Südens des Fernen Ostens. Durchschnittstemperaturen im Januar fast überall negativ; eine Ausnahme bildet die Schwarzmeerküste; in Ostsibirien sinken sie bis auf -50 °C ab; im Winter kaltes und trockenes Wetter; Julitemperaturen im hohen Norden 1 °C bis 2C, in den südlichen Steppengebieten bis zu 25 °C; in vielen Gebieten Sibiriens und des Fernen Ostens Dauerfrostboden
Landschaften: trotz der großen Ausdehnung ist die Oberflächenstruktur nicht sehr vielgestaltig; den europäischen Teil bis zum Ural nimmt das Osteuropäische Tiefland ein; sein Nordteil mit zahlreichen Seen und Moränenwällen weist auf das Wirken eiszeitliche Gletscher hin. Im Süden Anteile am Hochgebirge des Kaukasus. Der Ural trennt den europäischen vom asiatischen Teil. Östlich des Ural Westsibirisches Tiefland bis zum Jenissei, besteht hauptsächlich aus der Tundra im Norden und der Taiga im Süden. Große Gebiete infolge des gefrorenen Unterbodens versumpft. Zwischen Jenissei und Lena Mittelsibirisches Bergland. Weiter im Osten die Bergketten und versumpften Niederungen des Ostsibirischen Gebirgslands bis zur Pazifikküste
Höchster Berg: Elbrus, 5633 m
Flüsse: Wolga, 3670 m, Jenissej, Lena, Amur, Ural

Sahara

Karte: Afrika, Seite 132, D2
Autokennzeichen: k.A.
Fläche: 266 000 km² (75)
Einwohner: 1988 = 169 000 (174)
Dichte: 1/km² **Wachstum:** 2,8%
Zusammensetzung der Bevölkerung:
Berber, berberisch-arabische Mischbevölkerung, Nomadenstämme
Hauptstadt: El Aaiún (97 000)
Wichtige Städte: Dachla (18 000)
Staatssprache(n): Arabisch, Hasania, Spanisch
Religionen: Moslems
Staatsform: Republik; seit 1979 von Marokko annektiert
BSP (US$): k.A.
pro Kopf: k.A. **Inflationsrate:** k.A.
Landeswährung: wie Marokko
Ausfuhr: Phosphate, Salz
Einfuhr: k.A.
Klima: heißes, trockenes Wüstenklima, an der Küste etwas gemildert
Landschaften: im Durchschnitt 300 m hoch gelegen, überwiegend Wüste, fast regenlos
Höchster Berg: Zem Mour, 701 m

Saint Kitts und Nevis
Karte: Weltkarte, Seite 128, D6
Autokennzeichen: SCN
Fläche: 261 km^2 (190)
Einwohner: 1988 = 49 000 (187)
Dichte: 188/km^2 **Wachstum:** 0,3%
Zusammensetzung der Bevölkerung:
Schwarze, Mulatten, Inder,
Chinesen, Europäer
Hauptstadt: Basseterre (14 000)
Wichtige Städte: Sandy Point Town (1200)
Staatssprache(n): Englisch
Religionen: Anglikaner,
Methodisten, Katholiken
Staatsform: Parlamentarisch Föderative
Monarchie im Commonwealth
BSP (US$): 1988 = 120 Mio.
pro Kopf: 2630
Inflationsrate: 1989 = 5%
Landeswährung:
1 Ostkaribischer Dollar = 100 Cents
Ausfuhr: Zucker, Erdnüsse, Gewürze,
Baumwolle, Textilien
Einfuhr: k.A.
Klima: tropisch-immerfeucht, Temperatur
ganzjährig um 26 °C
Landschaften: Saint Kitts ist vulkanischen
Ursprungs, durch das Zentrum zieht sich ein
zerklüftetes Gebirge; im Süden weiße Sandstrände. Nevis besteht aus einem einzigen
Schichtvulkan und ist durch einen untermeerischen Sockel mit Saint Kitts verbunden
Höchster Berg: Mt. Misery, 1156 m

Saint Lucia
Karte: Weltkarte, S. 128, D6
Autokennzeichen: WL
Fläche: 622 km^2 (178)
Einwohner: 1988 = 133 000 (178)
Dichte: 214/km^2 **Wachstum:** 2,0%
Zusammensetzung der Bevölkerung:
Schwarze, Mulatten, Inder, Weiße
Hauptstadt: Castries (49 000)
Wichtige Städte:
Staatssprache(n): Patois, Englisch
Religionen: 90% Katholiken, Protestanten
Staatsform: Parlamentarische Monarchie
im Commonwealth
BSP (US$): 1989 = 267 Mio.
pro Kopf: 1810 **Inflationsrate:** 1989 = 4,4%
Landeswährung:
1 Ostkaribischer Dollar = 100 Cents
Ausfuhr: Bananen, Kakao, Kokosöl,
Zitrusfrüchte, Textilien
Einfuhr: k.A.
Klima: tropisches Klima; im Winter trocken,
sonnig, wenig Niederschläge;
Juni bis September Regenzeit
Landschaften: vulkanischen Ursprungs;
die zuckerhutförmigen Berggipfel Grand
Piton und Petit Piton sind Vulkanstümpfe;
ein Teil der Hänge am Vulkan Soufrière
noch von Regenwald bedeckt
Höchster Berg: Mt. Gimie, 950 m

Saint Vincent und die Grenadinen
Karte: Weltkarte, S. 128, D6
Autokennzeichen: WV
Fläche: 388 km^2 (185)
Einwohner: 1988 = 108 000 (179)
Dichte: 278/km^2 **Wachstum:** 1,4%
Zusammensetzung der Bevölkerung:
Schwarze, Mulatten, Inder
Hauptstadt: Kingstown (34 000)
Wichtige Städte:
Staatssprache(n): kreolisches Englisch,
Englisch
Religionen: Anglikaner,
Methodisten, Katholiken
Staatsform: Parlamentarische Monarchie
im Commonwealth
BSP (US$): 1988 = 135 Mio.
pro Kopf: 1200
Inflationsrate: 1991 = 2,3%
Landeswährung: 1 Ostkaribischer
Dollar = 100 Cents
Ausfuhr: Bananen, Süßkartoffeln, Kopra,
Kokosnüsse, Rum
Einfuhr: k.A.
Klima: tropisches Klima, durch Passate
etwas gemildert; Januar bis Mai Trockenzeit
Landschaften: Saint Vincent ist vulkanischen
Ursprungs, ein großer Teil noch mit Regenwald bedeckt
Höchster Berg: Soufrière, 1238 m

Salomonen

Karte: Australien/Ozeanien, Seite 135, E5
Autokennzeichen: k.A.
Fläche: 28 896 km^2 (141)
Einwohner: 1988 = 300 000 (167)
Dichte: 10/km^2 **Wachstum:** 3,5 %
Zusammensetzung der Bevölkerung:
Melanesier, Polynesier
Hauptstadt: Honiara (30 000)
Wichtige Städte: Auki, Gizo
Staatssprache(n): Pidgin Englisch, Englisch, Dialekt
Religionen: Anglikaner, Katholiken
Staatsform: Parlamentarische Monarchie im Commonwealth
BSP (US$): 1989 = 181 Mio.
pro Kopf: 570 **Inflationsrate:** 1989 = 11,2 %
Landeswährung:
1 Salomonen Dollar = 100 Cents
Ausfuhr: Holz, Meerestiere, Kopra, Kakao, Tabak, Palmöl
Einfuhr: k.A.
Klima: tropisches Klima mit sehr hoher Luftfeuchtigkeit; Durchschnittstemperatur etwa 30 °C; Niederschläge das ganze Jahr über, meist nur kurze Schauer
Landschaften: zum Teil bergig (Vulkanismus) mit dichtem Regenwald, zum Teil flache Korallenriffe
Höchster Berg: Makakomburu, 2447 m

Sambia

Karte: Afrika, Seite 132, H6
Autokennzeichen: Z
Fläche: 752 618 km^2 (38)
Einwohner: 1988 = 7,5 Mio. (82)
Dichte: 10/km^2 **Wachstum:** 3,7 %
Zusammensetzung der Bevölkerung:
Bantu, Buschmänner, Asiaten
Hauptstadt: Lusaka (870 000),
Wichtige Städte: Kitwe (470 000), Ndola (440 000)
Staatssprache(n): Bantusprachen, Englisch
Religionen: Christen, Naturreligionen, Moslems
Staatsform: Präsidiale Republik
BSP (US$): 1989 = 3060 Mio.
pro Kopf: 390 **Inflationsrate:** 1991 = 100 %
Landeswährung: 1 Kwacha = 100 Ngwee
Ausfuhr: Kupfer, Kobalt, Tabak
Einfuhr: Maschinen, Fahrzeuge, Elektrotechnik
Klima: tropisches Klima, durch Höhenlage gemäßigt; Mai bis August kühl und trocken, September bis Oktober heiß und trocken, Temperaturen durchschnittlich um 32 °C, Regenzeit Dezember bis April
Landschaften: der größte Teil des Landes ebene Plateaulandschaft zwischen 900 m und 1500 m Höhe mit einzelnen Erhebungen über 2000 m; da die Flüsse meist in flachen Mulden verlaufen sind auch relativ große Gebiete versumpft; Charakteristisch ist laubabwerfender Savannenwald mit dichtem Graswuchs und hohen Termitenhügeln
Höchster Berg: Makutu Mountains, 2148 m
Flüsse: Sambesi, 2720 km
(im Land 1550 km)

Samoa-West

Karte: Australien/Ozeanien, Seite 135, F8
Autokennzeichen: WS
Fläche: 2831 km^2 (169)
Einwohner: 1988 = 159 000 (176)
Dichte: 41/km^2 **Wachstum:** 0,3 %
Zusammensetzung der Bevölkerung:
Polynesier, Mischlinge, Chinesen
Hauptstadt: Apia (36 000)
Wichtige Städte:
Staatssprache(n): Samoanisch, Englisch
Religionen: Protestanten, Katholiken
Staatsform: Parlamentarische Demokratie neben traditionellen Herrschaftsformen
BSP (US$): 1989 = 114 Mio.
pro Kopf: 720 **Inflationsrate:** 1991 = 25 %
Landeswährung: 1 Tala = 100 Sene
Ausfuhr: Kopra, Kokosöl, Kakao, Taro, Holz
Einfuhr: k.A.
Klima: tropisches Klima, hohe Luftfeuchtigkeit, Jahresdurchschnittstemperatur 25 bis 30 °C; Hauptregenzeit Dezember bis März, aber ganzjährig kurze Schauer
Landschaften: die beiden Hauptinseln sind bergig und tragen zum Teil noch Regen-

wald; Vulkane und Lavaplateaus prägen die Landschaft
Höchster Berg: Silisili, 1856 m

San Marino

Karte: Europa, Seite 130, G8
Autokennzeichen: RSM
Fläche: 60,57 km^2 (193)
Einwohner: 1988 = 23 000 (192)
Dichte: 380/km^2 **Wachstum:** 0,4%
Zusammensetzung der Bevölkerung: Italiener
Hauptstadt: San Marino (4300)
Wichtige Städte: Serravalle (7100)
Staatssprache(n): Italienisch, Romagnol
Religionen: überwiegend Katholiken
Staatsform: Parlamentarische Republik
BSP (US$): k. A.
pro Kopf: k. A. **Inflationsrate:** 1990 = 6%
Landeswährung: 1 Italienische Lira = 100 Centesimi
Ausfuhr: Briefmarken, Wein, Textilien
Einfuhr: k. A.
Klima: Mittelmeerklima; Sommer lang, nicht extrem heiß, milde Winter
Landschaften: der Monte Titano am Ostrand der Appenninen nimmt fast das gesamte Staatsgebiet ein
Höchster Berg: Monte Titano, 739 m

Sao Tomé und Principe

Karte: Afrika, Seite 132, F4
Autokennzeichen: STP
Fläche: 964 km^2 (173)
Einwohner: 1988 = 106 000 (180)
Dichte: 110/km^2 **Wachstum:** 3,0%
Zusammensetzung der Bevölkerung: Schwarze, Mulatten, Portugiesen
Hauptstadt: Sao Tomé (25 000)
Wichtige Städte: Santo António (1000)
Staatssprache(n): Portugiesisch, Crioulo (Mischung aus Portugiesisch und Bantu)
Religionen: Katholiken, Protestanten, Naturreligionen
Staatsform: Präsidiale Republik
BSP (US$): 1989 = 43 Mio.
pro Kopf: 360 **Inflationsrate:** 1988 = 18%
Landeswährung: 1 Dobra = 100 Centimos
Ausfuhr: Kakao, Kopra
Einfuhr: k. A.
Klima: tropisch, im Tiefland feucht-heiß; Temperaturen ganzjährig um 26 °C; Oktober bis Mai Hauptregenzeit
Landschaften: beide Inseln gebirgig, ragen steil aus dem Atlantik heraus; erloschene Vulkane mit Kraterseen, viele Wasserfälle, enge Täler, tropischer Urwald
Höchster Berg: Pico de Sao Tomé, 2024 m

Saudi-Arabien

Karte: Asien, Seite 131, G8
Autokennzeichen: SA
Fläche: 2690 km^2 (13)
Einwohner: 1990 = 16,7 Mio. (48)
Dichte: 8/km^2 **Wachstum:** 4,2%
Zusammensetzung der Bevölkerung: Saudis, Araber aus anderen Staaten, Asiaten, Perser
Hauptstadt: Er Riad (1,3 Mio.)
Wichtige Städte: Dschidda (1,5 Mio.), Mekka (550 000)
Staatssprache(n): Arabisch
Religionen: Moslems
Staatsform: Absolute Monarchie
BSP (US$): 1989 = 89 986 Mio.
pro Kopf: 6230 **Inflationsrate:** 1989 = 0,5%
Landeswährung: 1 Saudi Riyal = 20 Qirshes = 100 Hallalas
Ausfuhr: Erdöl, Erdölprodukte, Erdgas
Einfuhr: Maschinen, elektrotechnische Produkte, Nahrungsmittel, Metallwaren
Klima: am Roten Meer feucht-heiß, im Sommer bis 47 °C, Sandstürme; Wüstenklima im Landesinnern; Sommertemperaturen bis über 50 °C, große Unterschiede zwischen Tag und Nacht; im Winter nächtliche Abkühlung bis −1 °C; am Golf heiße Sommer, hohe Luftfeuchtigkeit, Winter relativ kühl mit Niederschlägen von November bis Februar
Landschaften: größter Teil des Landes Wüste, im Norden die Wüste Nefud mit weiten Sandflächen; im Zentrum das mittelarabische Tafelland; im Süden Rub al-Khali Wüste, das größte zusammenhängen-

de Sandgebiet der Erde; im Westen bilden die Gebirgszüge des Hedschas und des Asir steile Barrieren gegen das Rote Meer
Höchster Berg: Jabal Abha, 3133 m

Schweden
Karte: Europa, Seite 130, D8
Autokennzeichen: S
Fläche: 449 964 km^2 (54)
Einwohner: 1990 = 8,6 Mio. (77)
Dichte: 19/km^2 **Wachstum:** 0,2%
Zusammensetzung der Bevölkerung:
Schweden, Finnen, Samen
Hauptstadt: Stockholm (Aggl. 1,5 Mio.)
Wichtige Städte: Göteborg (Aggl. 700 000), Malmö (Aggl. 460 000)
Staatssprache(n): Schwedisch
Religionen: 95% evangelisch-lutherisch Schwedische Kirche
Staatsform: Parlamentarische Monarchie
BSP (US$): 1989 = 184 230 Mio.
pro Kopf: 21 710
Inflationsrate: 1991 = 10%
Landeswährung: 1 Schwedische Krone = 100 Öre
Ausfuhr: Transportmittel, Halbfertigwaren, Chemieprodukte, Maschinen, Papier, Holz, Eisenerz, Stahl
Einfuhr: Transportmittel, Halbfertigwaren, Chemieprodukte, Lebensmittel,
Klima: im Süden und in Mittelschweden gemäßigtes ozeanisches Klima mit milden Sommern; Winter allerdings kalt mit starken Schneefällen; im Norden subpolares Klima; sehr lange und sehr kalte Winter bis –40 °C, kühle Sommer
Landschaften: etwa die Hälfte des Landes bewaldet; der Westen gebirgig, trägt noch die Spuren der letzten Eiszeit; für den Süden ist enge Verzahnung von Land und Wasser durch zahlreiche Seen und Flüsse typisch; Lappland im Norden ist weithin unberührte Naturlandschaft mit Tundrenvegetation; Ostseeküste stark gegliedert, zum Teil mit vorgelagerten Schärenschwärmen, kleinen, abgeschliffenen, gerundeten Felseninseln, die den Rundhöckern entsprechen

Höchster Berg: Kebnekajse, 2117 m
Flüsse: Dalälv, 455 km

Schweiz
Karte: Europa, Seite 130, F7
Autokennzeichen: CH
Fläche: 41 293 km^2 (134)
Einwohner: 1990 = 6,7 Mio. (91)
Dichte: 163/km^2 **Wachstum:** 0,3%
Zusammensetzung der Bevölkerung:
Schweizer, hoher Ausländeranteil
Hauptstadt: Bern (Aggl. 300 000)
Wichtige Städte: Zürich (Aggl. 830 000), Basel (Aggl. 360 000), Genf (Aggl. 380 000)
Staatssprache(n): Deutsch, Französisch, Italienisch, Rätoromanisch
Religionen: Protestanten, Katholiken
Staatsform:
Parlamentarische Bundesrepublik
BSP (US$): 1989 = 197 984 Mio.
pro Kopf: 30 270 **Inflationsrate:** 1991 = 5,8%
Landeswährung: 1 Schweizer Franken = 100 Rappen
Ausfuhr: Maschinen, Apparate, Instrumente, Chemieprodukte, Schmuck, Münzen, Uhren, Käse, Schokolade
Einfuhr: Maschinen, Chemieprodukte, Kfz
Klima: gemäßigtes mitteleuropäisches Klima, je nach Höhenlage sehr unterschiedlich ausgeprägt; im Süden fast mediterranes Klima mit sehr warmen Sommern und milden Wintern
Landschaften: zu großem Teil Gebirgsland mit extremen Höhenunterschieden; etwa die Hälfte des Landes liegt über 1000 m; große Teile der Alpen vergletschert. Das Schweizer Mittelland zwischen Genfer See und Bodensee ist ein von zahlreichen Tälern zerschnittenes, hügeliges Hochplateau mit vielen Seen; es nimmt etwa ein Drittel der Landesfläche ein. Der südliche Teil des Schweizer Jura ist typisches Faltengebirge, der Norden ist mehr plateauartig ausgebildet
Höchster Berg:
Dufourspitze (Monte Rosa), 4634 m
Flüsse: Aare, 295 km, Rhein

Senegal
Karte: Afrika, Seite 132, E2
Autokennzeichen: SN
Fläche: 196 722 km^2 (86)
Einwohner: 1990 = 7,4 Mio. (83)
Dichte: 37/km^2 **Wachstum:** 3,0%
Zusammensetzung der Bevölkerung: Sudan-Gruppe, Fulbe
Hauptstadt: Dakar (1,4 Mio.)
Wichtige Städte: Thiès (160 000)
Staatssprache(n): Wolof, sudanesische Dialekte, Französisch
Religionen: Moslems, Christen, Naturreligionen
Staatsform: Präsidiale Republik
BSP (US$): 1989 = 4716 Mio.
pro Kopf: 650 **Inflationsrate:** 1989 = 0,4%
Landeswährung: 1 C.F.A.-Franc = 100 Centimes
Ausfuhr: Fisch, Erdnüsse, Phosphate, Mineralölprodukte
Einfuhr: Nahrungsmittel, Halbfertigwaren, Konsumgüter
Klima: tropisches Klima; im Norden heiß und trocken; von November bis März weht der heiße Wüstenwind "Harmattan"; an der Küste bei Dakar durch das Meer gemäßigt; Regenzeit von Juni bis November mit hoher Luftfeuchtigkeit; im Süden feuchtheiß; im April Temperaturen bis 40 °C; im Winter kühler, etwa 17 °C
Landschaften: größten Teil des Landes nehmen sandige Tiefebenen ein, der Nordosten gehört bereits zur Sahelzone; an der Nordküste gibt es einige Sandstrände; an der Casamanca-Mündung im Süden herrschen Mangroven vor
Höchster Berg: höchste Erhebung 581 m
Flüsse: Senegal, 1625 km(im Land 700 km)

Seychellen
Karte: Asien, Seite 131, K9
Autokennzeichen: SY
Fläche: 280 km^2 (189)
Einwohner: 1988 = 68 000 (185)
Dichte: 243/km^2 **Wachstum:** 0,9%
Zusammensetzung der Bevölkerung: Kreolen, Inder, Madagassen
Hauptstadt: Victoria (23 000)
Staatssprache(n): Kreolisch, Englisch, Französisch
Religionen: Katholiken, Anglikaner
Staatsform: Präsidiale Republik/Einparteiensystem
BSP (US$): 1989 = 285 Mio.
pro Kopf: 4170
Inflationsrate: 1989 = 1,5%
Landeswährung: 1 Seychellen Rupie = 100 Cents
Ausfuhr: Kopra, Zimt, Fisch, Kokosnüsse, Vanille
Einfuhr: k.A.
Klima: tropisch, November bis Mai Regenzeit mit hoher Luftfeuchtigkeit, stärkste Niederschläge November bis Februar; Mai/Juni Temperaturen um 27 °C, etwas geringere Luftfeuchtigkeit; Juni bis November trocken, nur gelegentlich Niederschläge
Landschaften: die größten Inseln (Mahé, Praslin, La Digue) befinden sich auf dem Mahé-Plateau, das im Kern aus Granit besteht; typisch für diese etwa 60 Inseln ist bergiger Charakter sowie dichte, artenreiche Vegetation; restliche etwa 160 Inseln sind flache Koralleninseln und Korallenatolle
Höchster Berg: Morne Seychellois, 964 m

Sierra Leone
Karte: Afrika, Seite 132, F2
Autokennzeichen: WAL
Fläche: 71 740 km^2 (116)
Einwohner: 1988 = 3,9 Mio. (112)
Dichte: 55/km^2 **Wachstum:** 2,4%
Zusammensetzung der Bevölkerung: Sudangruppen, Europäer, Libanesen
Hauptstadt: Freetown (500 000)
Wichtige Städte: Koidu (80 000)
Staatssprache(n): sudanesische Sprachen, Englisch
Religionen: Naturreligionen, Moslems, Christen
Staatsform: Präsidiale Republik
BSP (US$): 1989 = 813 Mio.
pro Kopf: 200 **Inflationsrate:** 1988 = 42%
Landeswährung: 1 Leone = 100 Cents

Ausfuhr: Rutil, Diamanten, Bauxit, Fertigwaren, Kaffee, Tee, Kakao, Gewürze
Einfuhr: Maschinen, Elektrotechnik, Kfz, Nahrungsmittel
Klima: tropisch, mit hoher Luftfeuchtigkeit, durchschnittliche Tagestemperaturen um 26 °C; Regenzeit Mai bis November mit schweren Niederschlägen Juli/August
Landschaften: Küste stark gegliedert und besteht vorwiegend aus Mangrovesümpfen; an einigen Stellen große Sandstrände; im Hinterland beginnt tropischer Regenwald, der zum Gebirgsland der Oberguineaschwelle überleitet; im Norden verdrängt offene Savannenlandschaft den Wald
Höchster Berg: Bintimani, 1945 km
Flüsse: Littel Scarcies, 325 km

Simbabwe (Zimbabwe)
Karte: Afrika, Seite 132, H6
Autokennzeichen: ZW
Fläche: 390 759 km^2 (59)
Einwohner: 1990 = 9,7 Mio. (70)
Dichte: 25/km^2 **Wachstum:** 3,7 %
Zusammensetzung der Bevölkerung: Bantu, Ndebele
Hauptstadt: Harare (1 Mio.)
Wichtige Städte: Bulawayo (480 000), Chitungwiza (450 000)
Staatssprache(n): Shona, Ndebele, Englisch
Religionen: Naturreligionen, Christen, Moslems
Staatsform: Präsidiale Republik
BSP (US$): 1989 = 6076 Mio.
pro Kopf: 640 **Inflationsrate:** 1990 = 20 %
Landeswährung: 1 Simbabwe-Dollar = 100 Cents
Ausfuhr: Tabak, Gold, Nickel, Zucker, Mais, Baumwolle
Einfuhr: Investitionsgüter, Konsumgüter, Brennstoffe, Energie
Klima: durch Höhenlage gemäßigt tropisches Klima; Niederschläge nehmen von Ost nach West ab; im Winter trocken und sonnig, abends kühl; im Sommer warm mit durchschnittlichen Temperaturen um 30 °C; etwas kühler während der Regenzeit von November bis März
Landschaften: leicht gewellte Hochflächen bestimmen Landschaftscharakter; das etwa 1200 m hoch gelegene Zentralplateu wird von Baumsavannen eingenommen; dieses "Hochveld" fällt nach Nordwesten und Südosten zum etwa 700 m hoch gelegenen „Mittelveld" ab; darunter das „Niederveld", zum Beispiel entlang des Sambesi und im Süden des Landes; hier beherrschen Dornsavannen und Trockenwälder das Landschaftsbild
Höchster Berg: Inyangany, 2592 m
Flüsse: Sambesi, 2720 km (im Land 800 km)

Singapur
Karte: Asien, Seite 131, J14
Autokennzeichen: SGP
Fläche: 618 km^2 (179)
Einwohner: 1988 = 2,6 Mio. (128)
Dichte: 4283/km^2 **Wachstum:** 1,1 %
Zusammensetzung der Bevölkerung: Chinesen, Malaiien, Inder, Pakistaner
Hauptstadt: Singapur (2,56 Mio.)
Staatssprache(n): Malaiisch, Mandarin, Tamil, Englisch
Religionen: Taoisten, Buddhisten, Muslime, Christen, Hindus
Staatsform: Parlamentarische Republik
BSP (US$): 1989 = 28058 Mio.
pro Kopf: 10 450 **Inflationsrate:** 1990 = 3,4 %
Landeswährung: 1 Singapur-Dollar = 100 Cents
Ausfuhr: Maschinen, Transportmittel, Mineralölerzeugnisse, Elektroartikel
Einfuhr: Maschinen, Transportmittel, Konsumgüter, chem. Produkte
Klima: durch Meereslage gemildertes tropisches Klima; sehr hohe Luftfeuchtigkeit auch nachts; Regenzeit November bis Januar, Niederschläge aber ganzjährig
Landschaften: Inselstaat, im Zentrum Bergland mit einigen Seen
Höchster Berg: Bukit Timah, 175 m

Slowakische Republik

Karte: Europa, Seite 130, F9
Autokennzeichen:
CS, SLW (vorläufig)
Fläche: 49 041 km² (126)
Einwohner: 1987 = 4,9 Mio. (101)
Dichte: 100/km² **Wachstum:** 0,3%
Zusammensetzung der Bevölkerung:
Slowaken, Tschechen, Ungarn
Hauptstadt: Bratislava (435 000)
Wichtige Städte: Kosice (330 000)
Staatssprache(n): Slowakisch, Tschechisch
Religionen: Katholiken, Protestanten, orthodoxe Christen, Juden
Staatsform: Republik
BSP (US$): k.A.
pro Kopf: k.A. **Inflationsrate:** k.A.
Landeswährung:
1 Tschechoslowakische Krone = 100 Haleru
Ausfuhr: Nahrungsmittel, Chemikalien, Maschinen, Rohstoffe, Mineralien
Einfuhr: Erdöl, Nahrungsmittel, Halbfertigwaren, Maschinen, Rohstoffe, Mineralien
Klima: Übergangsklima, kontinentaler als in der Tschechei; sehr kalte und trockene Winter mit wenig Niederschlägen
Landschaften: hauptsächlich Bergländer und Gebirge; lediglich entlang der Donau und im Südosten Flachlandregionen
Höchster Berg: Gerlsdorfer Spitze (Hohe Tatra), 2655 m
Flüsse: Waag, Nitra

Slowenien

Karte: Europa, Seite 130, F8
Autokennzeichen: SLO
Fläche: 20 251 km² (152)
Einwohner: 1991 = 2 Mio. (137)
Dichte: 98/km² **Wachstum:** k.A.
Zusammensetzung der Bevölkerung:
Slowenen, Kroaten, Serben, Ungarn
Hauptstadt: Ljubljana (335 000)
Wichtige Städte: Maribor (155 000), Kranj (73 000)
Staatssprache(n): Slowenisch, Serbokroatisch
Religionen: überw. Katholiken
Staatsform: Republik
BSP (US$): 1990 = 12 412 Mio.
pro Kopf: 6216 **Inflationsrate:** 1991 = 125%
Landeswährung: 1 Slowenischer Tolar = 100 Stotins
Ausfuhr: Blei, Zink, Kupfererz, Textilien, Maschinen, Holz, Nahrungsmittel
Einfuhr: Maschinen, Erdöl, Nahrungsmittel
Klima: mitteleuropäisches, schwach kontinentales Klima; Julische Alpen sehr regen- und schneereich; Adriaküste ozeanisch beeinflußt
Landschaften: überwiegend Gebirgsland; an der Grenze zu Österreich Julische Alpen und Karawanken; im Südwesten stark verkarstet; der Südosten (Unterkrain) hat landwirtschaftlich nutzbares Hügelland, das sich nördlich im Savebergland fortsetzt
Höchster Berg: Triglav, 2863 m
Flüsse: Save

Somalia

Karte: Afrika, Seite 132, F8
Autokennzeichen: SP
Fläche: 637 657 km² (41)
Einwohner: 1988 = 7,1 Mio. (87)
Dichte: 11/km² **Wachstum:** 3,0%
Zusammensetzung der Bevölkerung:
Somal-Stämme, Bantu, Araber,
Hauptstadt: Mogadischu (600 000)
Wichtige Städte: Hargeisa (70 000)
Staatssprache(n): Somali, Arabisch, Englisch, Italienisch
Religionen: 99% Moslems, Christen
Staatsform: Präsidiale Republik
BSP (US$): 1989 = 1035 Mio.
pro Kopf: 170 **Inflationsrate:** 1990 = 300%
Landeswährung:
1 Somalischer Schilling = 100 Centesimi
Ausfuhr: Tiere, Tierprodukte, Bananen, Myrrhe, Weihrauch, Holz
Einfuhr: k.A.
Klima: tropisch; an der Küste feucht, im Landesinnern trocken; im nördlichen Hochland Regenzeit mit heftigen Niederschlägen April/Mai; Januar bis März und Juli/August sehr heiß; um Mogadischu Hauptniederschlagszeit April bis November; April wärmster Monat; Landesinneres heiß und trocken, einige Niederschläge

April/Mai und Oktober/November
Landschaften: von Nordwesten nach Südosten geneigtes Tafelland; Küstenstreifen im Norden relativ schmal, im Süden etwas breiter; Gebirge im Norden über 2000 m hoch; im Norden hauptsächlich Halbwüste, die Ebenen sind mit Gestrüpp bewachsen; in den südlichen Flußtälern Bewässerungskulturen mit Bananen und Baumwolle für den Export
Höchster Berg: Shimber Berris
Flüsse: Shabeélle, 1800 km (im Land 900 km), Djubba

Spanien
Karte: Europa, Seite 130, G5
Autokennzeichen: E
Fläche: 504 750 km^2 (50)
Einwohner: 1990 = 39,2 Mio. (26)
Dichte: 78/km^2 **Wachstum:** 0,5%
Zusammensetzung der Bevölkerung: Kastilier, Katalanen, Galizier, Basken, Sinti und Roma
Hauptstadt: Madrid (3,1 Mio.)
Wichtige Städte: Barcelona (1,8 Mio.), Valencia (785 000), Sevilla (670 000)
Staatssprache(n): Spanisch, Katalanisch, Baskisch, Galizisch
Religionen: fast 100% Katholiken
Staatsform: Parlamentarische Monarchie
BSP (US$): 1989 = 358 352 Mio.
pro Kopf: 9150
Inflationsrate: 1991 = 6,8%
Landeswährung: 1 Peseta = 100 Céntimos
Ausfuhr: Kfz, landwirtschaftliche Erzeugnisse, Maschinen, Chemieprodukte, Textilien
Einfuhr: Maschinen, Transportmittel, Chemieprodukte, Metallerzeugnisse, Textilien, Wein, Olivenöl
Klima: im Norden und Nordwesten ozeanisches, vom Atlantik beeinflußtes Klima mit reichlich Niederschlägen; das Innere hat kontinentales Klima mit sehr heißen Sommern und relativ kalten Wintern; am Mittelmeer mediterranes Klima; heiße, trockene Sommer und milde Winter
Landschaften: im Norden bildet Hochgebirge der Pyrenäen die Grenze zu Frankreich; sie setzen sich in den Bergen des Baskenlandes und im Kantabrischen Gebirge fort; zentrales Hochland von mehreren Gebirgsketten durchzogen; im Süden in der Sierra Nevada der höchste Punkt des spanischen Festlands; zwischen der Sierra Nevada und der Sierra Morena das vom Guadalquivir durchflossene Becken Niederandalusiens, das zur Atlantikküste überleitet; entlang des Mittelmeers zahlreiche Sandstrände, im Süden und im Nordosten auch Steilküste mit einzelnen Badebuchten
Höchster Berg: Pico del Teide (Teneriffa) 3718 m, Mulhacen (Sierra Nevada) 3478 m
Flüsse: Ebro, 905 km, Guadalquivir

Sri Lanka
Karte: Asien, Seite 131, J12
Autokennzeichen: CL
Fläche: 65 610 km^2 (119)
Einwohner: 1988 = 16,6 Mio. (50)
Dichte: 253/km^2 **Wachstum:** 1,5%
Zusammensetzung der Bevölkerung: Singhalesen, Tamilen, Moors
Hauptstadt: Colombo (664 000)
Wichtige Städte: Dehiwala-Mt.Lavinia (190 000)
Staatssprache(n): Singhalesisch, Tamil, Englisch
Religionen: Buddhisten, Hindus, Moslems, Christen
Staatsform: Präsidiale Republik
BSP (US$): 1989 = 7268 Mio.
pro Kopf: 430 **Inflationsrate:** 1991 = 10%
Landeswährung: 1 Sri Lanka Rupie = 100 Sri Lanka Cents
Ausfuhr: Tee, Kautschuk, Kokosnüsse, Textilien, Edelsteine
Einfuhr: k.A.
Klima: tropisches Monsunklima; im Norden und Nordosten meist heiß und trocken; November bis Februar Regenzeit; zentrales Bergland kühler, im südlichen Hochland angenehm mild; Süden und Südwesten heiß und feucht; Mai bis August Regenzeit

Landschaften: im Zentrum Übergang von welligem Hügelland zu Bergland im Süden; der Norden und Nordwesten sind Flachland
Höchster Berg: Pidurutalagala, 2524 m
Flüsse: Mahaweli Ganga, 330 km

Südafrika
Karte: Afrika, Seite 132, J6
Autokennzeichen: ZA
Fläche: 1 119 566 km^2 (13)
Einwohner: 1985 = 23,4 Mio. (36)
Dichte: 21/km^2 **Wachstum:** 2,3%
Zusammensetzung der Bevölkerung: Schwarze, Weiße, Asiaten
Hauptstadt: Pretoria (Aggl. 800 000)
Wichtige Städte: Kapstadt (Aggl. 1,9 Mio.), Johannesburg (Aggl. 1,6 Mio.)
Staatssprache(n): Afrikaans, Englisch, Afrikanische Sprachen
Religionen: hauptsächlich Niederländisch Reformierte Kirche
Staatsform: Präsidialsystem Parlamentarische Bundesrepublik
BSP (US$): 1989 = 86 029 Mio.
pro Kopf: 2460 **Inflationsrate:** 1991 = 15,3%
Landeswährung: 1 Rand = 100 Cents
Ausfuhr: Gold, Diamanten, Erze, Kohle, landwirtschaftliche Produkte
Einfuhr: Maschinen, Elektrotechnik, Chemieprodukte, Fahrzeuge
Klima: subtropisches Klima ohne große Regenperiode; im Landesinnern geringe Niederschläge, sehr sonnig, im Winter kühle Nächte; an der Ostküste ganzjährig feucht, am Kap Mittelmeerklima mit Winterregen
Landschaften: das Landesinnere besteht aus einer riesigen, tellerartigen Hochfläche, 900 bis 2000 m hoch, nach außen wird dieses Zentralplateau durch ein 50 bis 250 km breites Hochland, die Große Randstufe (Great Escarpment), begrenzt. Vor allem zum Indischen Ozean hin fällt die Stufe stellenweise sehr steil zu dem schmalen Küstensaum ab; im Landesinnern Dornsavanne und Halbwüste, die zur Randschwelle hin in ausgedehnte Grasländer übergehen; die östlichen Hänge der Randstufe sind von Feuchtwäldern und Feuchtsavanne bedeckt
Höchster Berg: eNjesuthi, 3446 m
Flüsse: Oranje, 2100 km

Sudan
Karte: Afrika, Seite 132, E6
Autokennzeichen: SUDAN
Fläche: 2 505 813 km^2 (10)
Einwohner: 1988 = 23,8 Mio. (35)
Dichte: 10/km^2 **Wachstum:** 3,1%
Zusammensetzung der Bevölkerung: Araber, Nubier, Nilohamiten, Niloten
Hauptstadt: Khartum (Aggl. 1,6 Mio.)
Wichtige Städte: Omdurman (530 000)
Staatssprache(n): Arabisch, Englisch
Religionen: Moslems, Naturreligionen, Christen
Staatsform: Republik/Militärregime
BSP (US$): 1988 = 10 094 Mio.
pro Kopf: 480 **Inflationsrate:** 1989 = 70%
Landeswährung:
1 Sudanesisches Pfund = 100 Piastres
Ausfuhr: Baumwolle, Erdnüsse, Sesam, Sorghum, Vieh
Einfuhr: Maschinen, Fahrzeuge, Tiere, Nahrungsmittel, Chemieprodukte
Klima: tropisch; im Norden trockene, heiße Sommer, im Winter trocken und kühler; kaum Niederschläge; am Roten Meer im Sommer extrem heiß (bis 50 °C), Oktober bis März etwas kühler; Zentrum von April bis Juni ebenfalls sehr heiß; Sommerregen von Juli bis August. Der Süden im Winter warm und trocken, von März bis Oktober Regenzeit
Landschaften: im Osten greifen Vorberge des Äthiopischen Hochlands in das Land hinein, im Südwesten und im Westen Bergländer der Zentralafrikanischen Schwelle sowie das Darfurgebirge; im Norden Nubische Wüste, die durch das Hochland der Roten Berge gegen das Rote Meer abgegrenzt wird; Sudd im Süden ist eine riesige, fast undurchdringliche Sumpflandschaft im Nilbecken
Höchster Berg: Kinyeti, 3187 m
Flüsse: Nil, 6700 km (im Land 3800 km)

Surinam

Karte: Südamerika, Seite 134, B4
Autokennzeichen: SME
Fläche: 163 265 km² (91)
Einwohner: 1988 = 392 000 (159)
Dichte: 2/km² **Wachstum:** 2,6%
Zusammensetzung der Bevölkerung:
Kreolen, Inder, Indonesier, Schwarze, Chinesen, Indianer
Hauptstadt: Paramaribo (150 000)
Wichtige Städte:
Staatssprache(n): Niederländisch, Sranan Tóngo, Saramaccan
Religionen: Christen, Hindu, Moslems
Staatsform: Präsidiale Republik
BSP (US$): 1989 = 1314 Mio.
pro Kopf: 3020 **Inflationsrate:** 1988 = 50%
Landeswährung:
1 Surinam-Gulden = 100 Cents
Ausfuhr: Bauxit, Tonerde, Aluminium, Reis, Bananen, Holz
Einfuhr: k.A.
Klima: durch die Passate gemäßigtes tropisches Klima; meist hohe Luftfeuchtigkeit; große Regenzeit Mai bis August, kleine Regenzeit November bis Februar; Temperatur ganzjährig um 27 °C
Landschaften: 20 bis 100 km breite Küstenebene, dahinter Wilhelminagebirge; mehr als drei Viertel des Landes sind noch von tropischem Regenwald bedeckt
Höchster Berg: Juliana Top, 1230 m
Flüsse: Marowije, 720 km

Swasiland

Karte: Afrika, Seite 132, J7
Autokennzeichen: SD
Fläche: 17 364 km² (155)
Einwohner: 1988 = 735 000 (154)
Dichte: 42/km² **Wachstum:** 3,4%
Zusammensetzung der Bevölkerung: Swasi
Hauptstadt: Mbabane (38 000)
Wichtige Städte: Manzini (19 000)
Staatssprache(n): Si-Swati, Englisch
Religionen: Protestanten, Naturreligionen, Katholiken
Staatsform: Monarchie
BSP (US$): 1989 = 683 Mio.
pro Kopf: 900 **Inflationsrate:** 1989 = 13%
Landeswährung: 1 Lilangeni = 100 Cents
Ausfuhr: Zucker, Fleischprodukte, Baumwolle, Tabak, Melasse, Zitrusfrüchte, Eisenerz
Einfuhr: Maschinen, Brennstoffe, Chemieprodukte, Nahrungsmittel
Klima: im bergigen Westen angenehme Temperaturen bei häufigen Niederschlägen; nach Osten nehmen Niederschläge ab, das flache Buschland um 200 m ist trocken und heiß; von Oktober bis März Regenzeit
Landschaften: im Westen hohe, zerklüftete Berge (Hochveld), nach Osten zum hügeligen Savannenland des Niederveld abfallend; an der Grenze zu Mosambik nochmals Anstieg zu den Lebomboberen
Höchster Berg: Emlembe, 1862 m
Flüsse: Usutu

Syrien

Karte: Asien, Seite 131, F7
Autokennzeichen: SYP
Fläche: 185 180 km² (87)
Einwohner: 1988 = 11,3 Mio. (59)
Dichte: 61/km² **Wachstum:** 3,6%
Zusammensetzung der Bevölkerung:
Araber, Kurden, Armenier, Tscherkessen
Hauptstadt: Damaskus (1,25 Mio.)
Wichtige Städte: Aleppo (970 000), Homs (350 000)
Staatssprache(n): Arabisch, Kurdisch, Armenisch
Religionen: überwiegend Moslems, Christen
Staatsform:
Präsidiale Sozialistische Republik
BSP (US$): 1989 = 12 444 Mio.
pro Kopf: 1020 **Inflationsrate:** 1990 = 40%
Landeswährung: 1 Syrisches Pfund – 100 Piastres
Ausfuhr: Erdöl, Erdölprodukte, Baumwolle, Früchte, Textilien
Einfuhr: k.A.
Klima: an der Küste Mittelmeerklima; heiße Sommer, warme, regnerische Winter; im Landesinnern extrem heiße Sommer und kühle Winter
Landschaften: größter Teil des Landes ist

ebenes Tafelland, vor allem im Osten; dieser wird überwiegend von Steppen und Wüsten eingenommen: die Mittelmeerküste bildet eine etwa 30 km breite Küstenebene, durch die nördliche Fortsetzung des Libanon-Gebirges begrenzt. Der Gebirgszug setzt sich an der Grenze zum Libanon fort. Das fruchtbare Orontes-Tal ist Teil der tektonischen Bruchzone, zu der auch Totes Meer und Jordangraben gehören
Höchster Berg: Hermon, 2814 m
Flüsse: Euphrat, 3575 km (im Land 690 km)

Tadschikistan
Karte: Asien, Seite 131, F10
Autokennzeichen: TAD (vorläufig)
Fläche: 143 100 km^2 (93)
Einwohner: 5,2 Mio. (96)
Dichte: 36/km^2 **Wachstum:** k.A.
Zusammensetzung der Bevölkerung: Tadschiken, Usbeken, Russen, Tataren, Kirgisen, Ukrainer
Hauptstadt: Duschanbe (604 000)
Wichtige Städte: Kurgan-Tyube (354 000), Leninabad (157 000)
Staatssprache(n): Tadschikisch, Russisch, Persisch, Usbekisch
Religionen: überwiegend Moslems
Staatsform: Republik
BSP (US$): k.A.
pro Kopf: k.A. **Inflationsrate:** k.A.
Landeswährung: 1 Rubel = 100 Kopeken
Ausfuhr: Kohle, Erdöl, Erdgas, Metalle, Steinsalz, Halbfertigwaren, Baumwolle, Textilien
Einfuhr: Halbfertigwaren, Nahrungsmittel, Maschinen
Klima: kontinental, in den Gebirgstälern und an den Berghängen bis 1200 m im Sommer sehr trocken und heiß; Winter mild und kurz; der Südwesten im Schutz der Gebirgszüge noch wärmer; die westlichen Gebirgsregionen kühl und feucht; das Klima im Pamir ausgeprägt kontinental und sehr trocken; im östlichen Pamir ist der Winter schneefrei
Landschaften: ausgesprochenes Gebirgsland; für den westlichen Teil des Pamir sind hohe, bizarre, stark vergletscherte Gebirgszüge mit tiefen und engen Tälern charakteristisch; im Norden noch ein geringer Anteil am Fergana-Becken; Gebirgsniederung im Südwesten, die von bis zu 1000 m hoch gelegenen Tälern durchzogen wird, hat die größte wirtschaftliche Bedeutung
Höchster Berg: Pik Kommunismus, 7495 m
Flüsse: Syr-Darya, Serawschan, Amu-Darya

Tansania
Karte: Afrika, Seite 132, G7
Autokennzeichen: EAT
Fläche: 945 087 km^2 (30)
Einwohner: 1990 = 23,3 Mio. (37)
Dichte: 25/km^2 **Wachstum:** 3,5%
Zusammensetzung der Bevölkerung: Bantu, Massai, Suaheli, Araber, Inder
Hauptstadt: Dar es Salaam (1,1 Mio.) Dodoma (offz. Hst., 160 000)
Wichtige Städte: Musoma (220 000), Sansibar (110 000)
Staatssprache(n): Suaheli, Sprachen der verschiedenen Bevölkerungsgruppen
Religionen: Moslems, Natureligionen, Christen, Hindus
Staatsform: Präsidiale Föderative Republik/Einparteiensystem
BSP (US$): 1989 = 3079 Mio.
pro Kopf: 120 **Inflationsrate:** 1990 = 24%
Landeswährung: 1 Tansania Shilling = 100 Cents
Ausfuhr: Kaffee, Baumwolle, Tee, Sisal, Tabak
Einfuhr: Maschinen, Industrierohstoffe, Rohöl
Klima: tropisch-wechselfeucht; an der Küste und in den Seengebieten heiß, hohe Luftfeuchtigkeit; Regenzeit: März bis Mai und Oktober bis November. Auf dem Zentralplateau über 1200 m kalte Nächte; Regenzeit November bis April. Usumbara-Berge und Kilimandscharo-Gebiet haben gemäßigtes Klima mit einer kleinen Regenzeit Oktober/November. Sansibar und Pemba haben stärkste Niederschläge April bis Mai und eine kleine Regenzeit November bis Dezember

Landschaften: von der fast unberührten Palmenküste steigt das Land bis etwa 2000 m im zentralen Hochplateau an, Grasland, Trockenwald und Dornsavanne herrschen vor. Im Norden steht mit dem Kilimandscharo der höchste Berg Afrikas und der mächtigste Einzelberg der Welt. Durch das Hochland zieht der Ostafrikanische Graben mit zahlreichen Vulkanen und Vulkanresten. Im Westen wird Tansania vom Zentralafrikanischen Grabensystem mit dem Tanganjikasee begrenzt. Im Norden hat das Land noch Anteil am Victoria-See, im Süden am Malawisee
Höchster Berg: Kilimandscharo, 5895 m
Flüsse: Ruaha, 950 km

Thailand

Karte: Asien, Seite 131, H13
Autokennzeichen: THA
Fläche: 513 115 km^2 (49)
Einwohner: 1988 = 54,5 Mio. (19)
Dichte: 106/km^2 **Wachstum:** 1,9%
Zusammensetzung der Bevölkerung:
Thai-Völker, Shan, Lao, Chinesen, Malaiien
Hauptstadt: Bangkok (Aggl. 8 Mio.)
Wichtige Städte: Chiang Mai (150 000), Khou Kaen (115 000)
Staatssprache(n): T'hai, Dialekte der Bevölkerungsgruppen
Religionen: Buddhisten, Moslems, Katholiken
Staatsform: Parlamentarische Monarchie
BSP (US$): 1989 = 64 437 Mio.
pro Kopf: 1170 **Inflationsrate:** 1991 = 9%
Landeswährung: 1 Baht = 100 Stangs
Ausfuhr: Reis, Mais, Elektrotechnik, Maschinen, Zinn, Kautschuk, Teakholz
Einfuhr: Investitionsgüter, Konsumgüter, chemische Produkte, Erdöl, Nahrungsmittel
Klima: tropisches Monsunklima; Mai bis Oktober heiß und schwül, Regenzeit. März bis Mai heiß und trocken, November bis Mai relativ kühl (27 bis 30 °C) bei geringen Niederschlägen. Im Norden allgemein kühler als in den andern Regionen
Landschaften: Schwemmlandebene nördlich von Bangkok bildet den Kern des Landes; hauptsächlich Reisanbau; das Korathplateau im Nordosten ist eine hügelige Hochfläche, die steil nach Süden abbricht. Die südliche, feuchte Halbisel besteht zum einen aus dem Hochland entlang der Grenze zu Myanmar sowie aus flachen Küstenebenen mit üppiger Vegetation.
Im Nordwesten wird die zentrale Ebene von einem Hügelland begrenzt, das weiter nördlich in ein Bergland mit weiten, flachen Tälern in Nord-Süd-Richtung übergeht
Höchster Berg: Doi Inthanon, 2595 m
Flüsse: Chao Phraya, 1000 km

Togo

Karte: Afrika, Seite 132, F4
Autokennzeichen: TG
Fläche: 56 785 km^2 (122)
Einwohner: 1990 = 3,4 Mio. (119)
Dichte: 61/km^2 **Wachstum:** 3,5%
Zusammensetzung der Bevölkerung:
Sudan- und Volta-Völker, Haussa, Fulbe
Hauptstadt: Lomé (500 000)
Wichtige Städte: Tschaoudjo (55 000), Kara (41 000)
Staatssprache(n): Ewé, Kabyé, Mina, Französisch
Religionen: Naturreligionen, Christen, Moslems
Staatsform: Präsidiale Republik
BSP (US$): 1989 = 1364 Mio.
pro Kopf: 390 **Inflationsrate:** 1988 = 6,1%
Landeswährung: 1 C.F.A.-Franc = 100 Centimes
Ausfuhr: Phosphate, Kakao, Kaffee, Baumwolle
Einfuhr: Nahrungsmittel, elektronische Produkte, Baumwolle
Klima: tropisch-feuchtheiß; im Norden Steppenklima mit einer Regenzeit von April bis Oktober; starke Temperaturschwankungen zwischen Tag und Nacht; am kühlsten im August (etwa 30 °C) bei sehr hoher Luftfeuchtigkeit; im südlichen Teil Regenzeiten März bis Juli und September bis Oktober mit hoher Luftfeuchtigkeit; nach Norden abnehmende Niederschläge

Landschaften: etwa 50 km lange lagunenreiche Küste; dahinter das 200 m bis 500 m hohe Togoplateau mit einzelnen Granitkuppen und Gebirgsstöcken; im Küstengebiet weitgehend Ackerbau, auf dem Hochland Savanne
Höchster Berg: Pic Baumann, 986 m
Flüsse: Mono, 450 km

Tonga

Karte: Australien/Ozeanien, Seite 135, G8
Autokennzeichen: k.A.
Fläche: 2831 km^2 (168)
Einwohner: 1988 = 160 000 (175)
Dichte: 57/km^2 **Wachstum:** 1,4%
Zusammensetzung der Bevölkerung: Vava'u, Ha'apai, 'Eua, Niuas
Hauptstadt: Nuku'alofa (29 000)
Wichtige Städte: Neiafu (), Mu'a
Staatssprache(n): Tonga, Englisch
Religionen: Protestanten, Katholiken
Staatsform: Konstitutionelle Monarchie
BSP (US$): 1889 = 89 Mio.
pro Kopf: 910
Inflationsrate: 1987 = 8,2%
Landeswährung: 1 Pa'anga = 100 Seniti(s)
Ausfuhr: Kokosöl, Kopra, Bananen, Vanille, Früchte
Einfuhr: k.A.
Klima: tropisches Klima; niedrigere Temperaturen und geringere Luftfeuchtigkeit als in anderen tropischen Ländern; Dezember bis März Regenzeit, Temperaturen bis 27 °C; kühl (15 bis 21 °C) Juni bis September
Landschaften: über 200 Inseln; die Westkette besteht aus über 1000 m hohen, z. T. noch aktiven Vulkanen, die östliche Kette besteht aus flachen Koralleninseln
Höchster Berg: Höchster Berg 1031 m

Transkei

Autokennzeichen: X
Fläche: 43 798 km^2 (131)
Einwohner: 1985 = 2,5 Mio. (129)
Dichte: 58/km^2 **Wachstum:** 2%
Zusammensetzung der Bevölkerung: Xhosa, Sotho, Mischlinge
Hauptstadt: Umtata (etwa 100 000)
Wichtige Städte: Geuwe (26 000)
Staatssprache(n): IsiXhosa, SeSotho, Afrikaans, Englisch
Religionen: hauptsächlich Protestanten, Katholiken
Staatsform: Republik (Homeland); international nicht anerkannt
BSP: 1985 = 29 Mio. Rand
pro Kopf: k.A. **Inflationsrate:** k.A.
Landeswährung: 1 Rand = 100 Cents
Ausfuhr: Tee, Mais, Häute, Möbel
Einfuhr: k.A.
Klima: gemäßigtes, subtropisches Klima; heiße Sommer
Landschaften: noch relativ unberührte, etwa 200 km lange Küste; das Land steigt über die Hochebene nach Norden fast bis auf 3000 m in den Drakensbergen an
Höchster Berg: Drakensberg, 2952 m
Flüsse: Mzimvubu, 200 km

Trinidad und Tobago

Karte: Südamerika, Seite 134, F3
Autokennzeichen: TT
Fläche: 5130 km^2 (166)
Einwohner: 1988 = 1,2 Mio. (146)
Dichte: 242/km^2 **Wachstum:** 1,7%
Zusammensetzung der Bevölkerung: Schwarze, Mulatten, Weiße
Hauptstadt: Port of Spain (Aggl. 200 000)
Wichtige Städte: San Fernando (60 000), Arima (20 000)
Staatssprache(n): Englisch
Religionen: Katholiken, Protestanten, Hindus, Moslems
Staatsform: Präsidiale Republik
BSP (US$): 1989 = 4000 Mio.
pro Kopf: 3160 **Inflationsrate:** 1989 = 15%
Landeswährung:
1 Trinidad u. Tobago-Dollar = 100 Cents
Ausfuhr: Erdöl, Erdölprodukte, Zucker, Rum, Ammoniak, Düngemittel
Einfuhr: k.A.
Klima: tropisch-immerfeucht; Höchsttemperaturen 35 bis 41 °C, hohe Luftfeuchtigkeit; Juni bis Dezember Regenzeit mit langanhaltenden Niederschlägen,

Januar bis Mai relativ trocken, kurze tägliche Schauer
Landschaften: Trinidad wird von drei bewaldeten Gebirgsketten durchzogen; im Südwesten befindet sich der Pitch Lake (Asphaltsee), das größte natürliche Asphaltvorkommen der Erde. Das Landesinnere Tobagos ist hügelig bis bergig und hat feinsandige, palmenbestandene Strände
Höchster Berg: El Cerro del Aripo, 940 m
Flüsse: Rio Claro

Tschad

Karte: Afrika, Seite 132, E5
Autokennzeichen: TCH
Fläche: 1 284 000 km^2 (20)
Einwohner: 1988 = 5,4 Mio. (94)
Dichte: 4/km^2 **Wachstum:** 2,4%
Zusammensetzung der Bevölkerung: Tschader, Araber, Sara, Haussa
Hauptstadt: N'Djaména (400 000)
Wichtige Städte: Sara (65 000), Moundou (60 000)
Staatssprache(n): Arabisch, sudanesische Dialekte, Französisch
Religionen: Moslems, Christen, Naturreligionen
Staatsform: Präsidiale Republik
BSP (US$): 1989 = 1038 Mio.
pro Kopf: 190
Inflationsrate: 1988 = 3,2%
Landeswährung: 1 C.F.A.-Franc = 100 Centimes
Ausfuhr: Baumwolle, Viehprodukte, Erdnüsse
Einfuhr: k. A.
Klima: im Norden trockenes, heißes Wüstenklima; Temperaturen bis 40 °C; Juli bis September Regenzeit mit geringen Niederschlägen; im Süden Steppen- und Savannenklima mit etwas geringeren Temperaturen; Regenzeit mit hoher Luftfeuchtigkeit von Mai bis Oktober, relativ regelmäßige Niederschläge
Landschaften: größter Teil des Landes liegt im Tschad-Becken, einer großräumigen Senke; im Südwesten des Beckens befindet sich der Tschadsee; das hohe Tibesti-Gebirge im Norden ist vulkanischen Ursprungs; mitten durch das Land verläuft die Sahel-Zone
Höchster Berg: Emi Koussi, 3415 m
Flüsse: Schari, 1400 km

Tschechische Republik

Karte: Europa, Seite 130, F8
Autokennzeichen: CS, CZE (vorläufig)
Fläche: 78 862 km^2 (114)
Einwohner: 1988 = 9,9 Mio. (69)
Dichte: 125/km^2 **Wachstum:** 0,3%
Zusammensetzung der Bevölkerung: Tschechen, Slowaken, Ungarn, Polen, Russen, Deutsche
Hauptstadt: Prag (1,2 Mio.)
Wichtige Städte: Brno (390 000), Ostrava (330 000), Plzen (175 000)
Staatssprache(n): Tschechisch, Slowakisch
Religionen: Katholiken, Protestanten, orthodoxe Christen, Juden
Staatsform: Republik (Neukonstituierung zum 1.1.1993)
BSP (US$): k. A.
pro Kopf: k. A. **Inflationsrate:** k. A.
Landeswährung:
1 Tschechoslowakische Krone = 100 Haleru
Ausfuhr: Braunkohle, Energie, Maschinen, Halbfertigwaren, Nahrungsmittel, Mineralien
Einfuhr: Nahrungsmittel, Halbfertigwaren, Mineralien, Rohstoffe, Maschinen
Klima: Übergangsklima, in Böhmen noch ozeanisch geprägt (milde Winter)
Landschaften: im Zentrum das Böhmisch-Mährische Becken, das von mehreren Berggruppen ausgefüllt und von Beckenlandschaften gegliedert wird; um das Zentrum bilden Böhmerwald, Oberpfälzer Wald, Erzgebirge und Sudeten einen Mittelgebirgskranz, der Höhen bis 1600 m erreicht
Höchster Berg: Schneekoppe, 1603 m
Flüsse: Elbe, 1160 km (im Land 250 km), Moldau

Tunesien

Karte: Afrika, Seite 132, C4
Autokennzeichen: TN
Fläche: 163 610 km^2 (90)

Einwohner: 1988 = 7,8 Mio. (80)
Dichte: 48/km² **Wachstum:** 2,5%
Zusammensetzung der Bevölkerung:
Tunesier, französische und italienische Minderheiten
Hauptstadt: Tunis (600 000)
Wichtige Städte: Sfax (230 000), Ariana (99 000), Bizerta (95 000)
Staatssprache(n): Arabisch, westarabische Dialekte, Französisch
Religionen: 96% Moslems, Christen
Staatsform: Präsidiale Republik
BSP (US$): 1989 = 10089 Mio.
pro Kopf: 1260 **Inflationsrate:** 1990 = 4,5%
Landeswährung:
1 Tunesischer Dinar = 1000 Millimes
Ausfuhr: Textilien, Lederwaren, Phosphate, Olivenöl, Wein
Einfuhr: Rohstoffe, Konsumgüter, Maschinen, Nahrungsmittel
Klima: im Norden mediterranes Klima; warme Sommer, milde Winter; tägliche Regenfälle im Januar und Februar; im Süden Steppen- und Wüstenklima; nachts starke Abkühlung
Landschaften: den Norden nimmt ein flachwelliges Berg- und Hügelland ein, das noch zum Tell-Atlas zu zählen ist. Südlich des Mitteltunesischen Gebirgsrückens fällt das Land steil ab, Teile dieses Gebietes liegen sogar unter dem Meeresspiegel und bilden ausgedehnte Salzpfannen (Schotts). Zur Sahara hin wird das Land vegetationslos und wüstenhaft
Höchster Berg: Jebel Chambi, 1544 m
Flüsse: Medjerda, 450 km

Türkei

Karte: Europa, Seite 130, H11
Autokennzeichen: TR
Fläche: 779 452 km² (36)
Einwohner: 1990 = 57 Mio. (17)
Dichte: 73/km² **Wachstum:** 2,3%
Zusammensetzung der Bevölkerung:
Türken, Kurden, Araber, Armenier, Tscherkessen
Hauptstadt: Ankara (Aggl. 2,8 Mio.)
Wichtige Städte: Istanbul (Aggl. 8,5 Mio.), Izmir (Aggl. 2,0 Mio.), Konya (Aggl. 1,6 Mio.), Adana (Aggl. 1,5 Mio.)
Staatssprache(n): Türkisch
Religionen: 98% Moslems, Christen
Staatsform: Parlamentarische Republik
BSP (US$): 1989 = 74731 Mio.
pro Kopf: 1360 **Inflationsrate:** 1991 = 68%
Landeswährung:
1 Türkisches Pfund = 100 Kurus
Ausfuhr: Textilien, Teppiche, Agrargüter, Eisen, Stahl
Einfuhr: Maschinen, Rohöl, Eisen, Stahl, Elektrotechnik
Klima: an der Mittelmeerküste sehr heiße Sommer und milde, regenreiche Winter; im Anatolischen Hochland Kontinentalklima mit heißen, trockenen Sommern und sehr kalten Wintern; im europäischen Teil und an der Schwarzmeerküste gemäßigt; heiße Sommer, durch Seewinde etwas gemildert, naßkalte Winter
Landschaften: größtenteils Gebirgsland mit der zentralen, etwa 1000 m hohen Anatolischen Hochebene, eine in verschiedene Becken gegliederte Tafellandschaft; Ostanatolien mit dem Pontischen Gebirge und den Bergketten des Taurus ist ein schroffes Bergland mit tiefen Schluchten, großen Seen und erloschenen Vulkanen; die Ägäisküste ist stark gegliedert und weist zahlreiche Buchten und abgelegene Sandstrände auf; die schmale Schwarzmeerküste im Norden wird nur durch einige wenige Flußtäler untergliedert
Höchster Berg: Ararat, 5122 m
Flüsse: Kizilirmak, 1100 km

Turkmenistan

Karte: Asien, Seite 131, F9
Autokennzeichen: TRK (vorläufig)
Fläche: 448 100 km² (51)
Einwohner: 1990 = 3,6 Mio. (117)
Dichte: 7/km² **Wachstum:** k. A.
Zusammensetzung der Bevölkerung:
Turkmenen, Russen, Usbeken, Kasachen, Ukrainer, Armenier
Hauptstadt: Aschchabad (402 000)
Wichtige Städte: Tschardschou (160 000),

Staatssprache(n): Turkmenisch, Russisch
Religionen: Moslems, orthodoxe Christen
Staatsform: Republik
BSP (US$): k.A.
pro Kopf: k.A. **Inflationsrate:** k.A.
Landeswährung: 1 Rubel = 100 Kopeken
Ausfuhr: Erdöl, Erdgas, Baumwolle, Rohstoffe, petrochemische Produkte, Kohle, Teppiche
Einfuhr: Nahrungsmittel, Maschinen, Halbfertigwaren, Chemikalien
Klima: extrem kontinental, durch große jährliche und tägliche Temperaturschwankungen, niedrige Luftfeuchtigkeit und sehr geringe Niederschläge gekennzeichnet; heiße und trockene Sommer, kalte und schneearme Winter
Landschaften: etwa 80% des Landes nimmt die Wüste Kara-Kum, die Schwarze Wüste, ein; im Süden, Südwesten und im Osten von Gebirgen begrenzt; im Nordwesten Ustjurtplateau, an das sich nach Süden die Niederung des Kaspischen Meers anschließt
Höchster Berg: Kugitangtau, 3137 m, Kopet-Dag, 2942 m
Flüsse: Amu-Darja, Murgab, Tedshen

Tuvalu

Karte: Australien/Ozeanien, Seite 135, E7
Autokennzeichen: k.A.
Fläche: 26 km^2 (194)
Einwohner: 1988 = 8229 (196)
Dichte: 317/km^2 **Wachstum:** 4,1%
Zusammensetzung der Bevölkerung: Polynesier, Melanesier
Hauptstadt: Fongafale (2000)
Staatssprache(n): Polynesisch
Religionen: überwiegend Protestanten
Staatsform: Parlamentarische Monarchie im Commonwealth
BSP (US$): 1982 = 5 Mio.
pro Kopf: 608
Inflationsrate: k.A.
Landeswährung:
1 Australischer Dollar = 100 Cents
Ausfuhr: Kopra, Fische, Briefmarken
Einfuhr: k.A.
Klima: tropisch, ohne extreme Hitze; Regenzeit Oktober bis März
Landschaften: neun 3–4 Meter hohe Korallenatolle, die insgesamt eine etwa 600 km lange Inselkette bilden; die Vegetation besteht aus Kokospalmen, Brotfruchtbäumen und palmenähnlichen Schraubenbäumen

Uganda

Karte: Afrika, Seite 132, F7
Autokennzeichen: EAU
Fläche: 235 880 km^2 (81)
Einwohner: 1988 = 17,2 (46)
Dichte: 73/km^2 **Wachstum:** 3,2%
Zusammensetzung der Bevölkerung: Bantu- und Sudangruppen, Niloten, Hamiten
Hauptstadt: Kampala (Aggl. 700 000)
Wichtige Städte: Jinja (55 000), Bugembe (48 000)
Staatssprache(n): Kisuaheli, Bantu-Sprachen, Englisch
Religionen: Katholiken, Protestanten, Naturreligionen, Moslems
Staatsform: Präsidiale Republik
BSP (US$): 1989 = 4254 Mio.
pro Kopf: 250
Inflationsrate: 1990 = 30%
Landeswährung: 1 Uganda-Shilling = 100 Cents
Ausfuhr: Kaffee, Baumwolle, Tee, Kupfer, Zinn
Einfuhr: k.A.
Klima: tropisch-wechselfeucht; durch Höhenlage gemäßigt; Temperaturen zwischen 15 °C und 35 °C; geringe Luftfeuchtigkeit, Niederschlagsmaximum März bis Juni
Landschaften: im Osten Bruchzone der Ostafrikanischen Schwelle mit hohen Vulkanmassiven, westlich davon, im Regenschatten, kahle Dornsavanne. Im Westen begrenzt durch Zentralafrikanischen Graben, der im Ruwenzorigebirge mit 5100 m seine höchsten Höhen erreicht; an den östlichen Berghängen dichter tropischer Regenwald; Sohle des Grabens von mehreren Seen erfüllt. Die von Inselbergen durchsetzte

Hochebene fällt von 1500 m allmählich nach Norden auf 1000 m ab
Höchster Berg: Margherita Peak, 5109 m
Flüsse: Nil, 6700 km (im Land 750 km)

Ukraine
Karte: Europa, Seite 130, F11
Autokennzeichen: UKR (vorläufig)
Fläche: 603 700 km^2 (43)
Einwohner: 1990 = 51,9 Mio. (22)
Dichte: 86/km^2 **Wachstum:** k.A.
Zusammensetzung der Bevölkerung: Ukrainer, Russen, Juden, Weißrussen, Moldawier, Polen, Bulgaren
Hauptstadt: Kiew (2,6 Mio.)
Wichtige Städte: Charkow (1,6 Mio.), Dnjepropetrowsk (1,2 Mio.), Odessa (1,1 Mio.), Donezk (1,1 Mio.)
Staatssprache(n): Ukrainisch, Russisch
Religionen: ukrainisch-orthodoxe Christen, orthodoxe Christen
Staatsform: Republik
BSP (US$): k.A.
pro Kopf: k.A. **Inflationsrate:** k.A.
Landeswährung: 1 Rubel = 100 Kopeken; eigene Währung (Griwna) in Vorbereitung
Ausfuhr: Metalle, Weizen, Mais, Fleisch, Milch, Tabak, Kohle, Erdöl, Chemikalien, Maschinen
Einfuhr: Nahrungsmittel, Halbfertigwaren, Lebensmittel, Maschinen, Metalle
Klima: gemäßigtes Kontinentalklima, bedeutend wärmer und milder als im angrenzenden Rußland; an der Südküste der Krim subtropisches Klima
Landschaften: größter Teil des Landes leicht gewellte Ebene, aus der nur einige wenige Erhebungen (Platten) herausragen; nur am Rand, in den Waldkarpaten im Westen und im Jaila-Gebirge auf der Krim, ist das Land gebirgig; im Norden noch Reste der Waldsteppe mit Sumpflandschaft, der Süden ist agrarisch genutzte Steppe
Höchster Berg: Gowerla, 2061 m
Flüsse: Dnjepr, Dnjestr

Ungarn
Karte: Europa, Seite 130, F9
Autokennzeichen: H
Fläche: 93 033 km^2 (109)
Einwohner: 1990 = 10,5 Mio. (62)
Dichte: 113/km^2 **Wachstum:** 0,1%
Zusammensetzung der Bevölkerung: 90% Madgyaren, Sinti und Roma, deutsche, slowakische, rumänische Minderheiten
Hauptstadt: Budapest (2,1 Mio.)
Wichtige Städte: Debrecen (220 000), Miskolc (210 000)
Staatssprache(n): Ungarisch
Religionen: Katholiken, Griech.-Orthodoxe, Kalvinisten, Lutheraner
Staatsform: Parlamentarische Republik
BSP (US$): 1989 = 27 078 Mio.
pro Kopf: 2560 **Inflationsrate:** 1991 = 35%
Landeswährung: 1 Forint = 100 Filler
Ausfuhr: Halbfertigwaren, Maschinen, landwirtschaftliche Produkte, Konsumgüter, Bauxit,
Einfuhr: Halbfertigwaren, Maschinen, Konsumgüter
Klima: gemäßigtes Kontinentalklima; heiße, trockene Sommer, kalte Winter
Landschaften: im Nordosten Mittelgebirgsland bis 1000 m; der größte Teil besteht aus fruchtbaren Tiefebenen; südöstlich der Donau liegt das Große Ungarische Tiefland in 100 m bis 120 m Höhe; im Nordwesten leitet das Kleine Ungarische Tiefland zum Wiener Becken über; zwischen Donau im Osten und Bakonywald das lößbedeckte transdanubische Hügelland
Höchster Berg: Kékes, 1015 km
Flüsse: Donau, 2842 km (im Land 400 km)

Uruguay
Karte: Südamerika, Seite 134, F4
Autokennzeichen: ROU/U
Fläche: 177 414 km^2 (89)
Einwohner: 1988 = 3,1 Mio. (123)
Dichte: 17/km^2 **Wachstum:** 0,6%
Zusammensetzung der Bevölkerung: Nachfahren spanischer, italienischer Einwanderer, Mestizen, Mulatten
Hauptstadt: Montevideo (1,2 Mio.)

Wichtige Städte: Salta (81 000), Paysandú (75 000)
Staatssprache(n): Spanisch
Religionen: hauptsächlich Katholiken, Protestanten, Juden
Staatsform: Präsidiale Republik
BSP (US$): 1989 = 8069 Mio.
pro Kopf: 2620 **Inflationsrate:** 1991 = 85,5%
Landeswährung: 1 Uruguayischer Neuer Peso = 100 Centésimos
Ausfuhr: Textilien, Pelze, Schafwolle, Lederwaren, Fleisch
Einfuhr: Maschinen, Chemieprodukte, Transportmittel, Kunststoffe, Metalle
Klima: subtropisch-feucht; wechselhaft, häufige Temperaturschwankungen und Kaltlufteinbrüche; Hauptregenzeit im Winter; Durchschnittstemperaturen Mai bis September etwa 10 °C
Landschaften: flachwelliges, weites Hügelland bis 300 m Höhe im Süden und Osten; überwiegend Weideland; Binnenland durch Schichtstufen gegliedert und Teil des Parana-Beckens
Höchster Berg: Cerro de las Animas, 501 m
Flüsse: Rio Uruguay, 1650 km

Usbekistan

Karte: Asien, Seite 131, E9
Autokennzeichen: UZB (vorläufig)
Fläche: 447 400 km^2 (55)
Einwohner: 1990 = 20,3 Mio. (41)
Dichte: 45/km^2 **Wachstum:** k.A.
Zusammensetzung der Bevölkerung: Usbeken, Russen, Tataren, Kasachen, Tadschiken, Turkmenen
Hauptstadt: Taschkent (2,1 Mio.)
Wichtige Städte: Samarkand (477 000), Buchara (224 000)
Staatssprache(n): Usbekisch, Russisch
Religionen: überwiegend Moslems
Staatsform: Republik
BSP (US$): k.A.
pro Kopf: k.A. **Inflationsrate:** k.A.
Landeswährung: 1 Rubel = 100 Kopeken
Ausfuhr: Erdöl, Erdgas, Baumwolle, Metalle, Nahrungsmittel, Textilien, Halbfertigwaren
Einfuhr: Halbfertigwaren, Maschinen

Klima: extrem kontinental und trocken; heiße, trockene Sommer und kalte, schneearme aber wolkige Winter; Frühjahr und Winter sind am niederschlagsreichsten
Landschaften: der Norwesten größtenteils eben, der Südosten gebirgig; das Tiefland umfaßt weite Gebiete der Wüste Kysylkum, Teile des Ustjurt-Plateaus und das Delta des Amu-Darja; aus dem Tiefland erheben sich zahlreiche Restberge; zwischen den Gebirgsketten im Osten Bewässerungsoasen eingelagert
Höchster Berg: Höchste Erhebungen im Südosten bis etwa 4643 m
Flüsse: Amu-Darja, Syr-Darja

Vanuatu

Karte: Australien/Ozeanien, Seite 135, F6
Autokennzeichen: k.A.
Fläche: 12 189 km^2 (157)
Einwohner: 1988 = 147 000 (177)
Dichte: 12/km^2 **Wachstum:** 2,4%
Zusammensetzung der Bevölkerung: Melanesier, Polynesier, Mikronesier
Hauptstadt: Port Villa (15 700)
Wichtige Städte: Santa (5200)
Staatssprache(n): Pidgin-Englisch, Englisch, Französisch
Religionen: Presbyterianer, Anglikaner, Katholiken
Staatsform: Parlamentarische Republik
BSP (US$): 1989 = 131 Mio.
pro Kopf: 860 **Inflationsrate:** 1988 = 4,3%
Landeswährung: 1 Vatu = 100 Centimes
Ausfuhr: Kopra, Fisch, Kakao, Kaffee
Einfuhr: k.A.
Klima: tropisches, wechselfeuchtes Klima mit hoher Luftfeuchtigkeit; Regenzeit Dezember bis April bei Temperaturen um 31 °C
Landschaften: z. T. stark bewaldete, bergige Vulkaninseln, z. T. flache Koralleninseln mit Riffen und Lagunen
Höchster Berg: Tabwémasana, 1880 m

Vatikanstadt
Karte: Europa, Seite 130, G8
Autokennzeichen: SCV
Fläche: 0,44 km^2 (197)
Einwohner: 392 (197)
Dichte: – /km^2 **Wachstum:** k. A.
Zusammensetzung der Bevölkerung: k. A.
Staatssprache(n): Latein, Italienisch
Religionen: Katholiken
Staatsform:
Souveräner Staat/Wahlmonarchie
BSP (US$): k.A.
pro Kopf: k.A. **Inflationsrate:** k.A.
Landeswährung: 1 Vatikanische und
1 Italienische Lira = 100 Centesimi
Ausfuhr: Münzen, Briefmarken
Einfuhr: k. A.
Klima: Mittelmeerklima

Venda
Autokennzeichen: V
Fläche: 6500 km^2 (164)
Einwohner: 1985 = 377000 (162)
Dichte: 58/km^2 **Wachstum:** 3%
Zusammensetzung der Bevölkerung:
Venda, Shangaan, Tsongas, Nordsotho
Hauptstadt: Thohoyando (2100)
Wichtige Städte: Makwarela (2700)
Staatssprache(n): ciVenda, Afrikaans, Englisch
Religionen: überwiegend Protestanten
Staatsform: Republik (Homeland); international nicht anerkannt
BSP (Rand): 1985 = 446 Mio
pro Kopf: k.A. **Inflationsrate:** k.A.
Landeswährung: 1 Rand = 100 Cents
Ausfuhr: landwirtschaftliche Erzeugnisse
Einfuhr: k.A.
Klima: subtropisches Klima; der Norden ist trocken und heiß
Landschaften: im Norden flach, das südliche Thatvondo-Bergland ist bewaldet
Höchster Berg: höchste Erhebung 1900 m
Flüsse: Mutale

Venezuela
Karte: Südamerika, Seite 134, B3
Autokennzeichen: YV
Fläche: 912050 km^2 (32)
Einwohner: 1988 = 18,7 Mio. (43)
Dichte: 21/km^2 **Wachstum:** 2,8%
Zusammensetzung der Bevölkerung:
Mestizen, Mulatten, Weiße, Schwarze
Hauptstadt: Caracas (1,8 Mio.)
Wichtige Städte: Maracaibo (900000), Valencia (620000)
Staatssprache(n): Spanisch
Religionen: 95% Katholiken, Protestanten, Juden
Staatsform: Präsidiale Bundesrepublik
BSP (US$): 1989 = 47164 Mio.
pro Kopf: 2450 **Inflationsrate:** 1991 = 32,7%
Landeswährung: 1 Bolivar = 100 Céntimos
Ausfuhr: Erdöl, Erdölprodukte, Erdgas, Eisenerz, Stahl, Aluminium, Bauxit, Kaffee, Kakao, Zucker
Einfuhr: Rohstoffe, Maschinen, Konsumgüter, Kfz
Klima: tropisch feuchtheiß in den tiefer gelegenen Gebieten bis 600 m; zwischen 600 m und 2000 m gemäßigt, darüber kalte Zone; an der Küste und in den Flußniederungen mittlere Temperaturen von 25 bis 29 °C; Regenzeit von Mai bis Oktober
Landschaften: im Nordosten Ausläufer der Kolumbianischen Anden, setzen sich parallel zu Küste fort; im Becken von Maracaibo mit dem Maracaibosee, einer Brackwasserlagune, liegen Venezuelas reiche Erdölvorkommen; zwischen Orinoco und Küste erstrecken sich die Llanos, eine flachwellige Grasebene, die hauptsächlich der Rinderzucht dient; auf dem Bergland von Guyana südlich des Orinoco (Sandstein-Tafelberge) wächst noch dichter Regenwald
Höchster Berg: Pico Bolivar, 5007 m
Flüsse: Orinoko, 2050 km

Vereinigte Arabische Emirate
Karte: Asien, Seite 131, G8
Autokennzeichen: UAE
Fläche: 83600 km^2 (113)
Einwohner: 1988 = 1,5 Mio. (143)

Dichte: 18/km² **Wachstum:** 4,8%
Zusammensetzung der Bevölkerung:
Araber, Perser, Inder, Pakistaner
Hauptstadt: Abu Dhabi (Aggl. 240 000)
Wichtige Städte: Dubai (Aggl. 265 000),
Sharjah (Aggl. 125 000)
Staatssprache(n): Arabisch, Englisch
Religionen: 95% Moslems, Christen
Staatsform: Föderation von sieben
autonomen Emiraten
BSP (US$): 1989 = 28 449 Mio.
pro Kopf: 18 430 **Inflationsrate:** 1988 = 5%
Landeswährung: 1 Dirham = 100 Fils
Ausfuhr: Erdöl, Flüssiggas, Datteln, Vieh
Einfuhr: Maschinen, Fahrzeuge, Konsumgüter, Nahrungsmittel
Klima: Wüstenklima; heiße trockene
Sommer bis 50 °C; hohe Luftfeuchtigkeit
an der Küste; im Winter warm und trocken,
mit starken, sporadischen Regenfällen
im Norden
Landschaften: stark gegliederte Küste am
Persischen Golf, dahinter flache Wüstenlandschaft mit Hügeln bis 150 m und
Salztonebenen; im Nordosten Anteil an
den Ausläufern des Omangebirges
Höchster Berg: Jabal Adhan, 1127 m

Vereinigte Staaten von Amerika

Karte: Nord-/Mittelamerika, Seite 133, E8
Autokennzeichen: USA
Fläche: 9 363 123 km² (4)
Einwohner: 1990 = 249 Mio. (3)
Dichte: 27/km² **Wachstum:** 1%
Zusammensetzung der Bevölkerung: Weiße, Schwarze, Hispanics, Asiaten, Indianer
Hauptstadt:
Washington (620 000, Aggl. 3,9 Mio.)
Wichtige Städte:
New York (7,3 Mio., Aggl. 18 Mio.),
Los Angeles (3,4 Mio., Aggl. 14,5 Mio.),
Chicago (3,1 Mio., Aggl. 3,7 Mio.),
Houston (1,7 Mio., Aggl. 3,7 Mio.),
Philadelphia (1,6 Mio., Aggl. 5,9 Mio.)
Staatssprache(n): Englisch, Spanisch
Religionen: Protestanten, Katholiken,
Juden, Ostkirchen

Staatsform: Präsidiale Bundesrepublik
BSP (US$): 1989 = 5 237 707 Mio.
pro Kopf: 21 100 **Inflationsrate:** 1991 = 5,3%
Landeswährung: 1 US-Dollar = 100 Cents
Ausfuhr: Maschinen, Fahrzeuge,
Transportausrüstung, Elektrotechnik,
Chemieprodukte, Rohstoffe, Nahrungsmittel
Einfuhr: Maschinen, Transportmittel,
Brennstoffe
Klima: Osten und Nordosten haben kalte
Winter, feuchtwarme, z. T. heiße Sommer;
die südlichen Küstengebiete haben heiße
Sommer und milde Winter, sowie jahreszeitlich starke Niederschläge bei hoher
Luftfeuchtigkeit. Die inneren Ebenen und
die Prärien sind vorwiegend trocken mit
starken Temperaturgegensätzen zwischen
Tag und Nacht. Im Sommer z. T. auch sehr
heiß. Gebirgszone und Beckenzone westlich der Rocky Mountains im allgemeinen
sehr trocken, vor allem im Süden. Extrem
hohe Temperaturen im Sommer. Durch
die Höhenlage z. T. etwas gemäßigt. Die
Westküste hat ozeanisches Klima mit überwiegend winterlichen Niederschlägen.
Kalifornien hat Mittelmeerklima. Der
Nordwesten ist relativ feucht. Alaska gehört
im wesentlichen der borealen und subpolaren Klimazone an. Der Süden und Südosten hat durch den Einfluß des Pazifiks
allerdings gemäßigtes ozeanisches Klima
Landschaften: Gliederung in mehrere
große Landschaftszonen: die atlantische
Küstenebene, von New York nach Süden
entlang der Golfküste zur mexikanischen
Grenze; entlang des Mississippi tief ins
Landesinnere hinein. Fast parallel zur Küste
im Osten die Appalachen mit mehreren
Längsketten, ein Mittelgebirge, das im
Süden über 2000 m hoch wird. Das zentrale
Tiefland von der Golfküste und westlich der
Appalachen bis zu den Rocky Mountains
im Westen. Die Great Plains, ein relativ
flaches Präriegebiet, bilden das Vorland
der Rocky Mountains; sie erreichen am
Gebirgsfuß eine Höhe von etwa 1500 m.
Von Alaska bis nach Mexiko die Rocky
Mountains mit einer maximalen Breite
von 1500 km. Im Kerngebiet der USA
erreichen zahlreiche Berge Höhen von

über 4000 m (z. B. in Colorado). Westlich der Rocky Mountains in 1300 m bis 1600 m Höhe die Hochbeckenlandschaft des Great Basin; große Teile dieser Region im Windschatten der Küstengebirge sind Wüste und Halbwüste. Das pazifische Gebirgssystem umfaßt die Küstenkette (Coast Ranges) und parallel dazu die Sierra Nevada im Süden und das Kaskadengebirge im Norden. Zwischen den Gebirgsketten erstreckt sich eine Längsfurche, die im kalifornischen Längstal am deutlichsten ausgebildet ist
Höchster Berg: Mount McKinley, 6194 m
Flüsse: Mississippi-Missouri, 6019 km

Vietnam
Karte: Asien, Seite 131, H14
Autokennzeichen: VN
Fläche: 331 689 km^2 (64)
Einwohner: 1989 = 64,4 Mio. (13)
Dichte: 194/km^2 **Wachstum:** 2,4%
Zusammensetzung der Bevölkerung: Vietnamesen, Tay, Khmer, Thai
Hauptstadt: Hanoi (2,9 Mio.)
Wichtige Städte: Ho-Chi-Minh-Stadt (4 Mio.), Haiphong (1,4 Mio.), Da Nang (490 000)
Staatssprache(n): Vietnamesisch, zahlreiche Dialekte der Volksgruppen
Religionen: Buddhisten, Katholiken, Taoisten
Staatsform: Sozialistische Republik
BSP (US$): 1985 = 1100 Mio.
pro Kopf: 181 **Inflationsrate:** 1990 = 70%
Landeswährung:
1 Dong = 100 Hào = 100 Xu
Ausfuhr: Leichtindustriegüter, handwerkliche Erzeugnisse, Holz, Agrarprodukte, Bekleidung, Textilien
Einfuhr: Brennstoffe, Maschinen, Konsumgüter
Klima: im Süden tropisches Klima; sehr hohe Luftfeuchtigkeit März bis April bei Temperaturen bis 40 °C; November bis Februar regenreichste Zeit; im Norden subtropisches Klima; Temperaturen im Sommer um 30 °C, im Januar um 16 °C; Regenzeit April bis Oktober

Landschaften: im Norden wird die fruchtbare Tonkin-Ebene hufeisenförmig vom bewaldeten Tonkin-Bergland umrahmt; zwischen dem langgestreckten Hochland von Annam (bis zu 2500 m hoch) und dem Chinesischen Meer erstreckt sich eine schmale Küstenebene, die streckenweise nur an den Flußmündungen Siedlungsmöglichkeiten bietet; Mekong-Delta und Nam Bo-Halbinsel im Süden bilden eine sumpfige Schwemmlandebene
Höchster Berg: Fan-si-Pan, 3143 m
Flüsse: Mekong, 4160 km (im Land 225 km)

Weißrußland
Karte: Europa, Seite 130, E11
Autokennzeichen: BRU (vorläufig)
Fläche: 207 600 km^2 (84)
Einwohner: 1990 = 10,3 Mio. (66)
Dichte: 50/km^2 **Wachstum:** k.A.
Zusammensetzung der Bevölkerung: Belorussen, Russen, Polen, Ukrainer
Hauptstadt: Minsk (1,6 Mio.)
Wichtige Städte: Gomel (500 000), Witebsk (350 000), Grodno (270 000)
Staatssprache(n): Belorussisch, Russisch
Religionen: orthodoxe Christen, Katholiken
Staatsform: Republik
BSP (US$): k.A.
pro Kopf: k.A. **Inflationsrate:** k.A.
Landeswährung: 1 Rubel = 100 Kopeken
Ausfuhr: Maschinen, Chemikalien, Textilien, Holzprodukte, Nahrungsmittel
Einfuhr: Halbfertigwaren, Erdöl, Nahrungsmittel, Maschinen
Klima: Übergangsklima vom ozeanischen zum kontinentalen Bereich; gemäßigt kontinental; die meisten Niederschläge fallen im Sommer
Landschaften: flaches Relief mit zahlreichen Seen und Sumpfgebieten; weist noch viele Spuren der letzten Vereisung auf; im Nordwesten Moränengürtel der Belorussischen Höhen; die Pripjetniederung im Süden ist ein riesiges Sumpfgebiet
Höchster Berg: Minsker Höhen, etwa 345 m
Flüsse: Dnjepr, Pripjet, Beresina, Dwina

Zaïre

Karte: Afrika, Seite 132, F8
Autokennzeichen: ZR
Fläche: 2409 km² (12)
Einwohner: 1990 = 36 Mio. (28)
Dichte: 15/km² **Wachstum:** 3,1%
Zusammensetzung der Bevölkerung:
Bantu- und Sudan-Gruppen, Niloten, Hamiten, Pymäen
Hauptstadt:
Kinshasa (2,8 Mio., Aggl. 8,7 Mio.)
Wichtige Städte: Lubumbashi (540 000), Mbuji-Mayi (420 000)
Staatssprache(n): Kisuaheli, Tschuliba, Kikongo, Lingala
Religionen: Christen, Moslems, Naturreligionen
Staatsform: Präsidiale Republik
BSP (US$): 1989 = 8841 Mio.
pro Kopf: 260 **Inflationsrate:** 1991 = 250%
Landeswährung: 1 Zaire = 100 Makuta
Ausfuhr: Kupfer, Diamanten, Kobalt, Erdöl, Kaffee
Einfuhr: Maschinen, Nahrungsmittel, Erdölprodukte, Metalle
Klima: entlang des Äquators tropisch-feuchtheiß, bis 32 °C bei sehr hoher Luftfeuchtigkeit; auf den Hochplateaus angenehmere Temperaturen, bei 1500 m um 20 °C, bei 2000 m um 17 °C; im Osten und Südosten ganzjährig angenehmes Mittelmeerklima; Regenzeiten im Norden April bis Ende August und November bis Ende März, in der südlichen Landeshälfte von Oktober bis April
Landschaften: von der schmalen Atlantikküste steigt das Land zunächst auf 1000 m zur Nordguineaschwelle an und fällt dann zum Kongobecken wieder ab; das Beckeninnere ist fast eben, entlang der zahlreichen Flüsse versumpft; an den Beckenrändern steigt das Gelände im Süden bis auf 1900 m, im Ruwenzori-Massiv bis auf über 5000 m und im Norden auf 1000 m wieder an; die Hälfte des Landes ist mit Wald bedeckt
Höchster Berg: Margherita Peak, 5109 m
Flüsse: Zaire, 4320 km

Zentralafrikanische Republik

Karte: Afrika, Seite 132, F5
Autokennzeichen: RCA
Fläche: 622 984 km² (42)
Einwohner: 1988 = 2,8 Mio. (125)
Dichte: 4/km² **Wachstum:** 2,7%
Zusammensetzung der Bevölkerung:
Bantu- und Sudan-Gruppen
Hauptstadt: Bangui (300 000)
Wichtige Städte: Bossangoa (100 000), Buar (91 000)
Staatssprache(n): Sangho, Umgangssprachen der Bevölkerungsgruppen, Französisch
Religionen: Naturreligionen, Christen, Moslems
Staatsform: Präsidiale Republik
BSP (US$): 1989 = 1144 Mio.
pro Kopf: 390 **Inflationsrate:** 1988 = 6,7%
Landeswährung: 1 C.F.A.-Franc = 100 Centimes
Ausfuhr: Diamanten, Gold, Kaffee, Holz
Einfuhr: k.A.
Klima: überwiegend tropisches Klima, Regenzeit Juni bis Oktober; im Südwesten feuchttropisch mit ganzjährigen Niederschlägen und Temperaturen bis 38 °C
Landschaften: größter Teil des Landes flachwelliges Grasland und Savanne auf einem Hochplateau zwischen 500 m und 1000 m; im Osten und im Westen einzelne Gebirgszüge bis 1400 m; im Norden bzw. Süden fällt das Land zu den Flüssen Schari und Ubangi ab; Vegetation geht von Norden nach Süden von Trockensavanne über Feuchtsavanne zu tropischem Regenwald über
Höchster Berg: Mt. Ngaoui, 1410 m
Flüsse: Ubangi, 2300 km (im Land 1400 km)

Zypern

Karte: Europa, Seite 130, H12
Autokennzeichen: CY
Fläche: 9251 km² (162)
Einwohner: 1988 = 690 000 (156)
Dichte: 74/km² **Wachstum:** 1,1%
Zusammensetzung der Bevölkerung:

Zypern

griechische Zyprioten, türkische Zyprioten, Maroniten, Armenier
Hauptstadt: Nikosia (geteilt) (160 000)
Wichtige Städte: Limassol (120 000), Larnaca (54 000)
Staatssprache(n): Griechisch, Türkisch
Religionen: Griechisch-Orthodoxe, Moslems
Staatsform: Präsidiale Republik
BSP (US$): 1989 = 4892 Mio.
pro Kopf: 7050 **Inflationsrate:** 1990 = 5%
Landeswährung:
1 Zypern-Pfund = 100 Cents
Ausfuhr: Landwirtschaftliche Erzeugnisse, Fertigwaren, Obst, Wein, Kupfer, Asbest
Einfuhr: k. A.
Klima: Mittelmeerklima; an den Küsten im Sommer feuchtwarm, im Landesinnern trocken und heiß bis 40 °C; im Winter mild und feucht; im Gebirge Schnee von Januar bis März
Landschaften: parallel zur Nordküste verläuft das Kyrena-Gebirge, das auch die Halbinsel Karpassos bildet; den Süden beherrscht das vulkanische Troodosgebirge; zwischen den beiden Hochländern liegt die zentrale Messaoria-Ebene
Höchster Berg: Olimbos, 1951 m
Flüsse: Pedias, Yalias

Register

Abhängigkeit, strukturelle 156 f.
Abholzung 93 f.
Ablagerung 26
Abschiebung 20
Abtragung 26
Aerosole 41, 44
Agrardreieck 80
Anbaugürtel (USA) 85 f.
Antikline 19
Antizyklone 46
Äquatoriale Tiefdruckrinne 48 f.
Arid 57
Asche, vulkanische 16
Aschenvulkan 16
Atoll 35
Ausgleichsküste 34
Azorenhoch 47

Basaltdecke 17
Bauleitplanung 150
Bergschrund 30
Bevölkerungsentwicklung 155, 161
Bevölkerungsexplosion 156
Boddenküste 35
Boden 25 f.
– tropischer 54
Bodenhorizonte 25
Bombe, vulkanische 16
Brandung 33
Braunkohle (DDR) 145
Bruch 20
Bundesraumordnungsgesetz 149 f.

Caldera 17
Canale-Küste 35
Cañon 28
Cathaysia 10
City-Bildung 148
Conrad-Diskontinuität 8

DAC 152
Decken 21 f.
Desertifikation 92 ff.
Doline 32
Dolomit 24
Drittes Baku 105
Druckabnahme, Luft 42
Drumlin 32
Dry-Farming (Trockenanbau) 67 f.
Düne 36

Edelgase 41
Eiszeit 12, 29
Ekliptik 38
endogene Kräfte 23
Entwicklungsland 152 ff.
Epizentrum 18
Erdfall 32
Erdkern 9
Erdkruste 8
Eruptionswolke 16
Esker 32
European Recovery Program
   (Marshall-Plan) 110
exogene Kräfte 23
Exosphäre 40
Extensivierung 78

Falte 19 f.
Farmen (GUS) 82
Firneis 29
Firnlinie 29
Firnschnee 29
Fjord 35
Flächenstillegung 78
Fluorchlorkohlenwasserstoffe
   (FCKW) 160
Föhn 44
Förde 35

Register

Frontalzone, planetarische 46 f.
Frostschutzzone 63
Frostsprengung 23

Galeriewald 51
Gebirgsbildung
– alpidische 11
– kaledonische 10
– variszische 10 ff.
Geest 73
Gesteinstransport 26
Getreideanbau 69
Geysir 17
Glashauseffekt 43
Gletscher 28 f.
Gletschereis 29
Gletscherspalte 30
Gletschertor 30
Globalstrahlung 43
Glutwolke 16
Gondwana 10
Graben 20
Großraumsiedlung 149

Haff 34
Halbwüste 57
Handel, internationaler 156
Hectopascal 41
Hochdruckgebiet 46 f.
Hochdruckgürtel, subtropischer 47
Höhengrenze 68
Horst 20
Humid 57
Hybridisierung 87
Hydrolyse 24
Hypozentrum 18

Industriepflanzen 70 f.
Industriestruktur
– Deutschland 110
Infrarotstrahlung der Sonne 42
Inlandeisfelder
– Pleistozän 12
– heutige 29
Innertropische Konvergenzzone
(ITC) 48 ff.
Ionosphäre 40
Islandtief 47
Isobaren 41

Jahreszeiten, Entstehung der 38
Jetstream 47

Kaffeeanbau 70
Kalk 24
Kältegrenze 68 f.
Kältehoch 46
Kaltfront 47
Kambrium 10
Kar 30
Karbon 10
Karren 32
Karschwelle 30
Kastental 28
Kern-Mantel-Grenze (KMG) 9
Klamm 27
Kleinzentrum 150 f.
Klima
– kontinentales 60
– ozeanisches 60
Klimaelemente 37
Klimafaktoren 37
Klimagürtel, Verschiebung der 159
Klimazonen, strahlungsbedingte 38 f.
Kolchose 81 f.
Kondensation 43 f.
Kontinentalverschiebungstheorie 12
Kontraktanbau (USA) 91
Konvektionsströme 14
Korallenriff 35
Kreide 11

Lagune 34
Landesentwicklungsplan 150
Laterit 26
Listerkultur 88
Lithosphäre 8
Löß 36
Lößbörden 73
Luftfeuchte, relative 44

Register

Magma 15
Mangrove 34
Manufacturing Belt 99
Marschen 73
Megalopolis 99
Mercalli-Skala 18
Millibar 42
Mittelmeerklima 52, 59
Mittelozeanische Rücken 12 ff.
Mittelzentrum 150 f.
Mofette 17
Mohorovičič-Diskontinuität 8
Moräne 30 ff.
MSAC 153
Mt. Peleé 16
Mt. St. Helens 15
Muldental 28

Nährgebiet 29 f.
Nebenerwerbsbetrieb 76
Nehrung 34
Neuschnee 29
Nord-Süd-Gefälle
– BRD 77
– DDR 145

Oase 58
Oberflächenwellen 18
Oberzentrum 150.f
OECD 152
Ordovizium 10
Oxidation 24
Ozonschicht 40

Passat 48
Perm 11
Permafrost 63, 104
Pittsburgh Plus 99 f.
Plattentektonik 13 f.
Podsol 26, 62
Polarfront 46
Polje 32
Präkambrium 9 f.
Prärie 62
Pyroklastika 16

Quartär 12
Quellen, heiße 17

Raumwellen 18
Regenfeldbau 67
Regenwald 54, 59
Regenzeit 49, 55
Regionalplan 150
Rendzina 25
Rias-Küste 35
Richter-Skala 18
Rift-Valley 14
Rohstofflieferanten 156
Roßbreiten 48
Rundhöcker 30

Sahara 57
Sahel 91 f.
Salzsprengung 24
San-Andreas-Verwerfung 13
Sander 32
Satellitenstadt 148
Schären 35
Scheitel 19
Schichtvulkan 16
Schildvulkan 16
Schliffkante 28
Schneegrenze 29
Schuldendienstquote 154
Schwarzerde 25, 61
Schwellenland 153
Sea-floor-spreading 13
Sedimentation 26
Shifting Cultivation
    (Wanderfeldbau) 55
Sibiria 10
Silicon Valley 101
Silur 10
Sohletal 28
Solfatare 17
Sommersonnenwende 38
Sonderkulturen 75
Sowchose 81 f.
Spaltenvulkan 16
Sprunghöhe 20

Register

Städtebauförderungsgesetz 149
Stadtgründungen 147
Staffelbruch 20
Steilküste 33
Strandversetzung 34
Stratopause 40
Stratosphäre 40
Stubble Mulching 88
Subduktionszonen 13
Subsistenzwirtschaft 92
Suburbanisierung 149
Südwestmonsun 49
Sunbelt 100
Synkline 19

Taiga 79
Tal 27
Talformen 27 f.
Talgletscher 29 f.
Taupunkttemperatur 44
Teeanbau 70
Temperaturgradient
– feuchtadiabatischer 44
– trockenadiabatischer 44
Temperaturverwitterung 24
Terra Rossa 25
Tertiär 12
Tethys 11, 20 f.
Tiefdruckgebiet 46 f.
Tiefdruckrinne, subpolare 47
Torr 42
Transsibirische Eisenbahn 103
Treibhauseffekt 92, 159
Trockengrenze 67
Trogtal 28, 30
Trogkante 28
Trogschulter 28
Tropopause 40
Troposphäre 40
Tsunami 19
Tundra 53, 63, 79

Umweltverschmutzung 106 ff.
UNCED 159
Unterzentrum 150 f.
UV-Strahlung der Sonne 42
Uvala 32

Verdunstung 43, 44
Verssalzung 68
Verschuldung Dritte Welt 154
Verwerfung 20
Vollerwerbsbetrieb 76 f.

Wälder, Abholzung der 160 f.
Waldsteppe 79 f.
Wallriff 35
Wanderfeldbau, Sahel 93
Wärme
– fühlbare 43
– latente 43
Wärmemangelgrenze 66
Wärmestrahlung, langwellige 43
Warmfront 47
Wattenküste 34
Weidewechselwirtschaft
    (Transhumanz) 59
Weltklimakonferenz 159
Wetter 37
Wintermonsun 50
Wintersonnenwende 38
Witterung 37
Wüste
– Felswüste 57
– Kieswüste 57
– Sandwüste 57
– Stein-, Schuttwüste 57

Zehrgebiet 29 f.
Zuerwerbsbetrieb 76
Zungenbecken 30
Zweites Baku 103
Zyklone 46, 47